2016 年度国家社科基金重大项目："中国国际援助
和开发合作体系创新研究"（16ZDA037）

国际发展合作研究丛书

国际发展援助的有效性研究：

从援助有效性到发展有效性

黄梅波◎著

The Effectiveness of
International Development Assistance:

From Aid Effectiveness to Development Effectiveness

人民出版社

策划编辑：郑海燕

责任编辑：郑海燕　李甜甜

封面设计：王欢欢

责任校对：黎　冉

图书在版编目(CIP)数据

国际发展援助的有效性研究:从援助有效性到发展有效性/黄梅波 著. —北京：
人民出版社,2020.5

ISBN 978-7-01-021938-7

Ⅰ.①国…　Ⅱ.①黄…　Ⅲ.①对外援助-研究-中国　Ⅳ.①D812

中国版本图书馆 CIP 数据核字(2020)第 039535 号

国际发展援助的有效性研究:从援助有效性到发展有效性
GUOJI FAZHAN YUANZHU DE YOUXIAOXING YANJIU
CONG YUANZHU YOUXIAOXING DAO FAZHAN YOUXIAOXING

黄梅波　著

人 民 出 版 社 出版发行

(100706　北京市东城区隆福寺街 99 号)

北京中科印刷有限公司印刷　新华书店经销

2020 年 5 月第 1 版　2020 年 5 月北京第 1 次印刷
开本:710 毫米×1000 毫米 1/16　印张:27.5
字数:421 千字

ISBN 978-7-01-021938-7　定价:110.00 元

邮购地址 100706　北京市东城区隆福寺街 99 号
人民东方图书销售中心　电话 (010)65250042　65289539

丛 书 序

　　"发展"作为全球性的信仰,极大地改变了人类历史进程与整个世界的面貌。自第二次世界大战后国际发展时代开启以来,经济合作与发展组织成员开展了大量的国际发展实践,其理论政策的研究也渐趋成熟。2015 年 9 月,联合国发展峰会正式通过了《2030 年可持续发展议程》,开启了人类国际发展历史的新纪元。改革开放 40 多年来,中国通过艰辛的探索实现了经济的快速发展,同时也衍生出有别于发达国家的国际发展合作理念与实践。中国的国际发展合作具有鲜明的"南南合作"特色,一方面坚持平等互利、不干涉他国内政等基本原则,另一方面在实践中更偏重基础设施与经济领域,更重视援助与贸易投资的结合,更关注援助对受援国的经济增长和减贫的影响。2013 年,习近平主席提出的"一带一路"倡议是新时期中国版的国际发展合作倡议,随着"一带一路"建设的推进,中国国际发展合作的理念和经验的价值进一步凸显。2015 年 9 月,习近平主席在联合国发展峰会上宣布了中国一系列的国际发展合作举措,向世界宣示中国将会在全球发展领域发挥更大的作用。2018 年 4 月,中华人民共和国国家国际发展合作署成立,以推动中国的国际发展合作更有效地服务中国大国外交战略、"一带一路"倡议及联合国可持续发展目标。在此国际国内背景下,中国的国际发展合作研究进入重大战略机遇期,特别需要相关智库和学者深入研究国际发展的理论与政策,推动国际发展知识的交流与互鉴,培养中国本土的优秀国际发展人才,增强中国全球发展治理话语权;同时,需要认真总结中国发展合作经验,弘扬中华民族智慧,推动南南发展合作,对接联合国可持续发展议程,为全人类共同发展作出重大贡献。

2018 年 5 月,上海对外经贸大学校领导适时把握机遇,在上海市人文社科重点研究基地国际经贸研究所基础上组建了国际发展合作研究院,国际发展合作研究成为上海对外经贸大学智库建设、学术研究、人才培养的新的增长点。研究院成立以来,首先进行国际发展合作研究团队建设。通过招聘专职研究人员及充分发挥国际经贸研究所原有研究力量,组成了国际发展、国际贸易、开发性金融、国际投资及国际经济法等研究团队,努力构建既掌握国际发展理论与趋势又谙熟中国国际发展合作政策与经验的国际发展研究人才队伍。其次致力于国际发展合作理论与政策研究,在国际发展合作领域推出一系列具有国际视野和水准、融汇国际发展理论与中国国际发展合作理念和实践的高质量研究成果。最后定期举办国际国内高端国际发展合作及相关主题的研讨会,力求建设中国一流的国际发展合作交流网络。研究院每年举办的中国世界经济学会国际发展论坛、中非经贸论坛已成为中国国际发展学界以及中非经贸合作领域的重要论坛和会议品牌。除此之外,研究院还根据年度研究重点,组织小型专题研讨会,对国际发展合作领域专题进行针对性的深入探讨。2019 年 4 月在第二届"一带一路"国际合作高峰论坛上,研究院被列入"一带一路"国际智库合作委员会中方智库成员单位,也是中方智库中唯一专门从事国际发展合作理论与政策研究的实体性研究机构。

我们认为,国际发展作为极具魅力的理论与实践领域,不仅有实际的价值,更有终极的意义。从小处看,具体的发展援助项目可以改善落后地区部分人群的生存状况;从大处看,有效的国际发展理论与政策能够切实提高发展中国家和地区人民的发展水平。回顾历史,把握国际发展演进的脉络有利于我们深刻了解人类社会变迁的规律;翘首远望,国际发展哲学及理论的研究促使我们深入思考人类的前途与命运。人生的价值,只有融入一项伟大的事业,才能更好地实现。国际发展就是一项伟大的事业,而专注国际发展及中国的国际发展合作理论与政策研究正是我们推进这项事业向前发展的方式。

"中国国际发展合作研究丛书"是以上海对外经贸大学国际发展合作研究院为主体整合国内相关研究力量在国际发展合作研究领域推出的

系列研究成果,该系列成果的推出,一方面汇集了上海对外经贸大学国际发展合作研究的阶段性成果,另一方面也希望由此推动中国国际发展学科的建设以及中国国际发展合作理论与政策研究的进一步深入,为中国的国际发展合作事业的发展作出贡献。

特别希望国内外国际发展及相关领域的专家学者、政府相关部门及国际发展合作实践者能对我们的成果提出宝贵意见。希望我们共同努力,推进中国国际发展合作相关理论与政策的研究工作,同时也通过我们的研究服务国家战略、推动国际发展合作、创新智库服务。

黄梅波

于上海

目　　录

第一篇　发达国家的对外援助
及其援助有效性

第四篇　发展中国家对外援助的经济
增长效果和减贫效果

第五篇　国际发展援助有效性评价标准的重构:
从援助有效性到发展有效性

前　言

　　第二次世界大战后发达国家在国际发展援助中一直处于主导地位。2008 年国际金融危机的爆发使全球发展问题进一步突出,广大发展中国家的经济社会发展面临着更加严峻的挑战。新兴援助国的参与壮大了国际发展援助实力。随着这些国家援助额的逐年增加,新兴援助国逐渐成为国际发展援助领域的重要力量。发达国家和发展中国家对国际发展援助有效性的评价有不同的标准。发达国家采用传统的"南北合作"模式,新兴援助国的对外援助则属于"南南合作"的范畴。本书通过对发达国家总体和主要发达国家及以"金砖四国"为代表的新兴援助国对外援助的"援助有效性"及"发展有效性"进行理论和实证的分析,比较评估其各自的质量和效果,在此基础上构建一个新的国际发展援助有效性评价体系,并利用该框架评价国际发展援助的质量,指出其未来改革方向。

　　本书的分析从理论与实证两个方面进行。

　　首先,理论方面,本书试图从"援助有效性"和"发展有效性"两个角度构建国际援助质量和效果的综合评价机制,从而促进国际发展援助体系的变革,以推进和完善国际援助理论体系的发展。

　　"援助有效性"是经济合作与发展组织发展援助委员会(Organization for Economic Cooperation and Development, Development Assistance Committee,OECD-DAC)提出的概念。2002 年在蒙特雷举行的联合国发展融资峰会上 DAC 提出的"援助有效性"是指通过援助能够达到预定效果和设定目标的程度。之后 DAC 先后在罗马(2003)、巴黎(2005)和阿克拉(2008)召开了三次援助有效性高层论坛,形成了一系列提高援助有效性的文件。提高援助有效性是指针对国际发展援助体系中存在的援助

1

体系过于复杂、援助国和受援国在评估、审批、报告和估价等程序上存在的不同、援助国和受援国之间交易成本过高等问题进行改革，以提高援助效率、提升治理水平、增加透明度等。2008年，《巴黎宣言》的一份独立评估报告指出：援助有效性是指对援助进行计划、管理和安排，以降低援助国和受援国之间的交易成本。因此，"援助有效性"主要是DAC成员针对援助过程质量的评价，属"过程导向型"评价标准。之后DAC成员通过签署《巴黎宣言》和《阿克拉行动议程》对本国的援助有效性议程作出明确承诺，并对各成员执行《巴黎宣言》指标的情况进行了援助有效性评估。

21世纪以来，随着世界经济的发展，援助格局逐步走向多元化，许多发展中国家作为新兴援助国在国际援助体系中扮演的角色越来越重要。2008年爆发的国际金融危机，使国际援助供需矛盾进一步加大。后国际金融危机时期，气候变化、粮食安全、能源资源安全、环境污染、重大自然灾害、重大传染性疾病等全球性问题进一步凸显，国际发展矛盾和经济发展不平衡现象日益严重，贫富差距加大。新兴援助国积极承担应尽的国际责任，在力所能及的范围内，帮助落后国家消除贫困，提高自身发展能力，推动联合国千年发展目标的实现。但是新兴援助国的对外援助与DAC成员有很大的不同，如在"南南合作"框架下开展，具有"南南合作"的性质和特点；强调平等互利；援助方式以项目援助和技术合作为主等。特别是新兴援助国的对外援助属于"增长驱动型"，关注的是能否带来受援国直接经济增长、技术进步和贫困人口减少的"发展有效性"。2008年，《阿克拉行动议程》对新兴援助国的对外援助作出了积极评价，"发展有效性"的概念被逐步引入。2011年12月，OECD-DAC第四次援助有效性高层论坛在韩国釜山召开，正式推动国际发展援助从"援助有效性"向"发展有效性"转变。北南研究所(The North-South Institute, NSI)认为"发展有效性"涵盖了"援助有效性"的概念，但"发展有效性"更强调援助国与受援国之间的合作，更注重援助带来的发展结果和长远发展能力。对比西方援助国和新兴援助国强调的"援助有效性"和"发展有效性"，"援助有效性"注重的是投入，即对受援国的援助资金投入，而"发展有效性"

注重的是结果,即对受援国直接经济发展和贫困减少的实实在在的结果。

其次,实证方面,本书首先从"援助有效性"和"发展有效性"的角度,研究主要发达国家援助管理及其"援助有效性"(第三章、第四章),并对发达国家国际发展援助的经济增长效果及减贫效果进行评估(第五章、第六章),之后根据评估结果对当前的国际援助体系以及发达国家的对外援助的质量和效果进行总体评价,以构建国际发展援助有效管理的理论范式;其次本书从"援助有效性"角度分析"金砖四国"对外援助管理体系与发达国家存在的差距(第八章、第九章),从"发展有效性"角度分析"金砖四国"对外援助对受援国当地经济的促进作用和对减贫的实际效果(第十章、第十一章),考察新兴援助国特别是"金砖四国"对外援助的质量及效果,为新兴援助国对外援助的改革提出政策建议。

总的来说,从援助有效性角度,发达国家经过半个多世纪的发展已经形成了较为完善的国际发展援助体系。21 世纪以来,援助机构与受援国政府之间就《巴黎宣言》"援助有效性"的五项原则和共同承诺达成协议,作为双方的共同行动纲领,从总体上对国际援助体系提出了新的要求。目前发达国家对外援助管理体系较为规范和完善,主要包括援助目标、援助的法律和政治基础、援助政策一致性、援助的组织和管理、援助的分配、援助有效性的监督和评估等。相比之下,新兴援助国的国际援助管理体系仍存在多方面的不足,如缺乏对外援助立法,对外援助管理部门设置复杂,多边援助渠道未得到充分重视,非政府组织在援助中的作用未得到有效发挥,缺乏独立的监督和评估机构等。新兴援助国的对外援助更注重"南南合作",强调互利共赢,对外援助成效的衡量更重视"发展有效性"。主要关注援助对双方贸易、投资等方面的促进作用,有利于加强发展中国家间的经贸合作,拉动双方的贸易、就业及经济增长,注重援助带来的经济社会发展效果和长远发展能力。新兴援助国这种造血式援助更加有效地带动了当地经济发展。其援助方式和理念也不断获得发展中国家和传统援助国的认可和推崇。

新兴援助国的大力参与及在援助过程中体现的实力对发达国家占主导地位的原有的国际发展援助管理体系构成了挑战,而现有的国际援助体系已不能满足当前多元援助主体并存的现状，因此国际援助管理体系的改革迫在眉睫。本书的结论(第十二章)认为，单凭西方国家的"援助有效性"标准评价一国对外援助的效果是不全面不充分的，评价一国对外援助的效果还必须从"发展有效性"的角度关注对外援助对受援国经济发展的促进作用以及减贫的实际效果。国际援助管理体系改革的一个重要内容是重新构建国际援助效果评价体系，从"援助有效性"和"发展有效性"，从援助过程和援助结果两个角度考察对外援助的质量和效果更为全面有效。

导言　国际发展援助的目标及有效性评价

第二次世界大战后,国际发展援助逐渐成为重要的发展干预手段之一,在促进发展中国家的经济社会发展方面,发挥了日益重要的推动作用。半个多世纪以来,随着双边援助的不断推进以及联合国、世界银行等多边合作和援助机构的成立及不断推动,国际发展援助规模不断扩大、援助主体不断增加、援助领域不断调整、援助方式不断完善、援助体系逐渐规范。国际发展援助的质量与效果评价标准也逐渐由援助有效性向发展有效性转变。

第一节　国际发展援助及其内涵

国际发展援助是以主权国家为基本行为主体,在价值规律和市场体系以外的非经济性因素作用下,以国家的政策行为对国际关系进行调整的产物。

一、国际发展援助相关概念及其内涵

国际发展援助是国际经济合作的重要方式,也是当代国际关系,尤其是南北关系和南南合作中的一个重要组成部分。在国际发展援助的理论与实践中,国际发展援助与国际援助、官方发展援助、对外援助和发展合作几个词一般可以交替使用。①

---

① 严启发、林罡:《世界官方发展援助(ODA)比较研究》,《世界经济研究》2006 年第 5 期。

　　就其提供的资源的性质来说，国际发展援助是指发达国家或部分发展中国家及其所属机构、有关国际组织、社会团体以提供资金、物资、设备、技术或资料等方式，帮助其他发展中国家发展经济和提高社会福利的具体活动①，即资源以优惠②或者无偿形式进行的跨国流动。

　　就其内容来说，国际发展援助通常被称为国际援助（Foreign Aid, Foreign Assistance）。一方面，国际援助通常指主权国家提供的包括发展援助、军事援助、人道主义援助等在内的各种形式的援助；另一方面，国际援助通常从狭义上被作为"经济援助"或"官方发展援助"（Official Development Assistance, ODA）的同义词加以使用。由于本书主要是从经济社会方面分析援助，因此，国际援助主要指的是旨在帮助受援国或地区提高经济社会发展水平的发展援助。

　　就援助国和受援国的关系来看，国际发展援助又常常被称为发展合作。发展合作（Development Cooperation）比发展援助包含了更为丰富的含义。因为后者意味着一种不平等关系：发达的援助国和不发达的受援国；一方给予，另一方接受。而发展合作不仅明确表明了发展的目的，同时也表明援助——受援双方是平等的合作伙伴。发展合作实际上表达了援助理念的变化，即援助行为应当尊重受援国本身的条件和发展需求，而不是援助国把自己不适宜当地环境的发展理念强加给受援国。③ 早在1977年，发展援助委员会（DAC）高级别会议就曾通过《关于经济增长和满足人类基本需求的发展合作宣言》；1985年，DAC又发表了《发展合作25年》（*Twenty-Five Years of Development Cooperation*）；1989年，DAC高级别会议通过了《20世纪90年代发展合作政策声明》（*Policy Statement on Development Cooperation in the 1990s*）；1996年，DAC又发布了题为《塑造21世纪：发展合作的贡献》（*Shaping the 21ˢᵗ Century：The Contribution of*

---

　　① 章昌裕、储祥银编著：《国际经济合作实务》，中国商务出版社2005年版。
　　② 指相对于可以从国际资本市场获得的贷款或投资，援助的利率更低、宽限期更长。Robert E. Wood, "Foreign Aid and the Capital State in Underdeveloped Countries", 1980, in John A. Hall, ed., The State：Critical Concepts, (Vol. II), London and New York：Routledge, 1994, p.287.
　　③ Marijke Breuning, "Foreign Aid, Development Assistance, or Development Cooperation：What's in a Name?", *International Politics*, Vol.39, Sept, 2002, p.369.

Development Cooperation）的报告,推动了"发展合作"理念被更广泛地接受。

二、国际发展援助的主体

国际发展援助的主体包括援助方和受援方,援助方主要有双边援助机构(援助国)和多边援助机构,而受援方主要指那些接受援助的发展中国家。

(一)双边援助机构

双边援助机构是以 DAC 援助成员为主的发达国家、石油输出国、新兴援助国政府对外提供援助服务的专门机构,一般具有自己的政策、援助方针、机构和管理人员。目前常设有双边援助机构的国家主要是 OECD 成员和石油输出国组织①成员。OECD 国家的双边援助长期占据世界官方发展援助的绝大部分,在 OECD 的机构内,设有发展合作理事会(Development Cooperation Directorate,DCD)和发展援助委员会(DAC)。截至 2019 年年底,发展援助委员会有 30 个成员,包括:澳大利亚、奥地利、比利时、加拿大、捷克、丹麦、芬兰、法国、德国、希腊、匈牙利、冰岛、爱尔兰、意大利、日本、韩国、卢森堡、荷兰、新西兰、挪威、波兰、葡萄牙、斯洛伐克、斯洛文尼亚、西班牙、瑞典、瑞士、英国、美国和欧盟。DAC 成员提供的官方发展援助约占全球总额的 70%。② 近年来,发展中国家的"金砖国家"及新兴市场国家,如中国、印度、巴西、墨西哥等国也日益成为双边援助的提供者,在国际发展援助中发挥着日益重要的作用。

表 0-1　经济合作与发展组织发展援助委员会(DAC)成员

地　区	国家或地区
欧洲(24)	奥地利、比利时、捷克、丹麦、芬兰、法国、德国、希腊、匈牙利、冰岛、爱尔兰、意大利、卢森堡、荷兰、挪威、波兰、葡萄牙、斯洛伐克、斯洛文尼亚、西班牙、瑞典、瑞士、英国、欧盟

---

① 石油输出国组织现有 12 个成员,分别是:沙特阿拉伯、伊拉克、伊朗、科威特、阿拉伯联合酋长国、卡塔尔、利比亚、尼日利亚、阿尔及利亚、安哥拉、厄瓜多尔和委内瑞拉。

② OECD,http://www.oecd.org/dac/financing-sustainable-development/development-finance-data/aid-at-a-glance.htm.

续表

地　区	国家或地区
美洲（2）	加拿大、美国
亚洲（2）	日本、韩国
其他（2）	澳大利亚、新西兰

注：国家排序按英文首字母顺序排列。
资料来源：OECD/DAC。

（二）多边援助机构

多边援助机构是指向受援方提供多边发展援助的组织或机构，主要包括联合国系统、世界银行、区域性多边发展组织等。

联合国（UN）发展系统主要提供技术援助和紧急救援。在联合国组织内，联合国开发计划署（United Nations Development Programme，UNDP）和联合国贸发会议（United Nations Conference on Trade and Development，UNCTAD）这两个机构在经济增长和减贫中扮演着核心角色。联合国开发计划署致力于民主治理、减贫、灾害预防和恢复、能源供应、HIV/AIDS和环境等问题。而联合国贸发会议致力于将发展中国家整合进全球的贸易体系，主要为发展中国家和转型国家提供技术援助。除以上两个组织外，联合国发展系统还包括联合国环境规划署、联合国妇女发展基金、联合国儿童基金会、世界粮食计划署、世界卫生组织、联合国教科文组织等。

世界银行集团（World Bank Group，WBG）由国际复兴开发银行（International Bank for Reconstruction and Development，IBRD）和国际开发协会（International Development Association，IDA）两大机构构成，其附属机构还包括多边投资保证机构（Multilateral Investment Guarantee Agency，MIGA）、国际金融公司（International Finance Corporation，IFC）和国际投资争端解决中心（International Center for Settlement of Investment Disputes，ICSID）。世界银行集团（WBG）主要提供金融援助和技术援助，包括低息贷款、无息贷款和赠予，其援助一般用于发展中国家的教育、卫生、基础设施、通信等部门，以帮助发展中国家实现经济增长和减贫。其中，国际复兴开发银行成立初期致力于欧洲战后重建，之后侧重于帮助中低收入国家的开发建设。而国际开发协会则侧重于向低收入国家提供优惠贷款，这些优惠贷款一般没有利息，并且贷款时间较长。

区域性发展组织主要包括区域发展银行和区域性超国家组织。区域发展银行主要包括亚洲开发银行（Asian Development Bank，ADB）、美洲开发银行（Inter-American Development Bank Group，IADB）、非洲开发银行（African Development Bank，AfDB）和欧洲复兴与开发银行（European Bank for Reconstruction and Development，EBRD）等，这些区域性发展银行致力于本地区国家的经济和社会发展问题。区域性超国家组织主要包括欧盟和石油输出国组织（Organization of the Petroleum Exporting Countries，OPEC）等。欧盟成员长期以来提供了大量的官方发展援助，是国际援助的主要来源方。自20世纪70年代以来，由于石油收入快速增长，OPEC国家的对外援助也逐渐增长。

（三）受援国和地区

不同国际组织或援助国对受援国的划分标准并不一致，但总体上OECD-DAC的划分标准影响最大。历史上，OECD-DAC会不断调整其受援国或地区名单，几乎所有的发展中国家或地区都接受过其官方发展援助。

早在1961年，DAC为了统计援助相关数据即制定了受援成员列表。当时DAC的受援成员包括：除南非之外的所有非洲国家或地区；除美国和加拿大之外的所有美洲国家或地区；除澳大利亚、日本和新西兰之外的所有亚洲和大洋洲的非社会主义国家；以及欧洲的塞浦路斯、直布罗陀、希腊、马耳他、西班牙、土耳其、南斯拉夫。20世纪70—80年代，亚洲的社会主义国家，尤其是中国和越南开始接受大量援助。冷战结束后，许多东欧国家开始接受援助，而东亚随着经济的增长，逐渐减少对国际援助的需求。后来，出于形势的变化，DAC修改了受援成员列表。1993年开始使用两部分的受援成员列表，第一部分的受援国或地区以传统的发展中国家为主，第二部分则以较发达的发展中国家和东欧国家为主，对第二部分的援助通常被视为官方援助，但不计入官方发展援助统计中。2005年开始，DAC把第二部分受援名单取消，改为单一受援名单制。受援成员列表一般每三年更新一次。如果受援国或地区连续 3 年①达到高收入门槛，则被自动排除受援国地位。

  DAC 最新公布的受援成员或地区名单适用于 2018—2019 年，为期 2 年，②在该受援名单中，共有 146 个成员，包括全部的最不发达国家和中低收入国家。其中最不发达国家(Least Developed Countries,LDCs)按照联合国的定义，共有 47 个成员。中低收入国家(Low and Middle Income Countries,LMIC)则按照世界银行公布的人均国民总收入(Gross National Income,GNI)水平划分，按照 2013 年可比价格计算，人均 GNI 不高于 1005 美元的低收入国家有 2 个，人均 GNI 在 1006—3955 美元之间的中低收入国家和地区有 37 个，人均 GNI 在 3956—12235 美元之间的中高收入国家和地区有 55 个。在 2018—2019 年的列表中，墨西哥、土耳其等经合组织国家也被列入受援国名单中，新兴市场国家中的中国、巴西和南非等国家也名列其中(最新受援国或地区名单见表 0-2)。

表 0-2　DAC 的受援成员或地区列表(适用于 2018—2019 年)

最不发达国家	其他低收入国家(2016 年人均 GNI 不高于 1005 美元)	中低收入国家和地区(2016 年人均 GNI 在 1006—3955 美元之间)	中高收入国家和地区(2016 年人均 GNI 在 3956—12235 美元之间)
阿富汗	朝　鲜	亚美尼亚	阿尔巴尼亚
安哥拉	津巴布韦	玻利维亚	阿尔及利亚
孟加拉国		佛得角	安提瓜和巴布达
贝　宁		喀麦隆	阿根廷
不　丹		刚果共和国	阿塞拜疆
布基纳法索		科特迪瓦	白俄罗斯
布隆迪		埃　及	伯利兹
柬埔寨		萨尔瓦多	波斯尼亚和黑塞哥维那
中　非		格鲁吉亚	博茨瓦纳

  ① OECD,The DAC List of ODA Recipients(2012 年 1 月),http://www.oecd.org/dac/stats/daclist,2014-10-3.

  ② OECD-DAC,http://www.oecd.org/dac/stats/daclist.htm.

续表

最不发达国家	其他低收入国家 （2016 年人均 GNI 不高于 1005 美元）	中低收入国家和地区 （2016 年人均 GNI 在 1006—3955 美元之间）	中高收入国家和地区 （2016 年人均 GNI 在 3956—12235 美元之间）
乍 得		加 纳	巴 西
科摩罗		危地马拉	中 国
刚果民主共 和国		洪都拉斯	哥伦比亚
吉布提		印 度	库克群岛
厄立特里亚		印度尼西亚	哥斯达黎加
埃塞俄比亚		约 旦	古 巴
冈比亚		肯尼亚	多米尼克
几内亚		科索沃	多米尼加共和国
几内亚比绍		吉尔吉斯斯坦	厄瓜多尔
海 地		密克罗尼西亚联邦	赤道几内亚
基里巴斯		摩尔多瓦	斐 济
老 挝		蒙古国	加 蓬
莱索托		摩洛哥	格林纳达
利比里亚		尼加拉瓜	圭亚那
马达加斯加		尼日利亚	伊 朗
马拉维		巴基斯坦	伊拉克
马 里		巴布亚新几内亚	牙买加
毛里塔尼亚		菲律宾	哈萨克斯坦
莫桑比克		斯里兰卡	黎巴嫩
缅 甸		叙利亚	利比亚
尼泊尔		塔吉克斯坦	马来西亚
尼日尔		托克劳	马尔代夫
卢旺达		突尼斯	马绍尔群岛
圣多美和 普林西比		乌克兰	毛里求斯
塞内加尔		乌兹别克斯坦	墨西哥

续表

最不发达国家	其他低收入国家（2016 年人均 GNI 不高于 1005 美元）	中低收入国家和地区（2016 年人均 GNI 在 1006—3955 美元之间）	中高收入国家和地区（2016 年人均 GNI 在 3956—12235 美元之间）
塞拉利昂		越 南	黑山共和国
所罗门群岛		约旦河西岸和加沙地带	蒙特塞拉特
索马里			纳米比亚
南苏丹			瑙 鲁
苏 丹			纽 埃
坦桑尼亚			帕 劳
东帝汶			巴拿马
多 哥			秘 鲁
图瓦卢			圣赫勒拿岛
乌干达			圣卢西亚
瓦努阿图			圣文森特和格林纳丁斯
也 门			萨摩亚
赞比亚			塞尔维亚
			南 非
			苏里南
			泰 国
			汤 加
			土耳其
			土库曼斯坦
			委内瑞拉
			瓦利斯群岛和富图纳群岛

资料来源：OECD-DAC, http://www.oecd.org/dac/stats/daclist.htm, 2020-1-20。

三、国际发展援助的分类

国际发展援助根据不同的分类标准可以分为不同的类型。最常见的划分标准有援助方式、援助渠道和援助使用方式三种。根据援助方式，国际发展援助分为财政援助和技术援助;根据援助渠道,国际发展援助分为双边援助和多边援助;根据援助使用方式,国际发展援助分为项目援助和方案援助。

(一)按援助方式分类

1.财政援助

财政援助是指援助国或多边援助机构为满足受援国经济和社会发展的需要,或者为解决其财政困难,而向受援国提供的资金或物资援助。财政援助是国际发展援助的主要形式,也是一些发展中国家外部资金的主要来源。

财政援助按其偿还性可分为赠款(Grant)和贷款(Loan)。贷款又分为无息贷款和有息贷款,有息贷款的利率一般低于市场利率,贷款的期限也较长,一般在 10 年以上,而且还有宽限期。

财政援助按资金来源可分为官方发展援助和其他官方资金。

官方发展援助(ODA)的概念由经济合作与发展组织于 1969 年在其《关于援助财政条件和方式的建议》中开始采用,并在 1972 年严格定义后沿用至今。根据当时经合组织的定义,官方发展援助是指向发展援助委员会(DAC)[①]受援成员名单第一部分的国家和地区(发展中国家和地区)(见表 0-2)提供的无偿援助或贷款,这种无偿援助或贷款要求符合以下三项标准:(1)由官方部门提供(包括国家和地方政府部门,或者由它们的执行机构提供);(2)以促进经济发展和福利水平提高为主要目标;(3)具有金融上的优惠条款,贷款应包含至少 25% 的赠与成分,包括无息贷款和低息贷款。1970 年,发达国家承诺每年将其国民总收入的0.7% 用于官方发展援助。2015 年,经合组织发展援助委员会成员提供了 1316 亿美元 ODA,仅相当于其国民总收入的 0.30%。成员中只有丹麦(0.85%)、卢森堡(0.93%)、荷兰(0.76%)、挪威(1.05%)、瑞典(1.40%)和英国(0.71%)实现了其承诺。与 2000 年制定千年发展目标

---

①　截至 2019 年年底,发展援助委员会有 30 个成员:奥地利、比利时、捷克、丹麦、欧盟、芬兰、法国、德国、希腊、匈牙利、冰岛、爱尔兰、意大利、卢森堡、荷兰、挪威、波兰、葡萄牙、斯洛伐克、斯洛文尼亚、西班牙、瑞典、瑞士、英国、加拿大、美国、日本、韩国、澳大利亚和新西兰。

(Millennium Development Goals, MDGs)① 时 相 比, ODA 实际值上升了83%。②

其他官方资金指的是由援助国政府指定的专门银行或基金会向受援国银行、进口商或本国的出口商提供的,以促进援助国的商品和劳务出口为目的的资金援助;其援助主要通过出口信贷来实施。它也可以说是变相的官方资金。

财政援助是国际发展援助的主要形式,也是一些发展中国家外部资金的主要来源,它对发展中国家加强经济建设、改善投资环境、调整经济结构和提高生活水平起到了一定的积极作用。

2. 技术援助

技术援助是指技术先进的国家或多边机构向技术落后的国家在智力、技能、咨询、资料、工艺和培训等方面提供资助的各项活动。援助国认为技术援助有助于提高受援国政府的治理能力及其国民素质,因而自20世纪60年代开始,技术援助日益受到重视,目前这个趋势还在继续。到20世纪90年代,撒哈拉以南非洲接受的援助中有四分之一是技术援助。③

技术援助分为有偿技术援助和无偿技术援助。有偿技术援助是指技术提供方以优惠贷款的形式向技术引进方提供各种技术服务。无偿技术援助是指技术提供方免费向受援国提供各种技术服务。

技术援助采用的主要形式有:(1)援助国派遣专家或技术人员到受援国进行技术服务;(2)培训受援国的技术人员,接受留学生和研究生,并为他们提供奖学金;(3)承担考察、勘探、可行性研究、设计等投资前活

---

① 2000 年 9 月,在联合国千年首脑会议上,世界各国领导人就消灭极端贫穷和饥饿、普及初等教育、促进两性平等、降低儿童死亡率、改善产妇保健、与疾病作斗争、环境可持续力、全球伙伴关系等八个方面,商定了一套有时限的目标(绝大多数目标的实现时间是 2015 年)和指标,这些目标和指标被置于全球议程的核心,统称为千年发展目标(MDGs)。

② OECD-DAC, http://www. oecd. org/dac/stats/development-aid-rises-again-in-2015-spending-on-refugees-doubles.htm,2016−4−13.

③ Elliot Berg, "Rethinking Technical Cooperation: Reforms for Capacity Building in Africa", New York, United Nations Development Program,1993.

动;(4)提供技术资料和文献、提供物资和设备;(5)帮助受援国建立科研机构、学校、医院、职业培训中心和技术推广站等。

(二)按援助渠道分类

1.双边援助

双边援助(Bilateral Aid)是指两个国家或地区之间通过签订发展援助协议或经济技术合作协定,由一国(援助国)以直接提供无偿或有偿款项、技术、设备、物资等方式,帮助另一国(受援国)发展经济或渡过暂时困难而进行的援助活动。

根据援助提供的形式,双边援助分为财政援助和技术援助。根据援助的无偿和有偿性,双边援助分为双边赠款和双边贷款。双边赠款是援助国向受援国提供的不要求受援国承担还款义务的赠款。赠款可以采取技术援助、粮食援助、债务减免和紧急援助等形式进行。双边贷款是援助国政府向受援国提供的优惠性贷款,多用于开发建设、粮食援助、债务调整等方面。

由于在双边援助中,援助国可以完全控制自身提供援助的对象、数量和方式等,因而具有针对性强、灵活性大的特点。此外,双边援助也是援助国树立自身乐善好施形象的最佳形式,所以,双边援助在国际发展援助中居主导地位。

双边援助的使用往往存在一些限制:一方面,经济援助与政治要求紧密相关。双边援助的流向与援助授受双方的政治和经济利益有着密切的关系,例如,发达国家往往以受援的发展中国家实行民主、多党制、市场经济等作为提供援助的条件。另一方面,援助经常附带其他限制性条件甚至不平等要求。不少国家在提供双边援助的同时,还附带有限制性采购条款,实行捆绑援助。

2.多边援助

多边援助(Multilateral Aid)是指多边援助机构利用成员捐款、认缴股本、优惠贷款及在国际资金市场借款或业务收益等,按照制定的援助计划向发展中国家或地区提供的援助。

在多边援助中,联合国发展机构(如联合国开发计划署、联合国粮食计划署、联合国儿童基金会、联合国人口基金会等）主要以赠款的方式向发展中国家提供无偿的技术援助；而国际发展融资机构及其他多边机构（如世界银行及地区性开发银行等）多以优惠贷款的方式提供财政援助（见表0-3）。

表0-3　国际多边发展援助机构的构成

机构类型	成员组成	援助方式
联合国发展系统	联合国开发计划署	以技术援助为主，还有紧急救援
	联合国贸易和发展会议	
	联合国环境规划署	
	联合国妇女发展基金	
	联合国人口基金会	
	联合国儿童基金会	
	世界粮食计划署	
	联合国难民组织	
	国际劳工组织	
	联合国粮食及农业组织	
	联合国教育、科学及文化组织	
	世界卫生组织	
	联合国工业发展组织	
国际金融机构	世界银行集团	以财政援助为主
	国际投资银行	
	国际开发协会	
	国际金融公司	
	多边投资担保机构	
	国际货币基金组织	
	国际农业发展基金	

续表

机构类型	成员组成	援助方式
区域发展机构	援助国政府间机构	以财政援助为主
	经济合作与发展组织	
	欧洲联盟	
	石油输出国组织	
	阿拉伯经济与社会开发基金	
	伊斯兰开发银行	
	阿拉伯非洲经济开发银行	
	地区性政府间金融机构	
	欧洲投资银行	
	美洲开发银行	
	非洲开发银行	
	亚洲开发银行	
	亚洲基础设施投资银行	
	新开发银行	
国际非政府组织	跨国的非政府组织,如乐施会、救助儿童等	以慈善救助、紧急救援为主

注:专门机构指一种自治组织,通过联合国经济与社会理事会与联合国及其他自治组织协商合作。
资料来源:笔者整理。

　　由于多边援助机构是援助国的集体组织(发达国家是主要的资金提供者),其援助资金由多边机构统一管理和分配,它往往不受某个资金提供国的限制和约束,其援助行为是所有成员协调的结果,附加条件较少。且相对于双边援助,多边援助更"软",条件更优惠。①

——————————

　　①　潘忠:《国际多边发展援助与中国的发展——以联合国开发计划署援助为例》,经济科学出版社 2008 年版,第20页。

（三）按援助使用方式分类

1.项目援助（Project Aid）

项目援助是指援助国政府或多边机构将援助资金直接用于受援国某一具体建设目标的援助。项目援助的资金主要用于资助受援国开发资源和矿藏，建设工业、农业、水利、道路、港口、电讯工程以及文化、教育、卫生设施等。项目援助的资金主要来源于各发达国家或高收入国家的官方援助及世界银行等多边机构在国际资金市场上的借款。近年来，"金砖国家"、新兴市场国家也提供了大量的项目援助。

项目援助往往和技术援助相结合，这有助于受援国的经济发展和技术水平的提高，也有助于援助国扩大出口和保证短缺物资供应。但项目援助的周期一般较长，见效较慢。

2.方案援助（Programme Aid）

方案援助又称非项目援助，指援助国政府或多边机构根据一定的计划，而不是按照某个具体的工程项目向受援国提供的援助。方案援助一般用于进口拨款、预算补贴、国际收支津贴、偿还债务、区域发展和规划等方面。

方案援助主要有两个特点：一是方案援助往往规模巨大，但援助方案本身一般不与具体项目相联系；二是方案援助的资金运用条件和检查更为严格。

第二节　国际发展援助的目标

国际发展援助作为国家与国家之间的转移支付行为，是围绕着一系列的目标展开的。就援助国来说，国际发展援助的目标可以概括为四大类型，即政治目标、经济目标、发展目标以及人道主义目标。国际发展援助的终极目标指的是全球发展目标，新世纪至 2015 年，这一目标即联合国千年发展目标。自 2016 年始，可持续发展目标成为新的国际发展目标。

一、联合国千年发展目标的提出及其进展

（一）千年发展目标及其评价指标

至 20 世纪末,国际社会虽然付出了巨大努力,但世界贫困问题依旧十分普遍且严峻,消除贫困逐渐成为国际社会的共识。2000 年联合国首脑会议上,189 个国家正式签署《联合国千年宣言》,各国领导人就消除贫困、饥饿、疾病、文盲、环境恶化以及对妇女的歧视等,商定了一整套有时限且可测量的目标和指标,这些目标和指标被置于全球议程的核心,统称为千年发展目标(MDGs),千年发展目标的核心议题是消除贫困,旨在在 2015 年之前将全球贫困水平降低一半(以 1990 年的水平为标准)①。

联合国千年发展目标共设立了八个大目标,包括:(1)消除极端贫穷与饥饿;(2)普及小学教育;(3)促进两性平等并赋予妇女权利;(4)降低儿童死亡率;(5)改善产妇保健;(6)与艾滋病病毒/艾滋病、疟疾和其他疾病作斗争;(7)确保环境的可持续性;(8)全球合作促进发展。在这八个大目标下,千年发展目标还包括 21 项具体目标,向人们展示了全球发展和进步的宏伟蓝图。同时千年发展目标对每个目标及子目标都制定了对应的进展监督指标(见表 0-4),用于衡量千年发展目标的实现情况。其建立的 60 项具体指标,以消除贫困和关注弱势群体为中心,以关注人的生存和发展权利为重点,以整合经济、社会、环境的可持续发展为前提,不仅可以用来监督千年发展目标的执行和实施进程,而且可以为各国政府制定发展战略,为有关国际组织制定援助计划等行政决策提供依据和标准,对全球发展援助具有重大的战略意义。

---

① United Nation, Millennium Development Goals, http://www.un.org/millenniumgoals/ 2013-1-10.

表 0-4 千年发展目标及进展监督指标

千年发展目标（MDGs）	
目标和子目标	进展监督指标
目标 1：消除极端贫穷与饥饿	
具体目标 A：1990 年至 2015 年间，将每日收入低于 1 美元的人口比例减半	1. 每日收入低于 1 美元（购买力平价）的人口比例 2. 贫困差距率 3. 最贫困的五分之一人口的消费占国民总消费的份额
具体目标 B：使包括妇女和青年人在内的所有人都享有充分的生产性就业和适合的工作	4. 就业人口人均 GDP 增长率 5. 人口就业率 6. 依靠每日低于 1 美元（购买力平价）维生的就业人口比例 7. 全部就业人口中自营就业和家庭雇员所占比例
具体目标 C：1990 年至 2015 年间，将饥饿人口的比例减半	8. 5 岁以下儿童中体重不达标的比例 9. 低于最低食物能量摄取标准的人口比例
目标 2：普及小学教育	
具体目标 A：确保到 2015 年，世界各地的儿童，不论男女，都能完成小学全部课程	1. 小学净入学率 2. 从一年级读到小学最高年级的学生比例 3. 15 至 24 岁男女人口识字率
目标 3：促进两性平等并赋予妇女权利	
具体目标 A：争取到 2005 年消除小学教育和中学教育中的两性差距，最迟于 2015 年在各级教育中消除此种差距	1. 小学、中学、高等教育中女生对男生比率 2. 非农业部门有偿就业者中妇女比例 3. 国民议会中妇女所占席位比例
目标 4：降低儿童死亡率	
具体目标 A：1990 年至 2015 年间，将五岁以下儿童的死亡率降低三分之二	1. 5 岁以下儿童死亡率 2. 婴儿死亡率 3. 接种麻疹疫苗的 1 岁儿童的比例
目标 5：改善产妇保健	
具体目标 A：1990 年至 2015 年间，将产妇死亡率降低四分之三	1. 产妇死亡率 2. 由卫生技术人员接生的新生儿比例
具体目标 B：到 2015 年普遍享有生殖保健	3. 避孕普及率 4. 青少年生育率 5. 产前护理覆盖率（至少接受过 1 次及至少接受过 4 次产前护理） 6. 未满足的计划生育需要

续表

千年发展目标（MDGs）	
目标和子目标	**进展监督指标**
目标6：与艾滋病病毒/艾滋病、疟疾和其他疾病作斗争	
具体目标 A：到 2015 年遏制并开始扭转艾滋病病毒/艾滋病的蔓延	1. 15 至 24 岁人口艾滋病病毒感染率 2. 最近一次高风险性行为中使用避孕套的比例 3. 15 至 24 岁人群中全面正确了解艾滋病病毒/艾滋病的人口比例 4. 10 至 14 岁孤儿与非孤儿入学人数比
具体目标 B：到 2010 年向所有需要者普遍提供艾滋病病毒/艾滋病治疗	5. 艾滋病重度感染者中可获得抗逆转录病毒药物的比例
具体目标 C：到 2015 年遏制并开始扭转疟疾和其他主要疾病的发病率增长	6. 疟疾发病率和死亡率 7. 5 岁以下儿童中在经杀虫剂处理的蚊帐中睡觉的人口比例 8. 5 岁以下发烧儿童中得到适当治疟疾药物治疗的人口比例 9. 肺结核发病率、流行率和死亡率 10. 采用短期直接观察处置疗法发现并治愈的肺结核患者比例
目标7：确保环境的可持续性	
具体目标 A：将可持续发展原则纳入国家政策和方案；扭转环境资源的流失	1. 森林覆盖率 2. 二氧化碳排放总量、人均排放量和 1 美元国内生产总值（购买力平价）排放量 3. 臭氧消耗物质的消费量
具体目标 B：减少物种多样性的丧失，到 2010 年将物种多样性丧失率显著降低	4. 在安全生态环境范围内的鱼类资源比例 5. 水资源总量使用比例 6. 受保护的陆地和海洋面积比例 7. 濒临灭绝物种的比例
具体目标 C：到 2015 年将无法持续获得安全饮用水和基本卫生设施的人口比例减半	8. 使用改善饮用水源的人口比例 9. 使用改善的卫生设施的人口比例
具体目标 D：到 2020 年使至少 1 亿贫民窟居民的生活有明显改善	10. 生活在贫民窟中的城市人口比例

续表

千年发展目标（MDGs）	
目标和子目标	进展监督指标
目标8：全球合作促进发展	
具体目标 A：进一步发展开放的、有章可循的、可预测的、非歧视性的贸易和金融体制 包括：在国家和国际两级致力于善政、发展和减贫的承诺 具体目标 B：满足最不发达国家的特殊需要 包括：对其出口免征关税、不实行配额；加强重债穷国（HIPC）的减债方案，注销官方双边债务；向致力于减贫的国家提供更为慷慨的官方发展援助 具体目标 C：满足内陆发展中国家和小岛屿发展中国家的特殊需要（通过《小岛屿发展中国家可持续发展行动纲领》以及联合国大会第二十二次特别会议结果） 具体目标 D：通过国家和国际措施全面处理发展中国家的债务问题，使债务可以长期持续承受	下列指标中，有一些对最不发达国家、非洲、内陆发展中国家和小岛屿发展中国家分别监督。 **官方发展援助** 1. 对全体援助对象和对最不发达国家的官方发展援助净额，占经济合作与发展组织（OECD）发展援助委员会（DAC）捐助成员国民总收入的百分比 2. OECD-DAC 捐助成员提供的可在部门间分配的双边发展援助中用于基础社会服务（基础教育、初级卫生医疗、营养、安全水源和卫生设施）的比例 3. OECD-DAC 捐助成员不附加条件的双边官方发展援助比例 4. 内陆发展中国家接收的官方发展援助占其国民总收入的比例 5. 小岛屿发展中国家接收的官方发展援助占其国民总收入的比例 **市场准入** 6. 发达国家从发展中国家和最不发达国家免税进口的产品占其进口总额的比例（按价值计算，不包括军火） 7. 发达国家对从发展中国家进口的农产品、纺织品和服装类产品征收的平均关税 8. OECD 国家农业补贴估计值占其国内生产总值的比例 9. 官方发展援助中用于帮助建设贸易能力的比例 **债务可持续承受能力** 10. 达到重债穷国（HIPC）动议决定点和完成点（累计）的国家数量 11. 根据重债穷国（HIPC）倡议和多边债务减免（MDRI）倡议承诺减免的债务 12. 还本付息占货物与服务出口的比例
具体目标 E：与制药公司合作，在发展中国家提供负担得起的基本药品	13. 可持续获得负担得起的基本药品的人口比例
具体目标 F：与私营部门合作，普及新技术，特别是信息和通信技术的好处	14. 每百人拥有电话线路数 15. 每百人移动电话用户数 16. 每百人互联网用户数

资料来源：联合国千年发展目标指标官方网站，http://unstats.un.org/unsd/mdg/Host.aspx? Content = Indicators/OfficialList.htm。

　　2000 年之后，各援助方国际发展援助的目标必须符合联合国千年发展目标，如减少贫困、控制人口、普及教育、消除疾病、提高卫生条件以及促进发展中国家的经济发展等。千年发展目标能否如期实现,不仅关系到人类的共同发展与世界的和平稳定,也关系到西方国家的切身利益。一方面,极端贫困等发展问题是恐怖主义等威胁西方国家安宁的重要根源;另一方面,帮助发展中国家实现千年发展目标是西方国家义不容辞的责任,是国际道义的重要体现。沃尔芬森认为,"无论是从社会还是从经济或人道的角度来看,发展都是一项不容忽视的挑战,世界没有两个,只有一个世界,我们呼吸着同一种空气,我们破坏着同一个环境,我们使用着同一个金融体系,我们具有同样的健康问题——艾滋病、犯罪、吸毒是无国界的。我们面临着共同的挑战,为消除贫困而战就是为我们共同的和平、安全和发展而战"。作为负责任的主权国家,发达国家在对外援助中有责任帮助贫穷国家摆脱贫困,促进全球和谐发展,新兴市场国家也应量力而行、尽力而为,帮助其他发展中国家实现国际发展目标。

(二)千年发展目标的进展

千年发展目标提出以后,以发达国家为核心的援助方紧紧围绕千年发展目标开展了援助工作,帮助发展中国家实现发展和减贫。为了对千年发展目标执行的进展进行审查和评估,联合国定期发布《千年发展目标报告》,以监控执行进展和总结经验,督促各责任方履行职责和加强合作。联合国的监控显示,到 2015 年,千年发展目标在不同地区、不同指标的落实上很不平衡(见表0-5)。

表 0-5　千年发展目标 2015 年进度表

目标和具体目标	非洲		亚洲				大洋洲	拉丁美洲和加勒比	高加索和中亚
	北非	撒哈拉以南	东亚	东南亚	南亚	西亚			
目标1:消除极端贫困与饥饿									
将极端贫困人口减半	低度贫困	非常高度贫困	低度贫困	中度贫困	高度贫困	低度贫困	—	低度贫困	低度贫困
生产性而且体面的工作	大量缺少	极大量缺少	中度缺少	大量缺少	大量缺少	极大量缺少	中度缺少	小量缺少
将挨饿人口减半	低度饥饿	高度饥饿	中度饥饿	中度饥饿	高度饥饿	中度饥饿	中度饥饿	中度饥饿

续表

目标和具体目标	非洲		亚洲				大洋洲	拉丁美洲和加勒比	高加索和中亚
	北非	撒哈拉以南	东亚	东南亚	南亚	西亚			
目标2:普及小学教育									
普及小学教育	高入学率	中度入学率	高入学率	高入学率	高入学率	高入学率	高入学率	高入学率	高入学率
目标3:促进两性平等并赋予妇女权力									
女童平等接受小学教育	近于均等	近于均等	均等	均等	均等	近于均等	近于均等	均等	均等
妇女在有酬就业者中比例	低比例	中等比例	高比例	中等比例	低比例	低比例	中等比例	高比例	高比例
妇女在国家议会中平等代表性	中等代表性	中等代表性	中等代表性	低代表性	低代表性	低代表性	很低的代表性	中等代表性	低代表性
目标4:降低儿童死亡率									
将5岁以下儿童的死亡率降低三分之二	低死亡率	高死亡率	低死亡率	低死亡率	中等死亡率	低死亡率	中等死亡率	低死亡率	中等死亡率
目标5:改善产妇保健									
将产妇死亡率降低四分之三	低死亡率	高死亡率	低死亡率	中等死亡率	中等死亡率	低死亡率	中等死亡率	低死亡率	低死亡率
能够获得生殖保健服务	中等获得率	低获得率	高获得率	中等获得率	中等获得率	中等获得率	低获得率	高获得率	中等获得率
目标6:与艾滋病病毒/艾滋病、疟疾和其他疾病作斗争									
遏制并开始扭转艾滋病病毒/艾滋病的蔓延	低感染率	高感染率	低感染率	低感染率	低感染率	低感染率	低感染率	低感染率	低感染率
遏制并扭转结核病的蔓延	低死亡率	高死亡率	低死亡率	中等死亡率	中等死亡率	低死亡率	中等死亡率	低死亡率	中等死亡率
目标7:确保环境的可持续性									
将无法获得经改善的饮用水的人口比例减半	高覆盖面	低覆盖面	高覆盖面	高覆盖面	高覆盖面	高覆盖面	低覆盖面	高覆盖面	中等覆盖面
将无法获得卫生设施的人口比例减半	中等覆盖面	很低的覆盖面	中等覆盖面	低覆盖面	很低的覆盖面	高覆盖面	很低的覆盖面	中等覆盖面	高覆盖面
改善贫民窟居民的生活	低贫民窟居民比例	很高的贫民窟居民比例	中等贫民窟居民比例	中等贫民窟居民比例	中等贫民窟居民比例	中等贫民窟居民比例	中等贫民窟居民比例	中等贫民窟居民比例	—

续表

目标和具体目标	非洲		亚洲				大洋洲	拉丁美洲和加勒比	高加索和中亚
	北非	撒哈拉以南	东亚	东南亚	南亚	西亚			
目标8:全球合作促进发展									
互联网用户	中等使用率	低使用率	高使用率	中等使用率	低使用率	高使用率	低使用率	高使用率	高使用率
进度表中,各个单元格中的文字表示目前的发展水平。									

资料来源:联合国:《千年发展目标:2015 年进度表》,http://mdgs.un.org/unsd/mdg/Home.aspx。

　　根据联合国的监控,到 2015 年,千年发展目标在几个领域取得举世瞩目的成就。首先,在消除极端贫穷与饥饿目标上已提前实现[①]。中低收入国家进步显著,贫困水平大幅下降。据世界银行的相关估计,发展中国家人均生活水平低于 1.25 美元(按照 2005 年价格计算)标准的总人口,从 1990 年的约 43.57%下降到 2015 年的 14%,2015 年生活在极端贫困环境下的人数比 1990 年减少了约 10.6 亿人[②]。其次,在提供安全饮用水、改善贫民窟居民生活状况、阻止 HIV/AIDS 扩散、降低疟疾和其他疾病的发病率方面成就突出,这些子目标在 2015 年前也已经实现。根据《2015 年千年发展目标报告》[③]的资料显示,1990—2015 年,全球约 26 亿人获得改善的饮用水,新增艾滋病病毒感染者在减少,疟疾死亡率下降了 58%,营养不足的人口比例从 1990—1992 年的 23.3%下降到 2014—2016 年的 12.9%。

　　虽然千年发展目标在部分领域取得重大成就,但截至 2015 年年底,相当部分的具体目标未能如期实现,如初中教育性别平等、产妇死亡率、普及生殖保健、普遍提供艾滋病病毒/艾滋病治疗、可持续发展和环境资源的流失、减少生物多样性损失。不现实或不能量化的目标包括:充分就业,完全公正的贸易和金融体制,满足内陆、小岛和最落后国家的特殊需

---

　　①　联合国:《2015 年千年发展目标报告》(中文版),http://mdgs.un.org/unsd/mdg/Home.aspx,2013 年,第 4 页。

　　②　资料来自世界银行 PovcalNet 数据库。

　　③　联合国:《2015 年千年发展目标报告》(中文版),http://mdgs.un.org/unsd/mdg/Home.aspx,2013 年,第 4 页。

要，维持债务的可持续性，普及基本药物和新技术。

此外，千年发展目标在不同地区的完成情况存在很大的差距。根据《千年发展目标：2015年进度表》提供的资料，以符合"具体目标已经实现或有非常好的进展"和"良好的进展"为标准，南亚地区表现最好，在16个子目标中15个已经如期实现。东亚和东南亚地区表现很好，在16个子目标中14个已经如期实现。拉丁美洲和加勒比实现了13项指标，北非地区实现了12项指标，撒哈拉以南非洲、西亚与高加索和中亚地区实现了10项指标，大洋洲的目标实现情况最差，截至2015年年底，只完成4个指标（见表0-6）。大洋洲和西亚尚有多项指标的进展较差，甚至有所恶化。如果简单按照144个①监督样本计算，千年发展目标已经如期实现的比例为70.8%。

总之，即便在得到大量外部援助的情况下，千年发展目标的落实情况并不平衡。这种不平衡与各地区或各国的经济、社会、政治、自然环境发展状况存在较强的联系。此外，千年发展目标的实施不利也与其缺乏广泛协商、部分目标缺乏量化考核等因素有关。②

表0-6　千年发展目标不同地区完成情况

地区	具体目标已经实现或有非常好的进展	良好的进展	一般的进展	较差的进展或有恶化	无数据或数据不足	目标实现比例(%)
北非	7	5	2	2	0	75.0
撒哈拉以南非洲	1	9	5	1	0	62.5
东亚	12	2	0	2	0	87.5
东南亚	6	8	2	0	0	87.5
南亚	4	11	1	0	0	93.8
西亚	4	6	2	4	0	62.5
大洋洲	1	3	5	5	2	25.0
拉丁美洲和加勒比	8	5	3	0	0	81.3

---

① 一共16个子指标9个地区，共16×9＝144个样本。

② 黄梅波、唐正明：《2015年后国际发展议程——目标、责任及中方立场》，《国际展望》2014年第4期。

续表

地区	具体目标已经实现或有非常好的进展	良好的进展	一般的进展	较差的进展或有恶化	无数据或数据不足	目标实现比例(%)
高加索和中亚	8	2	3	2	1	62.5
合计	51	51	23	16	3	70.8

资料来源:根据《千年发展目标:2015年进度表》整理计算。

尽管千年发展目标不能如愿实现,但其影响仍然是深远的。其意义在于凝聚国际力量来降低全球的贫困水平,为全人类的共同进步提供框架性的目标。千年发展目标已经成为能够引起国际社会共鸣的有效沟通工具,它改变了国际政策环境,也深深影响了各国内部政策的制定。千年发展目标的执行使得数以亿计的人群得以摆脱极端贫困、饥饿、文盲和疾病的折磨,帮助提高发展中国家能力建设。

二、《蒙特雷共识》及国际发展筹资目标

《联合国千年宣言》签署后,国际社会发现千年发展目标的实现需要庞大的资金,于是扩大援助资金来源成为国际社会共同的呼声。鉴于此,联合国于2002年3月在墨西哥的蒙特雷举行了关于发展筹资的国际会议,各国政府首脑就国际发展筹资达成了《蒙特雷共识》。

(一)《蒙特雷共识》的内容

蒙特雷峰会的一个重要成果就是产生了一个可以量化的目标:敦促发达国家将其提供的官方发展援助增加到占其GNP的0.7%。

为达到国际发展筹资目标,国际社会认为,应采取的共同行动包括调动国内经济资源、增加私人国际投资、开放市场和确保公平的贸易体制、增加官方发展援助、解决发展中国家的债务困难以及改善全球和区域金融结构、实现发展中国家在国际决策中的公正代表性等六方面即蒙特雷共识。①

---

① "Monterrey Consensus of the International Conference on Financing for Development", http://www.un.org/esa/ffd/monterrey/MonterreyConsensus.pdf,2015-10-11.

1. 筹集国内金融资源促进发展

促进增长、消灭贫穷及可持续发展的关键挑战是，各发展中国家国内是否能够调集足够的公私储蓄以支持足够的资金投资于生产。有利的国内环境才能确保筹集到国内资源、减少资本外流、鼓励私营部门投资，吸引及妥善运用国际援助和投资。各国创造这种环境的努力应当得到国际社会的支持。

良政对可持续发展是必不可少的。健全的经济政策、坚实的民主机构和完善的基础设施建设是保证经济可持续增长、创造就业和消除贫穷的基础。可持续发展的先决条件还包括自由、和平与安全、内部稳定、尊重人权（包括发展权利）和法治、性别平等、注重市场政策以及对公正和民主社会的总体承诺。此外，在各个层次打击腐败是优先事项，因为腐败是有效动员和分配资源的一大障碍，并会占用消除贫穷和维持经济可持续发展的资源。

各国政府必须实施合理的宏观经济政策，以期实现大幅度经济增长、全面就业、消除贫穷、稳定物价和可持续的财政平衡与国际收支平衡，确保增长的好处能够全民共享。各国政府应优先设法避免会损害收入分配和资源分享的通货膨胀所引起的反常与突发的经济动荡；各国政府必须采用高效率、能产生实效的问责制，以期能调集公共资源并且管理其用途。确保财政上的可持续性还要有公平、有效的税收制度和税政管理。此外还应当改善政府支出，使其不致挤出私人投资，中期财政框架可以在这方面作出贡献。在采取明智的金融和财政政策的同时，必须采用适当的汇率政策。

政府必须投资于基本经济和社会基础设施及社会服务，包括教育、卫生、营养、庇护所和社会保障方案——此类方案特别顾及儿童与老年人，而且涉及农村部门和一切弱势群体，使人们能够适应和利用不断变化的经济环境和机会。

政府须加强和发展国内金融部门，鼓励资本市场的有序发展。这需要建立健全银行制度，完善保险、债券和股票市场，解决发展的筹资需求，以此带动国内储蓄的利用，并促进生产性投资。还需要建立健全的金融中介设施、透明的规章制度和有效的监督机制,并发展担保机制和商务发展服务,以减轻中小企业融资难的问题。

加强发展中国家和转型国家在以下方面的能力建设:基本体制、人力资源发展、公共财政、抵押贷款、财务规则和管理、基础教育、公共行政、社会和性别方面的预算政策、预警和危机预防与债务管理。在此进程中,尤其应当关注非洲国家、最不发达国家、小岛屿发展中国家和内陆发展中国家的特殊需要。应重申对《2001—2010 十年期支援最不发达国家行动纲领》(2001 年 5 月 14 日至 20 日在布鲁塞尔举行的第三届联合国最不发达国家会议上通过)和《小岛屿发展中国家可持续发展行动纲领》的承诺。国际社会应鼓励"南南合作"和"三方合作",以增强关于成功战略、做法、经验以及项目的意见交流。

2. 筹集国际资源促进发展

这里的国际资源主要指外国直接投资和其他私人资本流动。为了促进国家和国际发展,必须设法获得国际私人资本,特别是外国直接投资。外国直接投资不仅有助于长期内为经济持续增长提供资金,而且有助于转让知识和技术、创造工作机会、提高总体生产力、增强竞争力与企业精神,并且通过经济增长和发展最终减少贫穷。该目标主要的挑战是创建必要的本国和国际条件,便利外国直接投资流向发展中国家,特别是非洲国家、最不发达国家、小岛屿发展中国家、内陆发展中国家以及转轨国家,以实现国家优先项目的发展。

为了吸引和增加生产性资本的流入,各国必须继续努力设法营造透明的、稳定的和可预测的投资环境,同时还须适当强制执行合同和尊重产权,实施有助于国内与国际商业有效经营和获利而且能对发展产生尽可能大影响的优质的宏观经济政策和机制。必须努力完善旨在促进和保护投资的经济政策和管理框架,包括人力资源开发;避免双重课税;改善公司管理;制定全球适用的会计标准;提倡竞争环境;促进达成公营部门/私营部门的伙伴关系和投资协定。

有关国际和区域机构以及援助国的相应机构必须增加其对私人外国投资的支持,协助发展中国家和转轨国家发展基础结构及其他优先领域。

为此，必须提供出口信贷、联合融资、风险资本和其他贷款手段，建立风险保障机制，充分发挥具有杠杆作用的援助资源的作用，提供关于投资机会的信息和商业发展服务，建立旨在促进发达国家和发展中国家的企业进行商业接触和合作的论坛，并为可行性研究提供资金。企业间伙伴关系是转让和传播技术的强有力手段，因此需要加强多边和区域性金融与发展机构之间的联系。援助国还应制定其他措施来鼓励和促进对发展中国家的投资。

支持为发展中国家和转轨国家建立新的公营部门/私营部门的筹资机制，既可以通过举债方式，也可以通过股本参与方式，尤其让中小企业和基础设施部门从中受益。这些公营部门/私营部门倡议可在国际和区域金融组织与各国政府之间、援助国和受援国的私营部门之间建立协商机制，为商业发展创建有利的环境。

此外，援助国和受援国必须采取措施，增加资金流动的透明度，防止短期资本流动波动幅度过大。

3. 发挥国际贸易作为发展的动力促进发展

发展中国家和转轨国家必须建立适当的机构并制定适宜的政策，以充分从国际贸易中获得好处。国际贸易对许多国家而言，是最重要的发展资金来源。贸易自由化是一国可持续发展战略的基本要素。增加贸易和外国直接投资可促进经济增长，同时也可以创造更多的就业机会。

双边、多边金融机构和国际发展机构应扩大其努力并加强协调，为发展中国家提供更多的资源改善贸易基础设施；使出口能力多样化并提高出口商品的技术含量；加强机构发展和提高总体生产力、竞争力。为此，各援助国、国际及区域金融机构、联合国有关机构及基金应加强支持与贸易有关的培训、能力和机构建设以及支持贸易的服务，应特别注意对非洲国家、最不发达国家、小岛屿发展中国家、内陆发展中国家以及转轨国家的援助，通过向最不发达国家提供贸易方面的技术援助的综合框架及其后续行动、综合技术援助联合方案等对这些国家提供援助。

为了减缓商品出口国出口收入减少带来的后果,还需要获得多边援助。因此,需要继续对国际货币基金组织的补偿性融资贷款进行审查,并评价其效益。还必须赋予发展中国家商品生产者一定的权力,以确保他们本身能应对风险。各援助国和多边援助机构也应加强对这些国家的出口多样化方案的支持。

为了支持多哈谈判进程,应加强发展中国家,特别是最不发达国家充分地参与多边贸易谈判。发展中国家尤其需要获得援助,以能更有效地参与世界贸易组织的工作方案和谈判进程,并加强这些国家同包括联合国贸易和发展会议、世界贸易组织和世界银行在内的利益相关者的合作。为达到这些目的,必须以更加有效、稳定、更可预测的方式向与贸易有关的技术援助和能力建设项目提供资金。

4. 加强国际援助和技术合作以促进发展

对吸引私人直接投资能力较小的国家来说,官方发展援助是对其发展资金来源的一个重要补充。官方发展援助可协助一国在适当的时间和空间内实现筹集国内资源的目的,同时也可提高人力资本、生产和出口能力。官方发展援助对于帮助改善私营部门活动的环境至关重要,并可带来有活力的增长。官方发展援助也能支持受援国教育、卫生、公共基础设施的发展、农业和农村发展以及加强粮食安全。对于很多非洲国家、最不发达国家、小岛屿发展中国家和内陆发展中国家而言,官方发展援助仍然是其最大的外部资金来源,而且对于实现《联合国千年宣言》中的发展目标和指标及其他国际商定的发展指标至关重要。

应建立援助国和受援国之间有效的伙伴关系,承认受援国发展计划的领导权和自主权,在此框架内,受援国须制定健全的政策,以确保官方发展援助效果的发挥,尽量扩大官方发展援助的扶贫作用。《联合国千年宣言》中的发展目标、指标和承诺以及其他国际商定的发展指标可协助各国制定短期和中期的国家优先事项,以此作为建立外部伙伴关系的基础。在这方面,《蒙特雷共识》强调联合国基金、联合国开发计划署和专门机构的重要性,同时敦促发达国家作出具体努力,争取将国民总收入的 0.7% 作为官方发展援助给予发展中国家、0.15% 至

0.20%给予最不发达国家，并鼓励发展中国家确保有效地利用官方发展援助实现发展目标和指标。强调必须审查为实现指标和目标采取的手段和定下的时限。

受援国、援助国和国际机构均应致力于促使官方发展援助更为有效地发展，多边和双边金融机构及发展机构应尽快实现按最高的标准协调统一业务程序，以降低交易费用，并且更为灵活地使用和交付官方发展援助款项，同时应考虑受援国自主的国民发展需要和目标；支持和加强援助国作出的努力和倡议，如取消条件性援助，执行 OECD-DAC 关于免除对最不发达国家援助的附带条件的建议。进一步努力解决造成受援国负担的各种限制问题；加强受援国的吸收能力和财务管理，促进使用适合发展中国家的需要的最适当的援助交付手段，包括酌情建立预算支出机制并以协商方式进行；使用发展中国家的减贫战略发展框架作为交付援助的工具；增加受援国对于技术援助方案的设计，包括采购的投入和自主权，并更加有效地使用当地技术援助资源；提倡使用官方发展援助吸引外来投资、贸易和国内资源等更多的发展资金；加强三方合作，包括转轨国家间合作和"南南合作"；改进官方发展援助对穷国的导向目标和援助协调。

5. 解决外债问题促进发展

可承受的债务资金筹措是另一种可调集资源用于政府投资和私人投资的重要手段。制定监督和管理外债的国家全面战略，是保证外债在可承受范围内的国内先决条件。为此，应加强向受援国提供管理外债和追查债务的技术援助。

减免外债可以将腾出的资源转用于符合实现可持续增长及发展目标的活动。因此应酌情在巴黎俱乐部、伦敦俱乐部和其他有关论坛内，大力并迅速地推行债务减免措施。面临不可承受的债务负担的发展中国家，必须重新建立财政能力，各国和国际社会也应进一步采取措施。

扩展的重债穷国倡议为受援国加强其经济增长和减贫努力提供了一个机会。重债穷国应采取必要的政策措施以达到应用该项倡议的资格。

未来的债务承受力审查也要考虑到债务减免对于实现《联合国千年宣言》中的发展目标的进展的影响。因此,必须继续对及格标准采取灵活的做法,同时持续努力,将重债穷国的债务负担降低至可承受的水平,此外还应不断审查进行债务承受能力分析的基本计算程序和假设条件。债务承受能力分析作出结论时必须考虑全球增长前景日益暗淡、贸易条件日益恶化的现实,还应设法避免对其他发展中国家造成任何不公平的负担。

6. 解决系统性问题促进发展

为了促进国内的发展,需要加强国际货币、金融和贸易系统的统一、管理和一致性。为此,必须继续改进全球经济治理,加强联合国在促进发展方面的主导作用,并在国家层面加以努力,加强所有相关部委和机构之间的协调。同时鼓励国际机构协调政策和方案,在业务和国际方面实现统一,以实现千年发展目标中有关经济持续增长、消除贫穷和可持续发展的目标。

国际社会正大力推进国际金融体系的改革,努力增加透明度,确保发展中国家和转轨国家切实公平地参与全球金融标准和守则的制定,并在自愿和渐进的基础上加以执行,以降低发生金融危机的可能性。

(二)《蒙特雷共识》的评价

蒙特雷会议取得了重要成果。《蒙特雷共识》规定了发达国家和发展中国家应该建立一种"新型伙伴关系",全面落实联合国千年发展目标中提出的旨在实现消除贫困、改善社会状况、提高生活水平和保护环境等各项可持续发展目标。《蒙特雷共识》一个重要贡献就是其产生了一个可以量化的目标:敦促发达国家将其提供的官方发展援助增加到占其国民总收入的0.7%。

但也有部分人士认为此次峰会并没有取得实质性成果。一方面,英国《拉丁美洲报道》指出,这次峰会"只产生了一个可以量化的目标:敦促发达国家将其提供的官方发展援助增加到占其GNP的0.7%。其实这是联合国大会30年前确定的目标"。另一方面,《蒙特雷共识》回避了发达国家应尽的义务，却对发展中国家提出了一系列要求。《拉丁美洲报道》就此评论说："峰会实质上反映了美国的态度：不应强加'武断的'援助水平（例如占 GNI 的 0.7%），贸易要比援助好，受援国应表现出负责和透明。"①

为了总结和审查蒙特雷筹资大会决议的执行情况，联合国于 2008 年在多哈举行了"审查蒙特雷共识执行情况的发展筹资问题后续国际会议"，会议通过了《关于发展筹资的多哈宣言》②。该次会议重申《蒙特雷共识》的目标和承诺，评估了发展筹资的进展和挑战，审查了蒙特雷共识的执行情况。会议认为国际援助在一些领域取得了一些进展，但是不公平等情况在加剧。全球贫困率的降低与公私部门资金流动紧密相关。

三、可持续发展目标

千年发展目标的执行使得数以亿计的人得以摆脱极端贫困、饥饿、文盲和疾病的折磨，提高了发展中国家的能力建设。在千年发展目标执行十几年之后，国际环境发生了巨大变化。然而，地球生态系统的脆弱性表明人类发展面临着生态环境的制约，更高水平的发展需要人们重新审视现有发展目标的合理性。于是国际社会逐渐从强调"减少贫困"的千年发展目标向关注经济、社会和环境协调发展的可持续发展目标（SDGs）转变。国际发展目标经历了从 1987 年的可持续发展，到 2000 年千年发展目标再到 2015 年可持续发展目标的演变。

（一）可持续发展概念的提出及演进

世界环境与发展委员会在 1987 年将可持续发展定义为"满足当代人的需求而又不损害子孙后代发展的需要"。之后可持续发展成为全球长期发展的指导方针，旨在以平衡的方式，实现经济发展、社会发展和环境保护。1992 年，国际社会聚集在巴西里约热内卢，召开联合国环境与发

---

① 白凤森：《关于发展筹资峰会的一些情况》，《拉丁美洲研究》2002 年第 4 期。

② United Nation, "Doha Declaration on Financing for Development", http://www.un.org/esa/ffd/doha/documents/Doha_Declaration_FFD.pdf, 2013-1-17.

展大会,讨论实施可持续发展的具体方法。在这个被称为"里约地球首脑会议"的会议上,各国领导人通过了一个在国家、区域和国际各级具体实现可持续发展的行动计划——《21世纪行动议程》。在2002年可持续发展世界首脑会议又通过了《约翰内斯堡执行计划》。该执行计划建立在从地球首脑会议以来所取得的进展和经验教训的基础上,并提供了更有针对性的办法和具体步骤,以及可量化的和有时限的目标和指标。

2012年6月20—22日,联合国可持续发展大会(即"里约+20"峰会)在巴西里约热内卢举行,此次大会是自1992年联合国环境与发展大会和2002年可持续发展世界首脑会议后,在全球可持续发展领域举行的又一重要会议,具有里程碑意义。国际社会给予该会议高度关注,近130位国家元首和政府首脑出席会议,来自各国政府、国际组织、新闻机构及主要社会团体等共5万多名代表与会。大会把"可持续发展和消除贫困背景下的绿色经济"和"促进可持续发展的机制框架"作为两大主题,并将"评估可持续发展取得的进展、存在的差距""积极应对新问题、新挑战"和"作出新的政治承诺"作为此次大会的三大目标。

在"里约+20"峰会中,各与会国围绕着此次会议的两大主题以及20年来全球可持续发展各领域取得的进展和存在的问题进行了深入讨论,经过各方的积极努力,大会最终达成了题为《我们憧憬的未来》[①]的成果文件。这份文件集中反映了国际社会关于可持续发展的共识,主要内容包括:大会重申了"共同但有区别的责任"原则,使国际发展合作指导原则免受侵蚀,维护了国际发展合作的基础和框架;决定发起可持续发展目标讨论进程,就加强可持续发展合作发出重要和积极的信号,为制定后2015年国际发展议程提供重要指导;肯定绿色经济是实现可持续发展的重要手段之一,鼓励各国根据不同国情和发展阶段实施绿色经济政策;决定建立高级别政治论坛,取代联合国可持续发展委员会,

---

① United Nation,"The Future We Want",http://www.uncsd2012.org/thefuturewewant.html, 2013-2-19.

加强联合国环境规划署的职能,提升可持续发展机制在联合国系统中的地位和重要性;敦促发达国家履行官方发展援助承诺,包括实现到2015年向发展中国家提供占国民生产总值0.7%的官方发展援助的目标,以及向最不发达国家提供占国民生产总值0.15%至0.20%的官方发展援助的目标;要求发达国家以优惠条件向发展中国家转让环境友好型技术,帮助发展中国家加强能力建设①。时任联合国秘书长潘基文表示,此次大会通过的成果文件为实现可持续发展奠定了坚实基础,同时强调,此次会议不是终点而是起点,希望世界由此沿着正确的道路前进。

在"里约+20"峰会上,各国关于可持续发展目标也存在诸多分歧。首先,各国就"共同但有区别的责任"的理解分歧较大。发达国家不愿对发展中国家进行过多援助承诺;而发展中国家则认为发达国家对可持续发展负有主要责任。其次,各国在如何构建可持续发展目标上也存在分歧。例如,发达国家有意突出环境保护的目标;而中国和七十七国集团呼吁可持续发展应以减贫为优先目标②。虽然关于可持续发展目标留有尚待解决的分歧,但会议提出的可持续发展目标为制定未来国际发展目标打下了坚实基础,强化了可持续发展的基本共识,其内容丰富、成果显著。

作为全球最高层次的探讨全球可持续发展的大会,"里约+20"峰会对国际发展援助的影响是全面而深刻的。首先,此次大会进一步提高了国际社会对发展援助的重视程度,指出了援助中存在的主要问题。大会进一步确认了国际发展援助对可持续发展的重要性,对发展援助的认识达到了新的高度。大会对以往发展援助中存在的问题表达了自己的态度和立场,并指出国际发展援助正确的发展方向。发达国家援助欠账行为

---

① 《中国能源》编辑部:《联合国可持续发展大会——里约峰会》,《中国能源》2012年第7期。

② Alex.E.and David.S.,"Beyond the Millennium Development Goals Agreeing to a Post-2015 Development Framework", http://post2015.org/2012/04/24/beyond-the-millennium-development-goals-agreeing-to-a-post-2015-developmen-framework/,2013-3-16.

可能会有所收敛,但要完全履行发展援助的责任还存在诸多不确定性。内陆、小岛屿国家、最不发达国家的生存问题得到重视,并成为未来援助的重点对象。同时更加重视受援国的能力建设和培养,更加重视援助质量,避免过高的援助成本。碎片化、复杂化的援助所导致的援助浪费行为受到各方关注,大会号召加强国际援助协调,建立援助的协调机制。鼓励更加合理的援助资金的国别流向,关注资金逆流的现象。同时更多地考虑受援国关心的事项。推动国际援助活动向更加协调和平衡的方向发展。其次,此次大会进一步推动援助主体的多元化,新型融资来源备受重视。大会认识到"需要从各种来源大力筹集资金,有效利用融资"。大会认为"新的伙伴关系和创新筹资来源可发挥作用,作为可持续发展筹资来源的补充"。这为国际援助多元化的资金来源定下了基调。再次,新兴市场国家的作用进一步突出,"南南合作"机会增大。最后,发展援助中附加条件更加不被认可,无条件援助比重将上升①。

(二)可持续发展目标的提出

联合国千年发展目标在多个方面取得了显著进展,降低了全球收入性贫困(income poverty),使更多的人获得了安全饮用水和基本卫生设施,极大地降低了儿童死亡率,改善了孕产妇的健康状况,发起了免费基础教育全球行动,激励各国增加对子孙后代的投资,在对抗 HIV/AIDS 和其他重大疾病如疟疾和肺结核方面取得了重大成果。千年发展目标的成果和经验激励着国际社会开始制定新的发展目标,随着可持续发展概念的提出,国际社会做了诸多努力,以制定新的全球发展目标,为此联合国在 2015 年举办了三次关键会议,为 2015 年后的全球发展问题出谋划策。

2015 年 3 月 18 日,来自世界 187 个国家的 2800 名政府代表在日本仙台举行的第三届世界减灾会议上通过了今后 15 年的全球减灾策略——《2015—2030 年仙台减灾框架》(*Sendai Framework for Disaster Risk Reduction 2015—2030*,SFDRR)。该框架列出了今后 15 年全球具体七大

---

① 黄梅波、熊青龙:《2012 联合国可持续大会与国际发展援助》,《国际经济合作》2013 年第 2 期。

减灾目标和四大优先推动事项①，强调社区的重要作用，并致力于减少生命损失和人民生计。SFDRR 是后 2015 年时期签署的第一个全球性质的联合国行动框架，为世界各国在健康、发展和气候变化领域的政策协调指明了方向。该纲领是由联合国国际减灾战略（United Nations International Strategy for Disaster Reduction，UNISDR）②机构发起，在完成《2005—2015 年行动纲领：加强国家和社区的抗灾能力》（以下简称"兵库行动纲领"）的执行情况评估和审查并审议执行工作经验教训的基础上，制定的新的行动框架。

2015 年 7 月 13 日至 16 日在埃塞俄比亚首都亚的斯亚贝巴举行了第三次发展筹资国际会议，来自 193 个国家的代表就大会成果文件《亚的斯亚贝巴行动议程》达成一致，该项协议包含 100 多个具体措施，是可持续发展目标制定的关键一步，为资助可持续发展提供了全球框架。《亚的斯亚贝巴行动议程》包括一系列旨在彻底改革全球金融实践并解决经济、社会和环境挑战的大胆措施，在科技、基础设施、社会保障、卫生、微型及中小型企业、外国援助、税收、气候变化及针对最贫困国家的一揽子援助措施方面均提出了新举措，其中包括建立"技术促进机制"和"全球基础设施论坛"等。发达国家重申了国民总收入 0.7% 的官方发展援助承诺，包括将 0.15% 至 0.2% 的国民总收入用于为最不发达国家提供援助。发达国家还承诺扭转向最贫穷国家提供的援助下降的趋势，欧盟承诺到

---

① 七大减灾目标是：大幅降低全球灾害死亡率；大幅减少受灾人数；减少灾害造成的直接经济损失；通过提高抗灾能力等办法，实质性减少灾害对关键基础设施的损害以及基础服务包括卫生和教育设施的中断；到 2020 年大幅增加已制定国家和地方减少灾害风险战略的国家数目；通过提供适当和可持续支持，补充发展中国家为执行本框架所采取的国家行动，大幅提高对发展中国家的国际合作水平；大幅增加人民获得和利用多灾种预警系统以及灾害风险信息和评估结果的概率。四大优先推动项目包括：理解灾害风险；加强灾害风险治理，管理灾害风险；投资于减少灾害风险，提高抗灾能力；加强备灾准备以作出有效响应，并在复原、恢复和重建中让灾区"重建得更好"。见李维森、陈宏宇：《第三次世界减灾会议与 2015—2030 仙台减灾纲领——简洁、聚焦、具有前瞻性和行动导向的世界减灾策略》，《土木水利》第 42 卷 5 期（2015/10/01），pp.49-55。联合国大会第六十九届会议议程项目 19（c）会议文件，2015—2030 年仙台减少灾害风险框架，http://www.preventionweb.net/files/resolutions/N1516715.pdf.

② http://www.unisdr.org/we/inform/publications/43291.

2030 年向最不发达国家提供的援助增加到其国民总收入的 0.2%。

2015 年 11 月 30 日到 12 月 12 日,联合国气候变化框架公约(United Nations Framework Convention on Climate Change,UNFCCC)第 21 次缔约方大会(COP21 Paris Climate Conference)在法国巴黎召开,196 个缔约方一致同意通过《巴黎气候变化协议》(以下简称《巴黎协议》)。《巴黎协议》共 29 条,包括目标、减缓、适应、损失损害、资金、技术、能力建设、透明度、全球盘点等内容。各方同意将加强对气候变化威胁的全球应对,把全球平均气温较工业化前水平升高控制在 2 摄氏度之内,并把升温控制在 1.5 摄氏度之内。为达到这一目标,各国同意制定每 5 年的减排目标,减少温室气体排放,并逐步停止使用污染最严重的化石燃料。发达国家将继续提高资金援助,协助穷国减排和适应气候变化,虽未明确具体金额,但发达国家先前已经承诺至 2020 年之前每年将提供 1000 亿美元专门用于气候援助的资金。

《2015—2030 年仙台减灾框架》(SFDRR)和《巴黎协议》为减少温室气体排放、管理气候变化和自然灾害造成的风险以及建立灾后重建提供了一整套的全球适用的共同标准和可达到的目标,《亚的斯亚贝巴行动议程》则解决了 2030 年可持续发展目标的筹资问题,是 2030 年可持续发展议程的有机组成部分,支持和补充了 2030 年议程的执行手段,并为其提供了背景介绍。这三次关键性的联合国大会为 2030 年可持续发展目标的出台奠定了基础。2015 年 6 月 5 日联合国发布了题为《新的征程和行动——面向 2030》(*Transforming Our World by 2030:A New Agenda for Global Action*)的报告,总结联合国千年发展目标的实施情况,展望 2015 年后全球的可持续发展规划。

2015 年 9 月 25 日到 27 日,联合国可持续发展峰会在纽约联合国总部召开,与会的 193 个成员共同达成了《变革我们的世界:2030 年可持续发展议程》,为未来 15 年的世界可持续发展制定了行动计划。2030 年可持续发展议程制定了 17 个可持续发展目标和 169 个具体目标(见表 0-7),这些目标统称为可持续发展目标(SDGs)。其中,目标 17 从筹资、技术、能力建设、贸易、系统性问题、政策和机制的一致性、多利益攸关方伙伴关系和数据、监督和问责等八个方面规定了重振可持续发展全球伙伴关系的要求。

表 0-7　2030 年可持续发展目标

序号	可持续发展目标	具体指标数量（个）
目标 1	在全世界消除一切形式的贫困	7
目标 2	消除饥饿,实现粮食安全,改善营养状况和促进可持续农业	8
目标 3	确保健康的生活方式,促进各年龄段人群的福祉	13
目标 4	确保包容和公平的优质教育,让全民终身享有学习机会	10
目标 5	实现性别平等,增强所有妇女和女童的权能	9
目标 6	为所有人提供水和环境卫生并对其进行可持续管理	8
目标 7	确保人人获得负担得起的、可靠和可持续的现代能源	5
目标 8	促进持久、包容和可持续的经济增长,促进充分的生产性就业和人人获得体面工作	12
目标 9	建造具备抵御灾害能力的基础设施,促进具有包容性的可持续工业化,推动创新	8
目标 10	减少国家内部和国家之间的不平等	10
目标 11	建设包容、安全、有抵御灾害能力和可持续的城市和人类住区	10
目标 12	采用可持续的消费和生产模式	11
目标 13	采取紧急行动应对气候变化及其影响	5
目标 14	保护和可持续利用海洋和海洋资源以促进可持续发展	10
目标 15	保护、恢复和促进可持续利用陆地生态系统,可持续管理森林,防治荒漠化,制止和扭转土地退化,遏制生物多样性的丧失	12
目标 16	创建和平、包容的社会以促进可持续发展,让所有人都能诉诸司法,在各级建立有效、负责和包容的机构	12
目标 17	加强执行手段,重振可持续发展全球伙伴关系	19

资料来源:http://www.fmprc.gov.cn/web/ziliao_674904/zt_674979/dnzt_674981/ xzzzt/xpjdmgjxgsfw_684149/zxxx_684151/t1331382.shtml。

可持续发展目标是一套全面、意义深远和以人为本的具有普遍性和变革性的目标和具体目标,这些目标是一个整体,不可分割,具有全球性和普适性,既兼顾了各国的国情、努力和发展水平,又尊重各国的政策和优先事项。可持续发展目标(SDGs)是在千年发展目标(MDGs)的基础上发展起来的,是对千年发展目标的继承和发展。表 0-8 给出了千年发展目标和可持续发展目标的比较。千年发展目标的八个目标未全面概括可持续发展的要求,而可持续发展目标的 17 个目标涵盖了可持续发展的三个维度,即社会可持续发展、经济可持续发展和环境可持续发展。为重振可持续发展的全球伙伴关系,SDGs 要求发达国家全面履行官方发展援助的承诺,将占国民总收入 0.7%的官方发展援助提供给发展中国家,向最不发达国家提供占比 0.15%至 0.2%的援助。

表 0-8　千年发展目标(MDGs)和可持续发展目标(SDGs)的比较

MDGs	SDGs
主要针对发展中国家,要求发达国家应对发展中国家提供帮助	普适性,涵盖所有国家,适用于所有情形
包含 8 个相对孤立的目标,对可持续发展关注较少	包含 17 个可持续发展目标和 169 个具体目标,这些目标是整体的,不可分割的,兼顾了社会、经济和环境三个方面的可持续发展
由联合国秘书处制定,并负责各成员之间的统一和协调	所有联合国成员经过 3 年的多方协商制定,体现了各国的自主权(Country ownership)
实现途径仅限于发达国家对发展中国家提供融资	强调全球伙伴关系,具有多个实现途径,包括利用全球市场和技术、能力建设、政策支持,加强监督、后续落实和评估

资料来源:FAO,http://www.fao.org/sustainable-development-goals/goals/en/。

2016 年 1 月 1 日,《2030 年可持续发展议程》正式启动,自此以后 15 年内的国际发展决策均应以此为指南。

四、国际发展目标的演进及其实现支柱

(一)千年发展目标及其支柱

20 世纪末,世界贫困问题依旧严峻,人们盼望在 21 世纪建立更加美好的未来,而这首先需要树立发展援助的目标,于是国际社会将减少贫困作为新千年国际发展的首要目标。千年发展目标提出了国际援助体系的

奋斗目标和关键指标,吹响了消除贫困的号角,成为新千年以来国际援助议程的基石和里程碑。

深入分析千年发展目标颁布以来国际援助领域的各项国际议程,可以发现它们虽然推出时间不同,定位不同,但是它们之间又存在着重要的发展逻辑和功能联系,梳理其内在的逻辑和功能关系,能够帮助我们更好地认识当前的国际援助体系(见图0-1)。

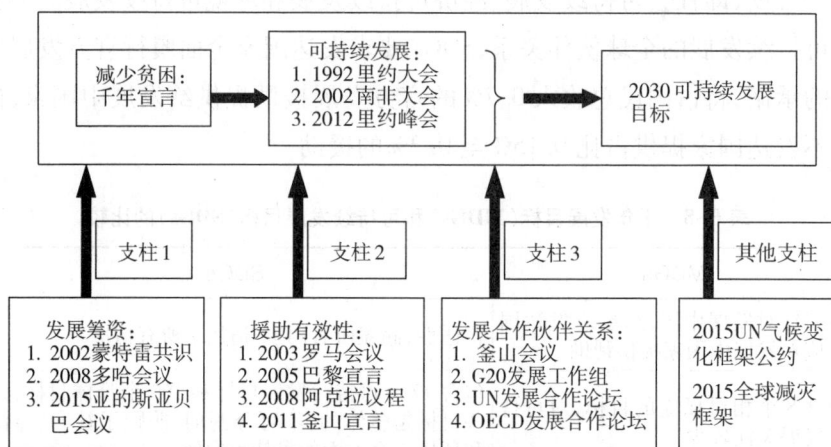

图0-1 主要国际发展议程的演进及其实现支柱

消除贫困离不开资金的支持,资金筹集随即成为实现千年发展目标的关键议题。发展筹资成为实现千年发展目标的基本要素之一,筹资从保证援助数量角度构成了消除贫困、实现千年发展目标的重要支柱。2002年召开的蒙特雷筹资大会就国际援助资金来源展开了广泛的讨论,重申了第三次联合国最不发达国家问题会议(2001年5月召开)提出的发达国家提供国内总产值的0.7%的官方发展援助。2008年及2015年又召开了两次国际发展筹资会议。

基于援助效果的历史事实,人们发现,要实现千年发展目标所规划的目标,不仅要强调扩大援助资金数量,更要重视提高援助的质量。于是,国际援助议程开始关注"援助有效性"问题,新千年以来,国际社会先后在罗马、巴黎、阿克拉和釜山召开了四次有重大影响的关于援助有效性的国际会议。它们将国际援助从单纯关注资金的筹集转向同时关注援助的效果,并将"有效援助"理念从"援助有效性"(巴黎会议)提高到"发展有效性"(釜山会议)的层次,将注重"投入有效"提高到强调"结果有效"的阶段。以上四次会议形成了"援助有效性"议程的主体,使得援助有效性成为提高援助质量、实现消除贫困目标的又一重要支柱。

国际援助的实践表明,对于消除贫困,伙伴间必须进行有效合作。这里的合作不仅包括援助国之间的合作,也包括援助国与受援方的合作,还包括非政府组织、公民社会对援助的参与。国际社会发现援助要想实现预期目标,除了扩大援助融资和提高援助效果,还迫切需要加强全球发展合作,于是加强国际发展合作也成为诸多发展议程或论坛所关注的议题,釜山会议、OECD 发展合作论坛、G20 发展工作组、联合国发展合作论坛都成为讨论全球发展合作伙伴关系的重要平台。2011 年的釜山会议不仅涉及发展有效性,同时也涉及发展合作伙伴关系。釜山会议认为单独依赖援助不能够打破贫困循环,援助只是发展融资的方式之一,强调与私人部门、社会团体的合作关系,倡导分享伙伴的发展经验。始于 2006 年的 OECD 全球发展论坛(Global Development Forum),也注意到全球伙伴关系建设的重要性,并试图将新兴援助国和受援国都纳入到同一讨论平台中来。全球发展合作伙伴的提出虽然来源于有效援助议题,但是它的内涵却远远大于援助本身,所以发展合作伙伴关系构成了消除贫困目标的另一有效支柱。

为应对 2008 年爆发的国际金融危机,2010 年 G20(二十国集团)在韩国首尔召开了金融峰会,此次会议成功将"发展议题"引入,成立了 G20 发展工作组,使得 G20 成为另一个关注国际发展合作的多边高级别论坛。G20 发展工作组的目标是在二十国集团框架内讨论和协调国际发展合作问题,减少贫困,促进国际协调发展。

联合国发展合作论坛(UN Development Cooperation Forum[1])是国际发展合作的重要平台,旨在促进有效和连贯的国际发展合作,并推进全球

---

[1]　United Nation,"UN Development Cooperation Forum",http://www.un.org/zh/ecosoc/newfunct/2008dcf.shtml,2013-3-26.

对话和伙伴关系建设。联合国发展合作论坛在理事会高级别框架内，每两年举办一次，2008—2018 年已举行了六届。论坛汇集各方意见，对国际发展合作新趋势进行高质量的分析和研判，并促进各发展行为体之间的协调一致。

（二）可持续发展目标及其支柱

贫困问题尚未解决，地球环境、生态和资源问题却持续恶化。近年来国际社会认识到，在关注贫困问题的同时，也应重视其他社会和环境问题。在此背景下，国际社会开始反思千年发展目标，同时可持续发展目标被提上议程。可持续发展目标比千年发展目标的内涵更加丰富，前者不仅强调消除贫困，也强调环境和社会的可持续发展。可以说，可持续发展目标是千年发展目标向更高层次演化的结果。可持续发展目标的实现，同样也离不开发展筹资、有效援助和全球发展合作伙伴关系三个基本支柱的支撑。

千年发展目标到期之时，许多目标未能如期实现，加之近年来不断涌现的诸如环境等发展挑战，2030 发展议程成为当前国际社会讨论的热点。由于发展目标的连续性和继承性，前述三个支柱也必然构成 2030 发展议程的基础，考虑到 2030 发展议程的复杂性，还需要其他新的支柱来支撑它的实现。2015 年 11 月联合国气候变化框架公约大会通过的《巴黎协议》应该是其中的一个重要支柱。

第三节　国际发展援助的有效性评价

国际发展援助是在援助理念的指导下进行的。进入 21 世纪以来，援助水平有所好转并持续增长，但援助国和受援国却普遍认为援助在有效促进发展方面表现欠佳。人们越来越清楚地意识到，实现发展目标的关键不在于援助的数量，而在于这些援助的质量和效果。《援助有效性巴黎宣言》(*Paris Declaration on Aid Effectiveness*，以下简称《巴黎宣言》)的签署显示了国际社会对发展援助效果的高度重视。近年来，国际发展援助的有效性评价标准又从援助有效性向发展有效性转变，并在引领国际发展援助继续在消除贫困、改善环境、促进发展等方面发挥越来越重要的作用。

一、"援助有效性"的提出及推进

国际发展援助一直被认为是帮助促进发展中国家以及最不发达国家社会经济发展的一个重要工具。长期以来,尽管援助规模不断扩大,但援助效果一直不甚理想。究其原因,主要是缺少受援国的参与,发达国家在国际发展援助体系中占据主导地位。一方面,每个援助国都在根据自己的援助政策、程序实施援助项目;另一方面,援助资金的流动又缺乏长期的可预测性,援助方对援助资金的分配一般是建立在年度预算的基础上的,受援国政府得到的援助额往往与承诺金额不符。

援助有效性的提出始于 2002 年在蒙特雷举行的联合国发展融资峰会。在这次峰会上,双边援助机构和多边援助机构同意增加援助数量,增强援助的有效性。2003 年,这一理念在罗马举行的援助协调高层论坛上被进一步强化①。

2005 年 3 月,在巴黎举行的关于援助有效性的高层论坛上,100 多个援助国、受援国、相关国际机构和社会组织共同签署了《巴黎宣言》。《巴黎宣言》规定了援助国和受援国必须遵循的五项原则,并为此设定了 12项指标。这五项原则分别是关于自主性、同盟、协调、结果管理和相互问责制。自主性(Ownership)原则规定了受援国在制定和落实发展战略、发展政策上享有自主权,援助国尊重伙伴国的自主权,并为此提供帮助。同盟(Alignment)原则规定了援助国根据受援国的国家发展战略、政策和相关程序提供援助,实现双方的有效对接。协调(Harmonization)原则是指援助国之间在提供援助时相互协调、相互配合。结果导向管理(Managing for Results)原则强调了管理和执行援助所采用的方式应以期望的成果为重点。相互问责制(Mutual Accountability)原则是指援助国和受授国对各自内部(国会、公众等)负责。

---

① 黄梅波、王璐、李菲瑜:《当前国际援助体系的特点及发展趋势》,《国际经济合作》2007年第 4 期。

《巴黎宣言》意味着国际发展援助在处理援助国与受援国关系、协调援助国之间的关系、评估发展援助绩效等方面迈出了新的步伐,这显示了国际社会对发展援助效果的高度重视,标志着官方发展援助的重要转变。因此,在某种程度上说,《巴黎宣言》在官方发展援助发展史上具有十分重要的意义①。自《巴黎宣言》签署以来,国际社会特别是 OECD 发展援助委员会将援助有效性置于国际发展援助十分显著的位置。该委员会发表了监督《巴黎宣言》落实进展的系列报告并召开了一系列重要会议。

2008 年 9 月在阿克拉举行的第三届援助有效性高层论坛又通过了《阿克拉行动议程》(Accra Agenda for Action, AAA),专门讨论了援助有效性和《巴黎宣言》的落实情况,进一步强调了加强协调、增进援助有效性的重要性。《阿克拉行动议程》的特征是强调受援国的自主权,即发展中国家的政府应当对自身的发展政策拥有更强的主导权,与本国的议会和民众共同决定发展政策。援助国应当尊重受援国的发展优先顺序,促进受援国的人力资源与制度建设。这是继签署《巴黎宣言》后第二个里程碑式的会议。

自 2005 年达成《巴黎宣言》和 2008 年签署《阿克拉行动议程》后,国际发展援助的理念一直围绕援助的有效性展开,并且实质上始终由援助国来主导。事实上,要提高援助的有效性必须协调援助国与受援国双方的努力(而过去仅局限在对援助国一方援助体系的规范,而忽视了对受援国主体性的发挥),发展合作的概念架构必须从为援助而援助的"自由主义"向促进受援国的"能力发展",并最终立足于以实现联合国千年发展目标为基石的价值体系转变②。

二、南南发展合作的重要特征

国际发展援助不仅包括发达国家对发展中国家及最不发达国家的援助,也包括发展中国家之间的援助,这主要体现在新兴市场国家与发展中

---

① 周宝根:《官方发展援助新动向及其对我国的影响》,《国际经济合作》2008 年第 2 期。
② 贺文萍:《从"援助有效性"到"发展有效性":援助理念的演变及中国经验的作用》,《西亚非洲》2011 年第 9 期。

国家之间的"南南合作"。

"南南合作"的一个重要特点是不附加任何政治条件。在南北援助关系中,传统的北方援助国总是试图在对外援助中附加种种条件,其中最为典型的即为"民主"和"良治",试图向发展中国家输出自己的价值观念和国家制度。与此相反,"南南合作"中,新兴援助国政府始终主张在援助中不附加任何政治条件,但鼓励发展中国家在发展中参考和借鉴新兴援助国发展模式和发展经验,探索适合本国国情的发展道路。

"南南合作"的第二个特点是互利共赢。作为发展中国家,发展是新兴援助国和其他发展中国家的最重要的历史使命,新兴援助国和其他发展中国家在南南合作中重新审视自己的立场,努力发现并践行以共同发展为本位的全新的生存文化与价值理念。新兴援助国的援助实际上是新兴援助国和其他发展中国家围绕着发展主题而展开的互动与合作。新兴援助国希望突破传统援助的赐予观念,打破了既定的援助结构图式,观察援助关系的视角不再仅仅停留在援助国层面,也延伸到受援者的维度,在对外援助中强调援受双方的互为主体和互为客体的角色转换。因而,"南南合作"关系超越了施援与受援的关系,始终保持着一种动态的合作关系[①]。在这种合作关系中,施受双方在共同发展的问题上遵循"互利共赢"的原则。

三、国际援助范式向"发展有效性"的转变

2011年11月底12月初在釜山举行的第四届援助有效性高层论坛盘点了2005年《巴黎宣言》和2008年《阿克拉行动议程》的履行情况,并磋商符合新的国际环境的援助框架和模式。与会国一致认为援助工作若要对受援国的发展起到实质性效果,应由受援国自主制定发展政策,再由援助国根据政策提供援助,而不是从头到尾由援助国主导援助。

该届论坛通过了《有效发展合作伙伴关系釜山宣言》(*Busan Partnership*

---

① 胡美、刘鸿武:《中国援非五十年与中国南南合作理念的成长》,《国际问题研究》2012年第1期。

for Effective Development Cooperation，以下简称《釜山宣言》）。《釜山宣言》将国际援助政策的范式从"援助有效性"转至"发展有效性"，明确表示将构筑涵盖发达国家、新兴市场国家、民间团体等各种主体的新的全球发展合作伙伴关系。

《釜山宣言》提出了四大共同原则：发展中国家有关发展优先课题的主人翁意识、对成果的追求、包容性发展合作伙伴关系、透明度和责任感等。此外还提出了四大行动计划：深化和扩大有关发展政策和进程的民主的主人翁意识、加强取得具体且可持续的成果的努力、加强和扩大"南南合作"（发展中国家—发展中国家）和三方合作（发展中国家—发展中国家—发达国家）等。

《釜山宣言》明确表示，需要在"南北合作"（发展中国家—发达国家）的基础上引入"南南合作"这个新的发展合作模式，但新的模式应适用有别于"南北合作"的方式和义务，这主要反映了中国、印度等新兴国家提出的很难承担像发达国家一样在"南北合作"中的义务的观点。

《釜山宣言》标志着国际发展援助从注重"投入"的"援助有效性"向注重"结果"的"发展有效性"的转变。"南南合作"强调援助的结果，即援助对受援国国民经济增长、减贫等的实际影响，因此，"发展有效性"也可看作是"南南合作"的深入和发展。

第 一 篇

发达国家的对外援助
及其援助有效性

第一章　发达国家的对外援助

发达国家是国际发展援助的主要力量，主导着国际发展援助的发展方向。从援助有效性到发展有效性，发达国家的对外援助不仅为援助理念的转变作出了重要贡献，也为发展中国家和不发达国家的减贫和经济发展提供了绝大部分的援助资金。发达国家的对外援助起源于人道主义救济援助、殖民地援助和技术援助。随着时代的发展，发达国家对外援助的主要动机也不断演变，从地缘政治动机到经济动机，再回归人道主义动机和发展动机。发达国家的对外援助总额、对外援助占 GNI 的比重、援助渠道的选择、援助的地区分配和部门分配的历史变化在很大程度上反映了不同时期发达国家对外援助的基本理念。虽然发达国家的对外援助对促进受援方的减贫和经济发展作出了重要贡献，但其自身也存在着一些问题，面临着一些挑战。

第一节　发达国家对外援助的演进

DAC 成员对外援助最初是由援助国出于自身利益的考虑发起的，援助动机也随历史变迁而不断演变。冷战前，政治动机在援助中占据主导地位；冷战后，随着世界格局的稳定，发展动机在援助国的国际援助决策中的地位愈益突出。

一、国际发展援助的起源

国际发展援助主要有三个起源，分别是人道主义救济援助、殖民地援助和技术援助。① 人道主义救济援助主要指的是 19 世纪中后期欧洲运用公共资源进行的人道主义救济；殖民地援助是指 20 世纪初欧洲一些殖民国家对殖民地提供的援助；技术援助主要指第二次世界大战期间美国对拉丁美洲国家提供的数量有限的技术援助。

（一）人道主义救济援助

人道主义救济援助是国际发展援助最早的起源，始于 19 世纪中后期。英国工业革命和法国政治革命之后，国家与国家之间的联系和相互依存度开始急剧增强。但在 19 世纪初期，尽管国家与国家的联系逐渐变得频繁，但利用本国的公共资源进行人道主义救援，帮助他国身处困境中的人，无论在政治层面还是在思想层面，或者是社会观念层面上，都不被接受。其中最重要的原因是，资本主义经济的兴起虽然使得国家与国家之间的关系空前紧密，但这种关系除了殖民关系就是商业关系。在重商主义传统下，尽管启蒙运动强调平等、自由、博爱的精神，但这种精神也只是局限在一个国家之内，很难用于处理国家与国家之间的关系。

到了 19 世纪末期，这种局面开始发生变化，其原因主要有以下几方面：首先，随着经济的发展，美国和欧洲逐渐具备了提供援助的实力；其次，随着现代通信功能的不断发达，新闻传媒事业突飞猛进，对于各种灾难的报道更加深入，向其他国家提供人道主义救济，帮助身处困境的人，逐渐被大众接受并日益成为一种普遍现象；最后，随着 19 世纪中后期社会思想大发展，以博爱为主题的人道主义精神逐渐成为体现社会进步的重要价值观，进行必要的人道主义救济也逐渐被更大程度地接受。

（二）殖民地援助

殖民地援助是发展援助的第二个起源。19 世纪末 20 世纪初，维系殖民统治的需要促使殖民帝国开始关注殖民地的发展问题。1929 年，英国政府颁布了《殖民地发展法案》(Colonial Development Act)，这成为第一个与援助直接相关的法律。法案首次以立法的形式，明确了英国政府具

---

① 李小云、唐丽霞、武晋编著：《国际发展援助概论》，社会科学文献出版社 2009 年版，第19页。

有向殖民地提供财政等援助,并促进殖民地发展的责任和义务,标志着英国对殖民地的经济运行从自由放任到援助的转变。《殖民地发展法案》的主要目标是促进殖民地的经济发展,从而增加对英国出口的需求以提高英国的就业。为达到这一目标,该法案颁布之后,英国政府成立了"殖民地发展基金",主要用于支持殖民地的农业和工业发展。此外,英国政府还成立了殖民地发展咨询委员会来负责资金的分配、项目的选择和实施等工作。

由于 1929 年颁布的《殖民地发展法案》对殖民地的援助有很多限制,援助只能用于进行有利于宗主国的活动,而不能投资于殖民地发展最需要的领域,如该法案规定,援助基金不能用于支持难以让宗主国直接受益的社会公共服务领域,而应主要用于产业发展等,具有明显的利己性。同时援助经费也极其有限,效果不大。1940 年和 1945 年,英国又两次通过《殖民地发展与福利法案》(Colonial Development and Welfare Acts),该法案与之前相比有很大进步,包括了教育,并允许法案许可范围内的经常费用的支付。1948 年,英国又颁布了《海外资源开发法案》(Overseas Resources Development Act),建立了殖民地发展公司。英国的发展援助,从一开始就以"捆绑援助"(tied aid)为其主要特征。

(三)技术援助

技术援助是发展援助的第三个起源,始于第二次世界大战期间。第二次世界大战之前,美国及欧洲等世界主要殖民国家认为,殖民地的发展应当主要通过私人投资和殖民地当地政府的公共投资来实现,而援助国的援助只是辅助手段。第二次世界大战爆发后,殖民地的战略重要性空前凸显,并且随着全球独立运动的发展以及两大意识形态阵营——社会主义阵营和资本主义阵营的逐渐形成,殖民地或原殖民地的发展对于援助国的战略意义更加显著。之前的发展援助战略已经不能满足促进殖民地发展的现实需要,通过扩大发展援助规模以促进殖民地经济和社会发展的方式也缺乏可持续性。而此时新古典主义经济学理论强调技术在发展中的重要性,也进一步要求提高殖民地或原殖民地国家的技术水平,因而,技术援助成为一种新的援助形式。

官方形式的技术援助最早出现于美国。1942年,美国政府成立了"泛美洲事务所"和"泛美洲教育基金会"两个机构,统一管理对美洲的援助事务,并要求通过对拉美国家提供小规模的资金,以支持这些国家的技术开发。

非官方的技术援助形式在20世纪前半期也开始初露端倪,主要通过各种民间组织、私人组织等开展,如各种教会组织、基金会等。这些组织在提供人道主义救济的同时,也逐渐在被援助地区兴建高校,开展技术培训等。

二、冷战前后援助动机的演进

现代国际发展援助真正形成于第二次世界大战结束之后。第二次世界大战后,发展援助的动机和目的主要受当时国际政治经济形势的影响。影响发展援助政治经济动机的两个关键因素为:地缘政治的演变和援助理论的发展。决定援助的核心地缘政治因素是第二次世界大战后40年的冷战,但援助理论及由其产生的援助所需附带的政策条件的发展更为复杂,几乎每10年都有一个新的主题。

(一)地缘政治动机:现代援助的产生

20世纪40年代,援助领域发生了两个重要事件——以美国援助欧洲国家的马歇尔计划为代表的双边援助和以联合国、世界银行和国际货币基金组织为代表的多边援助,共同掀开了大规模援助的序幕。马歇尔计划和世界银行的初始目标都是对战后欧洲的重建,而不是发展中国家的发展。但很快,它们的注意力便转向发展中国家。

从地缘政治角度看,20世纪40年代和50年代,援助作为一种对外政策工具,更多地服务于各国的政治目的。对外经济援助当时被广泛认为是意识形态战争的一种工具(Milton Friedman,1958)。第二次世界大战后美国和苏联都以对外援助为重要手段,维护以各自为首的阵营的稳定,确保敌对国家和国家联盟不会在冷战中取得优势地位。

经济援助是美国战后对外关系的重要方面及推行外交政策的重要工具。当时美国的决策者们认为,苏联对美国的威胁主要集中在政治领域而不是军事领域,因此美国遏制苏联的手段应当是恰当地使用经济援助,恢复由于受第二次世界大战严重破坏而经济濒临崩溃的西欧国家的稳定,防止这些国家的民众因对本国政府极度不满而爆发革命。为此,美国政府于 1947 年 7 月提出了"马歇尔计划",将其作为对西欧国家进行援助的指导方针。与此同时,美国也开始关注对发展中国家的支持和援助,认为发展中国家经济的落后不仅是它们自己的事,也是对发达国家的重大威胁。1949 年,时任美国总统杜鲁门在就职演说中提出了著名的"第四点计划"①,强调对发展中国家的援助是美国外交的第四个支柱②,希望通过对亚、非、拉美不发达地区实行经济技术援助,达到在政治上控制这些地区的目的。之后,"第四点计划"成为美国战后对发展中国家进行援助的出发点,美国国会于 1950 年 6 月通过了"援助不发达国家"的法案。

到 20 世纪 60 年代,欧洲和日本在很大程度上已不再需要重建资源,多边援助机构开始将注意力转向发展中国家。60 年代和 70 年代,多边援助机构,尤其是世界银行的援助范围进一步得到扩展,1961 年,援助国"集团"OECD 发展援助委员会建立,开始重视众多援助国援助方案间的协调问题(Rosenstein-Rodan,1968)。③

(二)援助理论的发展和援助国经济动机的转变

第二次世界大战后,援助国的援外动机一直影响着国际援助的发展方向。从经济动机角度看,援助主要是为了促进受援国的经济社会发展(无条件援助)还是为了促进援助国自身的商品服务的出口;为了提高援助的效果,受援国应采取内向型体制高度集权还是应进行市场化改革。这些均会对援助国的援助行为及受援国产生重大影响。关于援助的经济

---

① 第四点计划(Point Four Program),也称"技术援助落后地区计划"。1949 年美国总统杜鲁门在就职演说中,提出美国全球战略的"四点计划",并着重阐述了第四点,即对亚、非、拉美不发达地区实行经济技术援助,以达到在政治上控制这些地区的目的。

② 杜鲁门的"四点计划"分别是:(1)支持联合国;(2)继续实施欧洲重建计划;(3)促进"北大西洋安全保障条约"的签订;(4)援助经济落后地区。这"四点计划"构成了当时美国外交的四个支柱。

③ Rosenstein-Rodan,Paul N.,"The Consortia Technique",*International Organization*,Vol.22,No.1,1968,pp.223−230.

动机的政策辩论受国家间资源转移理论的影响，并反过来影响国家间资源转移的理论研究。该理论存在两个流派：其一，研究无条件转移的效果，属于贸易理论即新古典国际贸易理论的范畴，以完全竞争市场等假设为前提，强调贸易的互利性，即援助使援助国和受援国双方受益；其二，关注有条件转移，属于契约理论的范畴，主要指激励理论。

1. 无条件援助

无条件援助是指援助机构或援助国向受援国提供援助时不附带任何附加条件。从一个标准的新古典竞争模型的一般均衡开始，并考虑禀赋从一个代理人（援助国）到另一个代理人（受援国）的比较静态转移。那么，援助后援助国和受援国的福利将发生变化。如果转移较小而不影响均衡价格，并且不存在扭曲，这实际上是标准的竞争市场模型，其结果是显而易见的。转移使援助国变糟，使受援国变好。显然，受援国更喜欢这种转移。然而问题是，援助国为什么会推进这种转移？一种说法是援助国没有选择，援助国是作为"世界政府"（world government）实施这种转移的。但这一解释并不令人满意，因为将每一个国家看作一个代理人，国际转移都是自愿的。如果援助国与受援国有利益关系，并且受援国的福利进入到援助国的效用函数，转移对援助国是否有利？

一旦放弃标准的竞争模型，那么转移就会通过对援助国有利的其他渠道进行。例如，如果受援国的资本回报率高于援助国，那么对受援国提供优惠贷款，援助国就可以获得高于国内利率，但低于受援国利率的利息收入。受援国因此得到好处，从援助国来看也是一个好的提案。又如，在总需求普遍不足的情况下，受援国的消费倾向往往较高，根据凯恩斯主义的观点，向受援国转移对援助国来说是有益的（Mosley，1987）①。另外，当今世界，国家之间有着紧密的联系，一个国家的危机可以通过各种渠道迅速蔓延到其他国家。从受援国到援助国的溢出效应，超越了简单的利他主义。为了自身利益考虑，富国须确保这些危机不会发生，因此，其向受援国提供援助也可以确保其经济安全，这对援助国为什么可能愿意作

① Mosley，Paul.，*Overseas Aid：Its Defence and Reform*，Brighton：Wheatsheaf Books，1987.

出转移提供了一种解释。

2.有条件援助

有条件援助是指援助机构或援助国向受援国提供援助时带有附加条件，包括政策条件、经济条件等。有条件援助进一步保证了援助国在对外援助中的收益，包括政治收益和经济收益。

自援助开始以来，条件性就成为援助的一个不断发展的主题。援助的表面目的是帮助贫困国家发展经济，尤其是改善贫困国家的福利，但援助往往又带有一定的条件性，如要求受援国购买援助国的商品和劳务，或者要求受援国进行政治改革和市场化改革等。

（1）有条件援助与援助国的经济动机

有条件援助可以追溯到援助的最初起源。20世纪50年代和60年代，援助国给予援助的条件之一可能是要求受援国使用援款购买援助国的商品和服务，促进援助国贸易或服务的发展。即受援国获得援助资金的条件是将钱花在购买援助国的商品上；在某些情况下，可能要求部分援助资金用于购买援助国提供的商品，或用于雇用援助国的顾问和公司的服务。因为这种转移可以促进援助国与受援国之间的贸易（Jepma，1991）[1]，援助国可以从有条件援助中直接受益。而且，正如坎布尔指出的，假定援助来源于援助国的一般税收，如其必须用于购买援助国某一特定行业的商品或服务，那么有条件援助可被看作是援助国收入再分配的一种方式（Kanbur，2006）。[2] 有的经济学家认为有条件援助是无效率的（Bhagwati，1970）[3]。早在五十多年前，针对美国利用援助转移农业剩余的问题，就有学者指出，美国因为农产品价格补贴而粮食过剩，美国将粮食盈余作为有条件援助，其目的是保护其本国农民的收入。这种"粮食援助"（food aid）一方面造成援助国国内政策的无效率延续，另一方面还

---

① Jepma，Catrinus J.，*The Tying of Aid*，Washington：OECD Publications and Information Centre，1991.

② Kanbur，Ravi.，"The Economics of International Aid"，*Handbook of the Economics of Giving, Altruism and Reciprocity*，Vol.1，2006，pp.1559-1588.

③ Bhagwati，Jagdish N.，"International and Regional Development"，*Economic Development in South Asia*，1970.

会打击受援国农业生产而使受援国受损(Schultz,1960)①。

经济动机是国际发展援助的一个重要动机。通过有条件援助,可以促进援助国商品与服务的出口,同时,援助国往往还希望通过提供发展援助从对受援国的投资及受援国的发展中获得更大的经济利益。

首先,带动援助国向受援国出口商品或服务。援助国在对受援国提供发展援助的同时,取得了受援国对援助国的政治支持,也为援助国商品和服务顺利出口到受援国提供了通行证。因此,发展援助对于扩大援助国企业及商品和服务在受援国的市场份额,具有相当大的促进作用。特别是当受援国的市场还处于比较封闭状态的时候,这种作用更加明显。美国国际开发署在关于发展援助的阐述中提到,美国对外援助计划的主要受益者始终是美国自己,其对外援助中,将近80%的合同和援助款项直接进入了美国公司的账户,为美国企业创造了巨大的市场和就业机会。

其次,促进对受援国的投资以获得长远的经济利益。援助国通过发展援助,在帮助本国商品和服务以及本国企业进入并占领受援国的市场之后,更带动了对受援国的大量直接投资,从而获得长远且巨大的经济效益。在中国改革开放的早期,伴随日本对华经济援助,日本商品在极短的时间内快速占领了中国的消费市场,同时成功获得了日本企业在华投资的许可,并快速成为中国外商直接投资的最大来源国之一,为日本提供了巨额的利润,并直接带动了日本经济的发展。

最后,扩大援助国在受援国的经济渗透或影响以达到特定的长远经济目标。随着全球化的日益深化,国家与国家之间的联系日益紧密,相互影响和相互依赖也日益增强,其中相互间的经济利益是最重要的联系纽带之一。而发展援助就成为达到特定长远经济目标的重要手段,如获取在受援国能源、矿产等生产资料领域的优先开发和供应权等。

---

① Schultz,Theodore W.,"Value of U.S.'Farm Surpluses to Underdeveloped Countries'", *Journal of Farm Economic*, Vol.42, No.5, 1960, pp.1019-1030.

（2）援助的制度条件

20世纪70年代到90年代，援助的"条件"演变为"市场化改革""民主改革"等制度条件。有条件援助也可用"委托—代理"框架进行解释，援助国是委托人，受援国是代理人。在此框架内，援助国只有在假设援助改善了其目标函数时才会提供援助。如果援助国以受援国进一步采取行动为条件提供援助，那么就可以选取使援助国变得更好的行动，或许相应的，受援国也会变得更好。按照这一理论，如果援助国能够坚持受援国移除某些政策扭曲，援助将使受援国变得更好。假定这也是援助国所希望的，援助国也会变得更好。许多文献都对上述理论进行了探讨（见Murshed 和 Sen，1995[①]；Mosley 等，1995[②]；Hopkins 等，1997[③]；Killick，1997[④]；White 和 Morrissey，1997[⑤]；Adam 和 O'Connell，1999[⑥]；Kanbur，2000[⑦]；Svensson，2000[⑧]；等等）。

①市场化改革

"市场化改革"条件起始于1973年和1979年的OPEC石油冲击，结束于柏林墙的倒塌、苏维埃集团的瓦解以及冷战的结束。这十年尽管是冷战的最后阶段，但在许多方面代表着冷战的高峰期。对于发展学说和

---

① Murshed, S. Mansoob, and Somnath Sen, "Aid Conditionality and Military Expenditure Reduction in Developing Countries: Models of Asymmetric Information", *The Economic Journal*, Vol. 105, No.429, 1995, pp.498–509.

② Mosley, Paul, Jane Harrigan, and John FJ Toye., "*Aid and Power: The World Bank and Policy-Based Lending*", London: Routledge, 1995.

③ Hopkins, Raul, et al., "The World Bank and Conditionality", *Journal of International Development*, Vol.9, No.4, 1997, pp.507–516.

④ Killick, Tony, "Principals, Agents and the Failings of Conditionality", *Journal of International Development*, Vol.9, No.4, 1997, pp.483–495.

⑤ White, Howard, and Oliver Morrissey, "Conditionality When Donor and Recipient Preferences Vary", *Journal of International development*, Vol.9, No.4, 1997, pp.497–505.

⑥ Adam, C.S., and S.A.O'Connell, "Aid, Taxation and Development in Sub-Saharan Africa", *Economics & Politics*, Vol.11, No.3, 1999, pp.225–253.

⑦ Kanbur, Ravi, "Aid, Conditionality, and Debt in Africa", *African Journal of International Affairs and Development*, Vol.5, No.2, 2000, pp.1–15.

⑧ Svensson, Jakob, "When is Foreign Aid Policy Credible? Aid Dependence and Conditionality", *Journal of Development Economics*, Vol.61, No.1, 2000, pp.61–84.

援助学说来说是"混乱的十年"，这一时期，发展中国家独立后早期政治上采取的中央集权和经济上采取的内向型的"进口替代"政策受到了政策制定者和学者的攻击，以市场为导向的政策被广为推荐。

20世纪80年代是"结构调整"援助理论的高峰，援助越来越多地以预算支持的形式发生，并以符合"华盛顿共识"原则的政策改革为条件（Williamson, 1999）①。在拉丁美洲债务危机后债务问题的解决是20世纪80年代发展援助条件性应用的重要阶段，债务减免或债务拖欠后的债务重组，都以受援国的政策改革为条件。在非洲，条件性在债务减免和取消中也非常重要。有人认为，以采取好的政策为条件取消债务会提高援助的效应（Sachs, 1989②、1990③；Iqbal和Kanbur, 1997④）。这些条件以及其所取得的所谓成果，引发了一场大规模的辩论。一些人认为这是"有人情味的调整"（adjustment with a human face）（Cornia, Jolly和Stewart, 1987⑤），而其他人则认为20世纪80年代的援助和发展学说及其条件性关注的只是北方债权人的利益。

20世纪90年代的援助仍是有条件的，但前半期与后半期的"条件"有明显的差别。该十年初期，80年代的学说仍继续当道。关于东欧和苏联继承国的计划经济的过渡，许多人认为快速过渡是最好的方法，"休克疗法"（Shock Therapy）在此背景下产生。但到了后半期，"休克疗法"在许多转型国家的实行对其经济产生了灾难性后果，国际社会对"休克疗法"开始重新评估（Stiglitz, 2000）⑥。1997年的东南亚金融危机，以及随

---

① Williamson, Oliver E., "Strategy Research: Governance and Competence Perspectives", *Strategic Management Journal*, Vol.20, No.12, 1999. pp.1087–1108.

② Sachs, Jeffrey D., *Developing Country Debt and Economic Performance*, Chicago/London: The University of Chicago Press, 1989.

③ Sachs, Jeffrey D., "A Strategy for Efficient Debt Reduction", *Journal of Economic Perspectives*, Vol.4, No.1, 1990, pp.19–29.

④ Iqbal, Zubair, and SM Ravi Kanbur, *External Finance for Low-income Countries*, Washington: International Monetary Fund, 1997.

⑤ Cornia, Giovanni Andrea, Richard Jolly, and Frances Stewart, *Adjustment with a Human Face: Protecting the Vulnerable and Promoting Growth*, New York: Oxford University, 1987.

⑥ Stiglitz, Joseph, "What I Learned at the World Economic Crisis", Globalization and the Poor: Exploitation or Equalizer, 2000, pp.195–204.

后的拉丁美洲危机和俄罗斯危机,对许多发展中国家经济产生了相当大的溢出效应。许多批评家将危机归结于过快的市场化和资本账户自由化,而这本身是 80 年代和 90 年代上半期国际社会倡导的市场化的结果(Sakakibara,2001)①。

②政治条件

《巴黎宣言》强调受援国拥有选择自己发展道路的自主权,因此受援国更倾向于没有任何条件的援助,但援助国认为只有要求受援国作出相应的调整,援助资金才能有效发挥作用。对于条件性,《巴黎宣言》的规定并不明确,它指出援助国可以在必要时基于受援国的优先发展领域提供有条件援助,但要求援助国和受援国一起制定一套针对有条件援助的可管理的指标。但 20 世纪 80—90 年代的援助失败表明,有条件援助是无效的。针对对外援助中政治条件的无效性,莫尔德分析了其中的原因(Mold,2008)。② 首先,发达国家对政治条件的使用并不一致,对某些受援国提供援助时要求很高的政治条件,但对某些提供了很多援助的受援国却对政治条件不做要求,这引起了其他国家对援助国在援助政治条件上的信任危机。双边援助机构在对外提供援助时,更多地考虑受援国在贸易或外交事务上与本国的相似性。其次,即使发达国家在提供对外援助时能对所有受援国一视同仁,对外援助中的政治条件也不可避免地会损害受援国当地政府的责任结构(accountability structures)。一些援助国认为援助的政治条件可以帮助受援国当地政府进行必要的改革,这些改革往往不受国内民众的支持,政治条件就成为受援国政府为援助国负责而避免国内对这些改革进行国家层面讨论的替罪羊,受援国政府只对援助国负责,而不是对本国居民负责。最后,援助国对什么是好的发展政策的选择能力值得怀疑,援助国在磋商政策优先权时往往会忽略受援国的环境。许多经济学家已经意识到,"华盛顿共识"列出来的经济政策

① Sakakibara, Eisuke, "The East Asian Crisis-Two Years Later", *Annual World Bank Conference on Development Economics*, 2000, World Bank Publications, 2001.

② Mold, A. and F. Zimmermann, "A Farewell to Policy Conditionality?", *OECD Development Centre Policy Insights*, 2008, Vol.74, p.1.

(economic policy)改革措施在很多情境下是不适用的。罗德里克呼吁建立一套将受援国当地情况和不同政策的回报考虑进去的适用性更强的制定经济政策的方法,利用这套方法制定出来的经济政策可能不是最优的,但却能确保改革的成功(Rodrik,2007)。[1]

但也要注意到,不考虑政治条件并不意味着发展中受援国能够凭自己的意愿使用外部援助,援助国有权要求受援国公开援助资金的使用情况,并采取可信赖的使用方法以避免援助资金被滥用。而且,作为对附带政治条件的援助的替代,很多发展中国家会选择没有限制的官方或私人资金来源补充国内建设所需资金。

莫里西[2]认为,援助国对受援国施加影响,未必只有在提供援助时附加政治条件这一条,还可以通过影响受援国的政策学习和政策制定过程间接影响受援国的政策选择(Morrissey,2004)。政策制定者往往通过社会学习(social learning)观察其他国家选择的政策,援助国作为外部代理人(external agents)可以通过影响受援国政策制定者的学习过程影响其政策选择,如为受援国的政策制定者传递某些政策在其他国家十分奏效的信息,或者为将要实施的政策提供分析支持等。

三、国际发展援助的回归:发展动机和人道主义动机

对 20 世纪 80 年代和 90 年代早期市场主导方式的强烈批评,一定程度上推动了 90 年代的发展学说转而强调减贫,支持将减贫作为发展的最终目标,并进一步地为实现这一目标而采取具体的干预措施。21 世纪头几年的援助理论包含了先前争论的大多数内容(Kanbur 和 Vines,2000)[3]。其虽然没有返回到 20 世纪 50—70 年代高度中央集权和内向型体制的明显迹象,但对 80 年代和 90 年代初的"市场原教旨主义"

① Rodrik, Dani, *One Economics, Many Recipes: Globalization, Institutions, and Economic Growth*, Princeton: Princeton University Press, 2007.

② Morrissey, O., "Conditionality and Aid Effective Re-Evaluation", http://website1.wider.unu.edu/lib/pdf/WE-27-2-04-3-Morrissey.pdf.

③ Kanbur, Ravi, and David Vines, "The World Bank and Poverty Reduction: Past, Present and Future", *The World Bank: Structure and Policies*, 2000, pp.87-107.

（Market Fundamentalism）的热情已经大大降温（Kanbur，2001）①。尽管总体宏观经济政策很重要，但旨在帮助穷人从总体政策和经济增长中获益而进行的具体干预措施在逐渐增加。这一阶段强调全球的相互依赖及对国际溢出的管理的需要。国际发展援助总体上处于回归阶段，关注的焦点再次集中于贫困问题及各种人道主义救助。

（一）千年发展目标成为国际发展目标

2000 年 9 月，联合国大会签署的《联合国千年宣言》强调"以消除贫困、关注弱势群体为中心，以关注人的生存和发展权利为重点，以整合经济、社会、环境的可持续发展为前提"，并以此作为全球发展框架。援助国通过更有针对性的国际发展援助行动，最大限度地缓解国际发展差异，缓解受援国严重的贫困问题。1990 年和 2000/2001 年世界银行的《世界发展报告》阐述了这一转变。对于受援国发展的基本目标已由通常被认为的 GDP 的增长转为减贫目标。因此对于援助国来说，扶贫才是唯一有价值的援助。减贫——在世界上或一个特定的国家或区域——主要取决于一国国内经济政策的质量。援助可以加快这一进程，它可以协助政府和社会提供公共服务，同时包括穷人家庭参与市场经济所需要的关键部分（Collier 和 Dollar，2000）。②

（二）人道主义救援

美国在"9·11"事件之后，发动了伊拉克战争和阿富汗战争，对战后伊拉克及阿富汗的重建以及对难民的人道主义救助，成为这一时期发展援助的重要内容。此外，许多发展中国家由于政局不稳定和社会动荡，产生了大量需要救助的难民或贫民，如部分非洲国家，需要国际社会提供大量的人道主义救助。频繁发生的自然灾害，如印度洋海啸、中国汶川地震等，DAC 成员的对外发展援助在灾害发生期间及灾后重建过程中，都发挥了重要作用。

---

① Kanbur，Ravi，"The Economics of International Aid"，*Handbook of the Economics of Giving*，*Altruism and Reciprocity*，Vol.1，2006，pp.1559–1588.

② Collier，Paul，and David Dollar，"Does Africa Need A Marshall Plan？"，*Cambridge Review of International Affairs*，Vol.14，No.1，2000，pp.123–134.

(三)后华盛顿共识

针对日益凸显的贫困问题,援助国和多边援助机构除了不断调整国际发展援助的重点关注领域以及具体的援助方式外,对此前占主导地位的"华盛顿共识"进行了批判,并在批判和反思基础上提出新的发展援助理论,被统称为所谓的"后华盛顿共识"。"后华盛顿共识"的最大特征,在于部分抛弃了完全私有化、自由化和市场化的新自由主义发展观,强调适当的经济管制和综合发展的重要性。其具体行动措施包括提倡适当的金融管制、注重教育和卫生投资、注重社会公平和强调可持续发展等。

第二节　发达国家对外援助的现状

以 DAC 成员为主的发达国家的对外援助经过半个多世纪的发展,援助规模不断上升,援助的渠道、援助的区域分配和部门分配等都具有自己的特点。

一、援助规模

(一)全部国家援助规模

根据 OECD 的统计数据,按照 2014 年的可比价格计算,从 1960 年到 2014 年,全部国家①向发展中国家提供的官方发展援助支出净额约为 56538.4 亿美元,其中多边援助约为 12106.8 亿美元,而双边援助约为 44431.6 亿美元,而在全部的援助中 DAC 成员提供的官方发展援助约为 41451.5 亿美元。从图 1-1 可知,全部国家提供的官方发展援助额呈现持续上升状态,按照 2014 年的价格,1960 年的援助额约为 372.98 亿美元,而 1961 年猛增至 434.51 亿美元,此后较平稳增长,到 1991 年时援助额到达 1180.82 亿美元,形成一个阶段性的高峰。而冷战结束到 20 世纪

---

① 全部国家是指向 OECD-DAC 汇报 ODA 数据的所有援助方,涉及四类主体,即 DAC 成员、多边机构、非 DAC 成员和私人援助方。其中,DAC 成员包括到 2019 年为止的 30 个成员;多边机构包括 39 个具体组织和 1 个其他组织;非 DAC 成员包括 19 个国家和 1 条其他国家数据;私人援助方有 1 条数据,即比尔和梅琳达盖茨基金会。

末,援助额经历了一个下降的过程,进入21世纪后,受到千年发展目标的影响,援助额又开始以较快速度增长,到2005年援助额达到峰值的1599.63亿美元,此后受到国际金融危机的影响,援助额有所回落,2007年为1505.56亿美元。随着2008年《阿克拉行动议程》的签署实施,所有国家提供的对外援助净额逐渐上升,到2014年时全部援助额为2051.05亿美元(见表1-1)。

表1-1 全部国家及DAC提供的ODA变化表(1960—2014年)

(单位:%;亿美元)

年份	全部国家ODA总额	全部国家提供的多边ODA	全部国家提供的双边ODA	全部国家多边援助/援助总额	全部国家双边援助/援助总额	DAC成员提供的ODA	DAC-ODA/全部成员总额	DAC-ODA/GNI
1960	372.98	15.16	357.82	4	96	341.60	92	0.51
1961	434.51	12.96	421.55	3	97	408.57	94	0.54
1962	444.07	18.55	425.52	4	96	401.16	91	0.53
1963	500.11	32.27	467.84	6	93	411.88	88	0.51
1964	495.83	38.09	457.74	9	92	389.07	85	0.48
1965	527.15	43.53	483.62	10	92	408.14	84	0.48
1966	536.04	50.78	485.26	12	91	381.59	79	0.44
1967	577.04	61.87	515.17	14	89	407.73	79	0.41
1968	469.78	52.88	416.90	11	89	418.53	89	0.41
1969	493.48	95.44	398.04	19	81	440.25	89	0.37
1970	518.27	85.91	432.36	17	83	425.79	82	0.33
1971	543.76	82.00	461.76	15	85	437.05	80	0.32
1972	586.37	139.93	446.44	24	76	475.08	81	0.34
1973	626.97	103.17	523.80	16	84	417.58	67	0.27
1974	788.17	153.09	635.08	19	81	483.82	61	0.32
1975	883.70	162.46	721.24	18	82	509.03	58	0.34
1976	843.75	169.34	674.41	20	80	491.04	58	0.31
1977	850.26	199.74	650.52	23	77	511.17	60	0.31
1978	975.56	218.68	756.88	22	78	570.98	59	0.33
1979	948.82	183.05	765.77	19	81	581.90	61	0.33
1980	1068.16	231.34	836.82	22	78	634.24	59	0.35

续表

年份	全部国家ODA总额	全部国家提供的多边ODA	全部国家提供的双边ODA	全部国家多边援助/援助总额	全部国家双边援助/援助总额	DAC成员提供的ODA	DAC-ODA/全部成员总额	DAC-ODA/GNI
1981	1038.87	193.86	845.02	19	81	619.17	60	0.32
1982	1033.43	250.09	783.34	24	76	689.98	67	0.36
1983	993.07	239.84	753.22	24	76	684.94	69	0.34
1984	1049.35	248.26	801.09	24	76	735.40	70	0.34
1985	1055.66	216.82	838.84	21	79	749.68	71	0.33
1986	1051.43	242.24	809.18	23	77	768.72	73	0.34
1987	1000.98	226.16	774.82	23	77	754.81	75	0.32
1988	1040.73	263.96	776.77	25	75	813.61	78	0.34
1989	1046.25	236.29	809.96	23	77	797.84	76	0.31
1990	1171.37	254.60	916.77	22	78	850.08	73	0.32
1991	1180.82	246.38	934.44	21	79	883.10	75	0.32
1992	1167.74	297.85	869.89	26	74	895.57	77	0.32
1993	1094.21	265.48	828.73	24	76	830.33	76	0.29
1994	1120.87	268.43	852.45	24	76	831.87	74	0.29
1995	1003.79	250.08	753.71	25	75	748.90	75	0.26
1996	986.85	236.51	750.34	24	76	747.12	76	0.24
1997	948.81	239.25	709.56	25	75	701.11	74	0.21
1998	1010.66	256.73	753.93	25	75	763.81	76	0.22
1999	997.66	241.76	755.90	24	76	769.66	77	0.22
2000	1031.71	285.15	746.56	28	72	803.48	78	0.22
2001	1118.67	292.10	826.56	26	74	826.79	74	0.21
2002	1221.08	280.10	940.97	23	77	886.89	73	0.23
2003	1229.20	274.02	955.18	22	78	926.01	75	0.24
2004	1299.91	318.70	981.21	25	75	978.19	75	0.25
2005	1599.63	312.48	1287.15	20	80	1282.92	80	0.32
2006	1577.74	331.33	1246.41	21	79	1221.05	77	0.30
2007	1505.56	337.03	1168.53	22	78	1128.36	75	0.27
2008	1675.80	366.00	1309.80	22	78	1257.53	75	0.30
2009	1736.91	391.82	1345.09	23	77	1276.03	73	0.31
2010	1786.31	410.10	1376.22	23	77	1344.97	75	0.31

续表

年份	全部国家ODA总额	全部国家提供的多边ODA	全部国家提供的双边ODA	全部国家多边援助/援助总额	全部国家双边援助/援助总额	DAC成员提供的ODA	DAC-ODA/全部成员总额	DAC-ODA/GNI
2011	1807.51	408.21	1399.30	23	77	1331.70	74	0.31
2012	1749.93	403.60	1346.33	23	77	1281.18	73	0.28
2013	1943.22	431.34	1511.87	22	78	1352.23	70	0.30
2014	2051.05	439.96	1611.09	21	79	1372.22	67	0.30

注:其中官方发展援助按支出净额计算,以2014年不变价格计算。
资料来源:OECD-DAC。

(单位:亿美元)

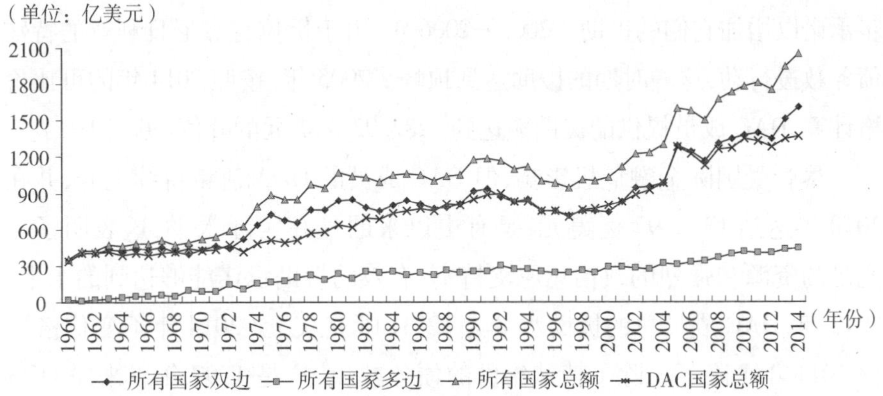

图1-1　全部国家及DAC提供的ODA变化图(1960—2014年)
注:其中官方发展援助按总支出额计算,以2014年价格计算。
资料来源:OECD-DAC。

　　而根据全部国家官方发展援助的援助来源看,双边援助占据总援助额的绝大部分,多边援助占据少部分。1960年双边援助占总援助额的96%,直到1976年其比重依然维持在80%以上,后来随着多边援助的兴起,双边援助的比重才逐渐下降,不过其比重普遍在70%以上。而双边援助与多边援助差距最小的年份是2000年,该年多边援助额到达历史峰值的285.15亿美元,占据总援助额的28%,该年双边援助占总援助额的比重为72%(见表1-1)。

(二)DAC成员援助规模

　　总体看,DAC成员提供的援助额占据全部援助额的绝大部分,从

1960 年直到 1972 年，DAC 成员提供的援助额占全部国家援助额的比重基本在80%以上，后来由于其他 OECD 国家以及石油输出国家、新兴市场成员逐渐成为援助国，致使 DAC 所提供援助的比重逐渐下降，不过 DAC 成员提供的援助比重始终维持在 60%以上。

从图 1-1 可以看出，由于 20 世纪 90 年代初经济衰退后援助国的财政调整，DAC 的 ODA 实际总额不断下降。此后，一系列国际会议提高了 ODA 流量。2002 年，在墨西哥蒙特雷举行的发展筹资问题国际会议，设置了每个援助国的目标，这也标志着经过 10 年下降的 ODA 有所好转。2005 年，在八国集团格伦伊格尔斯首脑会议上，DAC 援助成员作出进一步承诺以增加它们的援助。2005—2006 年，由于伊拉克和尼日利亚的特殊债务救援行动，这一时期的援助达到顶峰。2005 年，按照 2014 年的可比价格计算，DAC 成员提供的援助额达到 1282.92 亿美元的峰值（见表 1-1）。

尽管受国际金融危机影响，但 DAC 成员的 ODA 流量持续上升，并在 2010 年达到 1344.97 亿美元，是有史以来的最高实际水平，这表明了在充足的资源和强烈的政治意愿支持下，有效的援助承诺能够达到的水平。2012 年，DAC 成员总的援助水平为 1281.18 亿美元（2014 年不变价格），比 2011 年下降了。除了特殊年份的债务减免，这是 1997 年以来净 ODA 实际值的首次下降，反映了全球衰退背景下，一些 DAC 成员的财政约束已经影响到其 ODA 预算。

衡量 DAC 成员援助贡献率的指标为援助与国民总收入的比值——ODA/GNI。虽然 DAC 所提供的援助占全部国家援助总额比例较大，然而 DAC 成员所提供的援助额占 GNI 的比重远远低于联合国所呼吁的 0.7%标准（见图 1-2 和表 1-2）。DAC 所提供的 ODA 占 GNI 的比重在 20 世纪 60 年代较高，基本维持在 0.4%—0.5%之间，1960 年是 0.51%，1962 年是 0.53%，而后逐渐下降，到 1968 年降至 0.41%。70 年代和 80 年代，其比重基本保持在 0.3%—0.36%之间，自 90 年代以来其变化趋势与其 ODA 的变化趋势基本一致，占 GNI 的比重有一个明显下降的过程，范围基本在 0.2%—0.32%之间。21 世纪以来，比重有一个回升过程，近年来该比重基本在 0.3%附近波动，2005 年，ODA/GNI 为 0.32%，达到

1990 年以来的最高值。2007 年出现了短暂的下降,并在之后小幅上升,2013—2015 年均为 0.30%。

（单位：亿美元）

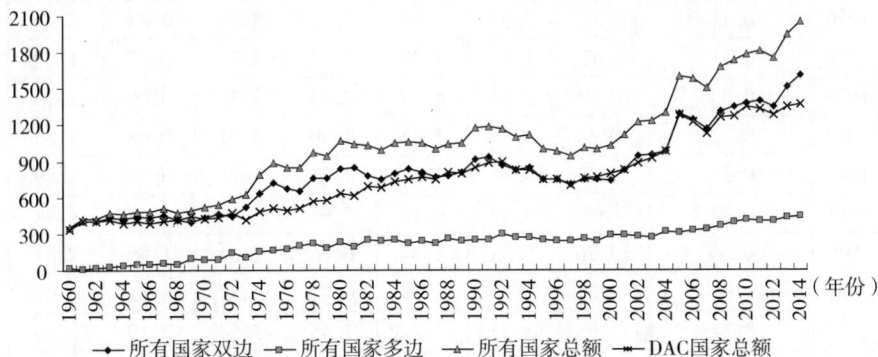

图 1-2　DAC 成员 ODA 占 GNI 比重(1960—2014 年)

资料来源：OECD-DAC。

表 1-2　G7 国家援助额变化(1960—2015 年)

（单位：%；十亿美元）

年份	DAC 成员 ODA 占 GNI 比重	美国	日本	德国	法国	英国	意大利	加拿大
1960	0.51	16.03	0.99	3.04	7.74	3.51	1.14	0.37
1961	0.54	19.80	1.15	3.81	8.35	4.53	0.95	0.36
1962	0.53	20.63	0.92	3.85	7.82	4.06	1.00	0.35
1963	0.51	21.36	1.38	4.28	7.08	3.89	1.28	0.74
1964	0.48	19.11	1.08	4.29	6.71	4.56	0.65	0.90
1965	0.48	20.13	2.19	4.35	5.36	4.08	0.56	0.74
1966	0.44	19.54	2.16	3.64	3.96	4.29	0.53	1.33
1967	0.41	17.38	3.02	4.17	5.75	3.98	1.13	1.18
1968	0.41	15.73	2.51	4.18	4.34	3.72	1.20	0.96
1969	0.37	13.85	2.64	3.99	4.49	3.21	1.01	1.03
1970	0.33	12.60	2.70	3.55	4.54	3.40	0.56	1.61
1971	0.32	13.03	2.90	3.59	4.60	3.79	1.13	1.63
1972	0.34	11.80	2.68	3.55	4.47	3.42	0.38	1.73
1973	0.27	9.68	3.36	3.67	4.14	2.90	0.76	1.65
1974	0.32	9.63	3.44	4.24	4.35	3.06	0.00	1.99

年份	DAC 成员 ODA 占 GNI 比重	美国	日本	德国	法国	英国	意大利	加拿大
1975	0.34	10.13	3.16	4.38	4.25	2.87	0.30	2.31
1976	0.31	9.32	2.58	3.89	4.07	3.19	0.44	1.76
1977	0.31	8.97	2.62	3.40	3.82	2.76	0.17	1.60
1978	0.33	10.04	3.34	4.29	4.23	3.47	0.09	2.19
1979	0.33	10.89	4.35	5.33	4.56	3.92	0.08	1.88
1980	0.35	10.69	4.36	5.32	4.81	3.25	0.25	1.89
1981	0.32	9.68	4.62	6.13	5.91	3.38	0.58	1.98
1982	0.36	10.26	5.38	6.34	6.36	2.61	1.06	2.07
1983	0.34	11.28	5.21	5.99	6.47	2.57	1.51	2.01
1984	0.34	12.65	5.13	5.82	7.45	2.54	2.19	2.50
1985	0.33	15.55	5.37	6.25	7.24	2.73	2.73	2.45
1986	0.34	14.15	5.61	5.96	6.86	2.69	3.77	2.56
1987	0.32	12.98	6.43	5.66	7.58	2.29	3.91	2.78
1988	0.34	11.86	7.10	5.60	7.49	2.81	4.71	3.11
1989	0.31	11.52	7.90	5.86	8.37	2.90	4.26	2.85
1990	0.32	13.62	8.11	6.88	8.71	2.49	3.31	2.91
1991	0.32	14.80	9.59	7.29	9.04	2.90	3.38	2.91
1992	0.32	12.12	8.42	7.26	9.08	2.64	3.48	2.91
1993	0.29	11.01	7.05	6.35	9.33	2.69	3.40	2.91
1994	0.29	10.73	7.69	5.60	9.74	3.02	3.20	2.66
1995	0.26	8.10	7.77	5.64	8.42	2.78	1.35	2.55
1996	0.24	9.80	7.13	5.54	7.62	2.82	1.23	2.44
1997	0.21	6.88	6.29	5.11	7.15	2.90	0.74	2.28
1998	0.22	8.25	8.89	4.95	6.27	3.05	1.13	2.37
1999	0.22	9.29	9.59	4.83	6.44	3.25	0.76	2.23
2000	0.22	9.83	8.57	4.60	5.03	4.10	0.72	2.12
2001	0.21	10.75	7.46	4.96	4.66	4.10	0.84	2.25
2002	0.23	13.52	7.01	5.42	6.03	5.17	1.76	2.82
2003	0.24	18.38	6.25	5.45	7.13	5.06	1.50	2.18
2004	0.25	19.82	5.52	4.62	6.81	6.11	0.88	2.90
2005	0.32	30.23	9.99	8.94	8.68	9.12	2.79	3.72
2006	0.30	24.27	7.47	8.33	9.21	9.36	2.39	3.03
2007	0.27	21.12	6.07	8.49	6.51	5.37	1.36	3.46

续表

年份	DAC 成员 ODA 占 GNI 比重	美国	日本	德国	法国	英国	意大利	加拿大
2008	0.30	25.70	6.38	9.11	6.43	7.54	1.82	3.56
2009	0.31	27.36	5.24	7.27	7.17	8.64	0.88	3.60
2010	0.31	27.84	5.97	8.58	8.35	9.19	0.80	3.96
2011	0.31	28.72	5.43	8.79	8.31	9.17	1.68	3.86
2012	0.28	26.27	4.88	9.21	8.30	9.34	0.66	3.76
2013	0.30	26.80	7.97	9.62	6.84	11.29	0.87	3.33
2014	0.30	27.51	6.01	11.59	6.51	11.23	1.37	3.28
2015	0.30	30.76	10.42	20.85	10.92	19.90	4.58	4.97
总计	—	883.73	297.47	333.66	371.83	263.61	85.22	129.48

注:官方发展援助净额(ODA:Total Net);按照 2014 年不变价格和汇率计算。1960—2013 年的数据是按照 2012 年不变价格计算的。

资料来源:OECD-DAC。

(三)G7 援助规模

G7(Group of Seven)国家一直是提供国际发展援助的主体,其各国所提供的援助额参见图 1-3 及表 1-2。在 G7 国家中,除少数年份外,美国长期以来提供的 ODA 绝对数额最大,2005 年达到峰值 302.3 亿美元。其次,日本所提供的援助额也较大,1998 年和 1999 年日本提供的援助额一度超越美国。1960—2015 年,按照 2014 年的可比价格计算,美国、日本、德国、法国、英国、意大利和加拿大各总计提供官方发展援助分别为 883.73 亿、297.47 亿、333.66 亿、371.83 亿、263.61 亿、85.22 亿和 129.48 亿美元。进入 21 世纪后,美国所提供的援助额在 G7 国家中依然处于领先位置,日本、德国、法国、英国的援助额大体接近,意大利和加拿大相对较少。2015 年七国提供的援助额总计达到 1024 亿美元,比 2014 年的 675 亿美元上涨了 51.7%,上涨部分主要是由于德国、法国、英国和意大利四国大幅增加了用于难民的 ODA 支出。

(四)从受援方角度看的援助规模

受援方所接受的援助额占本地区 GNI 的比重,一定程度上反映了援助对受援地区的影响能力。总体看,发展中国家所接受援助占 GNI 的比

（单位：十亿美元）

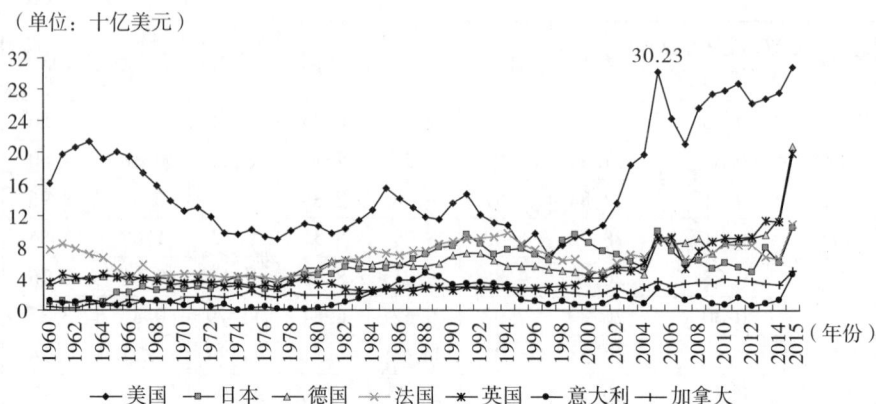

图1-3 G7国家援助额（1960—2015年）

资料来源：OECD-DAC。

重呈现逐渐下降趋势，20世纪60年代前半段该比重在2%—3%之间，60年代后期至90年代中期其比重在1%—2%之间，之后年份除21世纪初的几年超过1%之外，多数年份都未超过1%（见表1-3和图1-4）。

表1-3 不同发展中地区所接受援助占GNI比重趋势变化表（1961—2014年）

（单位：%）

年份	全部发展中国家	欧洲	北非	撒哈拉以南非洲	美洲	亚洲	大洋洲
1961	2.53	—	15.92	3.26	1.26	1.77	4.90
1962	2.27	—	16.71	3.42	0.83	1.92	7.54
1963	2.31	—	12.72	2.92	1.00	2.05	7.42
1964	2.03	—	11.38	3.30	0.82	1.87	5.93
1965	1.87	—	3.95	3.14	0.80	1.73	18.28
1966	1.86	—	3.39	3.08	0.81	1.81	16.60
1967	1.76	1.79	2.29	3.42	0.77	1.87	16.62
1968	1.58	1.33	2.22	2.78	0.94	1.54	17.50
1969	1.37	1.32	2.15	2.35	0.65	1.38	18.25
1970	1.37	1.04	2.80	2.08	0.62	1.37	17.59
1971	1.42	1.43	2.62	2.38	0.51	1.45	16.93
1972	1.34	1.41	2.09	2.28	0.47	1.30	18.71

续表

年份	全部发展中国家	欧洲	北非	撒哈拉以南非洲	美洲	亚洲	大洋洲
1973	1.38	0.95	4.69	2.21	0.38	1.24	16.20
1974	1.40	0.40	5.53	2.44	0.31	1.32	15.80
1975	1.65	0.34	8.18	3.00	0.36	1.48	17.06
1976	1.45	0.57	6.94	2.53	0.32	1.36	14.92
1977	1.34	0.59	7.19	2.73	0.28	1.12	15.29
1978	1.64	0.56	6.21	3.33	0.31	1.22	16.15
1979	1.53	0.91	3.42	3.51	0.31	1.37	15.04
1980	1.55	1.68	3.29	3.23	0.31	1.31	15.54
1981	1.37	1.27	3.08	3.00	0.30	1.17	15.42
1982	1.28	1.20	3.02	3.35	0.34	0.99	16.53
1983	1.25	0.82	2.31	3.48	0.42	0.92	16.79
1984	1.29	0.64	2.36	3.81	0.46	0.90	15.68
1985	1.31	0.58	2.74	4.56	0.50	0.85	14.47
1986	1.47	0.74	2.06	4.93	0.53	1.06	14.94
1987	1.51	0.36	1.98	4.87	0.57	1.04	16.34
1988	1.46	0.31	1.99	5.17	0.51	0.90	14.46
1989	1.37	0.18	2.06	5.38	0.50	0.84	13.68
1990	1.58	0.94	5.67	6.26	0.48	0.91	12.91
1991	1.66	1.37	6.13	6.13	0.51	1.03	11.81
1992	1.49	1.41	4.11	6.69	0.43	0.88	11.79
1993	1.24	1.80	2.83	6.37	0.36	0.72	11.29
1994	1.19	1.52	2.73	6.86	0.34	0.75	12.40
1995	1.02	0.99	1.94	5.75	0.36	0.56	12.25
1996	0.90	0.88	1.95	4.85	0.39	0.53	11.33
1997	0.82	0.65	1.63	4.15	0.26	0.48	10.10
1998	0.91	0.58	1.61	4.30	0.26	0.62	11.92
1999	0.92	1.22	1.39	4.38	0.31	0.59	10.39
2000	0.87	1.13	1.08	3.66	0.23	0.59	11.98
2001	0.92	1.25	1.13	4.43	0.29	0.59	12.48
2002	1.07	1.60	1.03	5.53	0.27	0.62	11.14
2003	1.11	0.95	1.00	5.68	0.33	0.58	11.13

续表

年份	全部发展中国家	欧洲	北非	撒哈拉以南非洲	美洲	亚洲	大洋洲
2004	1.04	0.75	1.29	4.85	0.31	0.56	11.12
2005	1.18	0.59	0.82	5.13	0.25	0.96	11.74
2006	0.99	0.65	0.76	5.43	0.23	0.57	11.54
2007	0.81	0.45	0.76	4.01	0.19	0.50	10.65
2008	0.83	0.47	0.77	4.01	0.21	0.53	10.71
2009	0.83	0.63	0.61	4.42	0.22	0.43	11.53
2010	0.71	0.55	0.46	3.38	0.21	0.36	12.10
2011	0.67	0.82	0.68	3.15	0.20	0.31	11.69
2012	0.57	0.73	0.70	2.93	0.18	0.24	9.61
2013	0.62	0.64	1.29	2.89	0.18	0.29	9.55
2014	0.64	0.78	1.16	2.65	0.17	0.34	27.51

资料来源：OECD-DAC。

（单位：%）

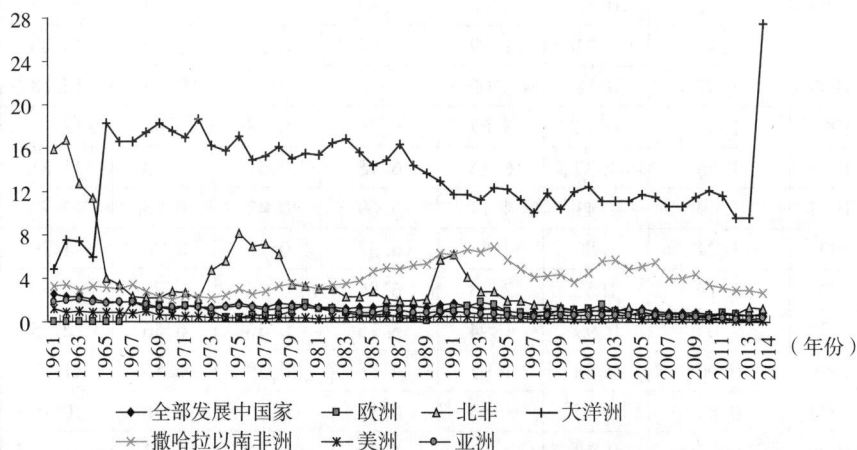

图1-4　不同发展中地区所接受援助占GNI比重趋势变化（1961—2014年）

资料来源：OECD-DAC。

　　从不同地区所接受援助占本地区GNI比重看,大洋洲地区的比重最大,除20世纪60年代初由于可得数据的国家较少,比重比较低外,1965—1987年在15%—20%之间,1988年之后则持续在10%—

15%之间,2014 年的 27.51%为历史最高值,主要是由于基里巴斯 (Kiribati)在 2014 年接收的外来援助占 GNI 的比重由 2013 年的 23.2% 上升到 35.2%。

撒哈拉以南非洲长期所接受援助占 GNI 比重较高,20 世纪 60 年代 到 70 年代末期,其比重维持在 3%附近,而进入 80 年代后,比重逐渐上 升,到 90 年代中期,一度接近 7%,1990—2010 年,其比重在 4%—6%之 间波动,2010 年后随着撒哈拉以南地区经济总量的增长,该比重略微下 降。2014 年这一比重为 2.65%。

北非在 20 世纪 60 年代初的比重比较高,但随着阿尔及利亚的外援 占 GNI 比重的快速下降,以及所统计的国家数量的增加,整个北非地区 外援占 GNI 比重的快速下降,由 1962 年的 16.71%快速下降到 1965 年的 3.95%,整个 70 年代和 90 年代的最初几年,北非接受的外援占 GNI 的比 重较高,维持在 5%左右,但总体趋势是下降的。尤其是进入 21 世纪以 来,这一比重在 1%左右,2010 年达到历史最低值 0.46%。

美洲、欧洲和亚洲的比重相对较小,大概在 1%。其中欧洲的波动比 较频繁,基本维持在 1%左右,而美洲和亚洲的总体是下降趋势。美洲所 接受的援助比重长期低于 1%。亚洲接受的援助比重逐渐下降,20 世纪 60 年代,比重基本在 2%—3%之间,而后一路降低,进入 21 世纪后,其比 重基本在 0.2%—0.6%之间。

二、援助渠道

援助渠道主要分为双边渠道和多边渠道。

DAC 成员大部分的援助都是通过双边渠道提供的。从图 1-5 可以 看出,1970 年以前,双边援助占援助总额的 80%以上。20 世纪 70—80 年 代,联合国成为冷战双方以及发达国家与发展中国家最重要的政治角逐 场。世界银行和国际货币基金组织等国际金融机构进一步成为发达国家 控制发展中国家的平台。在这一背景下,双边援助的比重有所下降,多边 援助的作用得到加强。许多全球性或区域性的多边发展机构的援助规 模,相对于 60 年代都呈数十倍的加大,尽管总量依然大大低于双边援助的规模,到 80 年代初期,多边援助已占援助总额的 30%以上。

（单位：百万美元）

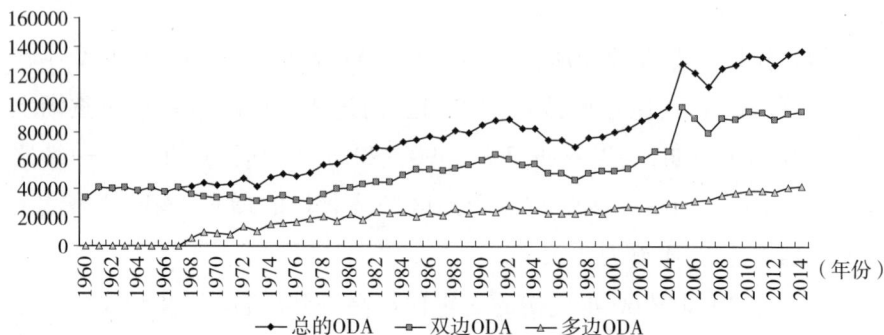

图 1-5　DAC 成员 ODA 的双边、多边分配（1960—2014 年）

注：2014 年不变价格,ODA 净额。

资料来源：OECD 数据库,http://stats.oecd.org/Index.aspx? DatasetCode＝TABLE2A。

近年来,DAC 成员在双边援助与多边分配的渠道的选择方面,仍倾向于选择双边援助,双边援助比例始终维持在 70%以上。2000—2003年,DAC 成员的双边 ODA 稳步上升,2004 年略有下降,2005 年大幅增加,达到峰值 982 亿美元,之后经过小幅浮动,2014 年,双边援助占援助总额的 69%。相比之下,DAC 成员的多边 ODA 的变动幅度较小（见图 1-5）。影响各国援助分配渠道的主要因素包括：国家安全利益；对之前援助结果和有效性的评估等。一些国家对多边机构援助的绩效不甚满意,遂开始减少或停止向一些多边机构提供支持。

（一）DAC 成员的双边援助渠道

2015 年,双边援助总额排名前五的国家分别是美国（307.6 亿美元）、德国（208.5 亿美元）、英国（199.0 亿美元）、法国（109.2 亿美元）和日本（104.2 亿美元）。其中,美国的援助额占 DAC 成员援助总额的21.6%,排名前五的 DAC 援助成员占 2015 年 DAC 援助总额的 65%（见图 1-6）。

但从 ODA/GNI 的比值,即援助国的贡献率来看,2015 年排名前六的双边援助国分别是瑞典（1.40%）、挪威（1.05%）、卢森堡（0.93%）、丹麦（0.85%）、荷兰（0.76%）和英国（0.71%）,均超过联合国 0.7%的

（单位：十亿美元）

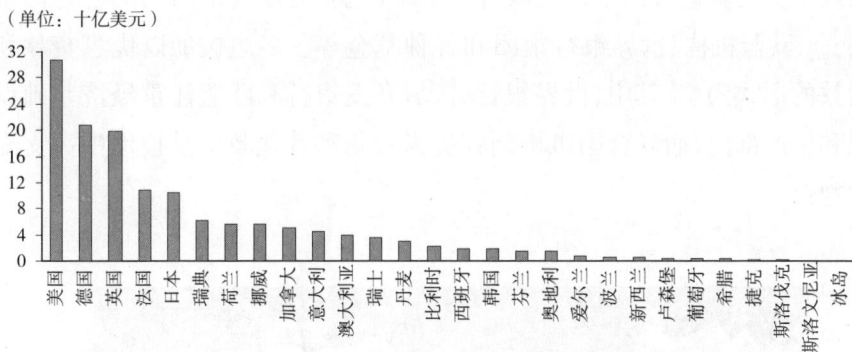

图 1-6　DAC 成员双边 ODA 净额（2015 年）

资料来源：OECD，http://www2.compareyourcountry.org/oda? cr＝20001&cr1＝oecd&lg＝en&page＝1。

ODA/GNI 目标。而援助总量最多的美国，其 ODA/GNI 仅为 0.17%，远远低于联合国 0.7% 的目标，也低于 2015 年 DAC 成员的平均值 0.3%（见图1-7）。而且与其他大多数 DAC 成员不同的是，美国并没有承诺实现联合国 0.7% 的 ODA/GNI 的目标，也没有试图增加其援助额以实现这一目标。这与美国的经济大国地位及其应承担的国际责任极不相符。

（单位：%）

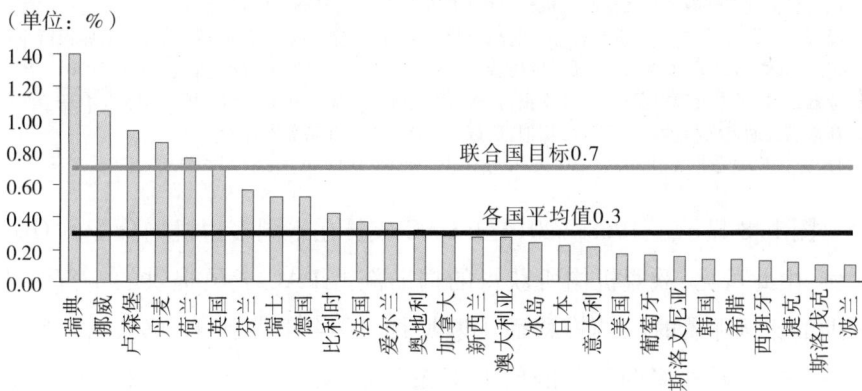

图 1-7　DAC 成员 ODA/GNI 排名（2015 年）

资料来源：OECD-DAC，http://www.oecd.org/dac/stats/development-aid-rises-again-in-2015-spending-on-refugees-doubles.htm，2016-4-13。

（二）DAC 成员的多边援助渠道

多边援助组织 ODA 的资金来源基本上也是由 DAC 成员捐助的。当前最主要的多边援助组织为联合国系统（主要为联合国所属的各专门机构①）、欧盟机构、世界银行集团和各种基金等。多边援助以优惠贷款和赠款的形式为主，其中，世界银行、区域开发银行和欧盟注重经济基础设施和生产部门，而联合国机构则在提供食物和其他救助品援助中占支配性地位。

（单位：%）

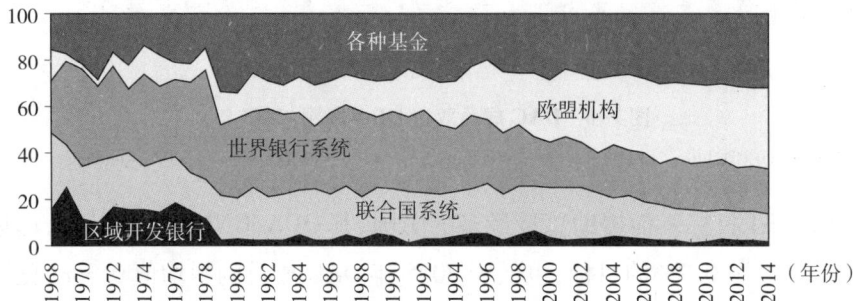

图 1-8　DAC 成员的 ODA 在主要多边援助机构中的分配比例（1968—2014 年）

注：各种基金包括非洲开发基金、亚洲开发银行特别基金、欧洲开发基金、美洲开发银行—特别基金、国际农业发展基金、其他多边机构和全球环境基金；联合国机构包括联合国开发计划署、联合国人口基金、联合国难民组织、联合国儿童基金会、联合国近东救济工作处和其他联合国机构；欧盟机构包括欧洲理事会和其他欧盟机构；区域开发银行包括非洲开发银行、亚洲开发银行、中美洲经济合作银行、加勒比开发银行、欧洲投资银行、美洲开发银行和其他区域性银行；世界银行系统包括国际复兴与开发银行、国际开发协会、国际开发协会—多边债务减免措施（IDA-MDRI）、国际金融公司、多边投资担保机构、世界银行其他部门和国际货币基金组织（由于国际货币基金组织在提供援助方面与世界银行集团相似，所以这里将其归为世界银行系统）。

资料来源：OECD 数据库，http://stats.oecd.org/Index.aspx？DatasetCode=TABLE2A。

　　图 1-8 显示了 1968—2014 年 DAC 成员在不同多边机构分配的 ODA 比例，由此可见，欧盟机构所获得的捐助额占 DAC 成员提供的全部多边援助的比例随着时间的推移而不断增加，2014 年占到 41.6%，这与欧盟统一各成员对外援助事务的努力不无关系。而各种基金所获得的 DAC 成员的捐助也在逐渐增加，2014 年占到 DAC 多边援助总额的 38.5%。

---

　　①　联合国的专门机构包括：联合国开发计划署（The UN Development Programme，UNDP）；联合国儿童基金会（The UN International Children's Emergency Fund，UNICEF）；世界粮食计划署（The World Food Programme，WFP）；联合国人口基金（The UN Population Fund，UNFPA）；联合国环境规划署（The UN Environment Programme，UNEP）；联合国人类住区规划署（UN-Habitat）等。

三、援助地区与国别分配

影响 DAC 援助成员 ODA 地区与国别分配的因素包括与受援国的历史和文化联系、与受援国的政治外交关系、公众对发展援助的支持和/或国家安全因素等。明确受援国的选择标准有助于援助主管部门制定发展援助的地区与国别方案。

(一)全部国家援助的地区与国别分配

从地区分配看,非洲、亚洲和拉丁美洲一直是重点的受援地区,其中非洲和亚洲又占据绝大部分(见表 1-4 和图 1-9)。1984 年以前,投放在亚洲的援助比重一直高于非洲的比重,而后受非洲贫困地区大饥荒的影响,援助额逐渐由亚洲向非洲转移,近年来对非洲的援助比重大体在30%—40%范围,总体上要高于亚洲,由于非洲的人口和经济规模远远低于亚洲,所以援助对非洲的影响远远大于亚洲。官方发展援助在其他大洲的投放比例相对较小,且变化总体不大。对欧洲地区的援助,在 20 世纪 90 年代以前,主要统计的是非社会主义国家情况,而冷战结束后以转型国家为主,但总体所接受的援助很少。

表 1-4　全部国家官方发展援助净额的受援地区分布(1960—2014 年)

年份	对发展中国家援助总额(十亿美元)	欧洲	非洲	美洲	亚洲	大洋洲	未分类地区
1960	34.27	0.09	0.36	0.05	0.46	0.01	0.03
1961	40.86	0.11	0.35	0.11	0.38	0.01	0.04
1962	40.70	0.08	0.34	0.13	0.39	0.01	0.05
1963	43.56	0.08	0.29	0.15	0.43	0.01	0.05
1964	41.97	0.06	0.30	0.14	0.46	0.01	0.03
1965	44.01	0.06	0.26	0.13	0.48	0.03	0.03
1966	43.45	0.05	0.26	0.14	0.49	0.03	0.02
1967	45.33	0.04	0.26	0.13	0.52	0.03	0.03
1968	41.69	0.04	0.24	0.18	0.47	0.04	0.03
1969	39.80	0.05	0.25	0.14	0.47	0.04	0.04
1970	43.24	0.03	0.27	0.14	0.47	0.05	0.05

续表

年份	对发展中国家援助总额（十亿美元）	欧洲	非洲	美洲	亚洲	大洋洲	未分类地区
1971	46.18	0.03	0.26	0.12	0.48	0.04	0.07
1972	44.64	0.03	0.25	0.12	0.46	0.05	0.09
1973	52.38	0.02	0.29	0.09	0.42	0.04	0.12
1974	63.51	0.01	0.31	0.08	0.45	0.04	0.11
1975	72.12	0.01	0.36	0.07	0.43	0.03	0.09
1976	67.44	0.02	0.35	0.07	0.45	0.03	0.07
1977	65.05	0.02	0.40	0.07	0.41	0.04	0.06
1978	75.69	0.01	0.36	0.06	0.35	0.03	0.18
1979	76.58	0.03	0.32	0.06	0.43	0.03	0.12
1980	83.68	0.03	0.31	0.06	0.41	0.03	0.15
1981	84.50	0.03	0.32	0.07	0.41	0.03	0.14
1982	78.33	0.03	0.36	0.09	0.39	0.03	0.11
1983	75.32	0.02	0.35	0.09	0.39	0.04	0.12
1984	80.11	0.01	0.38	0.09	0.38	0.03	0.11
1985	83.88	0.01	0.40	0.10	0.35	0.03	0.11
1986	80.92	0.02	0.38	0.09	0.39	0.03	0.09
1987	77.48	0.01	0.39	0.10	0.34	0.04	0.12
1988	77.68	0.01	0.40	0.10	0.31	0.04	0.15
1989	81.00	0.01	0.41	0.10	0.31	0.03	0.14
1990	91.68	0.02	0.45	0.09	0.30	0.03	0.10
1991	93.44	0.03	0.42	0.09	0.32	0.02	0.10
1992	86.99	0.04	0.42	0.09	0.30	0.03	0.12
1993	82.87	0.06	0.39	0.10	0.29	0.03	0.13
1994	85.24	0.04	0.40	0.10	0.32	0.03	0.11
1995	75.37	0.04	0.38	0.11	0.29	0.04	0.15
1996	75.03	0.04	0.36	0.13	0.32	0.03	0.11
1997	70.96	0.04	0.38	0.11	0.29	0.03	0.15
1998	75.39	0.04	0.35	0.11	0.31	0.03	0.16
1999	75.59	0.08	0.32	0.11	0.30	0.03	0.15
2000	74.66	0.08	0.33	0.10	0.29	0.02	0.18
2001	82.66	0.07	0.33	0.11	0.30	0.02	0.16
2002	94.10	0.08	0.36	0.08	0.29	0.01	0.17

续表

年份	对发展中国家援助总额（十亿美元）	欧洲	非洲	美洲	亚洲	大洋洲	未分类地区
2003	95.52	0.05	0.39	0.08	0.28	0.01	0.18
2004	98.12	0.05	0.38	0.09	0.28	0.01	0.19
2005	128.72	0.04	0.33	0.06	0.42	0.01	0.13
2006	124.64	0.05	0.41	0.07	0.31	0.01	0.15
2007	116.85	0.04	0.36	0.06	0.34	0.01	0.18
2008	130.98	0.04	0.35	0.07	0.35	0.01	0.18
2009	134.51	0.04	0.38	0.07	0.30	0.01	0.20
2010	137.62	0.04	0.36	0.08	0.28	0.01	0.22
2011	139.93	0.06	0.37	0.08	0.27	0.01	0.21
2012	134.63	0.06	0.39	0.08	0.25	0.02	0.21
2013	151.19	0.05	0.38	0.07	0.29	0.01	0.20
2014	161.11	0.05	0.34	0.06	0.33	0.01	0.20

注：按照2014年可比价格计算。
资料来源：OECD-DAC。

（单位：%）

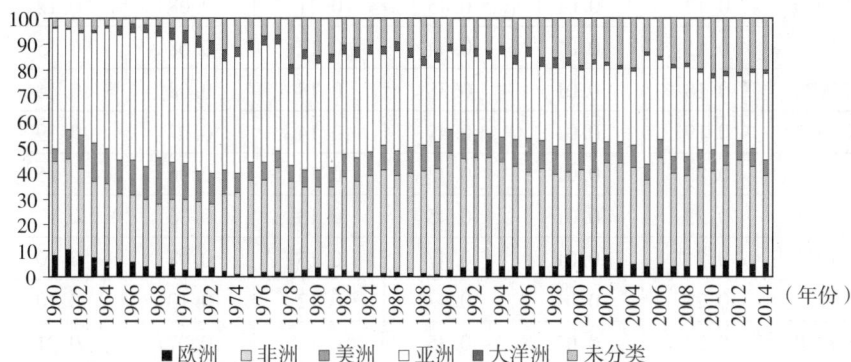

图1-9 全部国家官方发展援助净额的受援地区分布（1960—2014年）

注：按照2014年可比价格计算。
资料来源：OECD-DAC。

（二）全部国家援助的受援国的收入水平分布

从受援国的收入水平分布看，长期以来发展中国家是援助的主要对象，其中又以中低收入以下国家为主体。表1-5和图1-10显示，1960—

2014 年间,最不发达国家和中低收入国家所接受的援助基本上维持在50%以下。从整体上看,给予最不发达国家的援助呈现不断上升的趋势,从 1960 年的 10%上升到 2010 年的 34%,之后几年略有下降。

表1-5　不同收入水平国家接受的 ODA 占比情况(1960—2014 年)

年份	最不发达国家	其他低收入国家	中低收入国家	中高收入国家	较发达国家	未分类国家
1960	0.10	0.01	0.37	0.21	0.11	0.20
1961	0.11	0.02	0.29	0.29	0.09	0.21
1962	0.12	0.01	0.32	0.28	0.08	0.19
1963	0.11	0.02	0.36	0.25	0.08	0.19
1964	0.14	0.01	0.45	0.20	0.07	0.13
1965	0.14	0.02	0.45	0.20	0.08	0.11
1966	0.15	0.01	0.45	0.22	0.08	0.09
1967	0.14	0.01	0.47	0.20	0.08	0.11
1968	0.13	0.01	0.45	0.24	0.08	0.09
1969	0.13	0.01	0.44	0.22	0.09	0.11
1970	0.13	0.01	0.45	0.21	0.08	0.12
1971	0.15	0.01	0.44	0.17	0.08	0.15
1972	0.18	0.01	0.38	0.18	0.08	0.16
1973	0.19	0.01	0.41	0.14	0.07	0.19
1974	0.22	0.01	0.43	0.13	0.06	0.15
1975	0.23	0.01	0.45	0.13	0.06	0.12
1976	0.21	0.01	0.47	0.13	0.08	0.10
1977	0.24	0.01	0.43	0.12	0.10	0.10
1978	0.24	0.01	0.35	0.12	0.07	0.21
1979	0.26	0.01	0.34	0.15	0.08	0.16
1980	0.25	0.02	0.34	0.15	0.06	0.18
1981	0.25	0.02	0.32	0.17	0.06	0.17
1982	0.29	0.02	0.32	0.16	0.06	0.15
1983	0.29	0.02	0.30	0.16	0.08	0.15
1984	0.29	0.03	0.29	0.15	0.07	0.18
1985	0.30	0.02	0.28	0.15	0.08	0.17

续表

年份	最不发达国家	其他低收入国家	中低收入国家	中高收入国家	较发达国家	未分类国家
1986	0.31	0.02	0.28	0.14	0.08	0.18
1987	0.32	0.02	0.26	0.14	0.06	0.19
1988	0.32	0.03	0.27	0.14	0.05	0.20
1989	0.31	0.03	0.27	0.14	0.05	0.19
1990	0.29	0.03	0.33	0.16	0.05	0.15
1991	0.27	0.02	0.34	0.16	0.05	0.16
1992	0.29	0.03	0.30	0.14	0.05	0.19
1993	0.28	0.03	0.27	0.16	0.05	0.21
1994	0.28	0.02	0.31	0.15	0.05	0.18
1995	0.29	0.02	0.27	0.18	0.03	0.20
1996	0.25	0.02	0.29	0.17	0.07	0.20
1997	0.27	0.02	0.29	0.17	0.03	0.22
1998	0.25	0.02	0.30	0.18	0.04	0.22
1999	0.24	0.02	0.29	0.20	0.02	0.23
2000	0.26	0.02	0.27	0.19	0.01	0.26
2001	0.28	0.02	0.30	0.18	0.01	0.22
2002	0.29	0.02	0.26	0.17	0.01	0.25
2003	0.34	0.01	0.22	0.17	0.01	0.25
2004	0.32	0.01	0.21	0.18	0.01	0.26
2005	0.24	0.01	0.25	0.29	0.00	0.20
2006	0.27	0.01	0.30	0.19	0.01	0.23
2007	0.31	0.02	0.21	0.19	0.01	0.26
2008	0.31	0.02	0.19	0.18	0.01	0.29
2009	0.32	0.02	0.24	0.12	0.01	0.29
2010	0.34	0.02	0.22	0.10	0.01	0.31
2011	0.32	0.03	0.21	0.13	0.00	0.31
2012	0.32	0.03	0.22	0.13	0.00	0.30
2013	0.32	0.03	0.24	0.10	0.00	0.31
2014	0.27	0.02	0.23	0.11	0.00	0.36

注:其中各收入组的占比值按照各收入组接受的援助额除以全部发展中国家所接受的总援助额计算
　　而来,援助额按照 2014 年可比价格计算。考察的是 ODA 净额。

资料来源:OECD-DAC。

（单位：%）

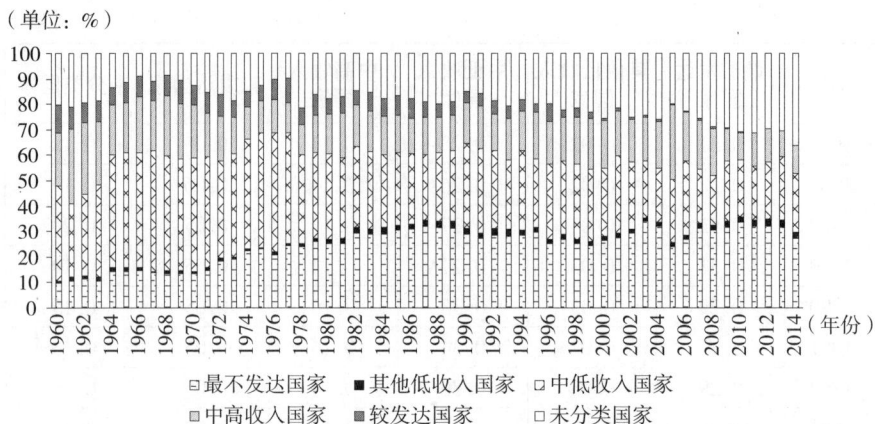

图1-10 不同收入水平国家接受的ODA占比情况（1960—2014年）

注：援助额按照2014年可比价格计算。

资料来源：OECD-DAC。

四、援助部门分配

选择对受援国的哪一个部门或行业进行援助是援助管理的一个重要方面。

（一）全部国家援助的部门分配

从全部国家官方发展援助的部门分配来看，援助对社会基础设施、经济基础设施和生产部门的投入占据较大比重，而对多（跨）部门、商品援助、债务减免、人道主义援助的比重相对较小（见图1-11）。从OECD的援助流投向数据来看，对社会基础设施部门的投入主要是投向教育、卫生健康与生育、供水等部门，而对经济基础设施部门的投入主要是投向交通、运输、能源、通信、金融服务、商业服务等部门，对生产部门的投入主要是投向农林渔业、工矿业、旅游业、贸易政策等部门。而多（跨）部门的援助投入又分为环境保护和其他项目，商品援助/常规援助又包括常规项目援助和粮食援助等，人道主义援助主要包括疾病预防、紧急人道主义援助、重建和安置等。1973—2014年，对社会基础设施与服务部门的援助比重在不断增加，1970—1980年其比重略大于20%，而从20世纪90年代开始，对该部门的援助逐渐增加，到近几年比重达到40%左右。由于20

世纪 70 年代、80 年代的援助实践发现,援助对受援国经济增长的拉动十分有限,于是对经济基础设施与服务部门、生产部门等与经济增长直接关联部门的援助逐渐减少。

（单位：%）

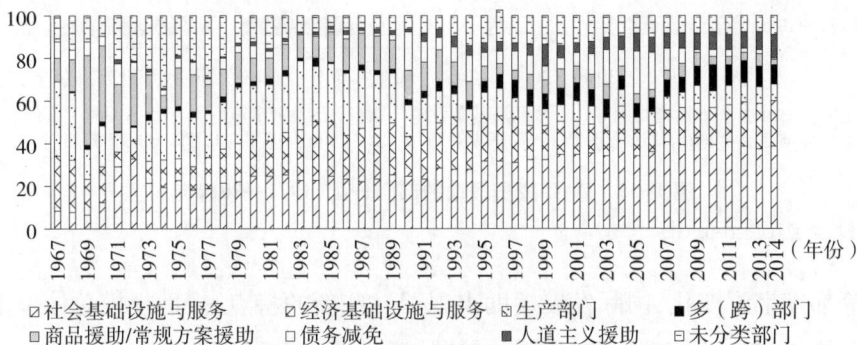

图 1-11 全部援助方官方发展援助部门分布（1967—2014 年）

注：援助额按 2014 年价格计算。

资料来源：OECD-DAC。

（二）DAC 成员援助的部门分配

在发展援助的具体领域分配上,21 世纪以来,DAC 成员已经把联合国制定的千年发展目标作为国际发展援助长期的行动指南和目标,并加大对千年发展目标所涉及领域的资金投入和规划。社会公共基础设施已经成为国际援助的重要领域,其中对全球教育、卫生和人口领域的投入非常显著。20 世纪 70 年代以来,按 10 年一个阶段,国际发展援助对社会公共基础设施、人道主义援助占全部双边官方发展援助的比例不断增加,对生产部门如农业、工业和其他产业的援助以及物质和方案援助的比例相对下降（见图 1-12）。

第三节 国际发展援助的趋势

《巴黎宣言》签订以来,国际发展援助领域对援助有效性的重视,使得援助资金来源、援助的参与者、援助主体、援助分配、国际发展援助体系

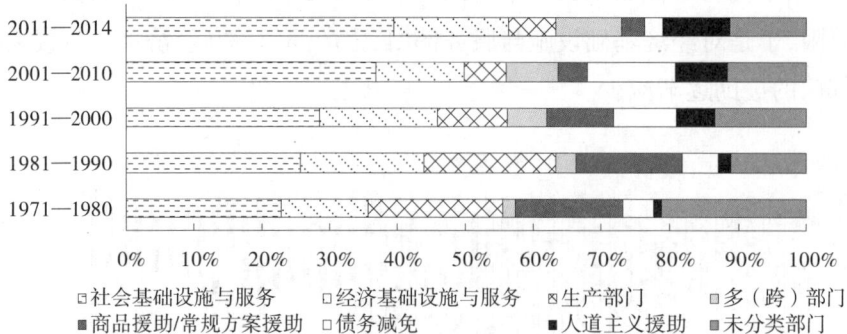

图 1-12　DAC 成员援助的部门分配（1971—2014 年）

资料来源：OECD-DAC。

等都发生了变化,国际发展援助出现了一些新的特点:援助规模总体呈上升趋势,双边援助渠道有加强的趋势,援助地区和国家逐渐向贫困地区和国家倾斜,援助重点部门和领域从经济基础设施转向社会基础设施和服务。

一、援助资金来源扩大

2015 年前,要实现千年发展目标,完全依靠 DAC 的官方发展援助与非 DAC 援助成员的援助是远远不够的,这一缺口至少 500 亿美元。DAC 成员于是开始探索区别于传统途径的 ODA 以补充官方 ODA 的不足。目前列入考虑选项或者已经实施的主要选项为:全球货币交易和能源使用税(Global Taxes on Currency Transactions and Energy Use);通过捐款、全球彩票、政府有奖债券或全球性基金的自愿的私营部门捐款(Voluntary Private Sector Contributions through Donations, Global Lotteries, Premium Bonds or Global Funds);国际融资机制(The International Finance Facility);机票团结税①(Solidarity Taxes on Air Tickets.);先进市场承诺②

---

① 目前,9 个国家采用了这种税,并且所得款项主要用于国际药品采购机制。

② 为对发展中国家来说重要的疫苗发展提供激励。

（Advanced Market Commitment，AMC）；主权财富基金①（Sovereign Wealth Funds）等。每一种方案都有其优势和劣势。这些创新的融资方案有可能成为援助资金来源的重要组成部分。

从 2002 年起，法国开始考虑为国际援助融资建立创新融资机制。已经进行的创新融资机制主要包括三个：（1）从 2006 年起对机票征收"机票团结税"，将收入用于为国际药品采购机制提供资金，加速艾滋病毒/艾滋病、肺结核和疟疾药品的使用；（2）从 2006 年起法国与英国等国一起推出国际免疫融资机制（The International Finance Facility for Immunization，IFFIm），试图从资本市场筹集非官方发展援助资金用于支持全球疫苗和免疫联盟（The Global Alliance for Vaccination and Immunization，GAVI）；（3）2005 年推出奥丁—桑蒂尼计划（Oudin-Santini），允许地方政府将 1% 的水和卫生的预算用于这些领域的国际援助和合作。

二、非 DAC 援助成员在国际援助舞台上开始崭露头角

长期以来，西方国家尤其是 OECD-DAC 的 30 个成员是国际官方发展援助的主要援助国，并且各种国际组织关于国际发展援助的统计数字，也大多以 DAC 成员所提供的援助为主。尽管到目前为止，这一基本格局并没有大的变化，但是近年来，非 DAC 援助成员在国际援助舞台中开始崭露头角。中国、俄罗斯、印度、南非、巴西等"新兴援助国"（Emerging Donors）逐渐成为国际援助体系的重要参与者。"新兴援助国"多为发展中大国，有一定的经济实力作为后盾，在国际上或所在区域具有较大影响力，它们希望通过对外援助扩大自身的影响力，因而近年对外援助增长迅速，而且今后还有较大的增长空间。2006 年 6 月，八国集团与经合组织、世界银行联合举行了"全球发展共同体中的新兴援助国"会议，会议强调，"新兴援助国"是国际社会实现千年发展目标努力中积极的、必不可少的因素。

---

① 由不可再生资源赚取的出口收益或者由非常高的企业或家庭的储蓄和盈余建立的。这些基金可能成为发展资金的主要来源。

非 DAC 成员的对外援助是国际援助体系的重要补充。首先，随着其对外援助数额的不断上升，非 DAC 成员在国际援助体系中的力量不断壮大，影响力稳步提升。① 中国是"新兴援助国"中提供援助最多、受援国范围最广的国家，因而也最受关注。事实上，从近年的援助支出来看，中国已经超过了不少 DAC 成员。非 DAC 援助成员的出现和发展使对外援助的数额不断增加、渠道更加多样化，发展中受援国不再像以前一样在援助类型和援助国方面仅限于在"标准化"的 DAC 援助范围内进行选择，在有效使用资金方面具有更大的自由。其次，"新兴援助国"的对外援助具有一些共同的特点，如均在"南南合作"框架下开展，具有"南南合作"的性质和特点；强调平等互利；援助方式以技术合作和项目援助为主等。② 更重要的是，非 DAC 成员也曾面临过与受援国当前面临的相类似的发展问题，可能更加了解受援国的需求，并且对受援国的特殊文化和政治条件更加熟悉，从而可以提供更加具有针对性的援助；此外在减贫和发展经验方面，它们有许多可以与受援国分享的经验。从受援国的角度看，"南南合作"的吸引力还在于它灵活、反应迅速并能填补重要的空白。这种形式的合作也主要是需求驱动型的，有利于适应当地实际情况的技术的持续推广。由于具有相似的社会经济条件、文化和语言，且援助国和受援国之间更注重交流和沟通，所以"南南合作"呈现出快速发展的趋势。

近年来，除了"南南合作"以外，三方发展合作也逐渐成为一种新的援助形式。③ 三方发展合作是由 DAC 和其他援助国资助并由受援国的南方援助国（通常以技术援助的形式）执行的发展援助。《阿克拉行动议程》认可了"南南合作"的重要性和特性并鼓励三方合作的进一步发展。人们越来越重视三方合作的有效性并开始在实施过程中采取各种降低成本的措施（规划阶段的成本可能很高，归因于复杂的管理过程）。虽然目

---

① 刘爱兰、黄梅波：《非 DAC 援助国与国际援助体系：影响及比较》，《国际经济合作》2011 年第 11 期。

② 毛小菁：《国际援助格局演变趋势与中国对外援助的定位》，《国际经济合作》2010 年第 9 期。

③ 关于《阿克拉行动议程》的主要内容将在第三章作详细介绍。

前三方合作的规模很小,但其对许多援助国来说是非常重要的,来自OECD的主要的三方合作国家有加拿大、芬兰、法国、德国、日本、挪威、西班牙和瑞典。联合国也参与了三方合作。日本2003年的《ODA宪章》明确地把三方合作确定为一种有效的援助形式。南方援助国包括阿根廷、巴西、智利、中国、埃及、印度、马来西亚、墨西哥、韩国、新加坡、泰国、突尼斯和土耳其等。三方发展合作涵盖一系列的发展计划和项目。由于援助国的财政支持,巴西已经开始着手接种疫苗、学校供膳、重新造林和消灭疟疾的项目。类似地,突尼斯提供了从公共管理到生殖公共医疗卫生服务领域的专门技能。除了南—北—南三方合作,发展中国家间的三方合作也在进行。最好的例子之一是印度—巴西—南非三方促进交流、加强农业、教育和科学技术能力的倡议。①

2011年11月29日至12月1日,釜山举办的第四届援助有效性高级别论坛通过的《有效发展合作伙伴关系釜山宣言》将中国、印度和巴西作为发展援助的新成员,肯定了"新兴援助国"在发展援助方面的作用及贡献,宣言明确表示,"南南合作"这个新的发展合作模式,应使用有别于南北合作的方式和义务。这主要反映了中国、印度等新兴国家提出的很难承担像发达国家一样的在南北合作中的义务。《釜山宣言》决定构筑西方发达国家和"新兴援助国"——中国、巴西、印度等国家之间的新"全球发展合作伙伴关系",加强南北合作(发达国家—发展中国家)、"南南合作"(发展中国家—发展中国家)和三方合作(发达国家—发展中国家—发展中国家)。

三、受援国在援助体系中的地位逐步提高

国际发展援助效果一直低下的一个重要原因是缺少受援国的参与。长期以来,国际援助体系一直为发达国家所主导,几乎听不到受援国的声音。《联合国千年发展目标》的制定,一方面,在理论上意味着全球出现

---

① United Nations Capital Development Fund report on South-South and Triangular Cooperation (Forthcoming).

了这样一个共识:贫困国家的需要应该成为国际发展援助的动力;另一方面,千年发展目标的八项目标如果要顺利完成,必须协调援助国与受援国之间的援助关系,而这种关系应建立在名副其实的伙伴关系和相互尊重与责任的基础之上。

对于受援国地位的提高问题,《巴黎宣言》给出了具体的解决办法,即同盟与协调。在受援国拥有发展议程自主权的基础上,援助国应共同遵循受援国政府计划的优先权,并在项目执行过程中使之与受援国的国家体系进行协调,这就要求发达国家与发展中国家之间、政府与社会组织之间能够建立信任和诚信合作。建立信任的关键因素是在受援国拥有发展主权的基础上,各援助国对受援国作出长期承诺,并且建立一种相互信任的机制来确保可预见的援助流量。① 《阿克拉行动议程》和《釜山宣言》也进一步强调了受援国在国际发展援助体系中的主体地位。

四、援助分配出现集中化趋势

以 2005 年《巴黎宣言》和 2008 年《阿克拉行动议程》为标志,援助有效性成为发达国家国际援助领域最为瞩目的议题之一,而援助分散是影响援助有效性的关键因素之一。分散的援助活动不仅难以发挥有效作用,而且大幅提高了援助的"交易成本"。因此,近年来发达国家不断呼吁降低援助的分散程度,提高援助的有效性。

(一)援助国别向少数国家集中

长期以来,西方各国对外援助的对象比较广泛,大国(七国集团)的经常性受援国涵盖大多数发展中国家(地区),中小国家的经常性受援国少则几十个,多则百个以上;在援助有效性背景下各国都确定了重点受援国,但数量仍比较多,大多有几十个。

但近几年,尤其是 2009 年以来,这种情况发生了比较明显的变化,各国特别是大国在增加对外援助投入的同时,减少了受援国数量,并将援助

---

① 黄梅波、王璐、李菲瑜:《当前国际援助体系的特点及发展趋势》,《国际经济合作》2007年第 4 期。

资源向少数国家集中。

近年来,美国虽然没有明确减少受援国数量,但明显向非洲倾斜,对非援助快速增长。2001 年,美国政府对撒哈拉以南非洲的发展援助约为 13 亿美元,2009 年达到 75 亿美元,增加近 5 倍,而同期美国的官方发展援助支出仅增加了 1.5 倍。

2002—2007 年,英国对"脆弱国家"的援助只占其双边援助总额的 26%("脆弱国家"名单每隔几年调整一次)。2009 年 7 月,英国国际发展部发布的白皮书指出,未来一段时间英国至少将双边援助 50% 投向 33 个"脆弱国家"(即那些制度和治理薄弱、社会紧张、政治动荡或陷入冲突的国家),其中以非洲和南亚为重点。

20 世纪 90 年代中后期以来,德国的受援国为 120 个左右。2008 年,德国经济合作与发展部修订了受援国名单,决定把受援国数量精简为 58 个,其中撒哈拉南部非洲 24 个。对于未列入受援国名单的国家,主要以多边机构援助、专项援助(如艾滋病防治)等形式提供少量援助。

经合组织(OECD)《2010 年发展合作报告》显示,2007—2008 年,法国对撒哈拉以南非洲的援助占其双边 ODA 总额的 42%。2009 年 6 月,法国对外援助最高决策机构——发展和国际合作部际委员会决定法国官方发展援助(ODA)资金的 60% 投向撒哈拉以南非洲,其中以 14 个国家(大部分为法国前殖民地)为重点。这比之前法国对该地区的投入有明显增加。

(二)援助领域向千年发展目标集中

2000 年联合国提出千年发展目标以来,在国际社会的共同努力下,千年发展目标取得了重要进展。但实现这一目标的任务很艰巨,尤其是 2008 年全面爆发的国际金融危机使这一进程遭受重挫。据 2010 年 4 月国际货币基金组织(IMF)和世界银行(World Bank)联合发布的《全球监测报告 2009:一个发展的紧急状态》,国际金融危机危害到 2015 年千年发展目标的实现,联合国制定的八个目标大多可能无法实现。随着 2015 年联合国千年发展目标完成期限的临近,以及各项目标实现难度的逐渐加大,西方国家需要将有限的援助资源更多地用于促进发展中国家的发展,尤其是投向减贫、教育、卫生、环保等落实千年发展目标的关键领域,以及贫困国家最为集中的非洲大陆。

为了提高援助有效性,尽量解决由于有限援助资金过于分散所导致的资金投入不足、使用效率不高等问题,OECD 发展援助委员会等国际机构鼓励各援助方,尤其是中小援助国限制对同一国家援助领域的数量,并进行国际分工协调。2007 年,欧盟委员会通过了《关于发展政策互补与分工的行为准则》,规定了 11 条指导原则,其中第一条就是一个援助方在同一受援国的援助领域最多不超过三个。该准则虽然不具有法律上的强制性,但对欧盟成员及其他西方援助国产生了不小影响。

2009 年以来,一些大国进一步明确表示将千年发展目标有关领域作为对外援助的重点。2009 年 2 月,加拿大国际合作部长宣布,该国发展援助的重点将转向政府治理、卫生、基础教育、私人部门、环保和两性平等。同年 6 月,法国发展和国际合作部际委员会确定了五个重点援助领域,即卫生、教育与职业培训、农业和食品安全、可持续发展和气候以及促进增长。同年 7 月,英国国际发展部白皮书强调,英国发展援助的重点包括减贫、环保、冲突预防与政府治理以及经济基础设施等领域。

五、多边援助机构作用有所提高

虽然目前多边援助机构只提供了 30% 的 ODA,但是其重要作用正日渐凸显出来。首先,多边援助能够包容援助国之间的竞争并缓解相互间的摩擦,从而可以提供一个集体行动的平台。其次,多边援助组织能够促使受援国制定一些短期内不受欢迎但确实能够取得积极成效的相关政策(如宏观经济政策的改革)。再次,相对来说,多边援助机构通常具有更为完善的部门以及管理运作条例,具有更强的研究、建议和发展创新能力。最后,多边援助机构在一定程度上考虑到受援国的实际需求,给予其发表意见的空间。当然,与多边援助相比,双边机构也有一些优势:专业性较强,在已经形成特殊能力的特定领域拥有比较优势;一些国家和地区依靠与特定国家的历史渊源能更快地获得当地的信任与合作,其提供的援助也更加具有针对性;而且在管理方面其能够对不断变化发展的局势作出更加迅速的反应,相比于多边援助机构也更具有弹性。但是,我们也应注意到双边机构的援助往往依赖于与特殊国家的历史联系,局限于小范围国家内,而在未来全球化的背景下,显然多边援助机构的适应性更强,应用将更为广泛。①

---

① 黄梅波、王璐、李菲瑜:《当前国际援助体系的特点及发展趋势》,《国际经济合作》2007年第4期。

第二章 援助有效性及其政策框架

国际发展援助的开展都是以一定的目标为前提的,为此国际社会做了大量努力,但效果并不理想。为了提高援助的有效性,国际社会签署了一系列文件并作出承诺,逐步推进援助有效性的发展。

援助有效性是发展援助政策中的一个核心问题,OECD-DAC 对其有明确的定义。2002 年蒙特雷联合国发展融资峰会对"援助有效性"的界定为:发展援助目标的实现程度或者预期的实现程度。

根据其定义,援助有效性包括两个方面:目标的重要性及目标的实现程度。有效援助意味着援助的政策目标富有意义并且得到了或者能够得到很大程度的实现。[1] 援助目标用来衡量一项行动的价值和意义,即援助目标是否得到有效而持续的实现,是否对体制的发展有积极影响。[2] 国际社会关于援助有效性的政策框架主要是通过《巴黎宣言》以及《阿克拉行动议程》来设定的。2005 年 3 月在巴黎举行的关于援助有效性的高级别论坛通过了《巴黎宣言》,并制定了自主权、同盟、协调、结果管理以及相互问责制五项原则。2008 年 9 月在阿克拉举行的第三届援助有效性高层论坛上又通过了《阿克拉行动议程》,进一步强调了加强协调,增强援助有效性的重要性。

经合组织发展援助委员会(OECD-DAC)是 OECD 下属主要负责协调发达国家对发展中国家援助的委员会。截至 2019 年年底,DAC 共有

---

① 汪艳丽:《对外发展援助的有效性问题与德国的应对》,《德国研究》2011 年第 4 期。

② OECD, "Glossary of Terms in Evaluation and Results-Based Management", 2002.

30 个成员。DAC 成员被要求拥有：（1）适当的战略、政策和体制框架，以确保能够提供发展合作项目；（2）一个可以被接受的衡量成果的方法；（3）监控和评估成员自身表现的系统。一旦加入 DAC，该成员会被要求立即实施 DAC 自成立以来通过的所有决议，并承诺在制定国家发展合作的政策时使用 DAC 的准则和参考文件。此外，成员还被要求在每年提交的发展合作报告中提供 DAC 所需的 ODA 数据，并汇报其对援助所做的努力及其实施的政策。此外，各成员必须承诺参加 DAC 和至少一个 DAC 附属机构的会议。最后，DAC 成员需要定期提交一份由 DAC 和 OECD-DAC 负责的同行评议（Peer Review），并同时作为其他成员的审查者。由于发达国家大多加入了 DAC，为此在接下来的部分中，发达国家援助有效性主要考察的是 DAC 成员的援助有效性。

第一节　援助有效性议程及其推进

自 1960 年至 2015 年，发达国家主导的官方发展援助已有大约 4.7 万亿[①]美元的资金从援助国流入受援国。尽管资金数额庞大，但援助效果并不如预期的显著。援助国与受援国普遍认为援助在有效促进发展方面表现欠佳。援助国越来越清楚地认识到，实现发展目标的关键不在于援助的数量，而在于援助的质量。于是援助有效性问题开始受到关注，学术界也对此展开了广泛而深入的研究，所得出的结论也迥然不同。比如，米诺等学者认为援助能够促进受援国经济增长（Minoiu 等，2010）[②]，莫约则认为：援助导致增长变缓、使穷人更穷，援助对大部分发展中国家而言，是一场彻底的政治、经济和人道主义灾难（Moyo，2010）[③]。可见援助是否有效是一个尚存争议的问题。

[①]　资料来自 OECD-DAC，按照 2014 年可比价格计算的全部国家提供的官方发展援助额。

[②]　Minoiu C，Dabla-Norris E，Minoiu C，et al.，"Business Cycle Fluctuations，Large Shocks，and Development Aid"，Washington，D.C.：International Monetary Fund，2010.

[③]　Moyo D.，"Dead Aid：Why Aid Makes Things Worse and How There is Another Way for Africa"，Penguin，2010.

进入 21 世纪后，对援助有效性的关注开始上升到政策层面。OECD-DAC 在 21 世纪作出一系列决议，致力于提高援助的有效性，保证发展援助政策在未来国际安全中的重要角色。OECD-DAC 先后在罗马（2003）、巴黎（2005）、加纳首都阿克拉（2008）和韩国釜山（2011）召开了四次有关援助有效性的高层论坛，签署了一系列文件并作出承诺，逐步推进"援助有效性"的进展。这一系列决议共同构成了国际援助有效性议程。

2002 年在蒙特雷举行的联合国发展融资峰会上达成《蒙特雷共识》，国际社会提出援助有效性议题，认为高效的、透明的、负责任的管理公共资源的体制对于提高援助有效性是非常重要的。[1] 2003 年在罗马举行的援助有效性高层论坛上通过了《罗马宣言》，援助有效性的理念得到进一步强化，会议首次就提高援助有效性达成共识：援助方应注意使其发展合作政策、机制以及结构适应受援国的情况，并加强相互之间的协调。[2] 2005 年通过的《巴黎宣言》使"援助有效性"精神被全面系统化。宣言提出了援助有效性的五项基本原则，由此成为援助有效性议程的一块基石。2008 年在加纳首都阿克拉召开的第三届援助有效性高层论坛上通过的《阿克拉行动议程》，对《巴黎宣言》实施过程中出现问题的领域进行了补充，将发展援助的效率放在更广阔的发展政策框架内来考虑。[3]《巴黎宣言》及《阿克拉行动议程》成为国际层面在促进援助有效性方面取得的最显著成果。2011 年 12 月第四次援助有效性高层论坛（the Fourth High Level Forum on Aid Effectiveness，HLF4）在韩国釜山召开，正式推动国际发展援助从"援助有效性"向"发展有效性"转变。

---

① United Nations Department of Economies and Social Affairs, "Monterrey Consensus of the International Conference on Financing for Development—The Final Text of Agreement and Commitments Adopted at the International Conference on Financing for Development", *United National Department of Public Information*, 2003, p.8.

② OECD, "Harmonizing Donor Practices Effective Aid Delivery", Paris, 2003, p.8.

③ OECD, "The Accra Agenda for Action", Paris, 2008, p.1.

一、《罗马宣言》

第一届援助有效性高层论坛于 2003 年 2 月在罗马召开,该次会议汇聚了 40 多个多边、双边发展机构和 28 个受援方,通过了《罗马宣言》①。《罗马宣言》提出提高"援助有效性"和增加"援助协调"的理念,承诺基于受援国的优先顺序分配援助资源,主张审查和修改援助国的政策、程序和做法,使得援助国与受援国的内部体系更加协调,主张建立一种适合不同国家环境的援助实践标准和规则,主张通过委托合作和增加灵活性来促进援助效果的提高,主张积极认识援助协调对提升援助有效性的益处,主张以国家为主导使援助程序和实践更加合理化,主张增强与受援国的伙伴关系并一道提高政策的关联性、质量和国家分析工作的有效性,认为援助应该符合受援国预算和减贫战略,强调在全球和地区项目中推广援助协调的方法。

二、《巴黎宣言》

2005 年 3 月,100 多个援助国和受援国参加了在巴黎举行的关于援助有效性的第二届高层论坛。最终,61 个多边和双边援助国、56 个受援国和 14 个社会组织就援助有效性达成共识,共同签署了《巴黎宣言》。《巴黎宣言》的目标是通过提高发展援助的效率和效果,使援助符合受援国的具体需要。《巴黎宣言》指出,为了提高受援国政府的治理能力和发展水平,首先应当增加发展援助资金的数量,但同时必须提高发展援助资金的使用效果。援助机构与受援国政府之间就原则和共同承诺达成协议,作为 2005—2010 年间的共同行动纲领。

《巴黎宣言》的目标是通过提高发展援助的效率和效果,使发展援助符合受援国的具体需要,提高自主权,实现同盟和协调,强调结果导向管理与相互问责。为此,《巴黎宣言》提出了五项原则来提高援助的有效

---

① OECD,"Rome Declaration on Harmonisation", http://www.oecd.org/dac/effectiveness/31451637.pdf,2014-10-28.

性：(1)自主性(Ownership)①：发展中国家应建立减贫战略，改善机构治理并解决腐败问题；(2)同盟(Alignment)：援助国应认可这些战略并使用当地系统；(3)协调(Harmonization)：援助国之间应相互协调、简化援助程序并共享信息，避免重复；(4)结果导向管理(Managing for Results)：发展中受援国的重点应转移到发展结果，并建立一些对结果加以衡量的指标；(5)相互问责制(Mutual Accountability)：援助国和受援国共同对发展成果负责。总而言之，《巴黎宣言》强调了受援国和援助者在履行一系列加强自主性、联系、协调和结果导向管理以及相互问责制的活动中承担共同的责任。

除五项原则外，对提高援助效率《巴黎宣言》提出了更加具体的12个指标，并对这12个指标分别设立了到2010年须达成的目标(见表2-1)。《巴黎宣言》的五项原则分别涉及了受援国自主权、援助机构相互之间的协调和联合以及援助双方的共同责任，这些问题对援助双方都至关重要。《巴黎宣言》签订后，国际组织及参与援助的所有国家都反复强调实施《巴黎宣言》的重要意义。为跟踪和评估《巴黎宣言》的落实情况，经济合作与发展组织(OECD)及其下属的发展援助委员会(OECD-DAC)制定了一整套评估方法。2006年，在巴马科召开的讨论会对《巴黎宣言》的影响力和执行情况做了简要分析，着重讨论了各援助机构之间的协调合作。之后签署《巴黎宣言》的各国均启动了对其总体落实情况的调查，以确定由《巴黎宣言》设定的目标的完成情况，以及调查援助者的援助行为是否确实促进了受援国的发展，援助者所提供的援助是否得到了有效的使用，在援助过程中是否存在问题，并提出解决这些问题的方案。

---

① "自主性"(ownership)源于1995年《开罗行动计划》，并于1998年第二届东京非洲发展国际会议上正式提出。它是从"自力更生"的概念演变而来，指非洲国家在制定和实施发展计划中的自主权，主要体现为"自助"，后来延伸到发展中国家，是日本倡导的援助新理念。

表 2-1　《巴黎宣言》的 12 个指标及其 2010 年目标

原则	标号	指标	2010 年目标	
自主性原则	1	受援国有可操作性的发展战略（Partner have operational development strategies）	至少 75%的受援国有可操作性的发展战略	
同盟原则	2a	可靠的公共财政管理系统［Reliable public financial management（PFM）systems］	至少在 PFM/CPIA① 测度上国家的比例有所上升	
	2b	可靠的采购系统（Reliable procurement systems）	至少在 4 点测度上国家的比例有所上升	
	3	与国家优先事项一致的援助（Aid flows are aligned on national priorities）	差距减半——流向政府部门的援助比例的一半不属于政府预算（其中，至少 85%属于预算）	
	4	通过协作支持增强能力建设（Strengthen capacity by coordinated support）	50%的技术合作通过与国家发展战略相一致的合作方案来完成	
	5a	国家公共财政管理系统的使用（Use of country public financial management systems）	目标	分数
			援助者的百分比	
			所有的援助者都是用受援国的 PFM 系统	5+
			90%的援助者使用受援国的 PFM 系统	3.5—4.5
			援助的百分比	
			公共部门援助份额减少的三分之二没有使用受援国的 PFM 系统	5+
			公共部门援助份额减少的三分之一没有使用受援国的 PFM 系统	3.5—4.5

---

① CPIA（Country Policy and Institutional Assessment）国家政策与制度评估。

续表

原则	标号	指标	2010 年目标	
			目标	分数
同盟原则	5b	国家采购系统的使用（Use of country procurement systems）	援助者的百分比	
			所有的援助者使用了受援国的国家采购系统	A
			90%的援助者使用了受援国的国家采购系统	B
			援助的百分比	
			公共部门援助份额减少的三分之二没有使用受援国的国家采购系统	A
			公共部门援助份额减少的三分之一没有使用受援国的国家采购系统	B
	6	通过避免类似项目的执行增强援助能力（Strengthen capacity by avoiding parallel implementation structures）	减少三分之二类似项目实施单位（Project Implementation Units，PIUs）的存量	
	7	援助的可预测性（Aid is more predictable）	差距减半——计划财年内没有发放援助的比例减半	
	8	不附带条件的援助（Aid is untied）	随时间推移，不断进步	
协调原则	9	共同安排或程序的使用（Use of common arrangements or procedures）	66%的援助在以项目为基础的方法下提供	
	10	联合的国家分析工作（Encourage shared analysis）	(a)40%该领域的援助任务是共同进行的 (b)66%的国家分析工作是共同进行的	
结果导向管理原则	11	结果导向型管理框架（Results-oriented frameworks）	减少三分之一的差距——没有透明的和可监督的绩效评估框架的国家的比例减少三分之一	
相互问责原则	12	相互问责制（Mutual accountability）	所有合作伙伴的国家有相互的评估审查	

资料来源：OECD-DAC，"The Paris Declaration on Aid Effectiveness and the Accra Agenda for Action"，2008。

在受援国拥有发展议程自主权的基础上(自主权),援助国共同遵循受援国政府的计划与优先权(同盟)并依照流程操作(协调)。这为未来改革的道路提供了一个方向,即执行《巴黎宣言》、加强受援国在国际援助体系中的作用。这就要求发达国家与发展中国家之间、政府与社会组织之间能够建立信任、精诚合作。对于国际援助体系的改革,《巴黎宣言》给出了具体的解决办法:同盟与协调。其中,援助同盟关注于受援国的重点发展项目的援助支持,确保受援国具有相应的战略规划和财政能力来执行这些项目。援助同盟将尽可能地使援助支持更及时、迅速,并减少捆绑援助(tied aid)①。援助协调要求援助机构相互之间协调行动,避免重复。

三、《阿克拉行动议程》

由《巴黎宣言》等一系列文件构建的考察"援助有效性"的框架从整体上对国际发展援助体系设定了新的标准,并为援助体系的整体发展指明了方向。

继 2005 年《巴黎宣言》发表之后,国际社会又于 2008 年 9 月在加纳首都阿克拉召开第三届援助有效性高层论坛,并通过了《阿克拉行动议程》,旨在加强和深化《巴黎宣言》的实施。在总结《巴黎宣言》进展的基础上,阿克拉行动议程进一步完善了援助有效性理念,设置了加速推进《巴黎宣言》目标的议程,并建议在自主权、伙伴关系、能力建设和结果通报领域加以改善。

《阿克拉行动议程》的主要内容包括:

(1)加强受援国在发展方面的自主权。扩大发展中国家一级的政策对话,加强发展中国家领导和管理发展的能力,最大限度地加强和使用发展中国家系统。

(2)发展建设更加有效和包容性的发展合作伙伴关系。减少援助分

---

① 捆绑援助(tied aid)是指该援助资金仅能用于购买援助国的产品或服务,有利于援助国的经济发展,又称条件性援助。

散造成的浪费,增加援助的数额,欢迎所有的发展参与者合作,深化社会组织的参与,为脆弱国家修改援助政策。

(3)通报发展结果并对发展结果负责。这一内容要求重视结果,对公众更负责和更透明,继续改变限制性条件的性质以支持自主权,并增加援助中期的可预见性。

大会重新审视了《巴黎宣言》的执行情况,并强调只有占发展中国家人民多数的弱势和贫穷人群的权利得到体现和认可,才能最终在消除贫穷和不平等方面取得明显进步。与会各国就致力于更加高效的国际援助达成一致。为了提高援助的透明度和可预测性,进一步解除援助约束,改进援助管理工作,该议程呼吁所有全球性基金在其行动过程中遵循《巴黎宣言》确立的原则。国际社会应重视履行新承诺,并监督承诺的兑现情况。但这次大会并未设置减少援助的政策捆绑的目标。

此外,《阿克拉行动议程》承认了"南南合作"的重要性,并认为其是南北合作的有益补充。

四、《釜山宣言》

2011 年 11 月在韩国釜山召开了第四届援助有效性高层论坛,160 多个国家和地区的代表在会上通过了《有效发展合作伙伴关系釜山宣言》(Busan Partnership for Effective Development Cooperation),又名《釜山宣言》。

《釜山宣言》的主要内容包括:让发展中国家自主决定发展的优先顺序;成果重于过程;建立广泛的发展合作伙伴关系;提高透明度及责任感等。为实现以上目标,《釜山宣言》提出了四大行动计划:深化和扩大有关发展政策和进程的主人翁意识、加强取得具体而可持续成果的努力、加强和扩大"南南合作"(发展中国家—发展中国家)和"三方合作"(发达国家—发展中国家—发展中国家)的援助、加强发展合作活动对援助的催化剂作用等。

釜山会议成果丰硕,提出了要关注发展中国家的国际援助方式,强调国际援助政策应从关注"援助有效性"向关注"发展有效性"转变,重视多样化援助主体的新合作伙伴关系,明确了南南合作与南北合作的不同关系。首先,《釜山宣言》正式提出国际援助理念应当从关注"援助有效性"转换为关注"发展有效性"。改变以往国际社会的援助理念,即发达国家并不只是向发展中国家单纯提供援助,而是要帮助受援国实现实质性的经济增长。其次,该会议成为摆脱以往西方主导的援助模式,建立援助协作新模式的契机,即援助形式从过去的西方发达国家与落后国家之间的合作模式,变为西方发达国家和新兴国家(巴西、中国等)以及民间(企业和民间组织)等各种贡献主体的新型全面全球伙伴关系。再次,会议最终反映了新兴市场国家的意见,明确指出"南南合作"的方式和义务不同于"南北合作"。这主要反映了中国、印度等新兴国家提出的很难承担像发达国家一样在南北合作中的义务。《釜山宣言》还决定各国加速减少有附加条件的援助,并在2012年内实现无附加条件援助的计划。

总之,国际社会一系列关于援助有效性议程的推进取得了令人瞩目的成绩。通过数次论坛和议程的讨论以及数次论坛宣言,一方面,发展援助理念由援助有效性向发展有效性转变,"发展才是最终目的"成为广为接受的观点;另一方面,新兴市场国家对其他发展中国家提供援助的标准不同于发达国家提供援助的标准开始深入人心。虽然在消除捆绑援助问题上各国还有很多工作要做,但以上两点进步对提高援助效果提供了广阔的操作空间。

第二节 援助有效性的衡量指标

《巴黎宣言》规定了衡量援助有效性的指标及目标,DAC 成员通过签署《巴黎宣言》对本国的援助有效性议程作出明确承诺,并对《巴黎宣言》指标的执行情况及其援助有效性进行评估。

一、《巴黎宣言》的五项原则

为提高对外援助的效率和效果,《巴黎宣言》提出了五项原则以提高援助的有效性,即自主性、同盟、协调、结果导向管理和相互问责制。《巴黎宣言》强调了受援国和援助者在履行一系列加强自主性、同盟、协调和结果导向管理以及相互问责制的活动中承担共同的责任（见图2-1）。

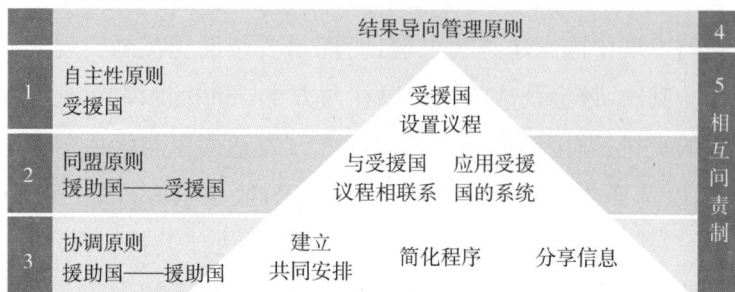

图2-1 《巴黎宣言》金字塔——提高援助有效性的五项原则

资料来源：OECD，"Aid Effectiveness 2005－10：Progress in Implementing the Paris Declaration"，OECD Publishing，Paris，2011。

（一）自主性

自主性是指受援国对其发展政策、战略和协调的行动应进行有效的领导。受援国承诺通过广泛的协商，在其国家发展战略的制定和实施中发挥领导作用；将这些国家发展战略转变为中期支出框架和年度预算中所表示的具有优先级的以结果为导向的可操作的方案；结合与援助国对话中的其他发展资源，在各级援助协调中处于领导地位并鼓励民间社会组织与私营部门的参与。援助国则承诺尊重受援国的领导地位并帮助加强它们的执行能力。

自主性是由援助国、受援国和社会组织通过开放的对话最终确定的。这些政策应与受援国对诸如性别平等、人权、残疾和环境可持续的国际承诺相一致，并切实转化为结果导向的操作预算。实施自主性原则通常意味着加强发展受援国人力资源和机构的能力，但与此同时援助国的压力可能使受援国难以设计、实施和监督发展政策和援助支持的发展方案。

（二）同盟

同盟是指援助国的整体支持是建立在受援国的国家发展战略、机构和程序的基础之上的。援助国同意对受援国的国家发展战略、国家机构和程序给予全面支持。特别地，援助国同意使用受援国的国家系统（公共财政管理、采购、审计、监督和评估,或社会环境评估)作为公共部门管理援助方案的优先选择,所有这些对于加强自主权是至关重要的。受援国在援助国的支持下同意改善这些制度和机构,加强其发展能力建设。

援助国通过多种方法来改善合作。这包括减少平行执行单位、更多地使用方案为基础的援助、使用一般或部门预算支持、没有附加条件的援助等。

需要注意的是,由于受援国人力资源水平较差,体制僵化,以及援助国的法律要求较高,所以当政策协议转化为操作方案和项目,特别是当涉及受援国州政府和地方政府时,往往会出现援助效果不尽如人意的现象。为了降低风险,在受援国加强它们体系的同时,援助国也需采取措施。例如,瑞典通过评估受援国的实施能力及透明度和腐败、人权等问题来最大限度地降低风险。

(三)协调

协调是指援助国的行动更加协调、透明和有效。全球、国家或部门级的援助过于分散会损害援助的有效性。援助国间共同安排并简化手续、劳动分工和责任分担的务实做法可以增强互补性并降低交易成本。对于协同行为的激励机制,援助国和受援国应共同承诺改革程序,强化激励机制,包括招聘、考核和培训,以使管理者和员工注重协调、统筹和结果。协调还包括向脆弱国家提供有效的援助,并通过统一的方法促进环境评估。

协调的范围包括援助国之间信息的交流、援助国协调小组的创建、程序的简化和设计以及援助管理和实施的共同安排。加纳、坦桑尼亚、乌干达和赞比亚(Wood 等,2008)[1]已经制定了为所有援助国提供单一国家战略的联合援助战略,从整体角度协调各国的资金数量以及资金运用领域。丹麦、瑞典和挪威在一些受援国有效的互动降低了交易成本。

2007 年,欧盟制定了关于在受援国分工的行动守则,以加强成员之间的协调和互补。北欧加集团(the Nordic Plus Group)的成员在协调上取

---

① Wood,Bernard,et al.,*Evaluation of the Implementation of the Paris Declaration:Phase one:Synthesis Report*, Copenhagen:Ministry of Foreign Affairs of Denmark,2008.

得了较大的成绩。它们已经开发出许多有用的工具，包括联合融资安排指导（2004）、《采购政策》（2004）及其《指南》（2005）、《联合援助战略进程互补原则》（2005）和《委托合作实用指南》（2006）。北欧加组织还尝试委托合作，例如丹麦在布基纳法索将综合水资源管理委托给瑞典。

（四）结果导向管理

结果导向管理意味着管理和实施援助专注于所期望的结果，以及利用信息来改善决策。DAC成员同意结果管理有益于国际援助得到国际社会的广泛关注和支持，并认为这是一个长远的解决办法。

以国家为基础的监督、评估和统计能力是建设"绩效文化"（Performance Culture）的基础。DAC成员正在建立国家统计和信息系统。例如，它们已经建立了一个多边援助国基金以加强统计能力，并在2010年达到透明的和可监督的性能评估框架。然而援助国和受援国如使用不同的结果框架则会限制结果管理的发展。

DAC成员正在加强它们自身的执行管理框架、方法指南、关于结果管理的训练和员工计划以及奖励员工的激励安排，以获得可持续的和长期的投资回报。一些援助国通过整合和简化，联合推出的结果管理框架已得到了DAC的赞同，其中包括监督、评估和审计，以及对个体的绩效考核。

（五）相互问责制

相互问责制是指援助国和受援国共同为发展结果负责。问责制意味着援助国和受援国就发展成果对本国公民负责，而相互问责制意味着援助国和受援国相互负责。受援国和援助国合作须建立在相互问责制和透明化的基础上，以便加强国家政策和发展援助的公众支持。

二、《巴黎宣言》的12个指标

针对以上五项原则，《巴黎宣言》又提出了12个更加具体的指标，并对这12个指标分别设立了到2010年所要达成的目标（见表2-1），并在之后的文件中进一步提出了数量指标。

三、援助国和受援国在援助有效性方面的责任

（一）援助国在提高援助有效性方面的责任

DAC 成员在实施援助有效性议程过程中面临着政治、政策和实际实施上的挑战。执行《巴黎宣言》的原则与各援助国的政治目标可能并不一致，且通常意味着援助国相关的发展援助的立法和发展合作政策的相应调整。

援助有效性议程对援助国的发展援助管理系统往往有直接影响。如其要求对受援国中期的未来援助资金更具有可预见性（援助国的年度预算编制对此有限制）、要求使用以方案为基础的援助，要求将援助集中于少数国家、部门和活动。对援助国来说，在援助管理方面实施援助有效性议程往往需要调整国家援助资源在部门之间的分配，调整人力资源管理，改革援助实施程序。另外，为提高援助有效性，援助国需帮助受援国拟定发展战略，确保援助计划与受援国优先发展战略相一致；援助国与受援国之间应加强协调和信息共享，加强对援助效果的评估，降低援助过程中的交易成本，从而提高援助的有效性，使有限的援助资金发挥更大的作用。

目前，大多数 DAC 成员已经制定了援助有效性行动计划。这些计划往往是明确、可操作和有时间约束的。例如，援助国中的北欧加集团制订了一项行动计划以及援助有效性准则和工具，丹麦、荷兰和瑞典修改了国家援助战略的内部操作准则。但是将战略和原则转变为可执行的实施细则需要花费大量时间，而各国在这方面改革的速度和深度并不一致。

（二）受援国在提高援助有效性方面的责任

《巴黎宣言》中的所有权原则要求受援国具有可操作的国家战略、可信赖的国家体系，其所接受的援助应按照国家的优先次序进行分配，通过援助合作过程增强其能力建设。为提高援助的有效性，援助国应给予受援国积极的帮助，而受援国应尽力对国家发展战略、援助管理体系和相关组织机构进行全面调整。受援国应对来自各援助国的援助予以协调，协

调的范围包括援助国之间信息的交流，援助国协调小组的创建，简化程序，设计、管理和实施援助的共同安排，实施以结果为导向的绩效评估等等。援助国和受援国应对其发展援助的成果对本国公民负责，且援助国和受援国之间相互负责。

受援国如何实施援助有效性议程目前还没有一个统一的标准化的战略，各国的进展不一。一些受援国如布基纳法索（Burkina Faso）、加纳、莫桑比克和越南已经将《巴黎宣言》作为国家优先事项并开始实施援助有效性原则，但是在某些脆弱国家，由于其应用原则的环境不佳，执政能力有限，其实施援助有效性原则的进程十分缓慢。

第三节　援助有效性指标评价体系

DAC 成员的援助有效性评估拥有一项统一标准，即 DAC 根据各成员对《巴黎宣言》指标的执行情况来对其进行援助有效性评估。以下主要根据 OECD–DAC 发布的《援助的有效性 2005—10：实施〈巴黎宣言〉的进展》①来说明《巴黎宣言》援助有效性指标评价体系。

一、发展战略和政策的自主权

从长远来看，《巴黎宣言》旨在达到一个国家不再需要其他伙伴国家的援助就可以实现本国发展的目标；同时，也关注在发展实践中参与各方把受援国的国家自主权放在首位。援助的有效性就表现为，作为受援国能够达到不再需要外援就可以实现本国经济、社会和环境的发展目标。《巴黎宣言》强调依靠援助的国家，应该与援助方共同合作，通过其努力来实现不同的承诺，并加强政治进程和发展援助管理体系的建设。另外，援助国也需要帮助受援国进行国家发展政策体系建设，援助的目的不是为了削弱国家自主性，而是为了加强受援国的自主性。

---

① OECD,"Aid Effectiveness 2005 - 10: Progress in Implementing the Paris Declaration", OECD Publish, Paris, 2011.

指标 1 受援国拥有可操作的发展战略。该指标主要反映自主性原则,分为 A 到 E 共 5 个等级。2010 年的目标为国家发展战略指标达到 A 或 B 等级的国家比例为 37%,从表 2-2 可以看出,虽然指标 1 从 2005 年的 11%增加到 2007 年的 17%,但直至 2010 年的 34%,其仍远远低于 75%的目标。

表 2-2 《巴黎宣言》指标 1 可操作的发展战略的质量等级(2005—2010 年)

等 级		2005 年		2007 年		2010 年	
		国家个数	%	国家个数	%	国家个数	%
高	A	0	0	0	0	2	3
	B	5	11	8	17	26	34
中	C	27	60	31	66	25	33
	D	12	27	8	17	22	29
低	E	1	2	0	0	1	1
被评估的国家个数		45		47		76	

资料来源:OECD,"Aid Effectiveness 2005-10:Progress in implementing the Paris Declaration",OECD Publishing,Paris,2011。

二、与国家优先次序和体系一致的援助同盟

同盟原则强调受援国拥有公共财政管理系统和采购系统,援助按照国家优先事项的次序分配,通过援助合作增强受援国能力建设,使用受援国国家公共财政管理系统和国家采购系统,避免重复援助并使援助不附带限制性条件等。

指标 2a 可靠的公共财政管理系统。要求在公共财政管理/国家政策和体制评估(Public Financial Management/Country Policy and Institutional Assessment,PFM/CPIA)方面,半数受援国至少上升一个等级(即 0.5 个百分点),而实际该指标只有 38%(见表 2-3)。

表 2-3　2005 年、2007 年、2010 年《巴黎宣言》指标 2a 可靠的
公共财政管理系统质量等级

等　级		2005 年		2007 年		2010 年	
		国家个数	%	国家个数	%	国家个数	%
强	4.5	1	2	0	0	2	4
	4	10	19	12	22	8	14
中	3.5	19	35	18	33	25	45
	3	11	20	14	26	12	21
	2.5	9	17	5	9	6	11
	2	4	7	4	7	3	5
弱	1.5	0	0	1	2	0	0
被评估的国家个数		54		54		56	

资料来源：OECD，"Aid Effectiveness 2005 - 10：Progress in Implementing the Paris Declaration"，OECD Publishing，Paris，2011。

指标 2b 可靠的采购系统。评估采购指标有 4 个标准，三分之一的受援国至少应提升一个等级（即从 D 到 C、C 到 B 或 B 到 A）（见表 2-4）。

表 2-4　《巴黎宣言》指标 2b 可靠的国家采购系统质量等级（2007—2010 年）

等　级		2007 年国家个数	2010 年国家个数
非常强	A	—	—
	B	7	1
	C	9	4
弱	D	1	—
被评估的国家个数		17	5

资料来源：OECD，"Aid Effectiveness 2005 - 10：Progress in Implementing the Paris Declaration"，OECD Publishing，Paris，2011。

指标 3 与国家优先事项一致的援助。这一指标用以衡量受援国政府部门记录其年度预算中援助所占的比例，反映了受援国的发展战略。2005 年，这一指标值为 44%，其 2010 年的目标为"未出现在国家政府部

门援助预算报告中的援助资金所占比例降低一半"(即至少85%的援助资金涵盖在预算内),实际该指标值为46%(见图2-2)。

（单位：%）

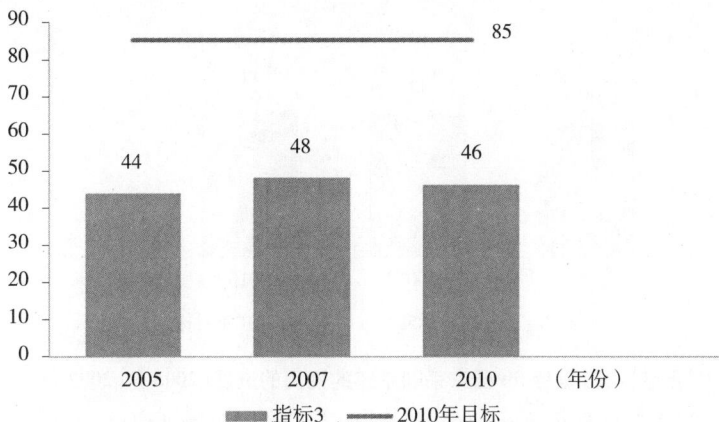

图2-2 《巴黎宣言》指标3与国家优先事项一致的援助的进展(**2005年、2007年、2010年**)

资料来源：OECD,"Aid Effectiveness 2005–10:Progress in Implementing the Paris Declaration",OECD Publishing,Paris,2011。

指标5a表示援助国使用受援国公共财政管理系统的程度。需要特别指出的是,指标5a测量援助国所提供援助中使用受援国公共财政管理系统的三个要素(预算执行、财务报告和审计)的百分比。2010年国家公共财政管理系统使用的目标为在受援国使用公共财政管理系统的援助百分比达到55%,而实际值为48%。

采购是良好的公共财政管理的一个重要因素。指标5b用以测量充分使用受援国采购系统的援助提供的百分比。2011年的调查结果显示,随着时间的推移,援助国使用受援国采购系统的比例有小幅增加。同时参与2006年和2011年调查的32国的数据显示,使用受援国采购系统的政府部门的援助由2005年的40%增加到2007年的43%,2010年为44%,但仍远远低于2010年90%的目标值(见图2-3)。

大多数参与调查的国家的报告表明,出于对信誉、效率和有效性问题的考虑,部分援助国继续使用自己的采购指南和机制;部分援助国因总部条例的限制,不能使用受援国的国家采购系统(例如阿尔巴尼亚、孟加拉

（单位：%）

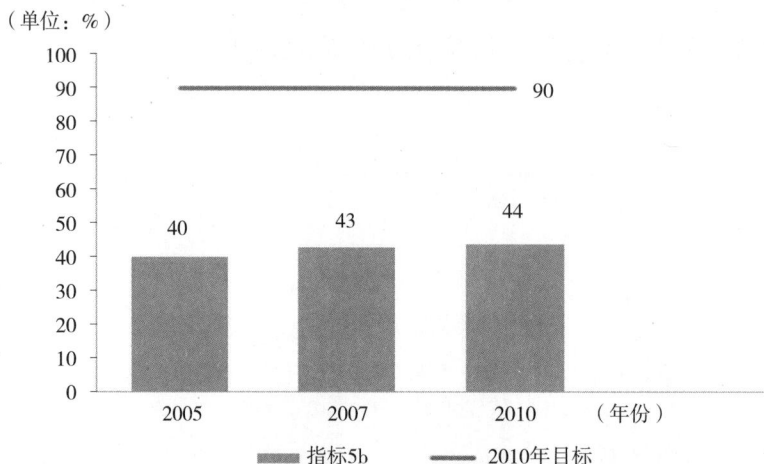

图 2-3　《巴黎宣言》指标 5b 国家采购系统的使用的进展（2005 年、2007 年、2010 年）

资料来源：OECD，"Aid Effectiveness 2005－10：Progress in Implementing the Paris Declaration"，OECD Publishing，Paris，2011。

国）。OECD-DAC 成员的同行评议证实，一些援助国在更充分地使用受援国的国家采购系统时仍面临着法律上的障碍，包括捆绑援助等。

　　当援助国对援助资金采购的货物和服务设立地域限制时，援助就变成了附带条件的援助。附带条件的援助限制了受援国采购货物和服务的可供选择范围，并大大降低了总体效益。有估计认为，附带条件的援助在一般情况下会降低 15%—25% 的总体效益，食品援助则降低 50% 以上（Jepma，1991① 和 1994②；Clay 等，2009③）。附带条件的援助也阻碍同盟的发展。鉴于这一问题，《巴黎宣言》要求 OECD-DAC 援助成员在不附带条件的援助方面继续取得进展，而《阿克拉行动议程》鼓励援助国在最大限度上实行不附带条件的援助。

---

①　Jepma，Catrinus J.，*The Tying of Aid*，Washington：OECD Publications and Information Centre，1991.

②　Jepma，Catrinus J.，*Inter-nation Policy Co-ordination and Untying of Aid*，Wiltshire：Avebury，1994.

③　Clay，Edward J.，Matthew Geddes，and Luisa Natali，*Untying Aid：Is It Working？Evaluation of the Paris Declaration*，Danish Institute for International Studies，2009.

指标8规定没有限制条件的双边援助比例高于89%,但实际值为86%,略低于目标值。

援助国提供项目援助时,它们往往建立自己的机构或向受援国施压建立新的机构以管理这些项目。这些所谓的项目实施单位(Project Implementation Units,PIUs)通常是受援国专门设立的管理援助国资助的项目和方案的实施单位。这些单位或机构往往与受援国现有的国家单位或机构平行,从而破坏了其加强核心政府机构能力的努力,扭曲了公共部门的人员编制和工资水平,并减少受援国政府在执行援助资金资助的活动时的控制和问责的程度。

根据《巴黎宣言》,援助国承诺尽最大可能避免建立这种平行机构,承诺在2005—2010年间减少三分之二的平行PIUs。指标6测量平行PIUs的个数,即在国家层面,援助国在实施政府部门援助活动时所使用的这种单位数。到2010年这一目标已经取得了实质性进展,但2010年的实际值仍高达1158个,远未达到565个的全球目标(见图2-4)。

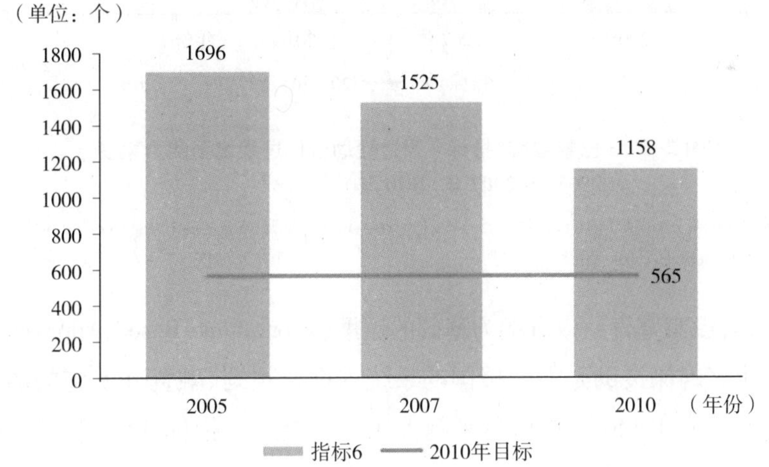

(单位:个)

图2-4 《巴黎宣言》指标6避免平行的项目实施机构的进展
(2005年、2007年、2010年)

资料来源:OECD,"Aid Effectiveness 2005–10:Progress in Implementing the Paris Declaration",OECD Publishing,Paris,2011。

三、援助国实践的协调

能力建设是受援国促进可持续发展和减少贫困的核心。根据《巴黎宣言》，援助国承诺提供的技术合作既要符合受援国的优先事项，而且需要使用共同的程序安排以减轻受援国负担并提高援助效率。指标 4 通过援助协作支持能力建设，通过国家发展战略实施的技术合作比例达到 50%，2010 年的实际完成值为 51%（见图 2-5），这是《巴黎宣言》12 个指标中唯一完成目标的指标。

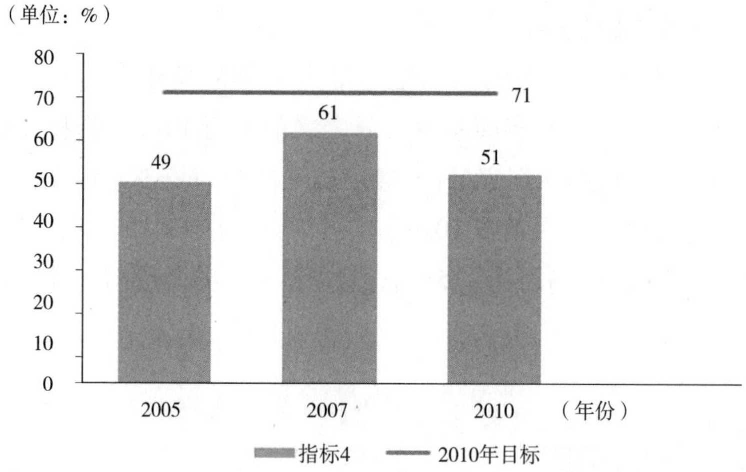

（单位：%）

图 2-5　《巴黎宣言》指标 4 通过援助合作过程增强能力建设
（2005 年、2007 年、2010 年）

资料来源：OECD, "Aid Effectiveness 2005-10: Progress in Implementing the Paris Declaration", OECD Publishing, Paris, 2011。

根据《巴黎宣言》，以方案为基础的援助（Programme-Based Approaches, PBAs）能够确保援助是在受援国的系统内进行规划、融资并实施的活动。援助国承诺在 PBAs 下提供越来越大比例的援助。指标 9 使用共同的安排或程序——以方案为基础的援助提供的援助比率 2010 年的目标是 66%，而实际值为 45%。

《巴黎宣言》承诺援助国共同加强互补性，降低与国家层面的重复工作相关的成本和负担。由此，受援国的负担预计将减轻，援助国也可以很好地借鉴彼此的经验以支持发展。指标 10a（联合任务）和指标 10b（联合的国家分析工作）便是这一领域的衡量指标。

指标 10a 援助方之间联合任务的比率，2010 年的目标未达到 40%，实际值为 22%（见图 2-6）；指标 10b 联合进行国家分析工作的目标比例是达到 66%，实际值为 44%，均未实现 2010 年的目标（见图 2-7）。

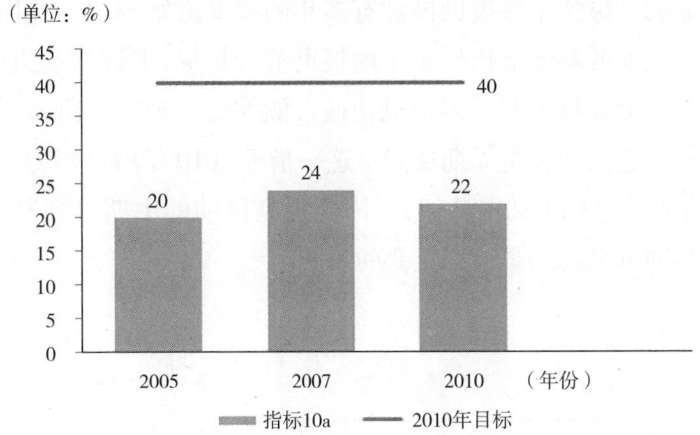

（单位：%）

图 2-6 《巴黎宣言》指标 10a 援助方之间联合任务的比率
（2005 年、2007 年、2010 年）

资料来源：OECD, "Aid Effectiveness 2005－10: Progress in Implementing the Paris Declaration", OECD Publishing, Paris, 2011。

（单位：%）

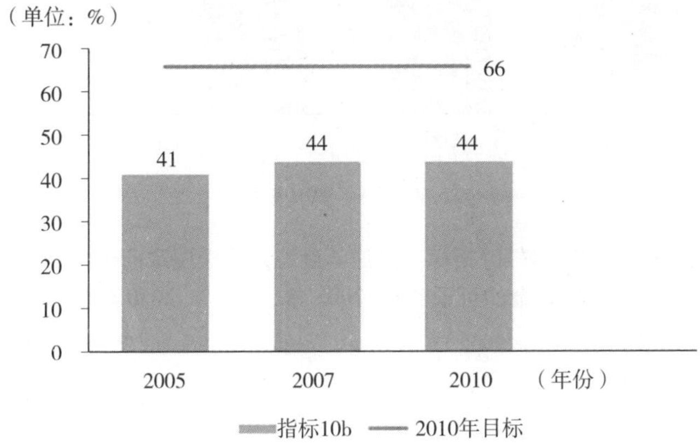

图 2-7 《巴黎宣言》指标 10b 联合的国家分析工作的比例
（2005 年、2007 年、2010 年）

资料来源：OECD, "Aid Effectiveness 2005－10: Progress in Implementing the Paris Declaration", OECD Publishing, Paris, 2011。

四、援助的可预测性和透明度

指标 7 援助的可预测性,其衡量的是援助计划和援助效果在国家会计体系下的发放和记录。改善国家层面的援助中期可预见性的进展有限,援助国对各个受援国政府的关于未来援助流动的前瞻性指标的信息仍然是孤立的。虽然一些援助国拥有多年的援助方案框架,并且一些援助国可以在先前的基础上提供未来的援助流动指标,但许多双边援助国仍然受制于年度预算编制。多边机构通常能够提供未来支出的信息,不过这往往限于它们的补给周期期间。这一指标 2010 年的目标为 71%,而实际完成值只有 43%(见图 2-8)。因此提高援助的中期可预测性对于多数双边援助方来说均是一个重要的挑战。

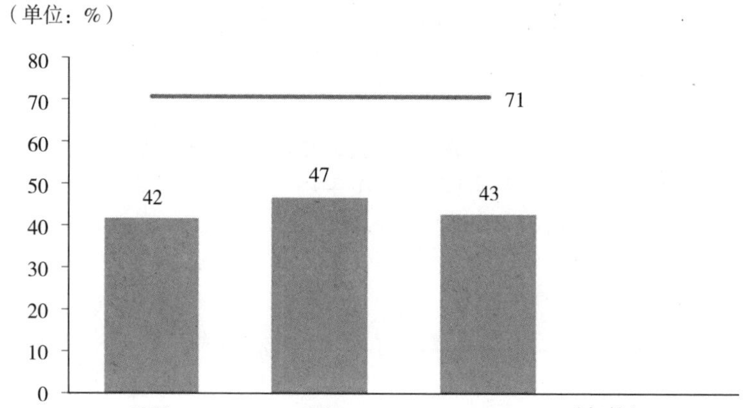

（单位：%）

图 2-8 《巴黎宣言》指标 7 关注年度流入受援国政府部门的
援助资金的可预测性(2005 年、2007 年、2010 年)

资料来源:OECD,"Aid Effectiveness 2005-10:Progress in Implementing the Paris Declaration",OECD Publishing,Paris,2011。

五、结果导向和相互问责

指标 11 以结果为导向的绩效评估框架——使用透明的和可监督的

绩效评估框架的国家比例达到 36%,实际值为 21%(见表 2-5)。指标 12
相互问责制——履行包括本宣言在内的关于援助效果既定承诺的国家中
执行相互评估审查的国家比例应达到 100%,实际值仅为 38%,离目标相
差甚远。

表 2-5　《巴黎宣言》指标 11——透明的和可监督的
绩效评估框架(2005 年、2007 年、2010 年)

等　级		2005 年		2007 年		2010 年	
		国家个数	%	国家个数	%	国家个数	%
高	A	0	0	0	0	0	0
	B	2	5	3	6	16	21
中	C	20	45	27	57	41	54
	D	22	50	17	36	18	24
低	E	0	0	0	0	1	1
被评估的国家个数		44		47		76	

资料来源:OECD,"Aid Effectiveness 2005-10:Progress in Implementing the Paris Declaration",OECD
Publishing,Paris,2011。

第三章　发达国家对外援助的管理

第二次世界大战之后,以美国的"马歇尔计划"和"第四点计划"以及联合国和世界银行的成立为标志,国际发展援助体系逐步形成,并充分发挥重要作用。经济合作与发展组织发展援助委员会的建立,为世界主要援助国提供了合作平台,也使国际发展援助更加系统化。DAC 在构建国际援助体系、规范和协调发达国家对外援助管理政策和实践方面取得了很大的进展。当前的国际援助体系或者说西方的对外援助体系是 DAC 建立并规范的。发达国家和国际组织作为主要援助方,在援助管理与项目实施等方面拥有许多成功经验。研究并探讨发达国家对外援助管理体系,分析其援助管理体系的整体框架及其发展趋势,对于完善和规范中国对外援助管理体系有很大意义。

DAC 成员的对外援助经过半个多世纪的发展,已经形成了较为完善的国际发展援助管理体系,援助的法律和政治基础、政策一致性、组织和管理、援助的分配及管理、监督和评估等都有明确的指导原则和管理体系。

第一节　对外援助的法律与政策

援助国如何给予对外援助政治和法律的合法性,并以国际最佳做法去制定发展援助政策和提供援助? 援助国如何保护这种合法性和操作的权力? 对以上问题的回答,需要确定三个要点,即:(1)一个适当的法律和/或政策基础;(2)将承诺变为行动的政治支持;(3)公众对发展的支持。国际援助需要各国建立相应的法律和政治基础以保证其发展援助政策和对外援助工作具有合法性和操作权力。DAC 成员为发展合作建立法律和政治基础有多种方法:通过立法、高级别政策声明和战略、诸如对发展合作有责任的内阁部长、议员积极参与发展合作的政治活动以及有效的沟通和教育战略、公众的支持。援助国必须证明他们进行发展合作时用自己的方法解决了援助合法性的根本问题。援助国援助目标的实现需要经济、社会和环境等多领域的政策支持,并保持政策的一致性。

一、法律和政治问题

国际发展援助的具体方案或项目活动都是在既定的发展援助政策框架下制定的,而发展援助政策的制定和执行需要适当的法律和政治基础。立法及高级别的政策声明能够确立发展援助的目标和工作重点,协调各部门在发展援助方面的职责,提高各部门对发展援助工作的重视程度,保证发展援助的有效性。

(一)法律问题

援助机构一般都有特定的援助法案指导援助政策的制定,规定援助的基本原则和程序。很多发达国家都建立了发展援助方面的立法。发展援助相关法律一般明确规定政府在发展合作中的责任,确定援助的优先事项和目标,保证援助方案的顺利实施。立法是建立援助优先权和目标的有效框架,并能保护援助方案避免有悖于发展目标的利益干扰。好的立法是透明的,并且具有可解释性。但是如果法律不能定期更新,关于发展援助的详尽立法也会阻碍效率。此外,法律保障可能会无意识地造成其他问题,并制约向《巴黎宣言》和《阿克拉行动议程》提倡的统一、合作和责任的迈进。

DAC 成员的发展合作立法很大程度上反映了其各自的法律传统。一半以上的 DAC 成员已通过立法确立了其援助的优先事项和主要目标。例如,美国 1961 年通过的《对外援助法案》规定了美国官方发展援助的原则框架和基本程序,率先使该国的对外援助政策制度化。英国《国际发展法 2002》通过法律规定其发展援助的目标是减少贫困,为发展援助战略目标奠定了强有力的法律基础,是指导英国对外援助的基本立法。

2008 年 6 月 28 日生效的《加拿大官方发展援助责任法案》，规定了加拿大官方发展援助必须满足的一系列条件。由受援国转为援助国的西班牙于 1998 年通过了《国际发展合作法》，奠定了西班牙对外发展合作的基本框架和法律基础。在没有立法管理发展援助的国家，援助可能会受到不断变化的政治优先事项的冲击。但是，没有立法的国家，例如澳大利亚、爱尔兰、挪威和瑞典，在政策方面也可能因此具有较大的灵活性，可以迅速适应快速变化的发展合作问题。

（二）政治问题

1. 政治环境

每个援助国都须考虑如何在对外援助所追求的发展目标和其他政策目标之间进行取舍和平衡。这涉及一国短期利益与长期利益之间的平衡，也涉及政治、外交、经济、人道主义等因素之间的权衡。DAC 表示，虽然追求国家利益是合法的，但是如果这将导致低效率的援助，则最终将不利于国家总体利益。因此，要加大发展援助的投入，有必要证明连贯的政策和深思熟虑的发展合作可以并且确实有助于总体的长期国家利益。

超过一半的 DAC 成员认为发展合作是一国外交的基本组成部分。例如，芬兰、法国、荷兰和葡萄牙明确表明发展是外交政策和国家利益的主要组成部分。美国历来认为发展合作无论从受援国的需要还是自己的外交政策方面都是十分重要的。近年，美国已将发展合作和外交、国防并列，提升至美国外交政策的三大支柱之一。[1]

2. 政策声明

如无立法，则一国政府应发表一个概述一国对外援助主要目的和目标的总体政策声明。政府发表一个对外援助主要目标的总体政策声明，能够明确发展援助的地位。一方面明确政府各部门发展援助工作的承诺，如政府作出的未来将 ODA 水平提高到国民总收入一定百分比的承

---

[1] 黄梅波、郎建燕：《主要发达国家对外援助管理体系的总体框架》，《国际经济合作》2011 年第 1 期。

诺,实现千年发展目标的计划,为实现《巴黎宣言》和《阿克拉行动议程》的改革方案等;另一方面也有利于协调竞争性的国家利益。政策声明一定程度上可以补充立法方面的缺失。如果发展援助的这些特定目标没有设置在立法、发展目标以及改革中,那么政策声明可作为监督特定目标承诺进展的基础,有些政策声明还涉及一国的发展援助战略、援助的地理范围和部门领域。

政策声明可采取不同的形式,例如白皮书、部长向议会的发言和多年总体规划等。在某些情况下,政策声明会直接涉及发展援助,在其他情况下,发展援助是关于国际发展、对外关系或国家安全的更广泛的政策声明的一部分。略超过三分之二的 DAC 成员有高级别的政策声明。除法国之外的所有 DAC 成员均拥有立法和/或高级别的政策声明。例如,英国2006 年和 2009 年的两份白皮书针对全球面临的挑战,进一步拓宽了发展合作的范围。英国 2009 年的白皮书围绕减少贫困和经济增长(包括贸易)、气候变化和冲突解决三个主要领域提出了发展援助方面的四项优先议题,即:(1)确保最贫困国家经济的持续增长;(2)更好地应对环境变化;(3)避免冲突、保护脆弱地区;(4)提高国际援助体系的有效性(DFID,2009)[1]。很多援助国在其政策声明中包含了援助有效性的原则。欧洲共同体的发展共识(2005)即制定了委员会和欧共体成员对援助有效性的共同愿景。

3. 部长的作用

为了提供有效的发展合作,如果深谙政治和为公众负责的政治人物负责发展合作可以加强援助部门或机构的操作权限。这种政府内部发展援助的捍卫者有助于保护和推动发展合作的政治承诺。一般来说,能把国际发展作为一种政治优先事项的国家,国际发展合作往往是由具有强烈政治立场的部长或副部长领导的(OECD,2008a)[2]。

---

① DFID,"Eliminating World Poverty:Building Our Common Future",*DFID White Paper*,London,2009.

② OECD,"Effective Aid Management:Twelve Lessons from DAC Peer Reviews",Paris,2008a.

如果一国几个部长共同影响援助计划，那么往往需要建立一个协调机制，设立一个委员会以协调几个部长的活动并促进协同。影响协同机制效果的关键因素是它们有多大的权力、它们的任务和成员数、秘书处会议的次数以及它们解决问题的范围。

4. 议会的参与和监督

一般来说，DAC成员的议员是作为决策者和建立发展合作计划的纳税人的当选代表表决援助预算的，因此《阿克拉行动议程》建议加强议员们在发展合作中的作用。此外，由于他们与选民的联系，议员可以帮助建立对发展合作的公众意识和支持。议会还可以监督对外援助的管理和实施计划中也起了重要作用，还可以使政府在发展合作的特别会议和听证会上实现发展承诺，并通过议会讨论发展援助问题。

DAC成员关于发展合作的各国议会的作用有小有大。处理发展问题和对外援助预算特殊议会委员会是影响议会参与发展合作程度的两个重要因素。来自DAC成员和其他OECD国家的许多议员均属于国际议会网络，他们可以监督国际发展并在发展中援助国建立议会的地位。英国有一个国际发展委员会，该委员会有权传召发展合作部长回答问题。挪威虽然没有致力于国际发展的委员会，但是其外交事务委员会积极探讨国际发展问题并且积极参与新政策的制定。2006年法国实行的财政立法体制法案(Institutional Act on Financial Legislation, LOLF)使议会更加能够控制包括发展援助在内的预算，而由议会成员和法国非政府组织组成的"合作议会代表团"(Parliamentary Delegation for Cooperation)有利于在议会中进行发展援助方面的政策讨论。此外，议会还对发展合作的立法进行表决。

（三）公众支持

公众对发展合作的支持是对一国发展援助计划和改革这些计划的政治和立法支持的最好保证。公民往往可以通过税收和选举决定与监督援助政策的制定和执行。但经验表明，援助机构必须在提供、监督和交流发展合作成果上进行投资以赢得公众的支持。这对"新兴援助国"尤为重要。调查显示，公众对发展问题的了解相当肤浅，对援助的有效性也常常持怀疑态度。有时公众对发展援助的支持可能很高,但是常常假设它主要用于人道主义援助方面。

许多国家的发展援助机构监督公众舆论。法国、日本、荷兰、瑞典和英国都进行民意调查以监督民意趋向,他们还组织相应的活动以提高公众意识并引导公众舆论理解政府政策的变动。由于民意测验和调查的成本昂贵,大多数国家的民意调查通常每隔数年进行一次,而不是每年进行。提高公众意识的系统化的评估活动也是有帮助的(OECD Development Centre,2008b)[1]。

1. 建立公众对发展援助的支持

大多数 DAC 成员一般都会把他们的援助计划和发展问题向公众进行宣传和教育。例如,在瑞士,关于发展合作和人道主义援助的联邦法律要求政府就发展问题对公众进行教育。公众也有很强的关于发展信息的需求,特别是关于援助成果的信息(OECD Development Centre,2005a)[2]。如此,发展机构需不断作出系统的努力以传达发展成果。加拿大、荷兰、瑞士、英国和美国在这方面已取得重大进展。

1999 年以来,英国国际发展部每年都对公众对发展援助的看法进行调查。2008 年和 2009 年的调查表明,公众对于发展援助的公共意识淡薄、对官方发展援助的支持逐渐下降。为改变这种状况,英国国际发展部每年拿出 600 万英镑的预算建立了一个由 57 人组成的沟通部门,该部门专门成立了一个工作小组,通过网络与公众进行交流以获得公众的支持。2009 年的白皮书专门提出了加强与公众交流的三个途径,即通过教育系统进行宣传;设计一个英国援助图标(UK aid logo),作为英国发展援助的标志;就援助取得的成果与纳税人进行更好的沟通[3]。

---

① OECD Development Centre,"Building Public Awareness of Development:Communicators, Educators and Evaluation",*Policy Brief*,No.35,OECD,Paris,2008b.

② OECD Development Centre,"A Literature Review of Public Perceptions of Aid Effectiveness in OECD and Developing Countries",OECD,Paris,2005a.

③ 黄梅波、万慧:《英国的对外援助:政策及管理》,《国际经济合作》2011 年第 7 期。

2.提高发展援助意识

提高发展援助意识的行为包括与公众的联系、活动或发展教育。除了传统的沟通方式，诸如年度报告和出版物之外，更多的创新和共享的沟通，以及为特殊目标群体定制的活动，正被用来证明援助的有效性和传达发展成果。在比利时和瑞典，关于千年发展目标的公共宣传活动鼓舞和激励着人们支持发展合作。在英国和爱尔兰，在白皮书的准备阶段，公民可以参与商议，政府还给所有居民发放读者友好概要（reader-friendly summaries）。法国、卢森堡和新西兰的援助机构人员在机构的官方网站开通了博客，爱尔兰和日本开放了公共信息中心，使其成为公共辩论和学习发展问题的平台。荷兰鼓励电视系列将发展问题与节目结合起来。

发展教育在许多DAC成员已变得越来越具有战略意义。一些援助国明确了他们的沟通与发展教育战略，并与教育部合作，在学校课程中加入国际发展问题。他们还资助民间社会组织参与年轻人的发展教育问题，并在互联网上发布教育资源。英国还资助相关的科学研究，找出影响人们学习发展的因素并评估发展教育的影响。

然而，大多数DAC成员仍需努力筹措资金以实施建立公众支持和提高发展援助意识的战略。除了少数例外，他们通常花费小于5%的ODA预算用于宣传和进行国际发展教育。一些与非政府组织合作的欧盟成员，已经确定使用3%的ODA预算用于国际发展教育。

二、政策一致性问题

成功减贫需要经济、社会和环境等多方面的支持政策。2008年，OECD-DAC成员的部长们在通过发展的政策一致性声明时重申了该观点，在经济全球化下，一国事件的影响可能远远超出其边界，对发展问题的忽略可能会迅速地破坏其他目标的追求。为了向可持续和广泛基础的发展前进，政策一致性成为这一进程的一个重要组成部分。

（一）促进政策一致性的发展政策

所谓政策一致性是指保证政府发展政策的目标和成果不被其他政

策所破坏(OECD,2005b)①。千年发展目标8——促进发展的全球伙伴关系表明了这一点。援助有助于为经济增长和私人投资创造一个有利的环境,因此非援助政策将发展问题考虑在内可以提高援助政策的影响。

政策一致性包含以下几个层次:(1)发展合作政策内部的一致性;(2)一国内部援助政策与非援助政策的一致性;(3)不同援助国之间援助政策与非援助政策的一致性;(4)援助国、受援国之间发展政策目标的一致性。

政策一致性涉及政府其他部门和特殊利益团体与发展援助主管机构之间的权衡。这就要求各部门的决策者在制定政策时应充分考虑其对发展中国家发展政策的影响。

2005年,欧洲理事会决定在12个优先领域②加快推进千年发展目标的进程。随后欧洲委员会评估了成员在这12个领域的政策,以达到发展政策的一致性。法国并没有一个能够反映发展援助重要性、为部门间的政策一致性提供基础的总体政策框架。法国对政策一致性的理解包括支持国家发展援助政策的一致性和通过促进全球公共产品而提高南北共同利益的一致性。法国对政策一致性的双重理解旨在给法国的发展援助一个统一的推动力,它强调利益共享,但忽略了法国自身的公共政策对发展中国家的影响,例如法国的投资政策、移民政策等。作为欧盟最重要的成员之一,法国发展援助政策的一致性还包括与欧盟发展援助政策的协调问题。目前法国还没有一个专门致力于促进与欧盟发展援助政策一致性的体制体系,但是法国已经开始重视确立其在欧盟总体援助中的立场,并努力建立发展援助合作机制。

(二)促进政策一致性的关键因素

DAC成员不同的政策制定过程和组织文化决定了它们会通过不同

---

① OECD,"Policy Coherence for Development: Promoting Institutional Good Practice", *The Development Dimension*, Paris, 2005b.

② 12个优先领域是指:贸易、环境、气候变化、安全、农业、渔业、全球化的社会层面、移民、研究和创新、信息社会、交通和能源。

的方式来取得发展政策的一致性。发展援助委员会 2008 年公布的《发展政策一致性的综合报告》(Synthesis Report on Policy Coherence for Development)指出了实现发展政策一致性所必需的三个基石：(1)政治承诺和政策声明对政策一致性的支持程度；(2)政府部门之间的政策协调机制；(3)政策监督、分析和报告体系的运作及其有效性。

1. 政治承诺和政策声明

政治承诺对确立和区分优先目标至关重要。政策声明将政治承诺转化为清晰的、按优先次序排列的和一致性的政策。例如,荷兰和瑞典的全球发展政策即将政策一致性作为国家发展合作的核心；挪威将发展的政策一致性作为实现千年发展目标的明确目标；芬兰将发展政策定义为国际合作和对发展中国家产生影响的国家政策的所有行为,这体现在芬兰总理对政策一致性和外交事务部门对发展问题的政策一致性的认识水平以及国家更广泛的发展共同体的明确承诺上；德国已决定不制定法律,而是制定滚动的政策一致性议程并定期举行跨部门协商以推动发展,发展的政策一致性也是德国联邦经济合作与发展部的四个目标之一。欧洲共同体也制定了发展的政策一致性——2005 年欧洲发展共识的一个特殊承诺,就是要求所有领域的政策都要考虑发展目标。日本于 2008 年签署了关于发展政策一致性的《OECD 宣言》,承诺将发展问题纳入相关的政策制定,并通过效应分析确保在援助国和受援国之间以及 OECD 援助国之间都有较好的政策协调。DAC 强调将政治承诺转化为对可指导行动的明确的政策声明和议程。

某些国家已经采取措施使发展的政策一致性成为法律的重要内容。例如,奥地利和西班牙的立法包括了发展的政策一致性。在英国,国际发展法(2002)授权政府一致性地处理发展问题。瑞典强调建立政策一致性的法律和政策基础,并于 2003 年实施了《责任共担:瑞典全球发展政策》(Shared Responsibility : Sweden's Policy for Global Development)。《责任共担:瑞典全球发展政策》将政策的一致性置于瑞典发展合作方式的核心,并使瑞典跻身于承诺保持政策一致性的援助国的领导地位。当然,DAC 成员的经验表明,立法并不总是能确保发展朝着发展政策一致性的方向发展。

2.政策协调

政策协调机制需要协调发展政策的各组成部分,化解各种政策的不一致性,以确保明确和强烈地表达发展利益。DAC 成员的政策协调范围包括从非正式的协调到对发展影响的立法建议的系统审查。2000 年以来,OECD 成员促进发展政策一致性的组织机制有所改善。例如,荷兰已经在外交事务部门建立了一个专门的政策一致性机构,而在丹麦,部门间的讨论和政策协调是基于对某个问题的讨论,而不是战略的总体考虑。法国、希腊、卢森堡和美国采取了类似的方法,让不同的部门找到共同点并对诸如贸易和发展问题建立更大的一致性。在美国,国家安全委员会下的政策协调委员会负责校准关于发展政策的不同机构的观点和机构间的日常协调。这个委员会同时负责援助和贸易领域的协调,但不负责管理其他领域的协调。

OECD 建议成员建立和加强政策协调机制,并确保明确的发展利益。为了使协调真正有效,协调必须在政府内处于较高地位,并且像荷兰和英国一样,必须建立一个相应的机制进行政策仲裁。跨部门委员会在汇集各部委的政策制定者讨论交叠的政策时可以发挥重要作用。发展利益也需要内阁级别来讨论和明确,确保发展问题在政策讨论时不被边缘化。澳大利亚的内阁政策组即就广泛的政策一致性与内阁执行组一起工作(其目标不只是促进发展),这种机制加强了政府决策的协调。在英国,联合公共服务协议和联合经营机制详细说明了政府部门的职责,包括冲突预防、贸易和债务减免。公共服务协议亦有助于促进政府各部门间更密切的工作联系。在荷兰,发展机构和其他部委间的备忘录阐明了关于农业、安全和移民的部长职责,其与发展具有重要的关系。其他国家,如芬兰也有正式的政策协调机制。

在小国,如爱尔兰、新西兰和卢森堡,政府沟通过程很短,正式的协调机制并不一定是必要的。然而,非正式的工作协调可以随时得到加强。各部委和跨政府的良好的沟通渠道是保证发展政策议程的有效方法。

"政府统筹的发展（Whole-of-Government Approach for Development）"有时被用来解释政策一致性是如何实现的，如同澳大利亚的情况。但是，援助国经常使用"政府统筹的发展"又指政府中协调一国各部门参与具体的发展中国家或地区的发展活动的运作机制。例如，在脆弱国家，政治外交、人道主义和发展活动经常需要与安全措施共同解决，以保护人类的生活、促进和支持以和平方式解决问题、实现稳定和发展。在诸如阿富汗（加拿大）、海地（美国和加拿大）、印度尼西亚和所罗门群岛（澳大利亚），DAC 成员制定了"政府统筹的发展"。但是，经验表明，带有地理积聚的"政府统筹的发展"并不能确保某一目标优先实现，而只有当该目标是首要任务时，这种国别政策与总部级别的专题政策协调相结合才可能有助于从根本上提供发展成果的政策一致性。

3. 监督、分析和报告

研究和分析发展政策的影响对明智的政策制定是必不可少的。向议会和公众报告发展政策的影响也增强了对协调一致的政策好处的认识，并帮助建立支持和加强政策一致性的政府问责制。一些成员有能力评估他们对发展中国家减贫的实际的或潜在的影响。但是许多 DAC 成员没有能力分析发展政策一致性的问题。如果内部分析能力较强，监督分析可能会出自发展机构下的一个专门的政策协调机构，如荷兰。但当内部的分析能力有限时，DAC 成员经常与研究机构、大学和外部顾问合作。

监督、分析和报告发展影响的机制常常具有相当大的随意性，甚至在被广泛认为走在发展政策一致性前沿的 DAC 成员也是如此。瑞典、欧洲共同体、荷兰和芬兰已用明确和系统的方式对报告做了相应改进。例如，在瑞典，必须设计报告，并随着时间发展监督进展，这就要求为具体政策领域建立运作目标。在芬兰，发展政策委员会作为由政府委任的咨询机构，需要监督发展政策和撰写评论政策一致性问题的年度报表并每年向议会进行报告。

从总体看，西方国家对外援助的决策机构是分散和分权的，决策主体多元化并相互制衡。以美国为例,白宫和国务院负责向国会提出对外援助的政策意见,其中白宫的管理与预算办公室就每年划拨双边和多边援助项目的预算给总统提出建议。国务院向国会提出关于双边援助资金地理分布的意见。国会不仅通过立法影响对外援助政策,参众两院还负责确定美国外援的受援国以及援助的金额。在制定政策的过程中,美国政府和国会之间相互制衡。总统拥有很大的决策权,总统有时直接干预对外援助政策决策,有时通过预算班子对国会施加压力。美国政府内部的很多专业部委,如财政部、农业部、商务部、能源部、国防部和劳工部等都涉及美国的对外援助。[①]

多数西方国家对外援助强调"良好治理",对外援助的决策、财务和执行三个环节是分离的。各国执行机构的差异较大,但大部分国家都会有一个主导的援助机构。作为惯例,资金援助和技术援助分开由两个机构负责。大多数国家援助贷款都是由一个专门的金融机构负责。以日本为例,日本对外援助的主要执行部门是日本国际协力银行和日本国际协力机构。其中,前者主要负责操作日元贷款和政府对外经济合作基金,后者主要负责对外技术合作和无偿援助。[②]

第二节　对外援助的组织和管理

国际发展援助的开展是由相关的援助组织机构负责的,DAC 各成员在援助实践中逐渐形成了各自的对外援助管理模式。国际发展援助管理旨在通过对发展援助资源的一系列管理活动达到特定的发展目标。这些管理包括组织管理、人力资源管理、援助渠道的管理和跨部门问题的管理等。

---

① 严启发、林罡:《世界官方发展援助(ODA)比较研究》,《世界经济研究》2006 年第 5 期。

② 严启发、林罡:《世界官方发展援助(ODA)比较研究》,《世界经济研究》2006 年第 5 期。

一、组织管理

国际援助项目或方案是由相应的援助组织机构制定和执行的，DAC成员的组织结构呈现多元化并且随时间不断发展变化，援助的有效管理也需要援助机构间的相互协调。

（一）组织机构的设立

每个DAC成员管理援助的组织机构都是唯一的和动态变化的。例如，爱尔兰宪法对政府的部长人数进行了限制。因为部委职位不足爱尔兰可能不能任命一位部长并设立一个发展合作部门。在其他国家，广泛的公共部门议程影响援助管理机构的作用和责任。在瑞典，部门少并高度集中，并且政策由半自治的机构执行，这就解释了为什么瑞典的国际发展合作机构是与外交部分离的。

同样地，公共部门管理，如采取基于结果的管理方法，那么就会对援助方案有深远影响。例如，加拿大的公共部门管理公共服务结果，可影响对国家和部门的援助资源的分配；财政委员会还要求政府报告政策、指示和标准的管理执行情况。

（二）组织机构的类型

DAC成员的发展合作体系分为两个层级：一是由外交部或相关机构负责；二是向派驻受援国的代表授权。

1.外交部或相关机构

为实现特定的发展援助目标，各国的援助管理体制不同，机构设置复杂。但从总体上看，发展援助作为对外政策的一部分，大部分DAC成员都将其归入外交部。DAC成员的发展合作模式主要有以下四种：（1）外交部牵头负责政策制定和项目执行；（2）外交部的内设机构（如发展合作理事会或机构）负责政策制定和项目执行；（3）一个部门负责政策制定，另一个独立的机构负责项目执行；（4）非外交部的独立部门或机构负责政策制定和项目执行（见图3-1）。

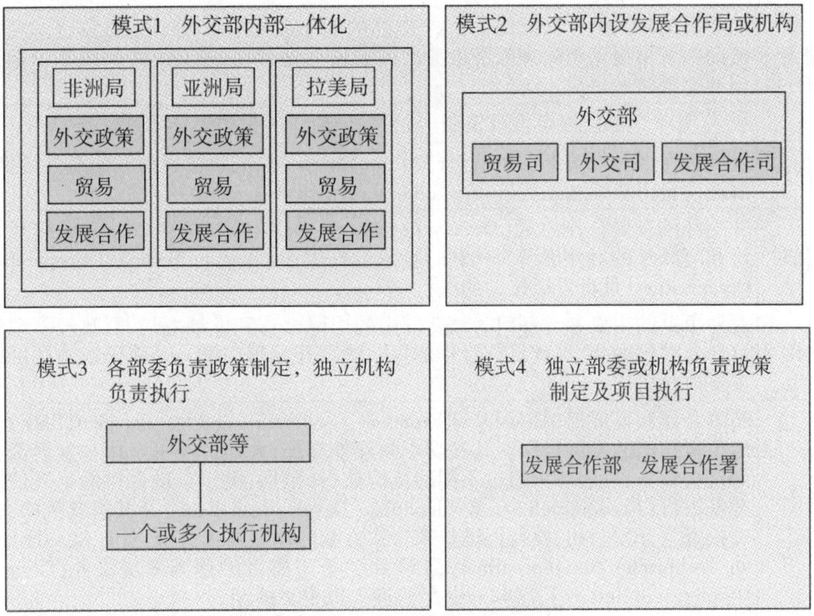

图 3-1　管理援助的组织结构

资料来源：OECD,"A Comparison of Management Systems for Development Co-operation in OECD-DAC Members",Paris,1999。

表 3-1 列出了 DAC 各成员的具体发展合作组织机构的模式。

表 3-1　DAC 成员的发展合作组织机构的模式

模式 1:外交部牵头并负责政策制定和项目执行	
丹麦	对外援助由外交部的南方集团(South Group)管理
挪威	外交政策和发展政策完全集中在外交部。挪威发展合作署(NORAD)行使对外交部的技术性领导职责
模式 2:外交部的内设机构(如发展合作理事会或机构)负责政策制定和项目执行	
芬兰	对外援助由外交部的发展政策部门管理
希腊	外交部中的希腊国际发展合作部(希腊援助)(Hellenic Aid)负责希腊的双边对外援助,发展援助通过 12 个其他的部委和政府机构执行
爱尔兰	对外援助主要由外交部中的发展合作理事会(DCD)管理,也称为爱尔兰援助
意大利	外交部中的发展合作总局负责双边援助
荷兰	对外援助由外交部的国际合作总局管理
新西兰	新西兰国际发展署(NZAID)是外交部和贸易部的一个半自治机构

续表

瑞士	发展援助和人道主义援助是由外交部的瑞士发展合作署（SDC）负责。经济援助和贸易援助由处理经济事务的国家秘书处管理,外交部的第四政治部处理冲突预防和解决
模式3:一个部门以负责政策制定、另一个独立的机构负责项目执行	
奥地利	发展合作部和外交部的东欧部（Eastern Europe）共同负责奥地利的对外援助,双边项目由奥地利发展署（Austrian Development Agency）执行
比利时	外交部的发展合作总局（Directorate-General for Development Cooperation）负责比利时联邦的对外援助。比利时技术合作组织（Belgian Technical Cooperation Organisation）负责发展援助的执行
法国	对外援助的主要参与部门为外交部中的国际合作和发展总局、财政经济政策总局及移民融合、民族认同合作部等。法国开发署（AFD）是法国双边援助的主要执行机构
德国	经济合作和发展部（Ministry of Economic Cooperation and Development,BMZ）全面负责德国的发展合作。其独立于联邦外交部,并通过经济合作与发展部长向议会报告,发展政策通过不同的机构执行,包括:关于金融合作的复兴信贷开发银行（Kreditanstalt fur Wiederaufbau Development Bank）及其附属机构、德国投资与开发公司;执行德国技术合作方案的德国技术合作公司（Gesellschaft für Technische Zusammenarbeit,GTZ）和关于志愿者的德国发展服务（German Development Service）,联邦外交部管理人道主义援助
日本	外交部的国际合作局（International Cooperation Bureau）发挥着重要作用,日本国际协力机构执行日本对外援助
卢森堡	外交部全权负责卢森堡的对外援助,并通过一个独立的机构——卢森堡发展部（Lux-Development）执行
葡萄牙	外交部全权负责葡萄牙的对外援助,并通过近20个政府部门和机构以及超过300个市政当局执行。
西班牙	西班牙对外援助体系的主要参与者为外交部的国际合作局和拉丁美洲的国家秘书处及其执行机构——西班牙国际合作署（Spanish Agency for International Cooperation）,也包括经济部、各自治区和直辖市
瑞典	外交部的全球发展部（Global Development Department）负责瑞典的对外援助,具体通过瑞典国际开发合作署（Swedish International Development Cooperation Agency,SIDA）执行
美国	除了美国国际开发署,美国的对外援助由一系列的联邦机构执行,包括:国务院、财政部、卫生和人类服务部、千年挑战公司（Millennium Challenge Corporation）和美国和平队（Peace Corps）。国务卿负责国务院和美国国际开发署的活动,并任职于千年挑战公司的董事会
模式4:非外交部的独立部门或机构负责政策制定和项目执行	
澳大利亚	澳大利亚国际发展署（Australian Agency for International Development,AusAID）是外交和贸易投资部的一个行政自治机构
加拿大	加拿大国际发展署（Canadian International Development Agency,CIDA）通过国际合作部长向议会报告
英国	英国国际发展部通过国际发展部长向议会报告

资料来源:OECD,"Managing Aid:Practices of DAC Member Countries",2009。

（1）外交部牵头并负责政策制定及项目执行

这一模式下,对外政策和发展合作完全集中在外交部,外交部分设区域性主管部门,如亚洲部、非洲部、拉丁美洲部等,每个区域部门分别负责本国与区域内国家的外交政策,发展合作由外交部统一规划。丹麦和挪威即采用了这一模式。丹麦的对外援助由外交部的南方集团管理,挪威发展政策和外交政策完全集中在外交部。

（2）外交部的内部机构(如发展合作理事会或机构)负责政策制定和项目执行

这一模式下,由外交部的内部机构(如发展合作理事会或机构)主管发展援助的政策制定和项目执行,芬兰、希腊、意大利、荷兰、新西兰、瑞士和爱尔兰均采用这种模式。

芬兰的对外援助由外交部的发展政策部门管理;希腊外交部中的希腊国际发展合作部(The Hellenic International Development Cooperation Department)即"希腊援助"(Hellenic Aid)在关于希腊的双边对外援助中起着中央协调的作用,发展援助通过 12 个其他的部委和政府机构执行;爱尔兰的对外援助主要由外交部中的发展合作理事会(Development Cooperation Directorate,DCD)管理;在意大利,提供对外援助的各部委和地方政府机构中,外交部中的发展合作总局(Directorate-General for Development Co-operation)在双边援助中起着主导作用;荷兰的对外援助由外交部的国际合作总局(Directorate-General for International Co-operation)管理;新西兰的国际发展署(New Zealand Agency for International Development,NZAID)是外交部和贸易部的一个半自治机构;瑞士大部分的对外发展和人道主义援助由外交部的瑞士发展合作署(Swiss Agency for Development and Co-operation,SDC)负责,经济援助和贸易援助由处理经济事务的国家秘书处(State Secretariat for Economic Affairs)管理,而外交部的第四政治部负责冲突预防和解决。

（3）一个部门负责政策制定另一个独立的机构负责项目执行

这种模式下,一个部门全面负责援助政策的制定,另一个独立的执行机构负责具体实施。援助政策的制定有三种类型:外交部独立制定、非外交部的部门制定或外交部与其他公共部门，如财政部、工贸部等共同制定。援助政策的执行则由一个或多个独立的部门负责实施。采用此种模式的国家有奥地利、比利时、德国、日本、卢森堡、葡萄牙、西班牙、瑞典和美国。

法国对外援助在执行层面有四个主要机构，分别为国际合作和发展总局（Directorate-General for International Co-operation and Development，DGCID），财政经济政策总局（General Directorate for the Treasury and Economic Policy，DGTPE），法国开发署（French Development Agency，AFD）以及移民、融合、民族认同合作部（Ministry for Immigration，Integration，National Identity and Co-operative Development，MIIIDS）。其中，前三者为法国对外援助最主要的执行机构。国际合作和发展总局（DGCID）属于外交和欧洲事务部，进行援助的战略合作和管理，负责援助中的"主权"部门（即法律的实施和治理）、文化合作、联合国多边基金和与健康相关的垂直基金。DGCID 的责任非常广泛，其活动范围并不局限于官方发展援助，也有一些与援助无关的活动，例如对国外的音像开发。财政经济政策总局（DGTPE）属于经济财政就业部（Ministry for Economic Affairs，Finance and Employment，MINEFE），负责官方发展援助以外的多边和双边经济、财政和国际问题，主要处理债务和货币合作等多边事务，负责发展银行和一些专项基金。法国开发署（AFD）是在经济事务部、经济财政就业部和海外部共同监管下建立的法国双边发展援助的主要执行者。AFD 负责三个方面的援助，首先，通过介入海外部门和区域进行民族团结活动；其次，通过"优先团结区"的活动促进国际团结；最后，通过促进全球公共产品的发展参与全球治理。近年的机构改革使法国开发署的业务不断扩大，它不仅是法国双边发展援助的主要执行者，而且还成为法国在受援国执行援助项目的专家中心和经验中心。MIIIDS 创建于 2007 年，处理迁入法国的移民在原籍国的社会和经济活动以及移民在法国的融合（法国国籍的获取等）。2008 年法国预算的官方发展援助中首次增加了"共同发展"项目以促进法国与移民原籍国的共同发展。

美国约有 26 个政府机构参与官方发展援助,其中美国国际开发署(U.S.Agency for International Development,USAID)、国务院、国防部、卫生及人道服务部、财政部这五个部门 2009 年支出的援助额占美国 ODA 支出总额的 90% 以上。其中,国际开发署(USAID)自 1961 年创立以来,一直是美国发展援助系统的核心。该部门是一个不属于内阁的独立机构,除了军事援助以外,它涉足几乎所有的双边援助领域,包括拨付维和经费、管理发展援助、组织人道主义救援、参与跨国援助行动等。国务院(State Department)是制定对外援助政策最重要的机构,其根据国家外交和安全政策的需要和标准,向国会提出关于援助资金地理分配的意见,并负责实施和管理援助资金。但国务院拥有的发展援助管理专家较少,在人力上经常需要依赖美国国际开发署来执行其援助方案;国防部(Department of Defense)自 2005 年开始在美国 ODA 中的作用大大提升,这主要源于美国在伊拉克和阿富汗的重建工作以及印度尼西亚海啸后的人道主义救援。美国认为,在高度不安全环境下进行援助的困难性比较大,需要在这些危险区域部署武装力量以支持援助工作。在国防部参与美国对外援助的过程中,美国力图清晰划分军事部门和发展部门的责任界限,以保证援助行动的独立性和公正性;卫生和人类服务部(Department of Health and Human Services,HHS)主要负责对外援助中与健康和传染疾病有关的项目,如霍乱、艾滋病、肝炎防治等;财政部(Treasury Department)主要负责协调国际金融机构(比如世界银行等)的援助项目以及债务减免项目。

(4)非外交部的独立部门或机构负责政策制定和项目执行

这种模式下,援助政策的制定和执行由外交部外的一个独立的部门或机构如发展合作部或援助署负责。采用这一模式的国家有澳大利亚、加拿大和英国。

英国 1997 年创立了英国国际发展部(Department for International Development,DFID),该部是英国处理国际发展事务的核心部门。英国国际发展合作中的所有事务,不论是双边的还是多边的,都在英国国际发展部的管辖范围之内。英国国际发展部还负责就英国的对外援助议题同相关政府部门进行协调。这些部门主要包括国防部、财政部、外交及联邦事务部、贸易和工业部、环境食物和农村事务部、卫生部等。上述部门针对《公共服务协议》中的目标以及一些共同领域进行合作。

2. 派驻受援国的代表

大使和其他外交官在伙伴国联系发展方案和外交关系中有重要作用。大使或使团团长是代表援助国的最高级别官员，并能影响实现发展目标的重要决定，如支持民主，促进良好治理以及对人权的尊重。在许多国家，大使帮助制定援助战略，援助项目实施之前可能也需要他们的支持。有些大使或使团团长，也有可支配的资金以支持小的发展项目。因此，派往发展中国家的外交官应该在发展问题上有很好的理论与实践基础。一些援助国则在一些国家设立地区办事处，以监督受援国对外援助项目的实施。

1996年，荷兰进行了分权化改革，驻外使馆负责大使基金、财务管理、与受援国及其他援助国进行政策对话，制定一些特定国家的国别援助政策及部门政策，对项目进行评估、审批和监督。瑞典从1995年开始将国际开发署的驻外代表处与使馆合并，目前在34个受援国设有代表处。1998年瑞典开发署增加了对尼加拉瓜、坦桑尼亚的授权，使驻这两国的使馆有权批准合同额在600万美元以下的援助项目。这样，使馆可以在与总部协商的情况下，决定对受援国的援助计划，进行项目的准备工作，总部只对项目提供咨询，并根据要求进行评估。欧盟援助合作办公室遵循"一切有利于效率"的原则，直接将管理与决策权下放给欧盟驻世界各地的128个使团。①

（三）领导能力

不考虑组织结构，发展援助的领导能力往往依赖于给予发展的政治优先权。例如，在英国，由三位部长协助的内阁级的国务卿，领导英国国际发展部并负责制定政府政策和提供援助。英国国际发展部在内阁受国际发展事务大臣的直接管理，同时受下议院国务大臣（Minister of State）

---

① 王晨燕：《西方国家发展援助管理模式及特点》，《国际经济合作》2005年第8期。

和议会副国务秘书(Parliamentary Under-Secretary of State)的管理,主要的发展援助议题需获得他们三位的一致同意才能通过。英国国际发展部的最高职务是常任秘书长,下设三个局长配合其工作,包括国家项目局长(Director General for Country Programmes)、政策和全球事务局长(Director General Policy and Global Issues)和公司绩效局长(Director General for Corporate Performance)。

国家的政治环境解释了DAC成员关于发展合作的各种部门安排。例如,在芬兰、挪威和卢森堡,发展合作部长的责任也包括外交、贸易、环境或防御。此外,其他部长也可能对发展合作的某些方面负责,如经济或财政部长可能负责向世界银行和国际货币基金组织捐赠。没有发展部门的国家,其外交部通常对发展合作负责,并由部长或国务秘书主导。

(四)管理机构的调整和管理权的下放

1. 管理机构的调整

援助管理的机构是动态的,并随时间而发展。例如,有的国家合并了以前独立的机构,有的建立了新的机构或重组发展机构。这种调整可能由政府更替或外交部领导的变化、政府增加对外援助的决定等推进,以加强对受援国的双边援助的一致性或对援助结果的集中控制。遵守国际协定的新政策或决定也会激励国家援助管理机构的变化。

例如,在挪威,挪威发展合作署(Norwegian Agency for Development Cooperation,Norad)的地位多年来发生了数次变化。最初作为一个独立的执行机构设立,之后挪威发展合作署变成了一个对外交部负责的技术部门。2004年,挪威对其对外援助机构进行了重组和改革。改革的内容包括改进挪威对外援助体系中战略、政策和执行之间的联系,对外交部、挪威发展合作署、大使馆进行了更加清晰的定位,以减少援助体系中的重复性与脆弱性。改革的目标是使发展援助更有影响力并加强发展援助机构之间的政策协调。改革后外交部在整个挪威对外援助系统中处于中心地位,挪威对外援助的计划、执行和管理等职能都被整合到外交部,所有的国家和地区事务都由外交部统一规划。项目执行的责任则被分配到挪威驻受援国的大使馆手中，因此大使馆成为改进发展合作及协调的中心。改革后挪威发展合作署成为外交部下为外交部和大使馆提供发展援助技术支持的独立机构，依据外交部的年度财政分配计划，进行发展援助工作，并承担对援助效果的评估。挪威发展合作署的三个主要职能为：评估、技术咨询和质量与知识管理。挪威发展合作署的负责人每年都要向外交部的国际发展部提交报告[①]。

近年来，为加强发展援助工作爱尔兰稳固了原有的组织结构，新西兰建立了一个新的发展机构作为外交贸易部（Ministry of Foreign Affairs and Trade）的半自治机构。美国则建立了美国国际开发署外的独立政府公司——千年挑战公司。

2. 管理权的下放

《巴黎宣言》促使一些 DAC 成员将双边援助的决策转移到位于受援国的办事处，将《巴黎宣言》原则解析成新的程序和指示，并以此为当地代表提供适当的指导。

近年来，DAC 成员开始关注权力下放。几乎所有 DAC 成员的政策都致力于下放权力，但不同国家，权力下放的程度差异很大。总部和外地工作人员的分配也各有不同，制定和批准发展援助策略、计划及项目进展的分工也不尽相同（OECD，2009a）。[②]

2005 年的德国同行评议（Peer Review）就指出德国发展援助机构有必要将权力下放到下属机构。2009 年 10 月，德国政府在联盟协议（Coalition Agreement）中承诺改进德国发展合作系统的结构。作为改进的一部分，经合部（BMZ）的国别代表将在受援国被赋予更大的决定权以及战略和政策授权。决策责任的下放和资源的充分配给进一步提高了德国官方发展援助（ODA）的战略监督能力，并有助于解决一些合作伙伴在处理决定和审批延误的问题。

欧盟也致力于权力下放，其外部关系总局改革的一个重要方面就是

---

① 黄梅波、陈岳：《挪威对外援助政策及管理机制》，《国际经济合作》2011 年第 6 期。

② OECD，"Survey on the Level of Decentralisation to the Field in DAC Members' Development Cooperation Systems"，Paris，2009a.

管理权对外地代表团的下放。2000年权力下放在"管理和决策应在最接近事件发生的地点进行,而不应当在布鲁塞尔声明"的指导下开始,而后欧盟委员会作出了重大努力。尤其是2004年,欧盟委员会将外部关系总局由一个集权性的机构转变为实质权力分散在81个外地代表团的机构。表3-2是欧盟对外援助项目执行流程,可以看到项目的实施主要由代表团主导。在流程层面,欧盟委员会管理、融资决策及总体承诺由布鲁塞尔负责;个别委托、投标、签约和支付由当地代表团负责。在内容层面,布鲁塞尔负责编制总体和主题项目并提供质量支持,代表团参与项目设计、可行性评估以及项目的实施评价。①

表3-2 欧盟对外援助项目执行流程

项目执行阶段	阶段主要内容	主要执行机构
计划阶段	根据政策和受援国需求设定战略性发展目标	发展总署或外部关系总局
设计阶段	将发展目标转化为可行的计划及项目提议	代表团
通过阶段	通过提议,形成最后的决议	欧洲援助
实施阶段	实际执行决议	代表团
评估阶段	对已经实施的项目进行评估和反馈	欧洲援助

资料来源:European Community Development Assistance Committee Peer Review,2007。

权力下放程度的不同归因于很多因素:政治意愿、先前的集中度、管理的复杂性(涉及的部门和执行机构数)、援助数量和主要受援国的数量。

但是,尽管各有不同,当权力下放时,所有成员都面临三大挑战:第一,明确总部和外地办事处的任务和职责;第二,建立适应的管理体系;第三,保护人力和财政资源。

虽然国家办事处参与监督、合同和财务管理,但仍有必要改进总部和

---

① 黄梅波、张麒丰:《欧盟对外援助政策及其管理体系》,《国际经济合作》2011年第9期。

受援国各个层面的协调和沟通。此外，权力下放还需要适应财政管理体系和人力资源开发以满足受援国的需求，定义转移环境的任务和责任，找到对地方自治的尊重和发展政策实施之间的权利平衡，支持一定程度的自治，同时确保战略和方案以一致的方式实施。加拿大、丹麦、荷兰、英国和美国已开始改革，并在稳固这一改革成果。

（五）援助管理体系的协调

负责 ODA 的所有双边机构均是国家援助系统的一部分。按照这种定义，大的国家援助系统可能包括多达 30 个不同的官方发展合作伙伴，责任分散对援助管理来说是一个重要的挑战。

1. 协调国家机构

为实现其对援助效用承诺，一些 DAC 成员正在巩固其国家制度基础，整合同一战略下的部门和机构以促进互补关系和协同效应。DAC 倾向于汇集国家层面的所有援助形式，如贷款、赠款、技术合作和全球基金。DAC 成员也作出极大的努力去协调政府、其他发展团体（智库、大学、基金会、非政府组织）和国家附属机构（地区和市政当局），将不同参与者的比较优势最大化并避免重复努力。

当一些机构的目标不是促进发展，当被协调的部门很大并拥有强大的政治权利，当协调需跨国家、地区和地方政府时，协调不同机构间的发展问题往往会比较复杂。许多大的发展机构建立了半永久性的跨部门委员会以协调发展活动，例如美国。

使援助管理更有效的另一种方法是整合官方发展援助机构，正如日本所做的那样。2008 年 10 月 1 日，日本成立了新的日本国际协力机构（Japan International Cooperation Agency，JICA），其融合了前日本国际协力银行（Japan Bank for International Cooperation，JBIC）管理官方发展援助贷款的部分和外交部管理的赠款部分（但 30% 的赠款仍由外交部管理），使得日本国际协力机构从原来集中执行技术合作转变成融合处理三大援助机制的对外援助组织，成为世界上最大的双边援助机构。新日本国际协力机构的内部结构更趋扁平，超过 30 个部门直接向机构的主席或副主席报告，这对于提高援助的有效性和实现三大援助机制的"协同"有重大意义。此外,外交部内部成立于 1996 年的国际合作局在 2009 年也实现了重构,从早期的按三大援助机制单独管理到按地区进行管理,从而有利于在整体上把握日本的援助活动①。

如果不同的机构是有联系的,无论是正式的还是非正式的,那么机构间的协作是比较容易的。澳大利亚和加拿大采取了"政府统筹的发展方法",整合了国防、外交、发展和一些其他部门。德国引进了国家工作队(country team)的概念,并逐渐将其所有的执行机构进行整合。

2. 与非政府机构的联系

除了加强机构间的协调之外,DAC 成员正努力围绕国家目标协调政府和其他社会团体的关系。例如,加拿大在国际合作日征求来自世界各地的学术机构、社会组织领袖、私营部门和国际发展专家的意见,而且在线与学术机构、非政府组织和全国各地的公民咨询和讨论系列的对外政策问题。2006 年,西班牙各部门、非政府组织、专家、贸易工会、商会、移民协会、自治团体和当地主管部门共同制定了发展共识。挪威援助系统趋向于管理和评估援助伙伴(发展中国家、多边机构、非政府组织和商业机构)的关系和总体表现,而不是单独的项目或者计划。挪威发展合作署与挪威的大型非政府组织间开展了长期的框架性合作,挪威发展合作署监督非政府组织的援助安排,评估非政府组织的援助能力而不是管理单独的计划。非政府组织认为这样做可以提高资金的可预测性,并且可以适应不断变化的环境,灵活地回应受援国的需要。长期性的框架性合作,使受援国有了更大的主事权和灵活性,也让援助系统更有效率。

社会组织在带来相当可观的发展知识和经验的同时,也增加了援助伙伴的数目。最大化其比较优势、统筹其活动以免逾越受援国的国家制度是一个重大的挑战。2008 年 9 月,阿克拉第三次援助有效性高级别会议就是社会组织就援助有效性议程参与国际讨论的一个很好的例子。许多 DAC 成员也开始意识到社会组织在国际援助体系中的作用。

---

① 黄梅波、蒙婷凤:《新世纪日本的对外援助及其管理》,《国际经济合作》2011 年第 2 期。

美国拥有很多活跃的涉足发展援助工作的社会组织，包括非政府组织、基金会和营利性企业。这些社会组织往往规模庞大、资金充足，并有很强的政治影响力，对推进美国援助的发展发挥了重要作用。美国国际开发署从 1961 年建立起就开始与社会组织保持合作关系，并对社会组织的援助方案进行全部或部分资助。同时美国国际开发署也会参与到社会组织援助方案的执行中，包括制订年度工作计划、确定援助领域、审批人员、监督绩效等。国务院各部每年会资助超过 40 个社会组织向冲突国家的难民提供人道主义援助。除了对社会组织予以资助和管理外，美国政府还鼓励社会组织自我融资以补充公共资源的不足。2001 年，美国成立了全球发展联盟。通过该联盟，美国国际开发署将 400 家民间援助团体集合起来，形成 46 亿美元的合作资源（其中 14 亿美元是政府资金）。美国在发展援助方面规模最大的非政府组织是"互动"（Interaction），该组织拥有 165 个职员，每年接受来自私人捐助者 30 亿美元的援助。近年来，美国私营捐赠基金会的数量也在逐渐增加，尤其在健康、教育和环境方面，其中最著名的是比尔—梅琳达盖茨基金会（Bill and Melinda Gates Foundation）。这些民间援助团体是美国对外发展援助的重要组成部分，它们与政府机构合作，在发展援助方面作出了卓越贡献。①

3. 促进非正式沟通

非正式沟通补充了协调机制。大多数 DAC 成员发展援助机构目前广泛使用电子邮件、视频会议和内部网络与各级政府以及不同援助机构员工进行沟通。培训班、讲习班和大使和/或机构负责人的定期会议也改进了沟通。在荷兰，国家工作队在确保总部和大使馆顺利沟通上发挥了关键作用。比利时每年组织发展合作员工、外交官和非政府组织开展地区圆桌会议，以交换意见、寻求协同。

二、人力资源管理

有效的发展合作依赖于熟练的和有经验的员工。他们必须很好地了

---

① 黄梅波、施莹莹：《新世纪美国的对外援助及其管理》，《国际经济合作》2011 年第 3 期。

解发展,尤其是在异国层面上。保护和发展高水平、高激励的本地和外籍员工对任何发展机构的有效运作都是必不可少的。人力资源管理的关键在于保持足够数量的具有发展合作专门技能的工作人员、创造一个良好的工作环境、鼓励人员流动、寻找合适的技能组合、提供适当的员工激励并明确当地员工的角色和地位。强调援助的有效性意味着需要更好地了解该领域所需的员工和技能,并且重视人力资源管理。对外援助工作因其复杂性,对人力资源的要求很高。在人力资源管理的过程中,不仅要保证有足够数量的专业人才,还要尽可能提高人力资源的效率。针对不断变化的环境和需求,需建立有效的员工绩效管理体制。

(一)人力资源雇用

DAC 成员对发展机构管理员工的方法取决于他们的发展方案的规模和性质以及就业政策。当外交部负责管理发展合作时,如芬兰、希腊、爱尔兰、意大利和荷兰,发展部门和海外代表团可能配备有发展合作专门技能的外交官。虽然外交官在其职业生涯中服务于不同的职位,且每个人的技能和价值观有所不同,但仍需要加强专业技能培训并管理发展援助。例如,丹麦大使馆经常采用短期或中期合同为南方集团(South Group)雇用发展问题的专家,在独主发展机构中,如澳大利亚、加拿大和美国,人力资源往往是独立管理的,由永久性的公务员或短期或中期合同雇用的发展合作专家组成。

(二)人力资源管理

一些 DAC 成员分析了发展援助人员及其技能概况。政府精简、大量高级员工的退休、新的技能要求和快速的人员流动都要求良好的人力资源管理。加强发展援助人力资源管理的措施包括以下几个方面。

1. 保证员工具有足够的专门技能

培养和保留在发展事业上有所成就的核心员工对发展援助机构至关重要。招聘年轻员工作为初级专业人员并培养他们接管高层人员是建立足够数量的专门技能人员的一种方法。员工的一个重要来源是有发展学科的大学或专业机构。

大多数 DAC 成员要求总部的员工接受海外任命,并把他们获得的知识和经验带回总部，或把它带到另一个发展中国家。其他成员，像加拿大，海外分配是自愿的，并且不是就业的条件。人员编制政策和程序需要确保连续性，当高级员工流动到外地办事处时，对当地情况往往不甚了解，因此需要采取较长的配置周期和适当的移交和训练以弥补较高的人员轮换。

在集中管理的 DAC 成员，发展人员在总部和外地之间轮换的机会有限。在这种情况下，发展合作计划可能由派驻在该国的可能缺乏发展合作技能的外交官管理，或由当地招聘的固定期限的员工管理。

有效的对外援助需要相当数量的专家，这些专家的技能可能是具体的技能，例如卫生、教育或公共财政管理；可能是通用的技能，例如能力建设、援助结果管理等。专业人才体系的建立需要解决诸如如何招募和留住具有相应技术领域的专业人才、如何完善机构设置为专业技术人员提供支撑，如何更好地利用对外援助体系外部的技术支持等问题。各国在专业人才体系建设方面存在着显著的不同。

为了满足对内部专业知识的需要，一些发展援助机构设立了专门的技术机构或单位。德国创立了技术合作公司（German Agency for Technical Cooperation，GTZ）提供和管理技术合作。其他国家在区域部门的特定国家部门配备了技术人员，并且在必要时对外地工作人员进行培训。较大的发展机构可能在总部和主要受援国的办事处聘请专家，受援国办事处的专家既可能是总部，也可能是当地聘请的专家。在较小的国家，援助工作者可能覆盖一系列部门或者同一部门但多个受援国的特定区域。还可与研究机构或学术机构签订多年合同，以使发展机构的员工在需要时可以向专家咨询意见。或者聘请顾问克服关键领域专门技能的短缺。这种专门技能不应限于部门或跨部门主题，也可能涉及如程序支持、研究或评价等领域。

2. 员工需要具有适当的技能组合

《巴黎宣言》和《阿克拉行动议程》加速了各援助国向外地特派团权力下放的趋势。更多的权力下放意味着外地对有经验和胜任发展的员工的需求的增加。针对这种不同技能组合的需求，援助国重新审视了其招聘政策,以寻求较少的技术人员以及更多的有通才背景的人才。而且招聘须考虑技术和国别知识以及语言技能,以及发展强大顾客关系的能力。

国家级别技术技能的部署取决于援助国参与受援国的性质。若一个国家是主要援助国,相比于参与委托合作,其更需要特定的技术技能和更高级的管理人员。当援助国提供直接预算支持,或参与联合援助方案时,可能需要较强的成果监督和公共财政管理能力。援助国进一步增强援助数量时,还可考虑与受援国分享国家级别的技能,并派遣具有国家水平的专家参与发展方案和项目的推进。

此外,一些DAC成员对新的分散在不同管理职能部门的员工进行培训(如战略规划、成果管理、财务管理、承包和采购等),丹麦、欧洲委员会和法国就经常在援助的有效性方面培训员工(OECD,2009a)①。其他国家,如荷兰和英国正在开发公共财务管理的创新培训及全部门方法。现代通信技术,尤其是视频会议可以协助培训。线上学习对可能无法参加培训课程的工作人员是一种节约成本的学习方式。

3. 为员工创造适当的工作条件

发展合作人员的工作条件通常取决于政府政策。在以短期或中期合同聘请发展专家的国家,工作条件可能不足以鼓励员工留下。为加强机构能力和业务技能,工作条件应适合短期合同员工和永久员工。为了尽可能使就业条件有吸引力,发展机构可以为发展专家制定职业规划、审查专家的合同条件并订立较长的合同。英国国际发展部即为工作人员提供弹性的工作时间、远程办公和育儿假,并同时强调平等和制定性别、种族多样性及有特殊需求的人事政策。

4. 签约外包

有效的签约外包需要识别可以签约外包的活动并确保本机构有足够的能力管理合同工作人员和顾问的工作。短期或中期合同员工可为总部和外地办事处提供宝贵的专业知识。

---

① OECD,"Survey on the Level of Decentralisation to the Field in DAC Members' Development Co-operation Systems",Paris,2009a.

合同组织、合同员工和顾问可以填补紧急的技术和专家需求，但不利于援助机构存储员工或组织的长远发展。凡是以短期或中期合同聘用，而不是作为永久编制人员的技术专家，存在缺乏职业生涯并且晋升前景可能受挫的风险，这也会导致缺乏连续性。OECD 公共管理服务产生了一套识别签约合同关键成功因素的准则。然而该准则不是专门为发展机构设立的，一些准则显著与援助管理相关，例如：服务应该清楚地被阐明为成果和产出而不是投入，并指定适当的服务质量度量标准；组织应该定期并正式监察承包人的表现，确保合同规定的执行标准得到满足；当执行信息来源于承包人时，应当给予审核以确保其准确性；竞争性的供给者市场是实现签约外包利益的关键；各国政府应通过认可签约外包在服务发展市场中发挥了重要作用来鼓励竞争市场；签约外包的机构需要保持对市场的认识和更新技术知识以在同等条件下与承包商沟通，进而有效投标及管理合同。

5. 招聘当地员工

大多数 DAC 成员承认被聘用的当地员工（受援国国民、援助国国民或第三国国民）带来当地的知识和专长并有益于外地特派团工作的开展。当地员工是制定和实施发展活动的重要伙伴，填补了重要的行政、技术和其他管理的职位。

对发展援助的员工人数、技能组合和所处位置的详细了解对有效的人力资源管理至关重要。表 3-3 展示了 DAC 成员的发展员工在总部和外地办事处的分布情况。

表 3-3　DAC 成员的发展员工在总部和外地办事处的分布　（单位：人）

成　员	总　部	外地办事处的外籍员工	外地办事处的当地员工	合　计
澳大利亚	594	153	401	1148
奥地利	112	22	56	190
比利时	338	87	90	515
加拿大	1769	248	821	2838

续表

成　员	总　部	外地办事处的外籍员工	外地办事处的当地员工	合　计
丹　麦	300	240	560	1100
欧洲委员会	996	1214	1101	3311
芬　兰	170	71	119	360
法　国	1180	1134	275	2589
德　国	2752	1727	9431	13910
爱尔兰	142	49	258	449
意大利	357	84	164	605
卢森堡	55	10	25	90
荷　兰	600	300	600	1500
新西兰	138	17	41	196
挪　威	584	232	360	1176
葡萄牙	158	21	22	201
瑞　士	559	145	1180	1884
英　国	1394	434	443	2271

资料来源：OECD,"Survey on the Level of Decentralisation to the Field in DAC Members' Development Co-operation Systems",Paris,2009。

　　欧洲委员会、法国和丹麦在外地办事处有相当大比例的当地员工,有9个DAC成员将其80%或者更多的本国工作人员安排在了总部。外地办事处的数目对人员分布没有影响。例如,丹麦有25个外地办事处——远远少于加拿大或德国——但是44%的本国员工分布在外地。丹麦、欧洲委员会、德国、爱尔兰和瑞士有68%或者更多的人员分布在外地(见图3-2)。

　　英国国际发展部的一个突出特点是其人员的国际化构成,其工作人员既包括本国聘用的人员,又包括受援国当地聘用的人员。很多非英国公民在总部或者在受援国工作。2010年,英国国际发展部的工作人员共计2337人,其中68%是本国工作人员,其余三分之一是在受援国聘用的工作人员。这个比例相对稳定。近年来,为了削减行政开支,英国国际发

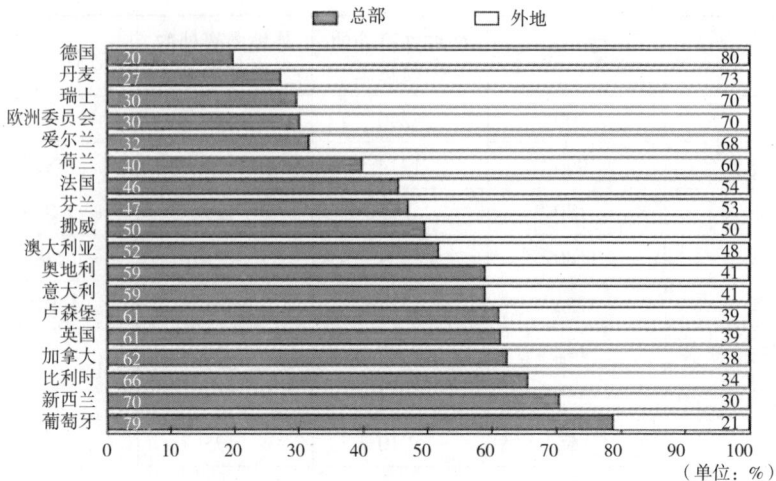

图 3-2　DAC 成员分布在总部和外地的员工比例（外籍和当地员工）

资料来源：OECD，"Survey on the Level of Decentralisation to the Field in DAC Members' Development Co-operation Systems"，Paris，2009a。

展部对工作人员数量进行了调整：从 2005 年的最高 2872 人降到 2010 年的 2337 人。[①]　在人数下降的过程中，英国国际发展部尽量保存专家顾问，而更多地削减行政人员。同时，为了避免由于人员的减少影响项目的实施，英国国际发展部制定了人才中期规划以确保有充足的人才储备。另外，英国国际发展部通过"市场导向"的人员聘用体系和加强借调人员的管理两个途径来实施人力资源的战略化管理。在受援国，英国国际发展部提供了极具吸引力的条件聘用高素质的工作人员，同时保证当地聘用的工作人员也有机会担任重要岗位。部门间人员的借调则精简了员工体系，使人力资源得到综合利用。[②]

　　当聘用当地员工时，援助国需要注意的是，不要剥夺该国高质量专业人员的劳动力市场。援助国应当思考他们应如何加强当地能力并提升受援国的发展能力。许多援助国都意识到改善当地聘用员工的职业生涯和培训机会的需要，但尚未有具体的指导方针。

---

① 资料来源：英国国际发展部官方网站。

② 黄梅波、万慧：《英国的对外援助：政策及管理》，《国际经济合作》2011 年第 7 期。

6. 实施绩效管理

金钱奖励和与绩效挂钩的奖励有助于限制发展人员到其他报酬更好的公立或私营部门就业而带来损失。非货币性奖励,如给员工一个工作分配的选择或海外职位、给予员工更大的视野、特殊培训或赞助研究的机会、员工发展规划等也很重要。鼓励经验丰富的员工到外地就职的激励包括职位晋升至高级管理职位和事前规划以协助员工回到总部时找到有益的工作(OECD,2008c)[1]。员工外派时,援助国必须考虑外派员工配偶的职业发展及其孩子的教育。当然,货币的和非货币的策略可能由于预算限制或政府的人力资源政策难以实行,不过,援助国仍有必要探究提供员工激励和奖励的方法。

随着对外援助的不断发展,各国的对外援助规模在逐渐扩大。与此同时,很多国家对管理成本进行了限制。如何利用有限的管理费用投入确保更多的对外援助项目的有效运行便成为各国需要考虑的问题。

根据《巴黎宣言》和《阿克拉行动议程》的要求,越来越多的国家更加重视援助项目的成果,对援助项目实行"结果导向型"管理。对于员工的绩效管理,也进行了一些调整,以确保人力资源更好地服务于援助有效性的要求。

向员工提供激励以执行《巴黎宣言》是至关重要的。《阿克拉行动议程》要求援助国向其员工提供使用国家系统的指引,提供组织和人员激励以提高援助有效性,倡导与援助有效性准则相符合的行为。然而,援助国的报告显示,各国对人力资源政策如何产生符合《巴黎宣言》的激励有不同意见。一些成员(双边和多边)认为,实施《巴黎宣言》的正式激励并不是优先事项;一些国家认为,基于《巴黎宣言》的激励是员工评定不可缺少的一部分,如组织要求申请晋升到高级技术和管理职位的员工要有协调的经验。

把援助有效性标准当作绩效评估和晋升的一部分是在实际中应用

---

① OECD, " Incentives for Aid Effectiveness in Donor Agencies: Good Practice and Self-Assessment Tool", Managing for Development Results, Paris, 2008c.

《巴黎宣言》的一种有效激励。逐渐地，援助国给出了关于出现什么样的结果时员工将被追究责任、什么是成功、什么是失败、员工应适当冒多大的风险的明确信号，以及如何在总体绩效评价等级和员工职业生涯发展中将这些问题考虑进去。通过将有关《巴黎宣言》的目标包括在绩效评估系统中，援助国可以适当地奖励执行这些目标的工作的努力。

三、援助的渠道及其管理

援助分配是国际援助管理的一项重要内容，既要符合本国的分配标准又要尽可能地实现国际发展目标。目前，官方发展援助仍是国际援助的主体，双边及多边援助的管理仍是国际援助管理的重点。

（一）双边援助的管理

DAC 成员筹集双边发展援助资金的方法有多种，包括通过政府预算拨款，通过地方各级主管机构（Sub-National Authorities）、公民社会组织（Civil Society Organizations）和债务减免提供资金。

DAC 成员一般主要通过每财年国会通过的政府年度预算拨款保证对外援助计划的执行。一旦议会批准预算，预算即具有法律效力，资源就会分配给发展援助支出授权机构（政府部门、援助机构或大使馆）。在某些国家，预算会明确规定援助资金的地理分配、特殊国家或地区的援助水平或特殊用途。这种做法看似更规范，但也可能降低对外援助的效率和作用。因为这迫使援助主管部门必须调整已经制订的援助计划和资金分配，以符合议会提出的要求。那些由多个部门负责对外援助活动的 DAC 成员，可能没有综合的援助预算，每一部门与援助活动相关的资金都来自其本身的预算分配。这种体系往往影响援助的总体效果，使得对与发展相关的支出的监督更加复杂，也会增加援助国和受援国的交易成本。

DAC 的某些成员，如奥地利、比利时、加拿大、法国、德国、意大利、葡萄牙和西班牙，它们的地方各级主管机构对对外援助的贡献近年来逐渐上升。地方各级主管机构参与对外援助活动提高了一国援助的整体水平，使其公民更易于参与发展援助相关的活动，提高公众对发展问题的认识和了解。但是，地方各级主管机构可能没有足够的发展援助方面的专门员工或专业知识,没有发展援助方面的战略框架,其活动较为分散,有可能相互重复。对其的监督和评估机制相对薄弱,对活动的报告等也相对不完全。各国政府正致力于规范和提高地方各级主管机构在对外援助中的表现。如建立数据库收集地方各级政府发展活动的信息,总结地方各级主管机构发展合作方面好的做法,制定监督和评估的共同工具。地方各级主管机构不一定会实施援助有效性原则,但是可以开发适合的工具供他们使用,使他们逐渐认识《巴黎宣言》承诺的重要性并朝这个方向努力。

发达国家的社会组织也是援助资金的重要来源。OECD-DAC 估计,2006 年,与官方大约 1040 亿美元的资金流动相比,社会组织向发展中国家受援国提供了 200 亿—250 亿美元资金。

此外,债务减免一直是近年来 ODA 的重要组成部分。2005 年和2006 年 DAC 成员向受援国提供的债务减免分别为 227 亿美元和 191.8亿美元,分别占当年官方发展援助资金总额的 21.3% 和 18.4%,2007 年,这一比例下降到 9%。

(二)多边援助的管理

多边机构是 DAC 成员提供 ODA 的重要渠道。对 DAC 成员来说如何协调负责多边援助不同方面的国际组织及各部门之间的关系也是其面临的一个重要挑战。

几乎所有的援助国都是几个部门共同负责多边援助。一般情况下,财政部管理援助资金并主导与多边开发银行特别是世界银行的政策对话。外交部在发展援助的国内政策方面,一般负责协调本国发展援助机构之间及其与其他援助国发展援助机构之间的关系,在多边问题上外交部主要负责协调与多边发展援助部门,如联合国机构、欧共体以及国际金融机构之间的关系,同时,负责多边组织与其他部门的协调。例如,爱尔兰为全面加强多边发展援助的内在一致性并在公共服务中更好地使用专业知识和技能,专门成立了一个跨部门的发展委员会。

在多边援助方面,近年新出现的一个新生事物为全球基金(Global Funds)。全球基金向 DAC 成员提供了另一种方法以解决区域或全球性的发展挑战。其资金来源于公共资源，并可杠杆化私人基金会的基金。全球基金可以有效地补充多边和双边发展援助，以实现具体的发展目标。其缺点在于其往往集中于解决单一问题忽视了协同作用，并可能与国家主导的基于国家优先事项和发展伙伴关系的发展援助战略相矛盾。而且全球基金可能会重复现有的援助结构并增加交易成本。相对多边组织和政府来说他们拥有较少的民主责任。这些优点和缺点可能会显著影响DAC 成员分配资金的决策。

四、跨部门问题的管理

减贫、性别平等、良好治理、环境可持续性、能力发展、艾滋病病毒/艾滋病和人权问题涉及所有部门。为了使援助更有效并实现持久影响，解决这些问题是至关重要的。几乎所有的 DAC 成员都有跨部门的政策，但只有少数成员具备实施这些政策所需要的员工、预算和管理机制。因此缩小跨部门政策和执行之间的差距是至关重要的。

各国关于性别平等和对妇女授权的经验教训和良好实践可以有效地应用于其他跨部门问题。这包括严格评估实现千年发展目标的方法、对具体问题的资金分配、对政策目标匹配人力资源、对成果负责和加强国内的执行情况。

（一）缩小政策和执行间的差距

处理跨部门问题或主题是有挑战性的，其对发展政策至关重要。政策与执行间的差距常常难以缩小。虽然大多数 DAC 成员已经确定了对发展合作来说至关重要的除了性别平等外的三个或四个跨部门问题，但关于如何整合或如何将这些问题纳入发展计划的信息很少。

跨部门问题可以通过将主流战略与针对性的活动结合起来而加速进程。如果持续发展的目标是实现千年发展目标，那么重新平衡主流与重点方案的混合是必要的。没有实现两性平等、环境可持续，消除艾滋病病毒/艾滋病和尊重人权的快速应急措施，这些问题都需要援助国和受援国的一个长期承诺（人力和财力），这对同受援国的政策对话有重要意义。

（二）加快实现千年发展目标

为了加快实现千年发展目标，DAC 成员第一步需要审慎评估他们实现千年发展目标6(与艾滋病病毒/艾滋病、疟疾和其他疾病作斗争)和目标7(确保环境的可持续性)的方法，当他们意识到他们无法在 2015 年的目标时间内实现千年发展目标 3(促进两性平等并赋予妇女权力)时，他们需要提出实现该目标的措施。例如，澳大利亚提出了性别平等的一个总体原则，爱尔兰和西班牙将性别平等和妇女授权作为其发展援助方案的重要组成部分。

（三）分配专项基金

分配跨部门问题的专项基金也可能加速千年发展目标的推进。由于性别平等目标进展缓慢，一些援助国大幅增加了对这一特定领域的援助。爱尔兰、荷兰和挪威建立了预算线，提供性别平等和妇女授权的额外资源。荷兰和挪威的性别平等基金已有数年的保证，并每年都在递增。该基金并不只针对妇女，也有助于男人和男孩的性别平等工作。

（四）匹配政策目标与人力资源

当处理跨部门主题时，DAC 成员需要匹配政策目标与执行它们所需的人力资源，并确保员工是负责任的。这要求有足够的资历和权威的训练有素、敬业的专家的充分参与并在会议上有影响，这对于与同事和同行合作以设计活动并将跨部门主题融入发展方案是必不可少的。跨部门问题往往是复杂的并具有政治和文化敏感性。这意味着机构和使馆工作人员需要接受培训，以使他们准备好作出适当的执行决定。管理人力资源以实现跨部门政策目标也意味着制定外派使团的奖赏，以使其将敏感话题，如人权和艾滋病病毒/艾滋病引进财政或相关部门的对话。重新评估方法，加强对所取得的成果的管理和对员工责任的定期监督，对促进援助项目执行也是非常重要的。

（五）推进操作承诺

实施跨部门政策的一个关键问题是如何推进援助国机构和受援国政府的操作承诺。要做到这一点，必须采取一种明智的、以国家为主导的和务实的做法。这涉及关于对话、规划、预算编制和监督结果的国家机构。要推进受援国跨部门问题的理解,援助国需要加强受援国社会组织的能力以加快受援国发展计划和方案中的关于性别平等、艾滋病病毒/艾滋病和环境或人权问题的进展。制订行动计划并与其他援助国共同努力使减贫战略和部门范围的计划更加适应跨部门主题。将特殊问题引入国家对话,例如,为妇女提供就业机会以作为一种授权手段。这种对话可以追溯至关于性别平等、人权和环境可持续性的区域和国际承诺。支持分析工作以找出差距、制约因素,并发现和消除受援国预算支出的偏差。重视联合交叉问题,例如,性别平等和艾滋病病毒/艾滋病,或环境可持续性和人权。

《巴黎宣言》为援助国对待性别平等、妇女授权、能力建设、人权、环境可持续和艾滋病病毒/艾滋病的方法注入了新的动力。一项联合资助的重大研究表明,该宣言在解决人权、社会排斥和提高性别平等方面有重要作用,这也是援助有效性议程和该宣言更广泛的发展合作议程不可或缺的一部分。联合援助战略是推动国家级别解决跨部门问题的一种宝贵机制(Gaynor 和 Jennings,2008)①。

《巴黎宣言》表明需要制定跨部门问题的操作承诺。援助需鼓励更多国家参与,并要求以更民主和更一致的方法来制定政策。这是对千年发展目标的政策承诺,虽然这些承诺在国家间的差异很大,但是正被纳入各国的国家发展规划进程。协调和统一进程表明,需要更一致的方法来提供援助以支持国家优先事项。无论是国家级别还是为特殊方案(包括部门级别)建立的共同成果框架均可以帮助建立共识,并确保政策和资源分配充分考虑了跨部门问题;基于分解数据基础上的监督和评估系统对于衡量方案的效用非常有用;当在成果框架内实施时,"一揽子"资金可以有效地解决跨部门问题。

---

① Gaynor, C. and M. Jennings, "Cross Cutting Issues in Joint Assistance Strategies/Harmonization Mechanisms-gender Equality, Environmental Sustainability, Human Rights and HIV/AIDS", *Study Commissioned for Irish Aid*, 2008.

第三节　对外援助的监督和评估

为保证发展援助计划的有效执行,援助管理者必须对发展援助工作进行监督,对援助效果进行评估。对发展援助工作的监督和评估可以为援助管理者提供反馈机制、有利于总结经验教训并促进问责制的推进。监督和评估的结果将有助于决策者调整援助政策,改变今后援助资源的使用和分配情况。

一、监督

无论什么样的援助形式,发展援助监督都是援助项目或方案不可或缺的一部分。OECD-DAC 将发展援助监督(Monitoring)定义为利用系统性的信息收集工具收集特定数据,为发展援助的管理层和主要利益相关者提供正在进行的对外援助活动的进展程度指标,以及援助资金的使用进度情况(OECD,2002)①。发展援助监督使管理者能够审查进展情况并采取纠正措施以实现目标。执行机构和资金组织共同负责发展援助监督,同时需要考虑利益相关者的立场。

DAC 各成员发展援助监督活动的程度不同。有的国家——例如英国和美国——已制定了完善的战略管理体系、监督活动和汇总结果,以便监督一个国家方案对整体的影响。一些 DAC 成员根据具体的发展援助活动和国家的总体目标确定监督指标,还有一些国家则尽可能地采用受援国政府的监督系统。越来越多的 DAC 成员使用计算机系统,监督他们全球范围的发展援助活动。

在英国的援助监督体系中,每个受援国办事处通过英国国际发展部的标准监督系统提供报告。英国国际发展部的项目管理包括方案和项目的定期审查、预算支持和部门统筹方法,还包括对价值 100 万英镑或以上

---

① OECD,"Glossary of Key Terms in Evaluation and Results Based Management",Paris,2002,http://www.oecd.org/evalautionnetwork/derec.

项目的干预措施。项目人员负责进行相关项目的审查，并提供所需信息给办公室主任，由办公室主任将信息录入绩效报告管理信息系统（Performance Reporting Information System for Management，PRISM）。国家的援助方案管理人员在审查 PRISM 之后，总结他们投资组合中相对成功的方案并识别高风险领域。这对增大援助的公众支持力度和政府支持力度是至关重要的。

二、评估

（一）评估的定义

OECD-DAC 将发展援助评估（Evaluation）定义为：对一项正在进行或已完成的项目、方案或政策的设计、实施和成果的一个系统的和客观的评价。其目的是确定目标的相关性、履行情况、发展效率、有效性、影响和可持续性。一份发展援助评估报告应提供可信的和有用的信息，使获得的经验教训能够吸收到受援国和援助国的政策决策过程中（OECD，1991）[①]。评估的主要目的包括通过经验教训的反馈来提高未来援助政策、方案和项目的可行性，并为问责制提供依据。通过评估，不管是失败还是成功的结果都可以提供有价值的信息，这些信息如果得到适当的反馈，就可以提高未来援助方案和项目的可操作性。

发展援助评估要达到这些目的，各机构必须将评估作为学习工具，并在必要时修改机构的行为。大多数 DAC 成员已经意识到分享经验教训的价值所在，并已经建立了基于互联网的知识体系，如载有评估报告的简易搜索网站 DAC 评估资源中心（DAC Evaluation Resource Centre，DEReC）等，以促进相互之间的学习交流。[②]

虽然发展援助评估是一种绩效管理工具，但它也涉及发展机构问责和向公众、议会和媒体报告结果的独立性。最近几年，各国的发展评估系统已获得了充分发展。在一些援助机构，持久的预算约束和新的发

---

① OECD，"Principles for Evaluation of Development Assistance"，Paris，1991，http://www.oecd.org/evalautionnetwork/derec.

② http://www.oecd.org/dac/evaluationnetwork/derec.

展方案要求降低了评估系统的能力。在另一些援助机构,为了满足援助机构日益增长的问责要求,评估获得了更多的关注并被投入更多的资源。

(二)评估的原则

1991 年,作为提高援助有效性持续努力的一部分,DAC 采用了一套《发展援助评估原则》(*Principles for Evaluation of Development Assistance*)(OECD,1991)①。DAC 发展援助评估原则包含以下关键内容:

1. 援助机构的评估政策应制定明确的指导方针和方法,明确界定评估的作用和责任以及其在援助中的地位

2. 评估过程应公正,且独立于政策制定和发展援助的提供与管理方

3. 评估过程应尽可能开放,其结果必须具有广泛的可用性

4. 为了使评估有效,必须借鉴相关的经验教训,有必要对决策者和业务人员进行反馈

5. 在评估中应重视与受援国的伙伴关系以及与其他援助国的合作

6. 援助评估必须从援助项目开始实施时就制订计划

以上这些原则在 1998 年进行了审查②。DAC 发展援助评估网络对此制定了评估质量标准,并已在网络成员和其他评估参与者中进行了广泛测试。这些标准是良好实践的指南,促进了联合工作,并有助于使用统一的方法和原则进行网上评估。

此外,同行评议引起 DAC 成员就评估面临的问题和挑战的关注。它要求援助机构在评估时要确保评估系统政策和管理的公正和独立;成为学习型机构,倡导以评估和成果为基础的文化,建立总部和外派机构以及政策和执行之间的联系;提供有效的反馈和传播机制,特别是在受援国;进一步开发适当的工具评估发展援助的影响,包括对部门的支持和联合

---

① OECD,"Principles for Evaluation of Development Assistance", Paris, 1991, http://www.oecd.org/evalautionnetwork/derec.

② 2006 年 3 月,该网络还开发了一种评估工具,包括八个方面的内容,拟被用作评估体系的一个灵活的组成部分,并作为 DAC 同行评议的一部分,见《评估体系和使用:同行评议和评估的一种工具》(*Evaluation Systems and Use:A Working Tool for Peer Reviews and Assessments*)。

方式；加强受援国在监督和评估中的作用和能力。

（三）评估指标

当评估发展合作方案和项目时，需要考虑相关性、效果、效率、影响和可持续性等 5 个标准（Evaluation Criteria），这是 DAC《发展援助评估原则》的灵魂。

1. 相关性（Relevance）

援助评估适合目标群体、受援国和援助国的优先事项和政策的程度。评估一个援助方案或项目的相关性时，需要考虑以下问题：（1）方案的目标在何种程度上是有效的；（2）方案的活动和产出是否与总体目标和目标的实现相一致；（3）方案的活动和产出是否符合预期的影响和效果。

2. 效果（Effectiveness）

援助评估在何种程度上达到了它的目标。评估一个援助方案或项目的效果时，需要考虑以下问题：（1）目标在何种程度上得以实现或有可能实现；（2）影响目标实现与否的主要因素。

3. 效率（Efficiency）

衡量与投入相关的定性和定量的产出。评估援助在何种程度上可以使用尽可能少的资源获得所期望的结果。这通常需要比较达到同样的产出的不同方法，以确定是否采用了最有效的方法。评估一个援助方案或项目的效率时，需要考虑以下问题：（1）活动是否具有成本——收益性；（2）目标是否按时实现；（3）与其他方法相比，方案或项目是否是以最有效的方式实施的。

4. 影响（Impact）

衡量发展干预（Development Intervention）援助直接或间接地、有意或无意地带来的积极的或消极的变化。这涉及一项活动对当地社会、经济、环境和其他发展指标产生的主要影响和作用。影响分析应当既考虑预期的结果，又考虑非预期的结果，还必须包括外部因素，例如贸易和财政状况的变化，产生的正面和负面影响。评估一个援助方案或项目的影响时，需要考虑以下问题：（1）方案或项目的结果是什么以及为什么；（2）对受益者来说，援助活动产生的真正差异是什么。

5. 可持续性(Sustainability)

评估可持续性关注的是当援助国的资金撤出后,活动的收益是否有可能继续。项目需要在环境以及财务上都是可持续的。评估一个援助方案或项目的可持续性时,需要考虑在援助国的资金终止后,一个援助方案或项目的收益在何种程度上会继续,以及影响援助方案或项目的可持续性实现与否的主要因素。

相关性主要衡量的是援助方案或项目的目标是否符合援助机构的战略;效果主要衡量援助方案或项目的目标是否能够实现,援助方案或项目的产出是否支持援助方案或项目目标的实现;效率主要衡量援助方案或项目活动与产出的关系,即时间效率和经济性;可持续性更多的是考量援助方案或项目的活动在援助方案或项目结束后能否持续地开展;影响是比目标实现程度更高一层的援助方案或项目效果,更为宏观,主要针对目标群体受援助方案或项目的影响程度等。

(四)评估的质量标准

DAC 发展评估的质量标准(Evaluation Quality Standards)是确定发展评估过程和结果的质量所需的主要支柱。它们主要由评估管理人员和从业人员使用。标准不是强制性的,但其为良好实践提供了指导原则。它们主要供 DAC 成员使用,但也欢迎所有其他发展伙伴广泛地应用。

该标准的目的是提高质量,并最终加强评估的作用以改善发展成果。具体来说,该标准的目的是:(1)提高发展评估过程和结果的质量;(2)促进不同国家间评估的比较;(3)支持伙伴关系和合作的联合评估;(4)增加发展伙伴对其他评估结果的使用。

该标准支持 DAC《发展援助评估原则》(1991)集中于评估系统的管理和机构设置,并保持 OECD-DAC 成员在同行评议中的评估标准对评估过程和结果产生了影响。它可以通过不同的方式应用于评估过程的不同阶段,包括评价评估的质量、影响实践、评估培训,或作为投入来创建评估准则或政策文件。

提供对外援助时应当合理地使用评估的质量标准,并适应地方和国家的背景以及每一项评估的目标。它们不会被用作评估手册,并且不会取代关于特定评估、方法或途径的具体指导意见。此外,这些标准并不排除其他评估质量标准和相关文本的使用。

(五)评估方法

对外援助评估的主要方法有影响评估和联合评估。

1. 影响评估(Impact Evaluation)

影响与相关性、效率、效益和可持续性共同构成了评估发展援助成果的五个核心评价标准。DAC 对影响的定义为:一项直接的或间接的,有意的或无意的发展干预所产生的积极的和消极的、主要的和次要的长期作用(OECE-DAC,2002)。在国际发展中,影响评估主要关注干预措施(方案、项目、政策措施、改革)对社区、家庭和个人福利的最终结果。

实施影响评估的机构是成立于 2006 年的影响评估网网络(The Network of Networks for Impact Evaluation,NONIE)。它是关注发展问题的双边和多边机构的评估网网络,也是发展中国家评估人员的网络。影响评估网网络的成员网络开展一系列的评估,审查诸如项目和战略绩效、机构发展和援助的有效性等问题,但影响评估网网络的重点领域很窄,主要是通过共享方法研究和促进关于影响评估的学习,旨在促进其成员在更大的评估框架中对更具体的方法的使用。

定义、设计和实施影响评估的指导意见包括九项内容,即:(1)确定干预的类型和范围;(2)对于什么是有价值的取得一致意见;(3)清晰表达将干预与结果联系起来的理论;(4)解决归属问题;(5)使用混合方法——多种方法的比较优势的逻辑;(6)建立在现有知识基础上的干预措施的影响;(7)确定一项影响评估是否可行并值得付出一定的成本;(8)尽早开始收集数据;(9)前端规划。其中,前 6 项属于方法论的指导意见,后 3 项属于管理影响评估的指导意见。

进行影响评估的重要原因在于它提供了(在什么情况下)"什么是有效的和什么是无效的"证据以及影响有多大。正如世界银行独立评估小组(Independent Evaluation Group,IEG)所说的那样(IEG,2005),要衡量一项活动的成果和影响并区别于其他影响,研究影响评估背后的外部因素。

进行影响评估即衡量影响并将因变量的变化与发展政策和方案相关

联。影响评估可以收集关于干预效果可持续性的证据,产生与问责方面相关的信息,激励个人和组织的学习。影响评估既适用于发展中国家也适用于援助机构。影响评估可以告知决策者是否扩大、修改或取消项目、方案和政策,使援助国、合作伙伴和受援国能够对替代干预措施的效益进行比较(IEG,2005)。

影响评估在评估特定干预或方案的具体成果中变得越来越重要。影响评估可由于比较应用干预的成果和不应用干预的成果,并提供相应的政策建议。但是影响评估耗时长并且成本昂贵,由此,一些机构已推出一些改善影响评估的措施,例如《关于影响评估的国际倡议》和世界银行的《发展影响评估》。

2. 联合评估(Joint Evaluation)

各国发展援助机构认识到,它们需要以更好的方式一起工作,协调相互的工作以防止重复建设并发挥最大的协同效益。发展援助的评估遵循这一总体趋势。由于合作的形式正在转向预算支持、统筹部门的方法和多边援助国,发展援助的评估也正在走向联合的方式。DAC 发展评估网络通过提供指导、提供协调评估的平台、促进发展主题的联合工作,使其在支持这种协作性的工作中发挥积极作用。

评估方法取决于评估的目的和需要回答的问题。援助项目或活动可能在实施过程中或完成后被评估。援助国倾向于评估许多受援国的类似活动或同一受援国的一系列活动。为与《巴黎宣言》原则相符合,越来越多的援助国都在进行联合评估,这向满足受援国和多边援助国需要的评估方案迈进了良好一步。

联合评估指的是由不同援助国机构和/或合作伙伴参与的评估。联合评估的"联合"程度主要取决于各个伙伴在评估过程中的合作、合并它们的评估资源以及整合它们的评估报告的程度。

联合评估特别适合评估预算或部门级支持的共同融资方案、国家援助有效性的目标、多边或区域发展机构或者一个机构单独解决太敏感或有争议的问题等。因为越来越多的资金正投向这些领域,上述领域近年承受着越来越大的评估压力。广泛的专题评估和综合评估也适合联合工作。但如果一个机构希望控制评估范围或主要关注问责，那么联合评估就不适合。同样，如果一个机构急于完成一项评估，那么联合评估也不太适合。值得注意的是，要想降低交易成本，联合评估必须替代单个评估，而不是作为补充。而为使评估过程有效，必须进行联合评估以平衡各合作伙伴的问责需要及学习目标。合作伙伴也必须愿意妥协，以确保协作努力的成功。

联合评估具有五项优势：第一，促进互助能力的发展。联合评估使各机构、受援国和当地顾问之间互相学习并分享评估信息。加强受援国的评估能力是改善问责制和有效结果管理的一个关键步骤。第二，协调并降低交易成本。联合评估相较于多个单个评估，可以降低受援国的交易成本并限制不同评估信息的数量，增进关于今后行动建议的共识。应当注意的是，交易成本在最初可能会增加。第三，改善评估的客观性和合法性。联合评估可以改善评估的客观性、透明度和独立性，并加强其合法性和影响。广泛参与提高了调查结果的自主性并使得建议更容易跟进。第四，涉及的范围更广。联合评估能够解决更广泛的评估问题，并能够得出超出单独机构影响的多机构的观点。然而，扩大范围也意味着评估过程变得更加繁重，也可能会更加费时。第五，有利于受援国的参与、结盟和自主性。受援国的机构应参与联合评估，这要求评估应配合国家需要，促进评估过程及其结果的所有权。

联合评估也面临着一些挑战。相对于单个的援助国评估，联合评估的协调联合工作过程可能会很复杂，并可能会增加成本和时间。联合评估也经常会产生员工和旅行方面的额外的间接费用。由于过程复杂及其对及时性的影响，延迟经常发生。需要注意的是，特别适合联合评估的领域，往往比传统的单一机构项目更难以评估，例如，上述提到的预算支持和多边有效性便是如此。

联合评估通常由一个或两个主要伙伴（援助国和/或受援国）管理，由它们共同确定评估的主题。大的联合评估最普遍使用的管理体制是两级制管理体系，包括一个广泛的指导委员会和运行评估业务的一个较小的管理小组。该体制可以灵活地决定一些机构是否将作为合作伙伴参与其中,指导委员会应参与什么级别的决策,多少合作伙伴应该归于管理小组以及它们应该承担多少责任。评估团队由一组通过透明的、竞争性的招标过程选定的顾问团构成。联合评估可以通过多种方式融资,然而,避免联合评估合作伙伴之间分歧的最简单的方法往往是集中资源并由主要合作伙伴建立规则和惯例。

2006 年,DAC 发展评估网络推出了关于如何计划和管理发展援助方案联合评估的指南,这引起了对联合解决多边机构影响利益的关注(OECD,2006)[1]。目前大量的援助会通过联合方式提供,例如一揽子资金、部门范围的方法、预算支持、协调和联合援助战略等,联合评估因此也变得越来越重要。DAC 网络鼓励推动联合评估。

联合评估的趋势表明了对发展方案整体结果评估的要求,以及它们对受援国发展目标实现的贡献。这一趋势也反映了《巴黎宣言》协调和同盟原则的需要。然而,援助国还需要满足国家层面评估战略优先事项的要求,这可参考现有评估方法以及其他援助国的评估结果。一般而言,评估趋势根据规划趋势而定,所以联合评估很可能遵循联合规划。评估的另一个重要方面是反馈机制的发展,DAC 成员已经意识到改进评估反馈机制的重要性(OECD,2001)[2]。

(六)评估过程

一个典型的评估过程包括确定目标、规划、设计、执行、报告以及后续学习和使用。

1.首要考虑因素

当进行一项发展评估时,整个过程中需要考虑的首要因素包括:

自由和开放的评估过程(Free and Open Evaluation Process)为提高信誉方案管理和政策决策的评估过程是透明和独立的。

评估的道德规范(Evaluation Ethics)——评估的遵守相关的专业和道德准则以及评估的行为准则。评估是在正直和诚实的条件下进行的。

---

[1] OECD, "Guidance for Managing Joint Evaluations", Paris, 2006.

[2] OECD, "Evaluation Feedback for Effective Learning and Accountability", Paris, 2001.

委员、评估管理人员和评估人员尊重所有利益相关者的人权、文化差异、风俗习惯、宗教信仰和实践。评估人员在设计和执行评估时应关注性别角色、种族、能力、年龄、性取向和语言等方面的差异。

伙伴关系方法（Partnership Approach）——为了增加发展的自主性并为结果建立相互问责制，发展评估的伙伴关系方法在这个过程中即应被系统地考虑。伙伴关系的概念意味着包容性，涉及不同的利益相关者，例如政府、议会、民间团体、潜在受益人和国际伙伴。

协调和同盟（Coordination and Alignment）——为了改善发展评估的协调和加强国家体系，评估过程应考虑国家和地方的评估计划、活动和政策，以促进国家和地方评估过程的一致性。

能力发展（Capacity Development）——最大化评估过程对发展伙伴评估能力的积极影响。例如，评估可以通过提高评估的知识和技能，加强评估管理、刺激评估结果的需求及使用，并支持问责和学习环境来支持能力发展。

质量控制（Quality Control）——质量控制贯穿于整个评估过程。根据评估范围和复杂性，评估过程可以通过内部和/或外部机制，例如同行评议、咨询小组或参照组来开展。

2. 目的、规划和设计

评估的基本原理和目的（Rationale and Purpose of the Evaluation）——清楚地阐述评估的原理、目的和用途，主要回答为什么评估在这一时点开展；为什么开展评估，为谁开展评估；评估如何用于学习和/或问责职能。例如，评估的总体目标可能是帮助改善发展政策、程序或技术；考虑方案或项目的继续或终止；就公共支出和发展结果对利益相关者和纳税人负责。

评估的具体目标（Specific Objectives of the Evaluation）——明确评估的目的，例如：确定结果（产出、成果、影响）和评估一个特定发展干预的效果、效率、相关性和可持续性，就具体的发展干预提供调查结果、结论和建议，以为今后的设计和实施汲取教训。

评估的对象和范围（Object and Scope of the Evaluation）——明确界定

被评估的发展干预(评估对象),包括干预逻辑或理论的描述。评估范围界定了时间范围、资金支出、地理区域、目标群体、组织架构、实施安排、政策和制度环境及其他方面。发展干预的计划和实际执行之间的差异也需明确区分。

可评估性(Evaluability)——评估的可行性也需要被评估。具体而言,应该确定发展干预是否被充分界定,其结果是否可核查,评估是否是用来回答政策制定者或利益相关者是否提出的问题的最好方式。

利益相关者的参与(Stakeholder Involvement)——相关的利益相关者是否很早就参与了评估过程并有参与评估设计的机会,是否确定了需要解决的问题和需要回答的评估问题。

联合评估的系统性考虑(Systematic Consideration of Joint Evaluation)——为了促进协调、同盟并进行有效的劳动分工,援助国机构需和受援国对联合评估的选择进行系统性考虑。联合评估既需解决所有合作伙伴共同关心的问题,也应解决个别合作伙伴的具体问题。

评估问题(Evaluation Questions)——即由评估目标转化的相关的和具体的评估问题。评估问题在评估过程初始就被确定并对评估方法的演变产生影响。评估问题也解决跨部门问题,例如性别、环境和人权。

评估标准的选择与应用(Selection and Application of Evaluation Criteria)——评估采用DAC同意的评估发展援助的标准:相关性、效果、效率、影响和可持续性。这些标准以及其他任何标准的应用取决于评估问题和评估目标。如果一个特定的标准不适用和/或需要添加任何额外的标准,都应在评估报告中说明。所有采用的标准都需要有明确的条款加以界定。

方式和方法的选择(Selection of Approach and Methodology)——目的、范围和评估问题为每个评估确定了最合适的评估方式和方法。初始报告可被用来影响评估方式的选择。评估方法与评估方式的选择相一致。评估方法包括评估设计的规范和合理性以及数据收集和分析技术。应选择的评估方法使用可信的证据回答评估问题。衡量目标实现的指标根据普遍接受的标准来验证,例如具体的、可衡量的、可实现的、现实的和及时的（Specific, Measurable, Attainable, Realistic and Timely, SMART）。分类数据应区分性别差异和不同贫穷群体之间的差异，包括被排斥的群体。

资源（Resources）——用以评估的资源在资金、人员和技能方面应是充分的，以确保评估目标的有效完成。

治理和管理结构（Governance and Management Structures）——治理和管理结构旨在确定评估的内容、目的、范围和目标。评估的治理结构保障信誉、包容性和透明度，管理结构则组织评估过程并负责每天的日常管理。根据评估规模和复杂度的不同，治理和管理可以联合起来使用或单独使用。

界定目的和期望的文件（Document Defining Purpose and Expectations）——该文件在起草中的规划和设计阶段的重点为"职权范围"（Terms of Reference, TOR），需明确提出评估的目的、范围和目标；将要使用的方法；资源和时间分配；报告要求；评估过程和结果；任何其他的期望。该文件需得到评估管理人员和那些开展评估的人员的同意。

3. 执行和报告

评估小组（Evaluation Team）——评估小组的选择需要透明和公开的程序，其成员需具备评估技能和专项知识。评估小组会考虑性别平衡，团队包括来自受援国或地区的专业人士。

评估的独立性与利益相关者（Independence of Evaluators VIS-A-VIS Stakeholders）——评估人员独立于发展干预（包括政策、操作和管理职能）以及预期的受益者。可能的利益冲突可通过公开和诚实的途径加以解决。评估小组应能够自由工作而不受干扰，确保合作的顺利开展并能得到所有相关信息。

利益相关者的咨询和保护（Consultation and Protection of Stakeholders）——利益相关者既包括受援国，也包括援助国，它们在评估过程中提出意见并对评估作出贡献。识别和选择利益相关者的标准有具体规定。评估参与者的权利和福利应受到保护。如果有要求或需要，不愿透露姓名的知情人的信息将会受到保护。

在指定时间和预算内执行评估(Implementation of Evaluation within Allotted Time and Budget)——评估要及时开展并向委员会提供结果以实现评估目标。评估要在预算范围内有效地进行。条件和环境的变化以及未预期的时间表和预算的变化需向有关各方报告、解释,并经过他们的讨论达成一致。

评估报告(Evaluation Report)——评估报告很容易被目标受众所理解,而且报告形式恰当地给出了评估目标。评估报告包括以下要素和问题:

摘要的透明度和代表性(Clarity and Representativeness of Summary)——书面评估报告包含执行摘要。摘要概述了评估报告,并突出了其主要结果、结论、建议和整体的经验教训。

发展干预的背景(Context of the Development Intervention)——评估报告描述了发展干预的背景,包括政策背景、发展机构和受援国政策、目标和战略;发展背景,包括社会、经济、政治和文化因素;制度环境和利益相关者的参与。评估识别和评价了各种背景对发展干预执行的影响。

干预逻辑(Intervention Logic)——评估报告描述和评估了干预的逻辑或理论,包括基本假设和影响干预成功的因素。

信息来源的有效性和可靠性(Validity and Reliability of Information Sources)——评估报告充分描述了所用信息(文件、受访者、管理数据、文献等)的细节,说明案例研究或样本的选择,评估交叉验证信息的来源并批判性地分析数据的有效性和可靠性。在不与参与者的私密性和保密性发生冲突的情况下,评估报告包含受访者和其他信息来源的完整列表。

使用方法的说明(Explanation of the Methodology Used)——评估报告需描述和解释评估方法和其应用,解释评估的结果、影响、贡献或结果的贡献。报告说明遇到的任何困难以及这些困难是如何影响评估的,包括评估的独立性和公正性。报告应详细介绍了用于数据收集和分析的技术,并阐明了选择的合理性及局限和缺点。

分析的清晰度(Clarity of Analysis)——评估报告需分别列出评估结

果、结论、建议和经验教训，并通过清晰的逻辑加以区分。结果符合逻辑的数据分析可以展示清晰的证据以支持结论。结论通过调查结果和分析得以证实，并依此得出建议和经验教训。

评估回答的问题（Evaluation Questions Answered）——评估报告需回答工作范畴（TOR）中详述的所有问题。原始问题以及这些问题的任何修改都应记录在报告中，以使读者能够评估评估小组是否已经完全解决了这些问题（包括那些跨领域的问题）并且实现了评估目标。

评估的局限性（Limitations of the Evaluation）——评估报告应阐述评估过程中遇到的任何限制，包括方法的或数据的，并讨论其有效性和可靠性，说明可能影响结果的自由和开放的评估过程的障碍。评估报告还解释了评估计划、实际执行以及结果间的任何差异。

评估小组内分歧的确认（Acknowledgement of Disagreements within the Evaluation Team）——评估小组的成员可以与他们不同意的特别的判断和建议划清界限。评估报告应包含评估小组内任何未解决的分歧。

利益相关者意见的采纳（Incorporation of Stakeholders' Comments）——利益相关者可以对报告草案发表意见。最终的评估报告应反映这些意见并说明任何实质性的分歧。在可以被验证的事实的争论中，评估人员必要时可调查并修改报告草案。在意见或阐述存在分歧时，利益相关者的意见将以附件或脚注的形式展现，确保这不会与参与者的权利和福利发生冲突。

4.后续使用和学习

评估的及时性、相关性和使用（Timeliness, Relevance and Use of the Evaluation）——评估应按照预期用户的需求进行设计、实施和报告。结论、意见和经验教训应是明确的、相关的、有针对性的和可操作的，评估可以用来实现其预期的学习和问责目标。评估必须及时交付以确保结果的最佳使用。评估报告应可以系统性传播、存储和管理，确保可以方便地向所有的发展伙伴提供，并最大限度地提高评估的学习效益。

系统性反应和后续行动建议（Systematic Response to and Follow-Up on Recommendations）——针对每一项建议，人们会作出系统性回应并采取行动。这包括正式的管理部门的回应和跟进。所有同意的跟进将会被跟踪,以确保其实施的问责。

传播(Dissemination)——评估结果以可访问的形式列出,并在内部和外部进行系统性的分发,以确保其透明度。根据评估得到的经验教训,可提供给更广泛的发展团体中的其他有关各方有针对性地最大限度地利用。

(七)评估中应关注的问题

受援国和援助国的评估能力建设有助于问责制的推行,强化自主性,促进联合工作并能协调援助国与受援国系统。提高受援国的能力还可以避免其受控于援助国优先事项和利益的评估议程。《巴黎宣言》要求援助国承诺促进和支持受援国评估能力的发展。

独立性和透明度对于评估的成功非常重要。为确保调查结果的客观性和可靠性,许多DAC成员已经建立了新的、独立的评估机构。瑞典的评估部门目前由一个外部机构——瑞典发展评估署(Swedish Agency for Development Evaluation,SADEV)担任;爱尔兰则在外交部设立了一个独立的咨询委员会以进行更独立和更有价值的评估;澳大利亚则成立了发展有效性办公室(Office of Development Effectiveness,ODE)用以评估、报告澳大利亚海外援助方案的效果。

三、审计

国家审计机关和审计长是审计政府绩效的独立机构以提供客观的、公开的有用意见。在许多国家,国家审计机关调查和报告发展援助方案,该报告可能需遵从政府的做法和程序,包括对纳税人所缴税收的适度使用,物有所值和成果实现的评估(绩效或物有所值的审计)。

现在,一些DAC成员向受援国提供大量资源作为部门支持或方案援助。他们不得不呼吁国家审计机关帮助提高对发展援助目标和不同援助形式的理解。英国审计院和审计长在强调物有所值和发展影响重要性的同时,承认有效发展的绩效管理和衡量存在着挑战。可辨别的结果出现的时间往往比那些为公共支出设置的时间表要长。此外,衡量和获得可靠数据也是较为困难的。①

以北欧加集团（Nordic Plus Group）著名的丹麦、芬兰、爱尔兰、荷兰、挪威、瑞典和英国 7 个 DAC 成员组合，正致力于促进金融、程序和法律标准的统一。② 该组合制定了联合融资安排和委托合作的实用指南。③

四、咨询机构

大约一半的 DAC 成员有某种形式的委员会作为咨询机构（Advisory Bodies）。这些委员会的结构、功能、成员和作用虽然不同，但是他们通常有明确的咨询职责和高度的独立性。有些 DAC 成员有一个以上的咨询机构。

咨询机构可能会有 9—50 人，其组成和大小取决于对他们的授权。有的咨询机构包括技术专家或研究专家，有的包括社会团体代表、非政府组织和学者，甚至包括前部长和政府代表。

第四节　发达国家对外援助管理的特点

发达国家和国际组织普遍建立了比较完善的援助管理体系，为援助工作的顺利开展奠定了坚实的基础。近年来，发达国家对外援助管理体系出现了一些比较显著的特点，如增强管理机构的集中度、加强项目化管理程序、注重援助的监督与评估、积极发挥非政府组织的作用以及加强援助方之间的密切联系。

---

① Comptroller and Auditor General, "Performance Management-Helping to Reduce Poverty: Report by the Comptroller and Auditor General HC 739 Session 2001-2002", HMSO, London, 2002.

② "Nordic+Joint Action Plan（JAP）on Harmonisation and Alignment", 2006, http://www.oecd.org/dataoecd/30/10/30216580.pdf.

③ Civil Law Division of the Legal Affairs Department of the Dutch Ministry of Foreign Affairs on behalf of Nordic Plus, 2007, Practical Guide to Joint Financing Arrangements; Norad on behalf of Nordic Plus, 2007, Practical Guide to Delegated Co-operation.

一、提高管理机构集中度

各国援助管理组织的机构设置不尽相同,近些年发达国家对管理机构进行了较大的改革调整,加强了不同部门或机构之间的协调,援助管理机构出现集中化趋势,以着力解决援助系统散乱、援助方案重叠、效益低下等问题。美国国务院 2006 年设立了对外援助指导办公室(Office of the Director of Foreign Assistance,DFA),负责"增强美国对外援助政策、计划和监督体系的协调性及合理性",协调、监督各政府部门的援助。美国也强调整合美国的所有力量,切实落实"整体政府"理念,国务院和国际开发署承诺建立一个真正的跨部门机制,集中管理美国在海外运作的所有发展援助部门。[①]

二、加强项目管理程序化

制度化和程序化是西方国家发展援助规划与决策的重要特点。不同国家的对外援助,都有各自的政治理念和战略目标,并配套建立了相应的法案或政策文件,以为具体援助方案制定和项目决策提供理论基础和政策依据。

西方援助管理的普遍做法是,重视规划先行,在一个统一的框架内组织对外援助。制定规划和国别政策是一个复杂细致的数据资料分析和评估论证过程,既有很强的程序性,也有很强的技术性,同时还要履行透明管理责任,向社会公众展示必要的援助效果。[②] 在实际操作过程中,发达国家一般将援助项目的整个过程分成若干阶段加以管理,称为"项目周期"管理,这样的管理方式是决策和管理科学化、规范化的总体保证。

例如世界银行把贷款项目周期分为六个阶段:(1)项目选择;(2)项目准备;(3)项目预评估;(4)谈判并签订贷款协议;(5)项目实施与监督;(6)项目后评估。[③]

[①]　周强、鲁新:《发达国家官方发展援助新趋势》,《国际经济合作》2011 年第 11 期。

[②]　李兴乾:《国际援助规划决策的经验及其启示》,《国际经济合作》2009 年第 3 期。

[③]　王晨燕:《西方国家发展援助管理模式及特点》,《国际经济合作》2005 年第 8 期。

三、注重援助监督和评估

DAC 要求其成员的援助机构必须制定清晰的监督与评估政策。援助的监督与评估成为对外援助管理中不可或缺的一部分。1991 年 DAC 制定的《发展援助评估原则》明确规定了援助评估过程中主要注意事项。2010 年 DAC 在《发展援助评估原则》的基础上，进一步提出了《援助评估质量标准》(*Quality Standards for Development Evaluation*)。该标准进一步明确地提出了评估进程及结果。它规定关于评估的质量标准包括：自由和公开透明的评估进程；评估的道德标准；合作方式；协调一致；评估能力的建设；评估质量的控制。在评估具体的项目和工程时，评估的指标还包括：相关性(Relevance)、有效性(Effectiveness)、效率(Efficiency)、援助影响(Impacts)和持续性(Sustainability)等具体的、可操作的评估准则。[1]

为加强发展援助政策的制定、执行和产出的评估，一些发达国家通过设置新部门或制定新的评估政策来考察发展援助效果。美国国际开发署新建政策计划学习处(Bureau of Policy, Planning and Learning, PPL)开展发展援助政策研究和项目评估。2011 年 1 月，政策计划学习处颁布实施了新的评估政策，重新设定各类评估项目和指标，推进项目的公正评估和结果使用，以加强监管与评估。从 2011 年 1 月开始，英国所有新批准的项目都必须提交带有详细战略评估、商业可行性、经济性的评估报告，国际发展部也成立了一个独立委员会，评估所有对外援助的有效性。此外，越来越多的发达国家开始采用联合评估，包括援助国与受援国对项目进行联合评估，不同援助国联合评估。2010 年，美国国际开发署就和丹麦一起对坦桑尼亚的难民情况进行了联合评估。[2]

四、积极发挥非政府组织的作用

在官方援助中纳入非政府组织(Non-Governmental Organizations,

---

① 黄梅波、朱丹丹：《国际发展援助评估政策研究》，《国际经济合作》2012 年第 5 期。
② 周强、鲁新：《发达国家官方发展援助新趋势》，《国际经济合作》2011 年第 11 期。

NGO），一方面可以适当缓冲和"稀释"官方援助的政治性，有时更容易被受援国国民接受。一国公民对他国的善意表达，有时候比为表达政治意愿而进行发展援助的政府有更强的感染力。近年来，国际NGO在外援机制较成熟的国家中起到了越来越大的作用。①

由于发达国家和国际组织重视民生领域的援助，因而许多援助项目的实施需要深入到社区最基层的群众当中，而援助方的工作组无法独立实施此类项目，这就需要了解当地情况的NGO参与并承担援助项目的具体执行工作，而援助方和受援国政府共同负责项目的检查、监督和评价。因此，发达国家和国际组织十分重视发挥NGO的作用，在当地NGO没有能力执行项目时，往往选择具有实力的国际NGO参与项目实施，并在此过程中对当地NGO进行培训，提高其能力和水平。②

五、加强援助方之间的联系

发达国家和国际组织非常重视彼此之间的沟通与协作，尤其是在OECD框架下，各援助方拥有更多联系机制与平台，能够通过定期交流与合作，更好地为受援国提供帮助。除了参加受援国组织的国际援助咨询会或研讨会，发达国家和国际组织还定期召开援助方之间的碰头会，相互沟通和了解彼此在受援国的项目实施情况，交流经验，并探讨合作的可能性，以实现资源的优化配置，提高利用效率，为受援国的发展发挥更大的作用。③

---

① 黄梅波：《中国对外援助机制：现状和趋势》，《国际经济合作》2007年第6期。
② 王蕊：《国际发展援助经验对我国援外工作的借鉴》，《国际经济合作》2012年第8期。
③ 王蕊：《国际发展援助经验对我国援外工作的借鉴》，《国际经济合作》2012年第8期。

第四章　发达国家援助有效性的评价

经合组织发展援助委员会(OECD-DAC)成员主要通过签署《巴黎宣言》和《阿克拉行动议程》对本国的援助有效性议程作出明确承诺。DAC 成员的援助有效性评估拥有一套统一标准,即 DAC 根据各成员对《巴黎宣言》指标的执行情况对其进行援助有效性评估。大多数 DAC 成员已经制订了援助有效性行动计划。这些计划往往是明确、可操作和有时间约束的。援助国的北欧加集团(the Nordic Plus Group)制订了一项行动计划以及援助有效性准则和工具。丹麦、荷兰和瑞典修改了国家援助战略的内部操作准则。但是,将战略和原则转变为可执行的实施细则需要花费大量时间,因此各国这方面改革的速度和深度并不一致。

第一节　发达国家援助有效性的总体评价

2005 年签署的《巴黎宣言》是发展合作的一个转折点,其要求援助国和受援国作出重大努力,以确保援助国在帮助受援国实现发展目标方面是有效的。《巴黎宣言》强调实施一系列行动以加强自主权、同盟、协调、结果导向管理和相互问责制。《巴黎宣言》的一个显著特点是,援助国和受援国政府承诺通过一套明确的 2010 年要达到的目标的进展指标,彼此对承诺的实施负责。OECD 分别于 2006 年、2008 年和 2011 年对《巴黎宣言》的执行情况做了 3 次调查①。有 78 个受援国和地区自愿参加了 2011

---

① 截至 2015 年,只进行了这三次。

年的调查,这些国家和地区提供了广泛而有代表性的证据,相关信息涉及超过 700 亿美元的援助,大约占全球发展援助的四分之三。其中,有 32 个国家已经参与了 2006 年和 2008 年的两次调查,这构成了援助有效性评价的"基线"(baseline)。①

2008 年的调查发现,实现《巴黎宣言》制定的 2010 年的目标进展十分缓慢,由此产生了《阿克拉行动议程》(2008 年),重申和深化了《巴黎宣言》的承诺。《阿克拉行动议程》确立了《巴黎宣言》实施的重点,并认可了发展援助中更广泛的利益相关者所发挥的作用。

DAC 成员主要通过签署《巴黎宣言》和《阿克拉行动议程》对本国的援助有效性议程作出明确承诺。DAC 成员的援助有效性评估拥有一套统一标准,根据各成员对《巴黎宣言》指标的执行情况对其进行援助有效性评估。

一、DAC 成员援助有效性进展的总体评价

OECD-DAC 通过衡量《巴黎宣言》各项指标的完成情况来衡量援助的有效性。根据 OECD-DAC 2011 年的调查结果,DAC 成员在提高援助有效性方面取得了相当大的进展。尽管如此,到 2010 年,《巴黎宣言》的全部 12 个指标中只有 1 个指标——指标 4 协调技术合作(coordinated technical cooperation)②——在世界范围内达到目标,实际上,这一指标早在 2007 年就已完成。尽管仍有 11 个指标未在世界层面上完成,参与调查的国家仍在各项指标上取得了相当大的进展。虽然指标 4 协调技术合作达到了 2010 年的目标,但与 2006 年相比,改善很小。2008 年这一指标曾出现过较大进展,这意味着 2008 年到 2010 年之间,该指标出现了一定程度的倒退。《巴黎宣言》指标的具体完成情况见表 4-1。

---

① 2006 年共有 34 个国家参与了调查,除尼加拉瓜和也门外的 32 个国家进行了 2008 年的评估,此外 2008 年又有另外 15 个国家参与了评估,共有 47 个国家参与了 2011 年的评估,而 2011 年又有 31 个国家加入,共 78 个国家参与了评估。

② 这一指标用来衡量援助者通过协调的方式提供援助来支持受援国能力发展目标的程度。

表4-1 《巴黎宣言》指标的完成情况

指 标	2010年实际值	2010年目标	状态
1. 受援国有可操作性的发展战略 在五级评价中，国家发展战略被评定为"A"或"B"等级的国家的百分比 a	37% （76）	75%	未达到
2a. 可靠的公共财政管理（PFM）系统 自2005年以来，PFM/CPIA至少上移一个等级的国家的百分比 a	38% （52）	50%	未达到
2b. 可靠的采购系统 自2005年以来，在四点等级中至少上移一个等级的国家的百分比	—	无目标 c	—
3. 与国家优先事项一致的援助 政府预算报告中对政府部门的援助比例 a	41%	85%	未达到
4. 通过协作支持增强能力建设 通过与国家发展战略一致的合作方案实施的技术合作比例 a	57%	50%	达到
5a. 国家公共财政管理系统的使用 政府部门使用受援国公共财政管理系统的援助比例 b	48%	55%	未达到
5b. 国家采购系统的使用 政府部门使用受援国采购系统的援助比例	44%	无目标 c	—
6. 通过避免类似项目的执行增强援助能力 并减少项目实施单位（Project Implementation Units, PIUs）总数 b	1158	565	未达到
7. 援助的可预测性 政府部门财年内发放的在政府会计体系下安排和记录的援助比例 b	43%	71%	未达到
8. 不附带条件的援助 完全无附带条件的援助比例 a	86%	>89%	未达到
9. 共同安排或程序的使用 以方案为基础的方法下提供的援助比例 a	45%	66%	未达到
10a. 联合任务 联合开展的援助国任务的比例 a	19%	40%	未达到
10b. 联合的国家分析工作 联合开展的国家分析工作的比例 a	43%	66%	未达到

续表

指　标	2010 年 实际值	2010 年 目标	状态
11. 结果导向型框架 拥有透明的和可监督的绩效评估框架的国家比例 a	20% （44）	36%	未达到
12. 相互问责制 执行相互评估审查的国家比例 a	38%	100%	未达到

注:a:2010 年的实际值根据所有参与 2011 年调查的 78 个国家和地区的数据计算,括号内的数字表示有数据的国家和地区的数量,因为有些国家和地区的某些数据不可得。

　　b:可能与往年发布的结果不同。这是因为 2010 年的评估使用了参与 2006 年和 2011 年两次调查的 32 个国家和地区的数据,但由于尼加拉瓜和也门只参与了 2006 年的评估而未参与 2008 年和 2011 年的评估,需重新计算 2005 年的实际值。

　　c:无目标是因为样本国家可使用的数据太少,没有分析的意义。

资料来源:OECD,"Aid Effectiveness 2005 - 10:Progress in Implementing The Paris Declaration",OECD Publishing,2011。

　　对比 2005 年和 2010 年 32 个国家和地区的数据,可以发现 5 年间这些指标的变化情况(见表 4-2)。包容性的自主权性质、透明度和中期预测等承诺的进展并没有标准的指标进行评估,这些评估主要是基于定性的二手证据和资料。

表 4-2 《巴黎宣言》指标的进展程度(2005 年以来)

指　标	2005 年 基线	2010 年 实际值	2010 年 目标值
指标 1. 受援国有可操作性的发展战略	19%	52%	75%
指标 2a. 可靠的公共财政管理(PFM)系统	0%	38%	50%
指标 3. 与国家优先事项一致的援助	44%	46%	85%
指标 4. 通过协作支持增强能力建设	49%	50%	51%
指标 5a. 国家公共财政管理系统的使用	40%	48%	55%
指标 6. 通过避免类似项目的执行增强援助能力	1696	1158	565
指标 7. 援助的可预测性	42%	43%	71%
指标 8. 不附带条件的援助	87%	>87%	89%
指标 9. 共同安排或程序的使用	43%	48%	66%
指标 10a. 联合任务	20%	22%	40%

续表

指　标	2005 年基线	2010 年实际值	2010 年目标值
指标 10b.联合的国家分析工作	41%	44%	66%
指标 11.结果导向型框架	7%	22%	38%
指标 12.相互问责制	44%	50%	100%

注:本表所采用的数据为参与 2006 年和 2011 年调查的 32 个国家的数据。
资料来源:OECD,"Aid Effectiveness 2005 – 10:Progress in Implementing The Paris Declaration",OECD Publishing,2011。

(一)有实质性进展的指标

指标 1 受援国有可操作性的发展战略和指标 11 结果导向型框架有了实质性进展。具体表现为:与 2005 年相比,有更多的国家拥有了健全的国家发展战略;许多国家已建立起更高质量的以结果为导向的发展援助管理框架,并且与千年发展目标相关的统计数据在国家层面正变得越来越可得。

(二)中度或喜忧参半的指标

5 个指标中度达成或者在取得实质性进展的同时存在一定的问题:在扩大自主权承诺的实施方面,虽然在更多的发展进程中,非国有利益相关者参与逐渐增多,但受援国仍不能为民间组织创造有利的运行环境。通过协作支持增强能力建设(指标 4)这一指标,虽然实现了协调的技术合作的目标,但是对能力建设的支持仍大多数是由供给驱动的,而不是为了回应受援国的需要。在可靠公共财政管理(PFM)系统(指标 2a)存在缺陷的同时,超过三分之一参与调查的成员的公共财政管理系统质量有所改善。虽然援助国采用受援国系统(指标 5a、5b)的目标并未实现,但是相较于 2005 年的基线,这一指标还是有所改善。值得注意的是,援助国并没有因为受援国的国家系统更为可靠而更多地使用受援国系统。DAC 成员在不附带条件的援助指标(指标 8)方面没有取得进展,不附带条件的援助比例有所上升。具体表现为:

关于扩大自主权的承诺——援助和发展进程中非国有的利益相关者参与情况良好。通过调查收集的证据表明,非国家行为更多地参与在许多国家的国家战略的发展中。但为民间社会组织活动提供一个有利的环境依然是一些受援国面临的挑战。

提高能力建设支持的努力有好有坏。虽然援助国实现了协调的技术合作的目标,但有证据表明,支持能力建设的努力往往是供给驱动的,而不是对真正需要作出的回应。

超过三分之一的参与国显示,2005—2010 年期间,其公共财政管理系统(PFM)的质量有所改善,一些国家该指标取得了相当大的进展。同时,也有不少国家发现其系统仍存在缺陷。

相较于 2005 年,援助国更多地采用了受援国的系统,但并没有达到《巴黎宣言》所规定的程度。特别是,援助国并没有在国家系统更可靠的受援国更多地使用受援国的国家系统,2008 年的调查强调了这一发现。

虽然援助国在参与 2011 年调查的 78 个国家样本中关于不附带条件援助方面没有取得太大进展,但援助国在制订进一步松绑援助的计划方面取得了良好效果。DAC 成员报告显示不附带条件的援助的比例已略有上升。

(三)很少或基本没有进展的指标

有 5 个指标进展很小或是基本没有进展:由于援助国信息缺失或者受援国政府的决策仅仅覆盖了部分援助量,因此政府部门的援助并没有系统地记录在受援国的预算或者公共账户中。此外,援助的分散性并没有减少,共同安排或程序的使用(指标 9),以及联合任务和联合的国家分析工作(指标 10a、10b)目标的进展微乎其微。最后,援助的可预测性(指标 7)和相互问责制(指标 12)同样也进展缓慢。具体地:

政府部门的援助并没有系统地记录在受援国的预算和公共账户中。这主要是由于援助国信息的缺失以及受援国政府的决策只包含部分援助流量。

援助国对受援国的援助往往是分散的,这给受援国造成了负担。旨在减少这一负担的共同安排或程序以及联合任务和联合分析工作的目标实现进展甚微。

尽管为减少援助分散作出了一些努力,例如,提高国家和全球层面的援助分工的举措,但援助分散仍然较为严重。

改善国家层面的援助的中期可预测性的进展缓慢。援助国对各受援国政府的未来援助流动的前瞻性指标的信息仍然是孤立不规范的。

一些国家正在寻求机遇以加强相互问责制,包括通过相互的绩效评估,但大多数国家还没有开始全面的审查过程。

二、不同 DAC 成员援助有效性的差异

尽管不同援助国援助有效性的进展差异显著,但许多援助国在使其援助与受援国政府的优先事项保持一致性方面取得了进展。2011 年的调查数据表明,多边机构提供的援助更多地使用了受援国的 PFM 和采购系统。

关于协调的大多数指标进展缓慢,一些指标在不同的援助国表现异常,例如,以方案为基础的援助的使用。这方面很难在援助国之间进行比较,因为不同援助国提供援助的国家和领域存在差别。

提高援助的中期可预测性对于多数双边援助国来说是一个特别的挑战。虽然一些援助国拥有多年的方案框架,一些援助国可以在先前的基础上提供未来援助流动的指标,但许多双边援助国仍然受制于年度预算编制。多边机构通常能够提供可表示未来支出的信息,不过这样的计划往往限于它们的补给周期期间。

"南南合作"和"三方合作"在支持能力建设方面表现突出。2011 年的调查发现,向一些受援国提供援助和发展合作信息的非 DAC 援助方的数目出现了温和上升。

三、DAC 成员援助有效性监督的局限性

《巴黎宣言监测调查》(*Survey on Monitoring the Paris Declaration*)①提供了支持全球和国家层面的问责制以及使援助更加有效的一种机制。一些国家和机构也已在全球做了部署以深化它们在国家、援助国或部门层

---

① OECD 分别于 2006 年、2008 年和 2011 年对《巴黎宣言》的执行情况进行了 3 次调查。

面的评估,但全球进程并不旨在构建一幅使援助更加有效的完整画面,而是提供关于《巴黎宣言》和《阿克拉行动议程》的承诺是否已付诸实施,以及如果实施的话,到什么程度的结论。它不考虑与发展相关的承诺的任何细节,也不关注观察到的进展或挫折的原因。如果收集到的证据支持这一点一般的应对是列出关于观察到的趋势的例子和可能的解释,以供进一步讨论。

调查使用的援助有效性的进展指标和相关的目标是援助国和受援国于 2005 年双方议定的,用以评估《巴黎宣言》的 5 项原则。这意味着,它们是对进展间接的或中间的测量,并没有捕捉《巴黎宣言》所认同的原则和行为的全部范围和深度。一些指标不可避免地带有一些方法上的缺陷。国家层面的利益相关者在 2006 年、2008 年和 2011 年的调查中对一些定义和标准的解释略有不同。一些国家的反馈表明,国家统筹人员可能更有经验并希望援助国使用 2011 年调查中商定的标准和定义,这是一个积极的表现,有利于加强问责制和提高证据的质量。

另外,虽然调查的指标本身反映了进展的部分表现,但也存在可能会过于僵化地以它们自己的标准努力实施《巴黎宣言》目标,以致排挤创新以及真正发展需求的机遇。同时,该调查是在借鉴了更广泛的证据的情况下收集到的定性反馈,包括通过调查和其他来源(包括案例研究证据、专题评估和其他通过可靠的方法)收集到的证据。

第二节 典型发达国家援助有效性的评价

不同 DAC 成员关于《巴黎宣言》指标的起点不同,2010 年所设定的目标值也存在较大差异,从而各自的执行进展也不尽相同。本节选取美国、英国和日本 3 个代表性国家,分别探讨其在援助有效性方面的进展。

一、美国援助有效性的评价

(一)美国提高援助有效性的措施

21 世纪以来美国为提高援助有效性,从援助政策、组织机构、管理机制等方面采取了一些新的措施。这些措施对于提高美国援助有效性发挥了重要作用。

在援助政策上，美国从 2002 年开始向最不发达国家提供无条件援助。在此之前，美国一直实行有条件援助，受援国必须将部分援助资金用于购买美国本土供应的商品或服务。相关研究表明，束缚性援助会使援助效率降低 10%—30%①。2005 年美国与八国集团共同订立了《多边债务减免倡议》。该倡议允许债务负担重的贫困国在合理情况下取消多边负债，同时鼓励更多的援助国对贫困国提供援助而不是发放贷款，帮助贫困国脱离"贷款—还贷"的恶性循环。无条件援助和多边债务减免倡议的实施，缓解了贫困国的困难，提高了援助对受援国的作用。②

在组织机构方面，为应对千年发展目标，美国于 2004 年设立了千年挑战公司。该公司"通过支持低收入国家的可持续性、转型经济增长来降低受援国贫困，同时保持较好的政治环境"。千年挑战公司管理上具有一定的独立自主性，国会对其减免了许多微观管理措施，保证资金是需求驱动的、无条件、无年限、非专项划拨的。千年挑战公司的建立是美国援助系统为实现《巴黎宣言》援助有效性的一个较好尝试。此外，为使发展援助组织更加系统化和战略化，美国于 2006 年设立了对外援助指导办公室，旨在"增强美国对外援助政策、计划和监督体系的协调性以及合理性"。对外援助指导办公室在协调、监督各政府部门的援助方面发挥了重要作用。这两个机构一方面解决了美国本身援助系统散乱、援助方案重叠的问题；另一方面也将对受援国的帮助由原有的"授人以鱼"向"授人以渔"转变，以促进受援国经济发展最终摆脱贫困。③

---

① Catrinus J.Jepma,"The Tying of Aid",OECD Development Centre Studies,1991,p.15.

② Development Assistance Committee Peer Review,"United States,DAC Peer Review:Main Findings and Recommendations",OECD,2006.

③ Development Assistance Committee Peer Review,"United States,DAC Peer Review:Main Findings and Recommendations",OECD,2006.

在管理机制方面,美国于 20 世纪 90 年代中期开始实行结果导向型绩效管理方式。该方式增强了美国援助的目的性,加强了不同援助机构之间的联系,促进了援助经验和知识在美国发展援助体系中的交流学习,提高了美国发展援助的有效性。[①]

美国于 2005 年签署了《巴黎宣言》,并根据《巴黎宣言》的要求制定援助政策。美国《四年度外交与发展审议》(Quadrennial Diplomacy and Development Review,QDDR)引用了《巴黎宣言》和《阿克拉行动议程》作为其主要参考资料。美国国务院[②]和美国国际开发署[③]一直致力于使其援助满足《巴黎宣言》的要求,但是为了保证所有官方发展援助(ODA)的有效性,美国全部 27 个援助机构都需要提高其援助的有效性以满足《巴黎宣言》的要求。一些多边援助机构的项目特别是国家主导的项目,都开始强调有效援助的原则。7 个美国援助机构参与了"巴黎宣言完成情况评价"(Evaluation of the Implementation of the Paris Declaration on Aid Effectiveness),这一报告为如何应用这些原则提供了有价值的建议。美国应该提高所有援助机构对有效援助原则的使用力度,且这些援助机构应该将原则政策变为实施指南。然而,即使是在美国国务院依然有人质疑是否应该将这些原则应用于他们的项目中,特别是那些以外交和安全为主要目标的发展项目。尽管美国国际开发署和其他相关机构都在探讨援助有效性的应用,但是将援助有效性的要求贯彻到所有援助活动和机构,还需要进一步的努力。为进一步加强援助有效性管理,2007 年 1 月,发展和人道援助机构间政策委员会建立了专门管理对外援助和国际贸易的机构间政策委员会。同年 10 月,该机构已经制订了一个机构间的援

---

① 黄梅波、施莹莹:《新世纪美国的对外援助及其管理》,《国际经济合作》2011 年第 3 期。

② 美国国务院(Department of State)是美国制定对外援助政策最重要的机构,根据国家外交和安全政策的需要和标准,向国会提出关于援助资金地理分布的意见,并负责实施和管理援助资金。

③ 美国国际开发署自 1961 年创立以来,一直是美国发展援助系统的核心。它是一个不属于内阁的独立机构,除了军事援助以外,几乎涉足所有的双边援助领域,包括拨付维和经费、管理发展援助、组织人道主义救援参与跨国援助行动等。

助有效性活动计划来改进各机构的政策和程序以满足《巴黎宣言》的原则。

（二）美国援助有效性的评估结果

美国作为发展合作领域的领导者，其发展援助额长期居世界首位。2015年，美国对外援助总额高达307.7亿美元，但是，美国的援助有效性却显著落后于国际水平。美国分别于2006年和2008年参与了"巴黎宣言监控调查"，调查报告指出，美国援助有效性的结果喜忧参半。如表4-3所示，在两次调查期间，援助的可预测性（指标7）、不附带条件的援助（指标8）以及共同安排或程序的使用（指标9）这三个指标有所改善；通过避免类似项目的执行增强援助能力（指标6）这一指标则没有变化；此外，与国家优先事项一致的援助（指标3），通过协作支持增强能力建设（指标4），国家公共财政管理系统的使用（指标5a）、国家采购系统的使用（指标5b），联合任务（指标10a）、联合的国家分析工作（指标10b）这六个指标均有所下滑。且美国在使用受援国的PFM和采购系统方面进展缓慢。到2010年，美国对《巴黎宣言》的执行进展也不理想，只有指标8不附带条件的援助实现了其2010年设定的目标，并在2005—2010年间呈现上升趋势。其中，指标4通过协作支持增强能力建设在2007年（54%）达到了2010年的目标值（50%），但之后却出现了逆转（2010年的实际值却降为37%）；指标6通过避免类似项目的执行增强援助能力、指标7援助的可预测性和指标10b联合的国家分析工作变化幅度较小；指标5a国家公共财政管理系统的使用和指标10a联合任务距离2010年的目标还有较大差距。此外，来自美国智库的报告《官方发展援助质量》（*Quality of ODA*）指出，美国在加强受援国制度方面做得不尽如人意。伯索尔和哈拉斯根据《巴黎宣言》衍生了4个质量指标来衡量援助的有效性，并对31个援助国进行了排名，其中，美国在4个指标的综合排名中，居于倒数第三位（Birdsall和Kharas，2010）[①]。

---

① Birdsall, N., H. Kharas, "Quality of Official Development Assistance Assessment", Washington, D.C.: Center for Global Development, 2010.

表 4-3 美国的援助有效性评价

指　　标	指标值				2010 年目标	国家平均比例[a]			
	2005 年32 国	2007 年32 国	2010 年			2005 年32 国	2007 年32 国	2010 年	
			32 国	所有国家				32 国	所有国家
3. 与国家优先事项一致的援助	33%	25%	30%	32%	85%	—	—	—	—
4. 通过协作支持增强能力建设	47%	54%	37%	49%	50%	34%	44%	44%	58%
5a. 国家公共财政管理系统的使用	10%	3%	4%	11%	60%	16%	7%	12%	11%
5b. 国家采购系统的使用	12%	5%	4%	13%	不可适用	12%	9%	14%	17%
6. 通过避免类似项目的执行增强援助能力	187	187	180	448	62	7.2	6.7	5.6	7.3
7. 援助的可预测性	29%	37%	30%	28%	65%	—	—	—	—
8. 不附带条件的援助	70%	79%	80%	78%	高于70%	50%	62%	72%	67%
9. 共同安排或程序的使用	27%	36%	18%	20%	66%	16%	19%	18%	20%
10a. 联合任务	28%	9%	6%	7%	40%	—	—	—	—
10b. 联合的国家分析工作	40%	37%	39%	42%	66%	—	—	—	—

注:2005 年列:信息基于参与 2006 年和 2011 年调查的 32 个国家中的 27 个国家的数据,反映了 2005 年美国援助计划的 25%。

　　2007 年列:信息基于参与 2006 年和 2011 年调查的 32 个国家中的 19 个国家的数据,反映了 2007 年美国援助计划的 35%。

　　2010 年列:信息基于参与 2011 年调查的 78 个国家中的 61 个国家的数据,反映了 2009 年美国援助计划的 75%。列出 32 个基线国家的数据是为了便于可比性。

　　a 国家平均比例是援助国所报告活动的所有国家的平均值。

资料来源:OECD,"Aid Effectiveness 2005－10:Progress in Implementing The Paris Declaration",OECD Publishing,2011。

最近,很多研究提到了美国在实施援助有效性中面临的问题。由于美国的大量专项拨款来自国会(Congress),而国会相对较短的报告周期和具体到每一美元成果的要求对致力于长期发展的有效合作提出了巨大的挑战。此外,国会还要求美国提供一些具有附带条件(包含美国商品和服务）的援助。类似地，一些法律条文也阻碍了美国援助项目的有效性。例如，美国限制本国提供的对外援助用于支持与美国竞争的农产品的生产。政府致力于与国会建立新的联系来解决这些障碍，并向国会证明，更有效地传递援助可以更好地促进受援国发展以及更高效地使用援助资金。与此同时，2004 年成立的千年挑战公司（Millennium Challenge Corporation，MCC）①也提供了一些有力的例证。

（三）美国提高援助有效性的努力方向

美国同行评议（2010）指出，未来美国在提高援助有效性方面的任务包括：（1）通过为所有援助机构的员工提供如何应用美国新政策方针来帮助提高美国援助的有效性，使其符合国际原则。（2）与受援国合作解决援助双方存在的问题，增强援助双方的联系（Alignment）；加强财务和审计的能力以帮助美国更多地使用国家系统。（3）美国应该保持千年挑战公司（MCC）和总统的艾滋病救援紧急计划（President's Emergency Plan for AIDS Relief，PEPFAR）的非专款专用和无附带条件的原则。此外，政府应当继续向国会提出废除国会的一些关于援助的要求（例如附带条件的援助或是专款专用等）。（4）同行评议小组鼓励美国为最不发达国家和非最不发达的重债穷国提供完全不附带条件的援助，这与 DAC 的建议是一致的。此外，美国也被建议提前公布更多的合同，确保合同是在平等的基础上开放给所有潜在的供应商，并全面落实、监督采购改革，评估它们是否可以适用于美国其他的援助机构。

二、英国援助有效性的评价

（一）英国提高援助有效性的措施

一直以来，英国在援助有效性的国际对话中都扮演着积极的角色。2015 年，英国 ODA 占 GNI 比例达到 0.71%，居世界第 6 位。近年来，英

---

① 千年挑战公司（Millennium Challenge Corporation，MCC）是美国为应对联合国提出的千年发展目标而设立的。很多专家认为这是仅次于 USAID 的援助机构。千年挑战公司与美国其他的援助组织有相同的援助目的，即减少贫困，但是其援助方式不同。千年挑战公司是"通过支持低收入国家的可持续性、转型经济增长来减少贫困并在这些国家保持较好的政治环境"。

国致力于在更广泛的领域推进援助的发展。2009 年伦敦 G20 峰会,英国倡导与会各国关注发展援助问题以应对全球经济危机。英国在援助有效性等多个援助领域占据主导位置,英国国际发展部(DFID)在提高援助有效性方面发挥了重要的推进作用。2007 年 9 月,英国国际发展部在推进致力于完成《巴黎宣言》卫生方面的承诺——国际卫生伙伴关系(International Health Partnership,IHP)倡议中扮演了重要角色。在世界卫生组织(World Health Organization,WHO)和世界银行的组织下,这一倡议建立了关于卫生部门援助有效性的广泛讨论。作为这一倡议的主要发起人,英国国际发展部可以进一步确保援助者对受援国的需求和呼声具有更大的包容性,以及更快地响应这些需求。2008 年,英国国际发展部则提出了国际援助透明化倡议(International Aid Transparency Initiative,IATI),倡导援助者承诺提高援助信息的可用性和可获得性,共有 18 个援助国和 13 个受援国签署了国际援助透明化倡议。

作为英国推进援助有效性的重要部门,英国国际发展部的首要任务是实现《巴黎宣言》的相关指标,英国国际发展部的一个部门战略目标(Departmental Strategic Objectives,DSOs)就是完成《巴黎宣言》的承诺和目标。英国国际发展部要求所有的双边援助(Bilateral Assistance)[①]计划都要包含对援助有效性的评估。与此同时,英国国际发展部也积极关注多边组织在援助有效性方面的表现,其关于重要多边组织的机构战略文件也包括了完成《巴黎宣言》目标的相关进程。

(二)英国援助有效性的评估结果

就世界整体水平来看,英国完成《巴黎宣言》相关指标的情况相对良好。根据表 4-4,英国早在 2007 年就完成了 2010 年目标中的 6 个指标,但根据 2011 年的调查显示,2007 年和 2010 年两次调查期间,其中 7 个指标:与国家优先事项一致的援助(指标 3)、通过协作支持增强能力建设(指标 4)、国家公共财政管理系统的使用(指标 5a)、援助的可预测性(指

---

① 对外援助渠道广义上有两种双边援助和多边援助。其中双边援助包括技术合作(Technical Cooperation)、赠款(Grant)和贷款(Loan)等,多边援助主要是对国际组织进行的资助。且双边援助是英国实施对外援助的主要途径。

标7)、共同安排或程序的使用(指标9)、联合任务(指标10a)和联合的国家分析工作(指标10b)都有所回落。只有国家采购系统的使用(指标5b)、通过避免类似项目的执行增强援助能力(指标6)有所改善。

表4-4　英国《巴黎宣言》指标的完成情况

指　标	指标实际值				2010 年目标
	2005 年（32 个国家）	2007 年（32 个国家）	2010 年		
			（32 个国家）	所有国家	
3. 与国家优先事项一致的援助	50%	69%	48%	42%	85%
4. 通过协作支持增强能力建设	61%	66%	65%	39%	50%
5a. 国家公共财政管理系统的使用	76%	78%	73%	68%	87%
5b. 国家采购系统的使用	77%	69%	75%	69%	不适用
6. 通过避免类似项目的执行增强援助能力	40	17	25	56	13
7. 援助的可预测性	51%	70%	59%	53%	76%
8. 不附带条件的援助	100%	100%	100%	100%	100%
9. 共同安排或程序的使用	58%	71%	60%	52%	66%
10a. 联合任务	42%	61%	53%	43%	40%
10b. 联合的国家分析工作	66%	69%	57%	57%	66%

注：1. 2005 年列：信息来自参加了 2006 年和 2008 年调查的 32 个国家中的 21 个国家，反映了 2005 年国家援助计划的 51%。

　　2. 2007 年列：信息来自参加了 2006 年和 2008 年调查的 32 个国家中的 18 个国家，反映了 2007 年国家援助计划的 47%。

　　3. 2010 年列：信息来自参加了 2011 年调查的 78 个国家中的 34 个国家，反映了 2009 年国家援助计划的 70%。32 个基线国家的信息也同时给出，方便对比不同时间的同一指标。该国同时也通过其他援助渠道为参加 2011 年调查的国家提供了一个 5.304 亿美元的额外援助。这一援助没有被纳入上表的数据中。

资料来源：OECD–DAC, "Aid Effectiveness 2005–10: Progress in Implementing The Paris Declaration", OECD Publishing, 2011。

英国援助有效性的进展大部分可以归功于英国国际发展部在援助实施中的模式。尽管没有证据表明,英国国际发展部在其集中管理基金的组织①中多大程度地强调了援助有效性原则,但其援助管理分权模式②所固有的灵活性将这些有效性原则成功地纳入到了国家层面。由于英国其他政府部门和实体的援助有效性信息存在严重的信息缺失,所以,大部分英国援助有效性的评价均来自对英国国际发展部的评价。因此,英国其他政府部门有必要采取措施落实英国对援助有效性的承诺。英国国际发展部已经开始就援助有效性事宜对其他政府部门的工作人员进行培训。

英国对直接预算支持(Direct Budget Support,DBS)③的广泛使用极大地提高了其援助的有效性。证据显示,英国国际发展部对援助有效性的态度是积极的。最近一份对英国国际发展部内部关于援助有效性的自我评估指出,英国国际发展部鼓励援助有效性问题的内部沟通。

(三)英国援助有效性的发展方向

英国同行评议(2010)指出,未来英国在提高援助有效性方面的任务包括:(1)英国国际发展部应该保持其在有关援助有效性的国际对话中发挥的积极作用。英国国际发展部在援助有效性方面的良好表现意味着,英国国际发展部已经可以与其他援助者分享其有效援助的方法和工具,以支持更多援助者实现其援助有效性的承诺。(2)英国国际发展部应致力于提高中长期援助的可预测性。为了充分满足对《阿克拉行动议程》关于中长期可预测性的承诺,英国应该提供其对受援国未来三年或者四年支出计划和(或)实施计划的信息。当然,这一要求应该包括英国所有有关援助的机构。(3)英国应该进一步提高其援助分配情况的透明

---

① 例如,公众社会挑战基金(Civil Society Challenge Funds)和基于英国的非政府组织基金。

② 英国国际发展部下设 51 个国家办事处,负责编制国家计划;实施、监督和报告相关计划;促进政策的异质性并根据当地的实际情况采取适当的行动。而英国国际发展部主要通过制定统一的规则和报告系统对国家办事处进行管理。

③ 直接预算支持(Direct Budget Support,DBS),也被称为减贫预算支持(Poverty Reduction Budget Support,PRBS),包括通过对受援国政府的资源转移来资助受援国,且不采取专款专用政策的特定活动。DBS 包括一般和部门的预算支持。

程度。此外,应该继续鼓励英国与其他国家在援助有效性方面的协调合作。

三、日本援助有效性的评价

(一)日本提高援助有效性的措施

一直以来,日本都是对外援助的主要援助者。日本的援助理念在很大程度上是基于本国的发展经验而来的。日本的《ODA 宪章》(ODA Charter)①和"中期策略"(Medium Term Policy)清楚地界定了日本援助的主要目标和原则。这些目标和原则包括了支持受援国"自助";强调经济增长和以市场为导向的经济援助的重要性,避免将援助用于军事目的;避免干预受援国的政治生活。日本强调经济增长的重要性,且重视基础设施项目的建设。日本援助的总体愿景是"促进国际社会的和平和发展,从而有助于确保日本自身的安全和繁荣"。日本认为援助符合本国的长远利益并将其视为外交政策的重要组成部分。日本认为援助是与其他国家建立友谊的一个重要工具。它也希望援助在中期内有利于日本经济的发展。

21 世纪以来,日本对外援助总量在波动中趋于下滑,虽有短暂恢复,但其贡献力度与经济实力并不相称。2015 年,日本 ODA 占 GNI 的比重仅为 0.22%,居世界第 18 位。日本若要真正履行其经济大国义务,提高援助总量势在必行。

日本为了保持其援助对受援国和日本公众的可见性,倾向于采用双边援助,在援助过程中即便与其他援助国进行协调也宁愿在一些部门中通过与受援国官员进行直接双边交涉来保持影响力,反映了日本重视其援助的可预见性和政治影响力以及双边援助作为外交工具的重要性。

日本一直致力于提高自身援助的有效性,并于 2005 年和 2008 年分

---

① 《ODA 宪章》认为,日本发展合作的总体理念是"对国际社会和平与发展贡献力量",并借此"确保日本自身的安全和繁荣",这一理念与日本宪法的核心精神一致。

别签署了《巴黎宣言》和《阿拉克行动议程》。日本在援助有效性的有些方面(例如,能力建设和三方合作)具有国际领先水平,与此同时,日本在诸如联合筹资或是与其他援助国分工合作的方面则采取较为保守的态度。日本认为,尽管其力求使援助更加有效并达到发展效果,它仍要保持日本独特的援助方法。为满足《巴黎宣言》的相关要求,日本于2006年采取了以下的行动计划:(1)通过参与联合任务和联合分析,增强日本ODA与受援国国家发展战略之间的联系。(2)通过能力发展促进受援国的自我管理和受援国之间的"南南合作"。(3)为进行PFM改革的国家提供帮助,并且提高援助在项目水平上的可预测性。(4)按照DAC的建议提供不附带条件的援助。(5)确保援助程序的合理性,并减少双边会议和任务的次数。(6)将结果导向管理框架引入到国家层面,且与受援国共同构建相契合的结果导向管理框架。(7)通过审查和合理化其ODA程序,增强海外办事处的能力,提高制订计划和完成计划的效率。(8)监督和评估行动计划的进展。

日本的对外援助体系中,普遍对援助有效性问题有着全面且清晰的认识。日本为援助体系内的工作人员提供了关于援助有效性的理论培训,包括对海外工作人员提供的远程培训。事实上,由于接受来自援助双方的指导且从事国家层面的对话,第一线的工作人员往往比总部的工作人员具有更多的实践知识。因此,第一线的工作人员也能更好地体会到加强合作与联系带来的益处。为此,他们致力于在保留日本独特的援助方法的基础上,加强援助双方的联系和协调。日本确立了以提高海外办事处能力作为提高效率和有效性的核心内容的活动计划,引入更多业务培训,为员工提供促进援助有效性的动力,以促使日本更好地完成其活动计划。为了获取国际社会更广泛的关注,日本资助了关于基础设施建设的援助有效性、关于与DAC以外国家的援助、关于有效技术合作和共同责任制的研究。此外,日本作为区域援助有效性倡议的提出者之一,参与了2006年亚洲援助有效性区域论坛(Asian Regional Forum on Aid Effectiveness)等区域性援助有效性会议。此外,日本也开始重视日本非政府组织援助有效性的问题。

作为援助有效性的《巴黎宣言》和《阿克拉行动议程》的签署国，日本对提高援助有效性作出了明确的政治承诺；通过提供理论培训、远程培训，实施基层导向型管理，下放权力等方式，日本基层对援助有效性有了良好的理解。这些对于践行援助有效性奠定了良好的基础。

首先，对能力开发的强调是日本实现有效援助的一个重要措施。能力开发指通过考虑个人、机构和社会层面等所有因素增强发展中国家解决问题的能力的过程。日本《ODA 宪章》中明确承诺推进能力开发，并将其作为执行《巴黎宣言》的一项重要内容。能力开发主要是受援国的责任，日本国际协力机构（JICA）提供的技术合作起到了"催化剂"作用，提升了受援国能力开发的内在动力。在实际工作中，JICA 不仅制定出许多工具、指导方针和运行手册增强员工对能力开发的理解，同时积极评估能力开发手段的有效性，将自身定位为能力开发的"促进者"，这是日本提高援助有效性的一大亮点。[1]

其次，对受援国"自主权"和发展"一致性"的强调是日本发展援助哲学的核心，也是日本保证援助有效性的一大措施。日本往往根据受援国要求拟订对外援助项目，加大受援国公共金融管理体系和国家采购系统的使用程度，在制定国家援助方案时积极与受援国协商，努力保持发展援助项目与受援国优先发展领域的"一致性"。[2]

最后，为响应 DAC 无条件援助的呼吁，日本逐步增加无条件援助比例。2008 年双边官方发展援助中无附加条件援助比例达到 84%，比 2007 年增加 4%，高于同期 DAC 平均水平（81%）。[3] 此外，日本积极推进其"搭桥者"角色，主动出资与发展较快的发展中国家合作，在第三国共同实施援助项目，同时重视扶持亚洲新兴国家（如韩国、中国等）对发展援

---

① Development Assistance Committee Peer Review, "Japan, DAC Peer Review: Main Findings and Recommendations", OECD, 2010.

② Development Assistance Committee Peer Review, "Japan, DAC Peer Review: Main Findings and Recommendations", OECD, 2010.

③ 黄梅波、蒙婷凤：《新世纪日本的对外援助及其管理》，《国际经济合作》2011 年第 2 期。

助项目的参与。①

（二）日本援助有效性的评估结果

表4-5反映了日本对《巴黎宣言》的执行进展。日本的援助有效性进展总体表现良好。其中,指标4通过协作支持增强能力建设、指标5a国家公共财政管理系统的使用、指标6通过避免类似项目的执行增强援助能力和指标8不附带条件4的援助项指标实现了2010年的目标。指标9共同安排或程序的使用和指标10b联合的国家分析工作与2010年32国的实际值与目标值差距不大,但还有一定的上升空间。指标3与国家优先事项相一致的援助、指标7援助的可预测性和指标10a联合任务与其目标值相差较大。为了进一步提高援助的有效性,日本仍需在这些方面继续努力。

表4-5　日本的援助有效性评价

指　标	指标值				2010年目标	国家平均比例ª			
	2005年32国	2007年32国	2010年			2005年32国	2007年32国	2010年	
			32国	所有国家				32国	所有国家
3. 与国家优先事项一致的援助	31%	43%	43%	40%	85%	—	—	—	—
4. 通过协作支持增强能力建设	75%	75%	81%	80%	50%	37%	81%	82%	82%
5a. 国家公共财政管理系统的使用	30%	63%	60%	69%	48%	16%	21%	31%	30%
5b. 国家采购系统的使用	27%	62%	61%	69%	不可适用	14%	22%	31%	31%
6. 通过避免类似项目的执行增强援助能力	2	2	0	0	1	0.1	0.1	0.0	0.0
7. 援助的可预测性	34%	45%	44%	37%	67%	—	—	—	—

---

① Development Assistance Committee Peer Review,"Japan,DAC Peer Review:Main Findings and Recommendations",OECD,2010.

续表

指　标	指标值				2010 年目标	国家平均比例[a]			
	2005 年32 国	2007 年32 国	2010 年			2005 年32 国	2007 年32 国	2010 年	
			32 国	所有国家				32 国	所有国家
8. 不附带条件的援助	89%	88%	98%	92%	高于89%	99%	98%	100%	99%
9. 共同安排或程序的使用	34%	53%	58%	50%	66%	28%	30%	42%	41%
10a. 联合任务	2%	2%	3%	5%	40%	—	—	—	—
10b. 联合的国家分析工作	52%	31%	57%	48%	66%	—	—	—	—

注:2005 年列:信息基于参与 2006 年和 2011 年调查的 32 个国家中的 28 个国家的数据,反映了 2005
　年日本援助计划的 20%。
　2007 年列:信息基于参与 2006 年和 2011 年调查的 32 个国家中的 30 个国家的数据,反映了 2007
　年日本援助计划的 24%。
　2010 年列:信息基于参与 2011 年调查的 78 个国家中的 70 个国家的数据,反映了 2009 年日本援
　助计划的 59%。列出 32 个基线国家的数据是为了便于可比性。
　a 国家平均比例是援助国所报告活动的所有国家的平均值。
资料来源:OECD,"Aid Effectiveness 2005－10:Progress in Implementing The Paris Declaration",OECD
　　　　Publishing,2011。

　　尽管日本在"一致性"上作出了很大努力,但其 2010 年考虑了国家
优先发展领域的援助占日本对外援助总额的比重还不到一半,没有达到
《巴黎宣言》中 85% 的目标;日本的不附带条件援助比例虽然实现了 2010
年的目标,但其定义的不附带条件援助存在和 DAC 规定不相符的地方,
而且近年来日本限制性贷款(Special Terms for Economic Partnership,
STEP)有所增长,这些都与《阿克拉行动议程》所倡导的"未来援助无附
带条件"相悖。此外,除了能力开发和"南南合作",日本在援助有效性的
其他方面还有一定的差距。表 4-5 中没有变化的指标和下降的指标值
均反映了这种现象。

(三)日本提高援助有效性的努力方向

　　日本同行评议(2010)指出,未来日本在提高援助有效性方面的任务
包括:(1)日本可以通过增加其在援助中的话语权,并加深与受援国的政

策对话,来加强已有的援助协调。(2)日本应该更为系统地使用其行之有效的方法来协调由受援国主导的不同援助项目之间的联系。(3)日本应该在现有的国际论坛上更多地分享其在三方合作方面的成功经验。(4)为巩固日本在不附带条件方面的进展,日本应该报告日本所有官方发展援助(ODA)附带条件的情况,包括技术援助;制订进一步减少 ODA 中附带条件援助的比例的计划;确保其采购指南明确指出,不管是需要日本人作为管理者或供货商或中介的援助,都将被视为是附带条件的。

第 二 篇

发达国家对外援助的
经济增长效果和减贫效果

第五章　发达国家对外援助的
经济增长效果

发达国家为发展中国家和最不发达国家提供援助的历史可以追溯到 20 世纪 60 年代,然而关于援助效果的争议从未间断。2002 年以前,援助效果通常指的是援助与经济增长或是援助与减贫效果之间的关系。根据援助与经济增长(或减贫效果)之间的关系来分析援助效果可以被视为"结果导向型"的分析框架。

自 2002 年经济合作与发展组织下属的发展援助委员会提出援助有效性概念以来,以援助有效性衡量援助效果的研究日益增多,并出现了以符合《巴黎宣言》指标为基础的"过程导向型"分析框架。关于援助效果的分析也逐渐从"结果导向型"向"过程导向型"和"结果导向型"并行的分析机制。在 OECD-DAC 援助有效性研究快速发展的同时,仍有大量学者通过实证模型来研究援助与经济增长或是与减贫效果之间的关系。

为衡量援助的经济效果,本章在基础的经济增长模型中加入援助变量,借鉴药物模型和好政策模型对基础模型进行变换,并使用该实证模型对发达国家对外援助的经济效果进行分析。为保证结果的稳健性,消除内生性的影响,本章分别采取了面板校正标准误(Panel Corrected Standard Errors,PCSE)和系统 GMM 的估计方法对模型进行估计,并得出结论,只有在政策足够好且受援国收入较低时,DAC 成员的援助才有可能对经济增长有正面影响。

第一节　对外援助的经济增长效果的理论模型

本节主要构建了分析 DAC 成员对外援助和受援国人均 GDP 增长的相关模型。即在经济增长基础模型的基础上，引入伯恩赛德和多拉（Burnside 和 Dollar,2000）模型中的政策指标变量和援助与政策指标变量的交互项。此外，菲尼和麦吉利夫雷盖尔认为，由于资本报酬递减，援助和增长的关系为倒"U"型（Feeny 和 McGillivray,2008）[①]，这一理论可称为"药物模型"，为此下文将在基础模型之上，加入援助的二次项。

一、基础模型

本实证模型采用最基本的生产函数形式，并将外国援助看作一种要素投入加入到劳动和国内资本中去。因此生产函数可以被写为：

$$Y_t = f(L_t, K_t, A_t) \tag{5-1}$$

其中 Y 是国内生产总值（GDP）的真实值，L 是劳动，K 是国内资本存量，A 是国外援助存量。假设（5-1）式的对数形式是线性的，对（5-1）式取对数并差分得到，真实 GDP 增长率的方程（5-2）为：

$$y_t = \alpha + \beta l_t + \delta k_t + \varphi a_t \tag{5-2}$$

（5-2）式的小写字母意味着各个变量的增长率。借鉴已有文献的做法，使用投资占 GDP 的比重来近似资本存量的增长率。由于衡量发展中国家的投资存量是非常困难的，因此这一近似十分必要。此外，在基本模型中，使用人口的增长率来代替劳动的增长率。根据卡拉斯（Karras,2006）[②]与埃卡纳亚克和查特纳（Ekanayake 和 Chatrna,2010）[③]，选取一些

①　Feeny, Simon, and Mark McGillivray, "Do Pacific Countries Receive Too Much Foreign Aid?", *Pacific Economic Bulletin*. Vol.23, No.2, 2008, pp.166-178.

②　Karras, Georgios, "Foreign Aid and Long - Run Economic Growth: Empirical Evidence for a Panel of Developing Countries", *Journal of International Development: The Journal of the Development Studies Association*, Vol.18, No.1, 2006, pp.15-28.

③　Ekanayake, E.M., and Dasha Chatrna, "The Effect of Foreign Aid on Economic Growth in Developing Countries", *Journal of International Business and Cultural Studies*. Vol.3, 2010, pp.1-13.

其他变量,得出以下基本实证方程:

$$GGDP_{it} = \beta_0 + \beta_1 GDOP_{it} + \beta_2 \left(\frac{INV}{GDP}\right)_{it} + \beta_3 \left(\frac{AID}{GDP}\right)_{it}$$
$$+ \beta_4 EcoFree_{it} + \beta_5 EthTen_{it} + \beta_6 Openness_{it} + e_{it} \qquad (5-3)$$

其中, $GGDP_{it}$ 是受援国 i 在 t 年的真实人均 GDP 的增长率, $GPOP_{it}$ 是受援国 i 在 t 年的人口增长率, INV_{it} 是受援国 i 在 t 年的投资, AID_{it} 是受援国 i 在 t 年获得的外国援助,由于本章主要研究发达国家对外援助对受援国经济增长的效果,因此,这里使用来自 DAC 成员的官方发展援助(ODA)来代表外国援助。其中,人口的增长率被视为劳动力增长率的代理变量,投资占 GDP 的比重代表资本存量的增长率。 $EcoFree_{it}$ 代表受援国的经济自由度。 $EcoTen_{it}$ 衡量受援国的民族关系紧张程度, $Openness_{it}$ 为贸易开放度。

二、药物模型及模型的变换

很多研究表明,援助与增长的关系受到报酬递减,甚至最终报酬为负的影响。科利尔(Collier,2006)[1]的研究表明,受援国有效吸收援助是有限度的,双倍给予非洲的援助,不会带来双倍的效应。具体来说,该模型认为,援助有正效应,而援助的平方项则对经济增长有负效应。援助可以促进受援国经济增长,但是只能在一个小于最优剂量的情况下促进,过多的援助则是有害的。因此,援助应该根据各国的 GDP 按一定比例分配,并且不能超过最优剂量。根据药物模型的经典假设,我们得到了一个援助与增长非线性关系实证模型:

$$g_{it} = \alpha + \beta_1 \left(\frac{Aid}{GDP}\right)_{it} + \beta_2 \left(\frac{Aid}{GDP}\right)_{it}^2 + \beta_3 Z_{it} + e_{it} \qquad (5-4)$$

其中, g_{it} 是受援国 i 的人均 GDP 增长率, AID_{it} 是受援国 i 在 t 年的国外援助, Z_{it} 是其他变量的向量, e_{it} 是残差, α 是常数, β_1、β_2、β_3 是系数。其他变量一般包括:人均 AID_{it} 的初始值、制度质量、宏观经济指标和区域

---

[1]　Collier,Paul,"Is Aid Oil? An Analysis of Whether Africa Can Absorb More Aid", *World Development.* Vol.34,No.9,2006,pp.1482-1497.

虚拟变量等。

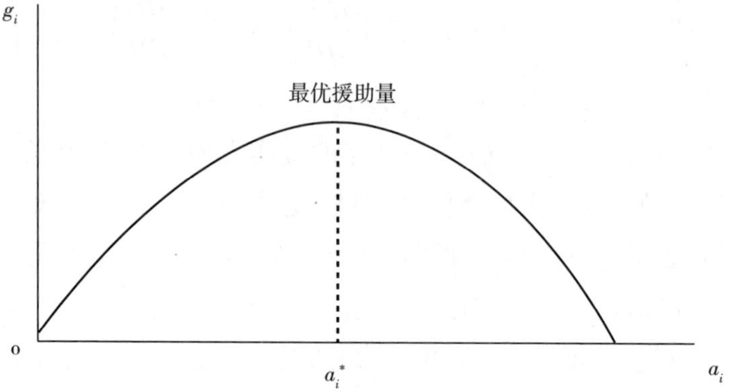

图5-1 药物模型下援助与经济增长的关系图
资料来源：笔者根据相关原理绘制。

根据药物模型，援助和增长的实证关系如图5-1所示，呈倒"U"型，系数 β_1、β_2 显著不为0，符号分别为正和负。其中，$a_i^* = -\dfrac{\beta_1}{2\beta_2}$。

根据之前的研究，最优援助量大多集中在20%—30%。根据方程（5-4），为验证药物模型，在本章基础模型方程（5-3）上增加援助的二次项，则模型变为（5-5）式：

$$GGDP_{it} = \beta_0 + \beta_1 GDOP_{it} + \beta_2 \left(\frac{INV}{GDP}\right)_{it} + \beta_3 \left(\frac{AID}{GDP}\right)_{it} + \beta_4 \left(\frac{AID}{GDP}\right)_{it}^2$$
$$+ \beta_5 EcoFree_{it} + \beta_6 EthTen_{it} + \beta_7 Openness + e_{it} \quad\quad (5\text{-}5)$$

三、好政策模型及模型的变换

发展中国家的经济增长极大地取决于该国的经济政策（Easterly 和 Rebelo，1993[1]；Fischer，1993[2]；Sachs 和 Warner，1995[3]）。伯恩赛德和多

---

[1] Easterly, William, and Sergio Rebelo, "Fiscal Policy and Economic Growth", *Journal of Monetary Economics*, Vol.32, No.3, 1993, pp.417-458.

[2] Fischer, Stanley, "The Role of Macroeconomic Factors in Growth", *Journal of Monetary Economics*, Vol.32, No.3, 1993, pp.485-512.

[3] Sachs, Jeffrey D., and Andrew M. Warner, "Natural Resource Abundance and Economic Growth", *National Bureau of Economic Research*, No.w5398, 1995.

拉尔(Burnside 和 Dollar,2000)[①]假设:援助的确影响增长,但是这一增长效果依赖于影响增长的政策。采用良好政策的贫穷国家直接受益于这一政策,而在这一良好政策下,援助方的对外援助可加速经济增长。而在高度扭曲的经济体中,援助则主要被用于不能带来生产力的政府支出中,援助并不能为经济增长作出贡献,甚至有可能对经济增长带来负面影响。

　　修正的新古典增长模型可以为这一检验提供分析框架。在国际资本市场不完善的前提下,国际发展援助对贫穷国家可以有很重要的影响。伯恩赛德和多拉尔(Burnside 和 Dollar,2000)[②]指出,援助可被看作一个收入转移(income transfer)。这一收入转移可能会也可能不会带来增长,至于会出现何种结果取决于援助如何被使用:被用于投资则国内产出增加,被用于消费则不会。不管是将援助用来投资的动力或是作为援助投资结果的资本,都受到很多扭曲政策的影响。一旦存在扭曲政策,援助用来投资而产生的资本回报率则必然会降低。直观地说,在新古典模型中,较少的扭曲政策无疑会提高援助的效果。为此,发展中国家的经济增长率受制度性和政策性的扭曲、援助以及援助和这些扭曲之间相互影响的影响。由于宏观经济政策影响经济增长,本章选取了通货膨胀率来衡量货币政策,预算盈余与 GDP 的比值作为衡量财政政策的变量。以此,构建一个包含这两个政策变量的指标变量,并与援助做交互项加入模型中。此外,考虑到这一指标有可能是内生的,伯恩赛德和多拉尔估计了一个关于政策的等式,发现援助的外生性变化对构建出的政策指标没有系统性的影响。因此,为了简化问题,伯恩赛德和多拉尔将政策视为外生,并在后续的实证结果中检验了这一假设的合理性。为此,本章基于伯恩赛德和多拉尔(Burnside 和 Dollar,2000)[③]的研究也将政策指标变量视为外生

　　①　Burnside,Craig,and David Dollar,"Aid,Policies,and Growth",*American Economic Review*,Vol.90,No.4,2000,pp.847-868.

　　②　Burnside,Craig,and David Dollar,"Aid,Policies,and Growth",*American Economic Review*,Vol.90,No.4,2000,pp.847-868.

　　③　Burnside,Craig,and David Dollar,"Aid,Policies,and Growth",*American Economic Review*,Vol.90,No.4,2000,pp.847-868.

变量。政策变量进入实证模型方程(5-3)可以由新古典增长模型衍生出来。政策将影响援助被有效使用的程度。因此，为衡量政策对援助有效使用程度的影响，必须包含一个政策与援助的交互项，这为实证分析带来了许多不便。为了简化起见，本章借鉴伯恩赛德和多拉尔（Burnside 和 Dollar，2000）[1]的方法，采用一个政策指标而非两个政策变量来衡量所有经济政策。由该模型可知，影响增长的扭曲将会决定援助的有效性。因此，这一政策指标由这些对增长有影响的政策加权而得，因此可以讨论援助在"好政策"和"坏政策"两种情况下的有效性。本章借鉴伯恩赛德和多拉尔的方法采用 OLS 对增长进行回归（不含援助性），以便固定政策指标的系数，并使用所获得的系数估计值得到政策指标变量 Policy。方程(5-6)即为获得政策指标的 OLS 回归方程：

$$GGDP_{it} = \eta_0 + \eta_1 GPOP_{it} + \eta_2 \left(\frac{INV}{GDP}\right)_{it} + \eta_3 BudgetSurplus_{it} + \eta_4 INF$$
$$+ \eta_5 Openness_{it} + \eta_6 EcoFree_{it} + \eta_7 EthTen + e_{it} \qquad (5-6)$$

BudgetSurplus 代表该国政府预算盈余与 GDP 的比值，INF 代表该国的通货膨胀率。η_0、η_1、η_2、η_3、η_4、η_6、η_7，则代表方程(5-6)中政策变量对经济增长回归方程中不同于前面方程的系数。回归结果见表5-1。

由表 5-1 第(1)列的结果可知，最显著的变量包括人口增长率（GPOP），衡量资本存量增长率的变量（INV），衡量民族紧张程度（EthTen）的变量，衡量财政政策的变量政府预算盈余（BudgetSurplus）和衡量货币政策的通货膨胀率（INF）均在1%的水平上显著不为0。因此可知，本章所使用的政策指标的确对经济增长有显著影响。本章使用这一回归构造包括财政预算盈余和通货膨胀率在内的政策指标。

根据表 5-1 第(1)列可知：

$$Policy_{it} = 0.634546 + 0.118213 \times BudgetSurplus_{it} - 0.00131 \times INF_{it}$$
$$(5-7)$$

---

[1]　Burnside, Craig, and David Dollar, "Aid, Policies, and Growth", *American Economic Review*, Vol.90, No.4, 2000, pp.847-868.

表 5-1　采用 *OLS* 对经济增长率回归

GGDP	（1）	（2）
GPOP	−0.9504*** （−6.43）	−0.95068*** （−6.64）
INV	0.137999*** （4.61）	0.137999*** （4.62）
BudgetSurplus	0.118213*** （3.53）	—
INF	−0.00131*** （−3.28）	—
Openness	0.001343 （0.47）	0.00134 （0.47）
EthTen	−0.41785*** （−3.46）	−0.41795*** （−3.49）
EcoFree	0.155678 （0.68）	0.155868 （0.68）
Policy	—	1.001505*** （4.95）
_cons	2.119961 （1.33）	1.484407 （0.95）
Adj R-sq	0.1880	0.1901
F	14.16	16.57

注:括号内的值为 *T* 值,***、**、* 分别表示 10%、5%、1%的统计水平上显著。

资料来源:世界银行世界发展指标数据库和 OECD 网上数据库,2014 年。

如前所述,通过这一方法,我们使得增长回归决定了不同政策在本章所构建指标中的相对重要性。通过加入常数项 0.634546,在假设政策指标包含其他所有变量的特征并给定财政预算盈余和通货膨胀率时,政策指标可以被解释为该国的预期增长率。注意到如果通货膨胀率很高或者预算赤字很严重,这一指标将为负值。用此处获得的政策指标替换财政预算盈余和通货膨胀率,再对原方程进行回归,得到表 5-1 第(2)列的结果。结果显示,替换指标变量后的系数与替换指标变量前的系数变化较小，因此，在接下来的实证模型中，本章使用政策指标变量（*Policy*）替代财政预算盈余和通货膨胀率的变量作为政策变量。最终模型如下：

$$GGDP_{it} = \beta_0 + \beta_1 GPOP_{it} + \beta_2 \left(\frac{INV}{GDP}\right)_{it} + \beta_3 \left(\frac{Aid}{GDP}\right)_{it} + \beta_4 Openness_{it}$$

$$+ \beta_5 \left(\frac{Aid}{GDP}\right)_{it}^2 + \beta_6 \left(\frac{Aid}{GDP}\right)_{it} \times Policy_{it} + \beta_7 EcoFree_{it} + \beta_8 EthTen + e_{it}$$

$$(5-8)$$

以上在经济增长的模型上引入援助变量，以衡量援助与经济增长的关系。并在此基础模型上，根据"药物模型"的相关假设添加了援助的二次项，以检验受援国收到的援助是否存在一个最优值。此外，本章借鉴了伯恩赛德和多拉尔（Burnside 和 Dollar，2000）[1]的方式构建了一个包括财政政策和货币政策的政策指标变量（*Policy*）。其中衡量财政政策的变量为政府预算盈余，衡量货币政策的变量为通货膨胀率。使用简单的混合面板 *OLS* 对上述变量和经济增长的关系进行回归，得到我们所需的政策指标变量（*Policy*），并在基础模型中加入政策指标变量与援助的交互项，以此衡量援助的经济效果是否受到好政策的影响。我们得到了本章的最终模型（5-8）式。下节将使用本模型进行实证研究。

第二节　对外援助的经济增长效果的经验研究

本节将利用上述模型，使用 *PCSE* 估计和动态面板估计两种方法检验对外援助对经济增长的效果。本节首先给出了实证研究的数据说明，并对数据进行了单位根检验。我们采用 *PCSE* 估计检验了所有样本的回归结果，并区分不同收入水平的受援国进行了估计，接着采用系统 *GMM* 方法再次进行了回归检验。实证研究表明，援助应该分配给贫穷且具有好政策的受援国。

---

[1]　Burnside，Craig，and David Dollar，"Aid，Policies，and Growth"，*American Economic Review*，Vol.90，No.4，2000，pp.847–868.

一、数据说明

（一）数据来源

为了检验本模型的含义,本节收集了大量关于受援国的面板数据。整个样本包括85个国家包含官方发展援助ODA和其他所有相关变量在1985—2012年的数据,这85个国家包括26个低收入国家、29个中低收入国家、23个中高收入国家和7个高收入国家(见表5-2)。

表5-2　实证分析所涵盖的国家

收入水平	国　家
低收入国家 （26）	孟加拉国、布隆迪、中非共和国、刚果民主共和国、冈比亚、加纳、几内亚比绍、海地、马拉维、马里、毛里塔尼亚、莫桑比克、缅甸、尼泊尔、尼日尔、巴基斯坦、巴布亚新几内亚、塞内加尔、塞拉利昂、所罗门群岛、坦桑尼亚、多哥、乌干达、越南、赞比亚和津巴布韦
中低收入国家 （29）	阿尔及利亚、玻利维亚、喀麦隆、中国、哥伦比亚、刚果共和国、多米尼加共和国、厄瓜多尔、埃及、萨尔瓦多、危地马拉、圭亚那、洪都拉斯、印度、印度尼西亚、伊朗、约旦、肯尼亚、莱索托、尼加拉瓜、巴拉圭、秘鲁、菲律宾、斯里兰卡、苏丹、斯威士兰、叙利亚、泰国、和突尼斯
中高收入国家 （23）	阿根廷、伯利兹、博茨瓦纳、巴西、智利、哥斯达黎加、多米尼克、斐济、牙买加、利比亚、马来西亚、毛里求斯、墨西哥、巴拿马、塞舌尔、南非、韩国、圣基茨和尼维斯、圣卢西亚、圣文森特和格林纳丁斯、土耳其、乌拉圭、委内瑞拉
高收入国家 （7）	安提瓜和巴布达、巴林、巴巴多斯、科威特、新加坡、特立尼达和多巴哥、阿拉伯联合酋长国

资料来源:笔者整理。

本节所使用的经济增长率是真实GDP的人均增长率(以2005年不变美元衡量)。全部真实GDP的数据来自世界银行世界发展指标(World Development Indicators,WDI)数据库。人口增长率被视作劳动力增长率的代理变量。人口数据来自世界银行世界发展指标数据库。投资占GDP的比值被用作资本存量的代理变量,然而,很多发展中国家投资占GDP的百分比的数据并没有报告出来,为此,本节使用固定资本形成总额占GDP的百分比(Gross Fixed Capital Formation as a Share of GDP)来代替投资与GDP的比值。这一数据来自世界银行世界发展指标数据库。

有关国外援助的数据都来自经济合作与发展组织的网上数据库。预算盈余的数据来自世界银行世界发展指标数据库。通货膨胀率被定义为消费者价格指数（Consumer Price Index, CPI）的年变化百分比，来自世界银行世界发展指标数据库。贸易开放度的数据来自世界银行世界发展指标数据库。变量 EthTen 来自 International Country Risk Guide（ICRG），用来衡量一国民族关系紧张的程度。关于经济自由的数据，来自 Economic Freedom Network 数据 Economic Freedom of the World Data（2012）。

（二）数据描述

表5-3 给出了变量的描述性分析。在整个样本2303个观测值中，人均 GDP 增长率的均值是 1.84 %，最小值为-29.67%，这意味存在负增长。而在整个样本2241个观测值中，本节主要关注的变量援助与 GDP 比值的均值为 3.85%，援助所占比例并不高。由于包括少量高收入国家，因此存在援助为负的情况，即某些国家在某些年份给予的援助多于收到的援助。

表5-3　各变量描述性统计量　　　（比例变量均为%）

变量	样本	均值	标准差	最小值	最大值
GGDP	2303	1.840155	4.462284	−29.6736	22.72784
GPOP	2375	1.984639	1.287448	−2.96236	17.31492
INV	2185	21.35752	8.663677	−2.42436	154.7965
BudgetSurplus	882	−1.51751	9.017596	−202.697	40.41633
INF	2196	47.04246	615.3067	−11.4495	23773.13
Openness	2290	80.00971	52.77469	0.308803	562.0604
EcoFree	1902	3.728334	1.463051	0	6
EthTen	853	6.270166	1.0988	1.78198	8.900675
Aid	2241	3.849603	6.410901	−2.76	88.35

资料来源：世界银行世界发展指标数据库和 OECD 网上数据库，2014 年。

二、经验研究结果

由于面板数据兼具截面数据和时间数据的优点，可以反映出所需研究对象在截面和时间两个维度的变化规律，以及不同时间、不同截面所特有的性质。为此，面板数据能够解决单纯的截面数据或者时间序列数据不能解决的问题,为了更好地讨论援助与经济增长的关系,以下采用面板数据进行研究。

(一)单位根检验

由于一些非平稳的经济时间序列常表现出相同的变化趋势,而这些序列并不一定有直接的关联。这些数据的回归结果可能拥有较高的 R^2,但事实上该结果却没有任何实际意义,这种情况被称为"虚假回归"或"伪回归"(spurious regression)。由于本节采取了动态面板数据模型的估计方法,该方法要求面板数据必须是平稳的,否则可能导致"伪回归"的结果。为了避免"伪回归",确保估计结果的有效性,必须在对模型进行回归之前,对各面板序列的平稳性进行检验。检验数据平稳性最常用的方法是单位根检验,单位根检验有三种不同的检验方式:既有趋势又有截距、只有截距、两者均无。对于面板数据而言,常常使用 *LLC*、*IPS*、*Breintung*、*Fisher-ADF* 和 *Fisher-PP* 这 5 种方法进行面板单位根检验。一般情况下,仅使用两种面板数据单位根检验方法,即相同根单位根检验 *LLC*(*Levin-Lin-Chu*)检验和不同根单位根检验 *Fisher-ADF* 检验。表 5-4 显示了利用这两种方法进行的单位根检验的结果。

表 5-4　单位根检验结果

变　量	LLC 检验		Fisher-ADF 检验		检验结果
	统计值	概率	统计值	概率	
GGDP	−23.1476	0.0000	931.242	0.0000	平稳
GPOP	−6.33857	0.0000	376.092	0.0000	平稳
INV	−2.40237	0.0081	298.872	0.0000	平稳
BudgetSurplus	−21.7521	0.0000	499.534	0.0000	平稳
INF	−1699.31	0.0000	940.212	0.0000	平稳
Openness	−3.78365	0.0001	245.262	0.0001	平稳
EcoFree	−9.55946	0.0000	193.432	0.0000	平稳
EthTen	−6.63724	0.0000	213.639	0.0000	平稳
Aid	−9.73925	0.0000	374.632	0.0000	平稳

资料来源:世界银行世界发展指标数据库和 OECD 网上数据库,2014 年。

由于 LLC 统计量的原假设是存在普通的单位根过程，Fisher-ADF 统计量的原假设是存在有效的单位根过程。根据表 5－4，LLC 和 Fisher-ADF 检验都在 1% 的显著性水平上拒绝了原假设，说明所用的变量都是平稳序列。

（二）PCSE 估计

为确保整个模型不存在严重的共线性，可进行方差扩大因子（VIF）检验。若 VIF 值小于 10，则基本上不存在共线性问题。由于面板数据模型的回归对样本数据的方差极为敏感，包含国家的面板数据可能会因为不同国家的个体差异存在异方差或者自相关问题。为此，我们进行了面板的异方差和自相关检验。结果表明，所选取的样本数据存在异方差。为得到一致回归结果，本节采用贝克和卡茨（Beck 和 Katz，1995）[1]引入的面板校正标准误方法进行稳健估计。但是，值得注意的是，由于好政策本身可以加速增长，为此我们使用本章第一节的方法构造政策变量，以援助和政策变量的交互项（Axp）对经济增长的影响衡量援助是否应该被分配给好政策的国家。也就是说，援助对经济增长的影响是否会因为国家之间的政策表现不同而有所不同。

在进行回归时，最初没有考虑援助的二次项或者援助与政策的交叉项，只观察援助对经济增长的影响，然后再分别加入二次项和交叉项。计量检验结果见表 5-5。

表 5-5　全部国家的 PCSE 估计结果

GGDP	(1)	(2)	(3)
GPOP	−0. 323792 （−1. 55）	−0. 2670853 （−1. 23）	−0. 669329*** （−3. 7）
INV	0. 2093286*** （7. 51）	0. 2074881*** （7. 52）	0. 1877745*** （5. 63）
Openness	−0. 0092243** （−2. 26）	−0. 0093147** （−2. 29）	−0. 0019121 （−0. 44）

---

① Beck, Nathaniel, and Jonathan N. Katz, "What To Do (and Not To Do) with Time-series Cross-section Data", *American Political Science Review*, Vol.89, No.3, 1995, pp.634-647.

续表

GGDP	(1)	(2)	(3)
EthTen	−0. 1390564 (−1. 33)	−0. 1492289 (−1. 42)	−0. 41995 *** (−3. 39)
EcoFree	0. 8538975 *** (5. 01)	0. 8644763 *** (5. 05)	0. 842375 *** (3. 92)
Aid	0. 309328 (0. 60)	−0. 0968438 (−1. 08)	−0. 0569303 (−1. 10)
Aid2	—	0. 0087834 (1. 48)	—
Axp	—	—	0. 1177305 *** (3. 15)
_cons	−5. 78391 *** (−4. 28)	−5. 724891 *** (−4. 28)	−3. 987885 ** (−2. 48)
Wald 统计量	96. 51 ***	80. 71 ***	77. 86 ***
R^2	0. 1804	0. 1839	0. 1939

注:括号内的值为 *T* 值,*** 、** 、* 分别表示 10% 、5% 、1% 的统计水平上显著。
资料来源:世界银行世界发展指标数据库和 OECD 网上数据库,2014 年。

1. 所有样本的回归结果

我们先观察所有国家的回归结果,然后再讨论不同收入水平下的结果。在表 5-5 中,人口增长率与经济增长呈反向变动关系或者不显著,这可能是因为本章所涉及国家均属于发展中国家,在这些国家失业率高居不下,人口的增长不能有效转化为劳动力的增长,并进一步促进经济增长。*EthTen* 变量与经济增长负相关或是不显著,这是因为一国的民族紧张程度越高,社会越动荡,就越阻碍经济的增长,符合预期。此外,资本存量增长率(*INV*)、经济自由度(*EcoFree*)对经济增长有显著正影响,符合预期。

(1)援助对经济增长无直接影响

观察表 5-5 可知,援助的系数较小,且不显著。援助对经济增长的无影响,很可能是因为援助产生的成本抵消了援助带来的收益——这些收益包括更高水平的实物投资、更好的教育和医疗水平。关于援助成本的古典分析可以追溯到凯恩斯-奥林(Keynes-Ohlin)关于国外转移(例如援助）对实际汇率的影响的争论。根据沙尔特–斯旺（Salter-swan）的依赖经济模型（Dependent Economy Model）理论，将经济体分为可贸易商品部门（Traded Goods Sectors）和不可贸易商品部门（Non-traded Goods Sectors）。可贸易商品部门的商品可以出口和进口，因此，可贸易商品的价格由世界市场决定。由于不可贸易商品没有进入世界市场，因此这些商品的价格由国内市场决定。每一类型的商品都被假设为不能相互替代。

根据依赖经济模型，援助有两种效应。首先，援助将大部分作用于包括建筑、医疗和教育等的不可贸易商品部门，这一类的需求还远远未被满足。短期内，由于熟练劳动力的供给是固定的，援助的增加将会导致不可贸易商品部门的工资增加，这将促使劳动力从可贸易商品部门转移到不可贸易商品部门，并且进一步促使整个经济体工资水平的上涨。在给定可贸易商品国际价格固定的前提下，可贸易部门的高工资将会减少可贸易商品部门的利润和竞争力，导致出口的减少。在科登和尼亚里（Corden和Neary，1982）[1]的研究中，这被称作资源移动效应（Resource Movement Effect）。

其次，援助以外资的形式进入受援国的经济体内，通过上述效应，增加了整个经济体的工资水平和国内收入。这些额外收入将增加对贸易和不可贸易商品的消费。至于多少将被用于可贸易商品，多少将被用于不可贸易商品则取决于可贸易商品和不可贸易商品的边际消费倾向。由于该模型中的国家被视作国际市场上的价格接受者[2]，因此增加的需求不能引起可贸易商品价格的上涨，但是却能引起由国内市场供求决定的不可贸易商品的价格上涨。因此，不可贸易商品价格相对于可贸易商品价格上涨，意味着实际汇率的上涨，并且进一步减少了贸易部门的竞争力。

---

[1]　Corden,W.Max,and J.Peter Neary,"Booming Sector and De-industrialisation in a Small Open Economy",*The Economic Journal*,Vol.92,No.368,1982,pp.825-848.

[2]　本书实证研究的样本所涵盖的大多是低收入国家和中低收入国家等发展中国家，符合沙尔特–斯旺（Salter-swan）的依赖经济模型中将国家设定为国际市场上的价格接受者的假设。

在科登和尼亚里(Corden 和 Neary,1982)的研究①中,这被称作消费效应(Spending Effect)。

综上所述,援助的消费效应和资源移动效应将会给经济增长带来暂时性的冲击,根据科利尔和冈宁(Collier 和 Gunning,1997)②、大卫(Dawe,1996)③和纪尧蒙(Guillaumont,1994)④,长期和暂时的冲击⑤对发展中国家的经济增长有负面影响,这可能是援助对经济增长产生负效应的原因之一。

(2)援助的二次项不显著

在表 5-5 第(2)列中,援助平方项前的系数并不显著不为零,没有足够的证据表明援助的平方项与经济增长存在实质性联系,因此模型方程不一定存在最优值,不能证明援助量存在一个最优临界点,不满足"药物模型"的基本假设。也就是说,实证经验不能验证"援助对增长的促进作用存在报酬递减,随着援助量的上升,援助最终会对增长产生消极影响"。

(3)好政策下援助对经济增长有正面影响

观察表 5-5 第(3)列可知,援助与政策变量的交互项(Axp)的系数显著不为零,且援助的系数不显著,这与伯恩赛德和多拉尔(Burnside 和 Dollar,2000)⑥的检验结果一致。为此,我们可以得出结论:援助的确影响增长,但是这一增长效果依赖于影响增长的政策。采用良好政策的贫穷国家直接受益于这一政策,而在这一政策下,援助加速了经济增长。而

---

① Corden,W.Max,and J.Peter Neary,"Booming Sector and De-industrialisation in a Small Open Economy",*The Economic Journal*, Vol.92,No.368,1982,pp.825-848.

② Collier,Paul,and Jan Willem Gunning,"Explaining African Economic Performance",*Centre for the Study of African Economies*,University of Oxford,No.1997-02.2.1997.

③ Dawe,David,"A New Look at the Effects of Export Instability on Investment and Growth",*World Development*,Vol.24,No.12,1996,pp.1905-1914.

④ Guillaumont,Sylviane,ed.,*Adjustment and Development:The Experience of the ACP Countries(Africa,Carabbean,Pacific):A Study Conducted at the Request of,and with the Collaboration of the European Commission...Economica*,1994.

⑤ 长期冲击,包括贸易条件的衰落等。暂时冲击,包括出口的真实价值的不稳定或其他外生的不稳定等。

⑥ Burnside,Craig,and David Dollar,"Aid,Policies,and Growth",*American Economic Review*,Vol.90,No.4,2000,pp.847-868.

在高度扭曲(不具有好政策)的经济体中,援助则主要被用于不能带来生产力的政府支出中,此时,援助并不能为经济增长作出贡献,甚至有可能为经济增长带来负面影响。上述实证结果意味着,援助者应该将其援助分配给那些具有好政策的国家。

2. 不同收入水平的回归结果

为了进一步检验本节实证结果的稳健性,并分析援助对不同收入水平国家援助的影响,我们分别对不同收入水平的国家进行 PCSE 回归。为方便比较,我们使用与总样本同样的方程进行回归,结果见表5-6。

表5-6　不同收入水平下的 PCSE 估计结果(仅含援助项)

GGDP	低收入国家	中低收入国家	中高收入国家	高收入国家
GPOP	−0.2296286 (−1.04)	−0.732432 *** (−3.56)	−0.1218902 (−0.22)	−1.681365 *** (−3.30)
INV	0.227311 *** (7.42)	0.2488965 *** (8.76)	0.1634202 *** (2.67)	−0.2402208 * (−1.82)
Openness	−0.0163414 *** (−3.64)	−0.011458 ** (−2.37)	0.0085938 (1.10)	−0.0032393 (−0.21)
EthTen	−0.0438178 (−0.38)	0.0252641 (0.24)	−0.2397001 (−0.90)	−0.7644906 (−1.10)
EcoFree	0.8198325 *** (4.64)	0.6161645 *** (3.47)	0.4031765 (0.85)	4.853178 *** (3.54)
Aid	0.0314474 (0.58)	−0.0326127 (−0.57)	−0.1878169 (−0.79)	−12.4439 (−0.47)
_cons	−5.982657 *** (−4.18)	−4.681963 *** (−3.36)	−3.208797 (−0.96)	−20.62998 ** (−2.29)
Wald 统计量	91.06 ***	135.50 ***	15.02 **	31.76 ***
R^2	0.2154	0.3575	0.0924	0.5369

注:括号内的值为 T 值,***、**、* 分别表示 10%、5%、1% 的统计水平上显著。
资料来源:世界银行世界发展指标数据库和 OECD 网上数据库,2014 年。

(1)不同收入水平下援助对经济增长的影响

不同收入水平的子样本结果回归与总体样本回归结果一致,援助对经济增长的影响不显著。综合表5-6、表5-7 和表5-8 的结果可知,大部分情况下,援助(Aid)的系数在统计上通常是不显著的,即使回归方程中同时包括平方项和交互项时也是一样的。只有表5-8的中低收入国家和中低收入国家中援助显著为负,与此同时这两类收入水平的国家,援助与政策的交互项显著为正。这可能是因为,在低收入国家特别是撒哈拉以南非洲国家长期处于战乱、疾病和腐败的环境中,高度扭曲的政策环境下,援助的成本远远大于收益。只有在政策良好的情况下,援助的收益才可能抵消部分成本。换言之,只有在政策足够好的情况下,援助才可能产生对经济增长的正影响。

(2)不同收入水平下援助的二次项不显著

为进一步验证"药物模型",可在不同子样本的回归方程中加入了援助的二次项。观察可知,在表5-7中,任何收入水平的样本中,援助的平方项均不显著。综合 *PCSE* 的分析,不能证明援助的二次项与经济增长存在实质性联系,"药物模型"中援助存在最优量的假设不成立。这并不意味着,援助对经济增长不存在报酬递减的效应,只是援助本身对经济增长很难有显著的效应,特别是显著的正效应。

表5-7 不同收入水平下的 *PCSE* 估计结果(包含援助项和平方项)

GGDP	低收入国家	中低收入国家	中高收入国家	高收入国家
GPOP	−1.692962 (−0.74)	−0.6861268 *** (−3.28)	−0.0254554 (−0.04)	−1.768403 *** (−3.27)
INV	0.2227076 *** (7.35)	0.2457469 *** (8.53)	0.1700328 *** (2.79)	−0.2437931 * (−1.85)
Openness	−0.0137079 *** (−3.53)	−0.0105957 ** (−2.18)	0.0082703 (1.05)	0.0010237 (0.06)
EthTen	−0.553536 (−0.48)	0.148375 (0.14)	−0.2268153 (−0.84)	−0.4248865 (−0.43)
EcoFree	0.8496337 *** (4.69)	0.6586032 *** (3.65)	0.3975532 (0.83)	4.317596 ** (2.51)
Aid	−0.1062048 (−1.11)	−0.1254483 (−1.20)	−0.6809176 (−0.93)	11.06967 (0.21)
Aid2	0.0090321 (1.49)	0.005597 (0.98)	0.0732895 (0.71)	−322.0297 (−0.49)
_cons	−5.985529 *** (−4.2)	−4.862141 *** (−3.48)	−3.386758 (−1.02)	−18.66967 * (−1.93)

GGDP	低收入国家	中低收入国家	中高收入国家	高收入国家
Wald 统计量	92.58***	140.19***	16.30**	32.35***
R^2	0.2198	0.3601	0.0950	0.5410

注：括号内的值为 T 值，***、**、* 分别表示10%、5%、1%的统计水平上显著。
资料来源：世界银行世界发展指标数据库和OECD网上数据库，2014年。

（3）不同收入水平国家的好政策对援助的经济效果有不同的影响

根据表5-5，在总体样本下（85个国家），援助的增长效果依赖于影响增长的政策。采用良好政策的国家援助加速了经济增长。根据表5-8的结果，较低收入水平的国家（低收入国家和中低收入国家）援助与政策的交互项系数显著为正，即好政策下援助对经济增长有显著的正效应。与此同时，较高收入水平国家（中高收入国家和高收入国家）援助与政策的交互项系数不显著，这意味着即使是在好政策下，援助对经济增长也无显著影响。根据伯恩赛德和多拉尔（Burnside 和 Dollar，2000）[1]，在新古典的框架下，援助被认为可以加速经济到稳定增长状态的过程，经济一旦保持在稳定状态，援助就不再对经济增长起促进作用。因此，样本中的中高收入国家和高收入国家很可能已经达到了经济的稳定状态，援助加速经济到稳定增长状态的过程已经结束，因此，援助将不能继续促进经济增长。

表5-8　不同收入水平下的 PCSE 估计结果（包含援助项和交互项）

GGDP	低收入国家	中低收入国家	中高收入国家	高收入国家
GPOP	−0.5531058*** （−3.36）	−0.7345522*** （−3.16）	−0.87372 （−0.86）	−1.398906*** （−3.09）
INV	0.1999662*** （5.70）	0.2360938*** （6.42）	0.1676222* （1.92）	0.0132048 （0.09）
Openness	−0.0074112 （−0.56）	−0.001986 （−0.37）	0.0059679 （0.65）	0.0049961 （0.32）

---

① Burnside，Craig，and David Dollar，"Aid，Policies，and Growth"，*American Economic Review*，Vol.90，No.4，2000，pp.847－868.

续表

GGDP	低收入国家	中低收入国家	中高收入国家	高收入国家
EthTen	−0. 2129611* (−1. 72)	−0. 1683258 (−1. 43)	−0. 6012044 (−1. 17)	−1. 336782* (−1. 68)
EcoFree	0. 8771935*** (4. 14)	0. 7981459*** (3. 13)	0. 6598644 (0. 70)	1. 319909 (0. 46)
Aid	−0. 3536183*** (−3. 00)	−1. 599132*** (−3. 66)	0. 9035147 (0. 71)	1234. 889 (1. 10)
Axp	0. 1523984*** (3. 35)	0. 2352407*** (3. 60)	0. 1819753 (1. 21)	67. 40712 (1. 10)
_cons	−4. 89521*** (−3. 07)	−5. 409666*** (−2. 63)	−2. 521552 (−0. 40)	2. 112999 (0. 11)
Wald 统计量	81. 48***	85. 50***	6. 66	27. 62***
R^2	0. 2379	0. 3407	0. 1006	0. 5069

注:括号内的值为 T 值, ***、**、* 分别表示10%、5%、1%的统计水平上显著。
资料来源:世界银行世界发展指标数据库和OECD网上数据库,2014年。

(三)动态面板估计

考虑援助可能存在的内生性,而内生性问题可能导致我们的估计结果有偏,并影响模型结果的稳健性。以下采用由阿雷拉诺和波弗(Arellano 和 Bover,1995)[1]与布伦德尔和邦德(Blundell 和 Bond,1998)[2]发展而来的动态面板系统广义矩估计(系统 GMM)的方法对模型进行估计,具体结果见表5-9。由表5-9可知, Sargan 检验统计量的值均不显著,接受原假设,表明此模型的系统 GMM 估计方法是有效的。AR 一阶统计量拒绝原假设,而 AR 二阶统计量接受原假设,表明模型估计的残差序列不相关。因此,表5-9中的估计结果表现出统计上的有效性和一致性。观察可知,表5-9的三个回归方程中,援助(Aid)前的系数不显著,无论方程是否包含援助的二次项或是交互项。说明援助与经济增长并无显著相关性。根据表5-9第(3)列可知,援助与政策变量的交互项

① Arellano, Manuel, and Olympia Bover, "Another Look at the Instrumental Variable Estimation of Error-Components Models", *Journal of Econometrics*, Vol.68, No.1, 1995, pp.29-51.

② Blundell, Richard, and Stephen Bond, "Initial Conditions and Moment Restrictions in Dynamic Panel Data Models", *Journal of Econometrics*, Vol.87, No.1, 1998, pp.115-143.

（ *Axp* ）在 1% 的统计水平上显著不为零。由于援助与政策的交互项系数的估计值为正，意味着援助在好的政策环境下更加有效。如同前面的分析结果，好的政策能减缓援助给经济增长带来的暂时性冲击，抵消部分暂时性冲击给经济增长带来的负面效应。因此当政策足够好的时候，援助对经济增长可能会带来正影响。

表 5-9　动态面板估计结果

GGDP	（1）	（2）	（3）
GGDP L1.	0.1266364 ** （2.03）	0.1654225 *** （2.70）	0.1970491 *** （3.72）
GPOP	−0.3075772 （−0.68）	−0.2064592 （−0.52）	−0.757608 （−2.48）
INV	0.2008281 *** （4.39）	0.1875576 *** （4.64）	0.1485703 *** （3.59）
Openness	−0.00697 （−1.10）	−0.0075315 （−1.64）	−0.00229138 （−0.69）
EthTen	−0.3724341 （−1.51）	−0.2674319 * （−1.75）	−3.526953 ** （−2.41）
EcoFree	0.8105713 ** （2.52）	0.8196475 *** （3.19）	0.6979706 ** （2.59）
Aid	0.0564643 （0.82）	−0.182703 （−1.56）	−0.0233353 （−0.35）
Aid2	—	0.15853 （1.66）	—
Axp	—	—	0.1012106 *** （3.07）
_cons	−4.895281 * （−1.93）	−5.0011 ** （−2.62）	−2.718593 （−1.54）
F	8.27 ***	10.91 ***	10.46 ***
Sargan 检验	45.09 ［1.000］	45.37 ［1.000］	37.38 ［1.000］
AR(1)	−3.05 ［0.002］***	−3.21 ［0.001］	−3.93 ［0.000］***
AR(2)	−0.30 ［0.761］	0.13 ［0.899］	−0.29 ［0.774］

注：括号内的值为 *T* 值，*** 、** 、* 分别表示 10%、5%、1% 的统计水平上显著。
资料来源：世界银行世界发展指标数据库和 OECD 网上数据库，2014 年。

　　以上使用面板数据的研究方法,分别使用了 *PCSE* 和系统 *GMM* 估计方法验证了好政策模型的合理性,同时认为"药物模型"中援助存在最优值的结论并不可靠。此外,使用 *PCSE* 估计方法分析不同收入水平国家之间回归方程的结果,可得出结论,较高收入水平国家(含中高收入国家和高收入国家)的援助与政策的交互项系数不显著,这意味着即使是在好政策下,援助对经济增长也无显著影响。综合以上分析,可以进一步得出结论:援助应该分配给贫穷且具有好政策的国家。

　　综上所述,本节从实证角度对援助与经济增长的关系进行了研究。在经济增长的基础模型中加入了援助变量,并根据药物模型加入了援助的二次项。根据伯恩赛德和多拉尔(Burnside 和 Dollar,2000)[①]构建了政策指标变量,在回归方程中加入政策指标变量和援助的交互项,以此来考察不同的政策环境下援助与经济增长的关系。本节运用 85 个国家1985—2012 年的数据,分别采用了 *PCSE* 和系统 *GMM* 估计方法进行了回归。由于二次项系数不显著,不满足药物模型的理论,实证检验不能证明援助存在最优量,因此无法验证药物模型。根据实证结果得出结论,在好政策环境下,援助对经济增长存在正面影响。另外,本节使用 *PCSE* 估计方法分析不同收入水平国家之间回归方程的结果,并得出结论,较高收入水平国家(含中高收入国家和高收入国家)的援助与政策的交互项系数不显著,这意味着即使是在好政策下,较高收入国家的援助对经济增长也无显著影响。虽然本节采用了与伯恩赛德和多拉尔(Burnside 和 Dollar,2000)不同的样本和实证方法,依然得到了与其相似的结论,即政策环境对援助的经济效果有着重要影响。总之,实证研究认为,援助的经济效果取决于受援国的政策环境和受援国的收入水平。以受援国的政策环境和收入水平为依据来分配援助,将极大地促进援助经济效果的发挥。

　　因此,发达国家的援助效果不能简单地以"有效"或是"无效"盖棺定

---

　　①　Burnside,Craig,and David Dollar,"Aid,Policies,and Growth",*American Economic Review*,Vol.90,No.4,2000,pp.847-868.

论。事实上，不同援助者，不同项目的援助效果都可能因为各种主客观原因产生"有效"或者"无效"的结论。甚至，评判标准和评估体系的不同都有可能影响这一判断结果。当然，我们不可能使用所有的评判标准和评估体系来判断某一个项目或某一国家援助的效果。建议使用"援助有效性"和"援助的经济效果"对援助国援助进行评价，也并非是要得到一个具体的发达国家援助"有效"或是"无效"的结论。而是通过这两个受到广泛认同的评价框架，对现有的援助进行分析，进一步促进未来援助的效果。也就是说，我们试图提供一个促进援助更为"有效"的方向。

第六章　发达国家对外援助的减贫效果

长期以来,发达国家一直是官方发展援助的最重要提供方,1960—2012 年仅发展援助委员会(DAC)成员提供的官方发展援助就占据世界全部官方发展援助的 88.8%。① 现行的国际援助体系也由西方发达国家主导。对发达国家对外援助效果分析的另一角度是分析其减贫效果。本章首先从宏观上介绍发达国家提供援助帮助减贫的基本状况,包括减贫思路演变。其次,从微观视角通过对典型援助案例的研究分析援助在减贫中的多样化影响。最后,分析发达国家的援助对受援国减贫的贡献以及存在的不足。

第一节　全球及各受援国贫困状况

要了解援助对减贫的影响,必须要了解受援国家或地区贫困的变化。本节主要阐述受援方分地区的贫困变化,以及部分国家的贫困状况,以增进对援助与减贫关系的感性认识。

一、全球贫困状况

贫困可分为经济贫困、能力贫困(人文贫困)和社会贫困三种。本节分别采用经济贫困中的贫困人口总数和贫困率指标,采用能力(或人文)贫困中的人类发展指数(Human Development Index, HDI)和多维贫困指

---

① 按照 2014 年可比价格,1960—2012 年 DAC 成员 ODA 净额占所有成员 ODA 净额的 88.8%,数据来自 OECD-DAC。

数(Multidimensional Poverty Index,MPI)来衡量贫困的变化,选择这四个指标的主要原因是能够获得相关数据并且能够简明地说明问题。

第一是贫困人口总数。根据世界银行的估算,按照每天1.25美元的贫困标准,1981—2011年,全球贫困人口总数从19.51亿人下降至10.11亿人。其中,东亚和太平洋地区的下降幅度最大,从1981年的11.25亿人下降至1.61亿人;而中国的减贫贡献最为突出,贫困人口从8.38亿人下降至0.84亿人;南亚地区贫困人口减少了1.52亿人左右,从5.51亿人下降至3.99亿人;拉丁美洲从0.37亿人下降至0.28亿人;中东和北非从0.15亿人下降至564万人;欧洲和中亚从0.12亿人下降至235万人;然而,撒哈拉以南非洲地区贫困人口却从2.1亿人上升至4.15亿人,上涨了1倍左右。各地区各年贫困人口变化数据如表6-1和图6-1所示。

表6-1　世界不同地区贫困人口总数变化情况(1981—2011年)

(单位:百万人)

地区＼年份	1981	1984	1987	1990	1993	1996	1999	2002	2005	2008	2011
东亚和太平洋	1125.3	1002.5	865.8	959.0	910.8	676.1	670.5	528.2	324.1	272.1	160.8
中　国*	837.6	719.9	584.8	689.4	646.4	455.2	451.0	359.3	205.6	163.5	84.1
欧洲和中亚	12.4	10.0	8.5	7.2	13.5	20.1	18.0	10.0	5.9	2.4	2.4
拉丁美洲	36.6	43.0	39.6	52.3	54.4	50.8	55.5	54.0	40.4	30.6	27.6
中东和北非	15.2	12.4	14.8	13.0	12.9	12.3	13.0	11.0	9.1	6.6	5.6
南　亚	551.1	556.4	589.4	609.7	636.4	630.0	617.4	637.9	596.0	540.3	399.0
撒哈拉以南非洲	210.2	243.7	262.6	290.3	338.0	359.0	385.4	400.2	398.1	403.5	415.4
总　　数	1950.8	1868.0	1780.6	1931.5	1966.0	1748.1	1759.9	1641.2	1373.7	1255.4	1010.8

注:采用1.25美元/每天的贫困线,表内数据只留一位小数。

资料来源:世界银行PovcalNet数据库。

第二是贫困人口占比。按照每天1.25美元的贫困标准,1981—2011年,全球贫困人口总数占总人口的比例从52.51%下降至16.98%。其中东亚和太平洋地区的下降幅度最大,从1981年的79.21%下降至7.93%;

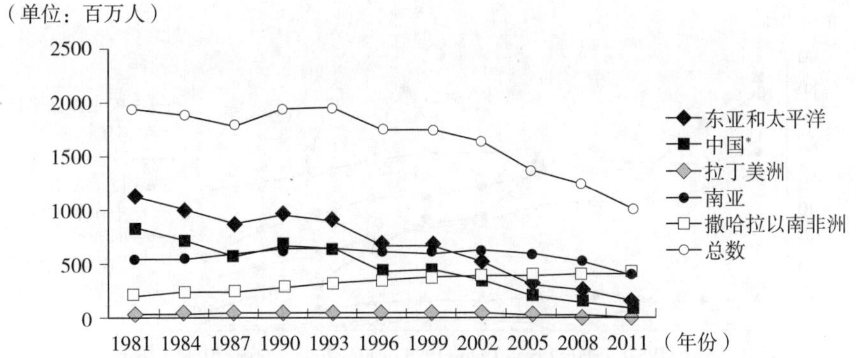

（单位：百万人）

图6-1　世界不同地区贫困人口总数变化趋势（1981—2011年）

注：欧洲和中亚、中东和北非两地区因数字太小，难以在图上表现，故略去。

资料来源：世界银行PovcalNet数据库。

南亚地区贫困人口比例从59.28%下降至24.50%；拉丁美洲从10.05%下降至4.63%；中东和北非从8.79%下降至1.69%；欧洲和中亚从2.88%下降至0.49%；撒哈拉以南非洲地区的贫困人口比例下降不大，从1981年的52.76%下降至2011年的46.81%。各地区不同年份贫困人口比例数据如表6-2和图6-2所示。

表6-2　世界不同地区贫困人口占比变化情况（1981—2011年）

（单位：%）

地区 ＼ 年份	1981	1984	1987	1990	1993	1996	1999	2002	2005	2008	2011
东亚和太平洋	79.21	67.21	55.23	58.22	53.05	37.94	36.39	27.88	16.7	13.72	7.93
中　国*	84.27	69.43	53.95	60.73	54.85	37.39	36.00	28.06	15.77	12.34	6.26
欧洲和中亚	2.88	2.27	1.86	1.54	2.87	4.28	3.83	2.13	1.26	0.50	0.49
拉丁美洲	10.05	11.08	9.60	11.98	11.83	10.50	10.95	10.22	7.34	5.37	4.63
中东和北非	8.79	6.57	7.18	5.77	5.33	4.78	4.78	3.83	2.99	2.05	1.69
南　亚	59.28	55.68	54.97	53.15	52.07	48.55	44.96	44.10	39.28	34.05	24.50
撒哈拉以南非洲	52.76	56.22	55.67	56.64	60.85	59.72	59.34	57.11	52.75	49.66	46.81
总　数	52.51	47.37	42.55	43.57	42.14	35.74	34.41	30.80	24.81	21.85	16.98

注：采用1.25美元/每天的贫困线。

资料来源：世界银行PovcalNet数据库。

（单位：%）

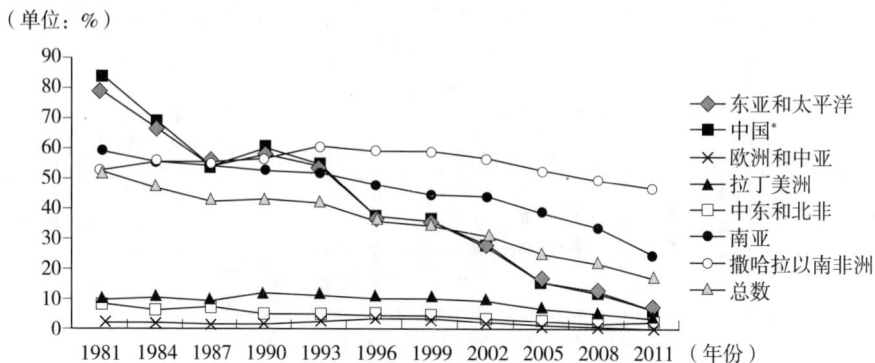

图6-2　世界不同地区贫困人口比例变化趋势（1981—2011年）

资料来源：世界银行 PovcalNet 数据库。

从统计数据可以发现，1981—2011年这30年间，按照每天1.25美元的贫困标准，各地区的减贫效果差异巨大。其中，撒哈拉以南非洲地区，减贫效果表现最差，贫困人口总数甚至增长了一倍，贫困人口占比至2011年依旧高达46.81%。南亚地区虽然贫困人口占比下降了一半多，至2011年约为24.5%，但由于人口的快速增长，其绝对贫困人口总数并未显著下降，2011年贫困人口总数依旧高达3.99亿人。拉美地区的贫困人口比例下降一半以上，绝对贫困人口总数也下降至2763万人左右。由于中国减贫的巨大成功，导致东亚和太平洋地区的减贫效果显著，不过，其贫困人口总量依旧高达1.6亿人以上。

第三是人类发展指数。虽然从收入指标看，不同地区的减贫效果差异巨大，然而从人类发展指数（HDI）的变化看，1980—2012年，不同地区的HDI普遍上升，即便是最不发达国家和撒哈拉以南非洲地区，其趋势也是一直增长。具体数据如表6-3和图6-3所示。其中，最不发达国家HDI从1980年的0.290增长至2012年的0.449，而撒哈拉以南非洲地区的HDI也从0.366增长至0.475，南亚地区的HDI从0.357增长至0.558。世界平均水平从1980年的0.561增长至2012年的0.694。

表6-3　世界不同地区人类发展指数(HDI)变化(1980—2012年)

地区＼年份	阿拉伯国家	东亚和太平洋	欧洲和中亚	拉丁美洲和加勒比	南亚	撒哈拉以南非洲	最不发达国家	世界平均水平
1980	0.443	0.432	0.651	0.574	0.357	0.366	0.290	0.561
1990	0.517	0.502	0.701	0.623	0.418	0.387	0.327	0.600
2000	0.583	0.584	0.709	0.683	0.470	0.405	0.367	0.639
2005	0.622	0.626	0.743	0.708	0.514	0.432	0.401	0.666
2007	0.633	0.649	0.757	0.722	0.531	0.449	0.421	0.678
2010	0.648	0.673	0.766	0.736	0.552	0.468	0.443	0.690
2011	0.650	0.678	0.769	0.739	0.555	0.472	0.446	0.692
2012	0.652	0.683	0.771	0.741	0.558	0.475	0.449	0.694

资料来源:联合国开发计划署。

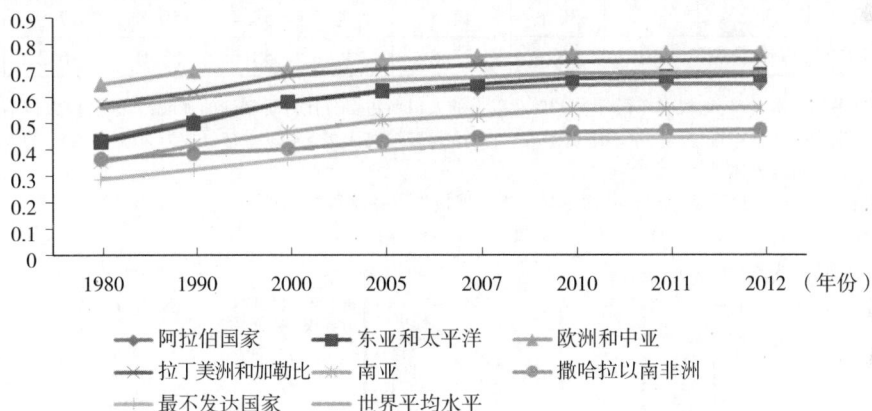

图6-3　世界不同地区人类发展指数变化趋势图(1980—2012年)

资料来源:联合国开发计划署。

第四是多维贫困指数。仅仅从贫困人口总数、贫困率和人类发展指数,还不能完全反映全球的减贫状况,多维贫困指数(MPI)从剥夺视角以及更细化的层面反映当前的多维减贫状况。多维贫困指数将生活标准、教育和健康三个维度进一步拓展至财产、屋内地面等十个子指标,并从这些子指标的被剥夺角度来定义贫困。

按照每天1.25美元的贫困标准,2011年全球约有10亿人处于贫困状态。而按照多维贫困指数的标准,全球约15亿人生活在贫困中,此外,还约有 8 亿人正遭受准贫困。① 从地区分布看，贫困人群主要生活在南亚、撒哈拉以南非洲以及东亚和太平洋地区（见表 6-4 和图 6-4）。显然，从多维贫困指数的标准看，全球会新增数亿贫困人口，而且还有约 8 亿的准贫困人口。庞大的贫困人口使得援助减贫的责任更加沉重。

表 6-4　世界分地区的收入贫困和多维贫困汇总数据（2013 年）

区　域	国家数目（个）	收入贫困人口（%）	准收入贫困人口（%）	国家数目（个）	多维贫困人口（%）	受剥削的强度（%）	准多维贫困人口（%）
阿拉伯国家	10	6.5	36.4	9	15.5	48.4	8.7
东亚和太平洋	11	12.7	25.1	10	6.4	44.7	16.2
欧洲和中亚	15	1.4	6.0	15	1.8	37.3	4.5
拉美和加勒比	20	5.7	7.0	14	6.7	42.8	9.5
南　亚	8	30.6	44.4	7	53.4	50.8	17.9
撒哈拉以南非洲	40	50.9	27.8	36	59.6	55.0	16.2

注：多维贫困人口：加权剥夺得分为 33% 及以上的人口所占百分比。受剥削的强度：多维贫困人口遭受剥夺的平均百分比。准多维贫困人口：有沦为多维贫困风险（即剥夺分数为 20%—33%）的人口所占百分比。

资料来源：联合国开发计划署：《2014 年人类发展报告》（中文版），2014 年。

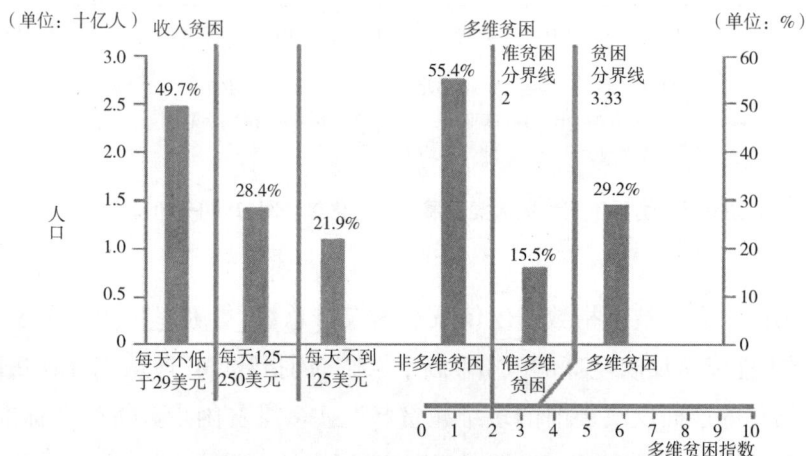

图 6-4　不同标准下的贫困水平对比图

资料来源：联合国开发计划署：《2014 年人类发展报告》（中文版），2014 年，第 72 页。

————————

①　联合国开发计划署：《2014 年人类发展报告》（中文版），2014 年，第 72—73 页。

　　撒哈拉以南非洲一直是国际社会重点关注的减贫地区,长期以来也是官方发展援助的重要的援助对象。从受援规模看,撒哈拉以南非洲地区普遍高于发展中国家平均受援水平,例如 2010 年全部发展中国家接受的援助额占国民总收入比重约为 0.74%,而撒哈拉以南非洲地区接受援助占国民总收入的比重为 4%。另外按照 OECD 的数据,从援助绝对值看,撒哈拉以南非洲地区的受援规模不断上升,按 2014 年的可比价格计算,从 1960 年约为 50 亿美元,增长至 1981 年的约 200 亿美元,再至 2014 年的 430 亿美元。而从贫困率指标看(见图 6-5),自 1981 年以来,撒哈拉以南非洲的贫困率一直处于高位,基本在 50%—60% 范围波动,普遍高于发展中国家的平均水平。由此可见,相对于受援规模,撒哈拉以南非洲地区的减贫效果并不明显。

（单位：%）

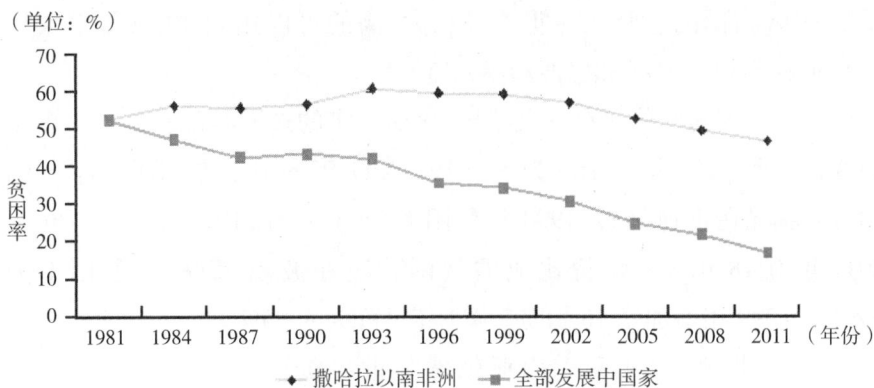

图 6-5　撒哈拉以南非洲贫困变化趋势图(1981—2011 年)

资料来源:世界银行。

二、部分受援国的贫困状况

　　上文描述了全球不同地区的贫困变化状况,可以发现,从贫困率指标看,撒哈拉以南非洲的减贫效果最差。从洞察援助减贫的角度看,上文描述还过于宏观,无法了解各国的不同差异。然而,我们不能忽视贫困在不同国家所表现出来的巨大差异。比如,在撒哈拉以南非洲地区,埃塞俄比亚 1990—2000 年所接受的官方发展援助额占其国民总收入比重的平均值约为 9.89%，2001—2012 年的平均值为 13.77%，而其贫困率从 1990 年的 62.09%，到 1999 年降至 54.57%，再到 2011 年贫困率下降至 36.79%。赞比亚 1990—2000 年所接受的官方发展援助额占其国民总收入比重的平均值高达 26.38%，2001—2012 年的平均值为 13.24%，而其贫困率从 1990 年的 60.29%，到 1999 年降至 58.39%，再到 2011 年竟然增加至 73.19%。如果简单从受援水平与贫困率的变化看，埃塞俄比亚比赞比亚的减贫效果更好。

表 6-5 列出了部分受援国[①] 1990—2012 年所接受的援助和主要发展指标[②]变化。由表 6-5 可知，1990—2012 年，各受援国的人均 GDP、人均寿命预期值（除南非）和人类发展指数都在稳步提高，意味着各国的收入、医疗水平、营养水平和教育状况等都取得了长足的进步。但各国所接受的 ODA 占国民总收入比重差异较大，高的可以达到 40%（如莫桑比克），低的不到 0.1%（如巴西和墨西哥）。

各国贫困的变化存在巨大差异，比如贝宁的贫困状况在这二十多年间变化不大，1990 年贫困率为 57.61%，2011 年贫困率为 51.61%。加纳的贫困状况在迅速好转，1990 年贫困率为 50.46%，1999 年为 37.86%，2011 年为 18.02%。哥伦比亚的贫困状况在波动，1990 年贫困率为 4.91%，1999 年增加至 16.18%，2011 年又降为 4.95%。

总之，非洲、南亚和东南亚依然是世界贫困人口的主要聚居地区。南亚和东南亚地区各受援国贫困率在二十多年间几乎都下降了一半以上，而非洲地区各受援国的减贫效果却不尽如人意。不过，如果从 HDI、人均寿命预期和人均收入水平等指标看，各受援国的减贫效果是明显的。

---

① 选择这 35 个国家的原因：一是人均 GDP 分布、接受的援助额占 GNI 比重分布、地区分布范围广，比较有代表性；二是数据资料比较齐全。

② 由于数据的可获得性原因，选用贫困率指标来衡量经济贫困状况，选用 HDI 指数来衡量能力（或人文）贫困。

表6-5 部分受援国所接受援助与主要发展指标的变化趋势（1990—2012年）

地区	国家	人均GDP (2005 US$)			ODA占GNI比重 (%)		贫困率 (%，每天1.25美元)			贫困人口 (百万)			人类发展指数 (HDI)		
		1990	2000	2012	1990—2000平均	2001—2012平均	1990	1999	2011	1990	1999	2011	1990	2000	2012
撒哈拉以南非洲	安哥拉	1547.23	1238.48	2685.83	8.28	1.92	15.00	14.31	42.97	2.55	2.73	8.67	—	0.38	0.51
	贝宁	457.94	512.96	567.91	12.36	9.13	57.61	51.43	51.61	2.88	3.47	5.05	0.31	0.38	0.44
	布基纳法索	269.32	343.11	492.76	15.72	12.84	72.27	63.87	40.80	6.37	7.20	6.53	—	—	0.34
	埃塞俄比亚	141.37	134.98	268.87	9.89	13.77	62.09	54.57	36.79	29.83	35.01	32.89	—	0.27	0.40
	加纳	376.59	445.88	724.35	10.09	8.37	50.46	37.86	18.02	7.38	6.96	4.47	0.43	0.46	0.56
	肯尼亚	555.33	500.96	594.62	8.25	4.79	35.88	34.74	38.03	8.41	10.59	15.98	0.46	0.45	0.52
	马里	329.66	380.25	480.20	17.40	12.96	85.65	71.89	50.83	6.82	7.17	7.33	0.20	0.27	0.34
	莫桑比克	186.88	235.88	417.45	41.95	24.37	82.32	77.08	54.62	11.17	13.72	13.43	0.20	0.25	0.33
	毛里塔尼亚	646.90	643.24	835.15	18.29	12.82	43.14	20.72	23.54	0.87	0.54	0.87	0.36	0.42	0.47
	尼日利亚	590.05	552.19	1052.18	0.81	1.87	57.58	69.98	60.08	55.06	83.86	98.65	—	—	0.47
	苏丹	439.28	565.77	837.29	4.17	4.02	50.78	37.17	17.21	10.16	10.07	6.27	0.30	0.36	0.41
	塞内加尔	681.12	703.08	797.43	11.65	8.46	64.99	45.99	34.06	4.88	4.42	4.54	0.37	0.40	0.47
	坦桑尼亚	300.83	304.36	483.48	18.28	12.76	69.52	82.63	43.48	17.71	27.42	20.15	0.35	0.37	0.48
	乌干达	197.64	268.49	405.34	15.76	13.56	70.74	59.43	36.95	12.4	13.97	12.99	0.31	0.37	0.46
	南非	4855.52	4652.34	5878.78	—	0.35	21.4	25.65	9.42	7.53	11.01	4.86	0.62	0.62	0.63
	赞比亚	676.83	561.79	797.63	26.38	13.24	60.29	58.39	73.19	4.73	5.75	9.98	0.40	0.38	0.45

续表

地区	国家	人均 GDP (2005 US $)			ODA 占 GNI 比重 (%)		贫困率 (%, 每天 1.25 美元)			贫困人口 (百万)			人类发展指数 (HDI)		
		1990	2000	2012	1990—2000 平均	2001—2012 平均	1990	1999	2011	1990	1999	2011	1990	2000	2012
中东和北非	阿尔及利亚	2544.48	2487.29	3212.11	0.62	0.26	5.78	7.86	1.20	1.52	2.46	0.45	0.56	0.63	0.71
	埃及	879.16	1140.12	1559.62	5.76	0.97	4.46	2.18	1.66	2.51	1.42	1.32	0.50	0.59	0.66
	约旦	1766.54	1926.08	2838.56	10.01	4.95	1.37	1.51	0.07	0.04	0.07	0.0044	0.59	0.65	0.70
	突尼斯	2002.24	2713.04	3783.33	1.48	1.35	5.86	3.13	0.71	0.48	0.30	0.08	0.55	0.64	0.71
南亚	巴基斯坦	524.92	596.68	772.90	1.93	1.64	64.17	29.62	12.74	71.29	41.64	22.44	0.38	0.42	0.52
	尼泊尔	233.47	304.88	398.77	9.55	5.66	74.22	58.65	25.41	13.44	13.31	6.90	0.34	0.40	0.46
	孟加拉国	269.63	349.51	597.02	3.95	1.90	58.78	60.35	39.57	63.12	78.44	60.49	0.36	0.43	0.52
	斯里兰卡	710.13	1051.74	1884.23	4.86	2.21	15	14.31	2.84	2.55	2.73	0.59	0.61	0.65	0.72
东南亚	印度尼西亚	840.22	1086.05	1731.65	1.15	0.40	64.66	51.8	16.2	115.5	106.68	39.50	0.48	0.54	0.63
	老挝	261.54	375.12	707.41	17.12	10.30	65.22	43.12	35.15	2.77	2.29	2.03	0.38	0.45	0.54
	菲律宾	1002.44	1060.55	1501.07	1.64	0.39	33.85	24.74	18.6	20.97	18.81	17.68	0.58	0.61	0.65
	越南	292.19	531.86	986.01	4.16	3.60	75.03	48.77	4.96	49.53	37.36	4.36	0.44	0.53	0.62

续表

地区	国家	人均GDP (2005 US$)			ODA占GNI比重 (%)		贫困率 (%，每天1.25美元)			贫困人口 (百万)			人类发展指数 (HDI)		
		1990	2000	2012	1990—2000平均	2001—2012平均	1990	1999	2011	1990	1999	2011	1990	2000	2012
拉丁美洲和加勒比	玻利维亚	833.86	965.41	1259.81	9.61	6.35	4.03	23.32	6.97	0.27	1.94	0.72	0.56	0.62	0.68
	巴　西	3999.43	4406.71	5721.23	0.03	0.03	16.23	9.87	4.53	24.29	16.98	8.92	0.59	0.67	0.73
	哥伦比亚	2832.47	3074.32	4260.92	0.23	0.45	4.91	16.18	4.95	0.65	6.35	2.33	0.60	0.66	0.72
	哥斯达黎加	3188.18	4158.44	5716.05	0.85	0.15	8.45	5.43	1.36	0.26	0.21	0.06	0.66	0.71	0.77
	洪都拉斯	1137.15	1235.63	1569.11	10.33	5.32	46.91	24.84	16.48	2.30	1.52	1.28	0.52	0.56	0.63
	墨西哥	6554.99	7723.43	8545.38	0.07	0.03	6.85	7.20	1.10	5.90	7.37	1.31	0.65	0.72	0.78
	秘　鲁	2011.10	2486.67	4253.62	1.06	0.50	15.89	15.8	2.97	3.46	4.05	0.88	0.62	0.68	0.74

注：(1) 人均GDP资料来自世界银行WDI。

(2) ODA占GNI比重根据OECD—DAC数据整理计算。

(3) 贫困率和贫困人口总数数据来自世界银行PovcalNet数据库。

(4) 人类发展指数 (HDI) 数据来源于联合国，http://data.un.org/Explorer.aspx? d=15。

资料来源：联合国，世界银行和OECD。

227

第二节　发达国家对外援助的减贫举措

发达国家官方发展援助的减贫思路在不同时期的目标是不同的，与时代背景关系密切。各发达国家往往通过不同的援助机构、不同的援助政策、不同的援助项目和各种国际会议或议程来实施减贫。

一、官方发展援助减贫思路的演变

官方发展援助的减贫思路随时代变迁而发生变化。千年发展目标是在第二次世界大战后至20世纪末国际发展与减贫经验教训的基础上提出的，是2015年前国际社会实现减贫目标的参照基石。

官方发展援助始于第二次世界大战后的"马歇尔计划"，而作为一个专业名词，最早由OECD的发展援助委员会（DAC）于1969年提出，目的是统计其成员提供的援助数额。1945—2015年，官方发展援助已历经70年，援助目标从早期的促进经济增长，逐渐向纾缓贫困转变。早在20世纪50—60年代，官方发展援助强调通过援助促进受援国的经济增长，通过经济增长的涓滴效应来提高低收入人群的收入水平。而经过20年的援助实践，发展中国家的贫困依然是最大的发展问题，于是在20世纪70年代国际社会将国际减贫作为发展援助的重要目标。随着冷战的深入，到20世纪80年代援助着重强调受援国进行结构改革，核心是对发展中国家进行私有化、自由化和市场化的经济改革，其间也提出了许多有代表性的发展理念，包括良治、公民社会、可持续发展和参与式发展等。到20世纪90年代，随着冷战的结束，推动"结构性"改革依然是援助的重要目标，人口、环境和贫困开始成为发展援助的主要关注领域。

自21世纪以来，世界贫困问题依然非常严峻，在撒哈拉以南非洲尤为严重，国际社会在总结半个世纪发展援助实践的基础上，提出了以减贫为首要目标的千年发展目标，使官方发展援助再一次聚焦于贫困问题和人道主义救助上。纵观官方发展援助的演变历史，其主要目标、援助主体和援助理论都经历了不同的发展阶段，具有鲜明的时代特征，现将其简单总结于表 6-6 中。

表 6-6　官方发展援助减贫思路的演变

时间	主要目标	援助主体变化	影响援助的主要理论
第二次世界大战至 20 世纪 50 年代末	战后重建、难民救助、经济增长	以美国为主导,双边援助为主,多边援助开始参与援助	大推进、经济起飞理论、哈罗德—多马模型、涓滴理论等
20 世纪 60 年代	推动第三世界经济增长、发展和稳定	欧洲国家加入援助国行列,多边发展援助兴起	缺口理论、经济二元主义、人力资本、农业的作用等
20 世纪 70 年代	强调减贫、提高人类基本需要、援助重点面向穷人	多边援助作用更加突出,石油输出国成为新的援助国	多维目标模型、农村综合发展理论、依附理论、适用技术等
20 世纪 80 年代	推动发展中国家的结构调整,良治、公民社会、可持续发展、参与式发展理论的提出	西方发达国家、主要的国际组织、石油输出国	内生增长模型、贸易增长理论、新制度主义、一般均衡模型,强调市场、生产要素的作用等
20 世纪 90 年代	结构性调整依然推行,人口、环境和贫困等问题重新受到关注	西方发达国家、主要的国际组织、石油输出国	制度与政策的作用,市场与政府的作用、腐败经济学、增长的源泉等
2000 年至今	聚焦于贫困和人道主义救助,可持续发展理念	新兴市场国家开始成为援助国	益贫式增长、包容性增长、绿色增长、治理和公民社会理论、以权力为基础的发展、经济社会均衡发展模型

资料来源:李小云和唐丽霞等(2009),并经笔者归纳整理。

二、发达国家对外援助减贫措施的特征

长期以来,随着研究的深入以及对援助减贫实践的不断总结,发达国家主导的国际社会对贫困的认识随时代变迁而发生改变,导致在不同的历史阶段采用了不同的减贫措施和政策。发达国家主导的国际社会所采用的援助减贫措施的主要特征有以下几点。

(一)不同机构和国家通过不同的援助政策来实施减贫

发达国家在制定援助减贫政策时,由于利益诉求、理念、外交需求的差异,其援助减贫政策也存在较大差异。这些援助政策大体可以分为以

下三类。①

第一类是通过改善制约贫困的长期因素而设立减贫目标与领域。这一类型以世界银行、联合国开发计划署、国际农业发展基金等国际机构和加拿大、比利时、芬兰、瑞典等发达国家为主。这些机构和国家主要从减贫的长期制约因素出发，援助政策重点着眼于改善穷人的教育、健康卫生条件、水、就业等领域。例如，世界银行长期通过投资项目和融资帮助受援国发展和减贫，其重点领域包括促进能力建设、帮助农业和农村的发展、保障穷人的健康、加强基础设施建设、提供粮食援助等。而加拿大通过立法②确保官方发展援助聚焦于减贫，强调把援助资源集中用于促进发展的关键领域。

第二类是确定特殊而有针对性的减贫项目。部分援助方将减贫聚焦于几个重点领域，援助大多与具体的减贫项目挂钩。如欧盟、联合国人口基金、联合国儿童基金会、美国、澳大利亚、德国、意大利、瑞士等均属于这一类。

第三类是强调将援助资金用于支持受援方的整体减贫计划。这一类型以 IMF、法国、英国、西班牙、奥地利、日本为典型。这些机构和国家强调援助应与受援国整体的减贫计划结合，但并不提出特别有针对性的减贫的重点政策，但会提出一些实施减贫行动的建设性意见，如与千年发展目标相一致等。

（二）依赖不同的援助项目（或活动）来实现减贫目标

总体来讲，发达国家的援助减贫主要依赖各种各样的援助项目（或活动）来推动，通过多边和双边渠道实施，以实物、现金捐赠和优惠贷款为主要方式，具体可分为方案援助（Programmable Aid）、人道主义和食品援助、对非政府组织的援助、难民救助、债务减免、其他未分类援助等形式。作为推动减贫的主要力量，援助项目（或活动）本身也呈现出自身的特征。

---

① 安春英：《非洲的贫困与反贫困问题研究》，中国社会科学出版社 2010 年版，第 96—204 页。

② Canada, " Report to Parliament on the Government of Canada's Official Development Assistance 2013-2014", http://www.international.gc.ca/development-developpement/dev-results-resultats/reports-rapports/oda_report-rapport_ado-13-14.aspx? lang=eng, 2014-11-8.

1. 减贫目标多元化和援助项目(或活动)复杂化

虽然在不同的历史时期,援助减贫目标的关注焦点不一。但总体上,所关注的目标不局限于经济收入或消费上,也聚焦于多维贫困和人类发展等问题上。尤其在当前环境下,提高贫困人群的收入水平和发展能力、改善多维贫困状况、减少社会排斥都是援助所需要关注的减贫目标。这些减贫目标是具体的也是客观需要的,比如,关注贫困人群的健康卫生、受教育水平、预期寿命、居住条件、财产、水的安全,加强对受援对象的能力和自我发展的培养,稳步提高受援国的可持续发展能力,改善贫困人群的社会地位等都是减贫的目标。总之,减贫的目标是多元化的,既包括减少经济贫困,也包括减少能力(或人文)贫困和社会贫困。

不同的减贫目标以及诸多的援助主体,客观上推动了援助减贫项目(或活动)的复杂化。每年的援助资金分配于大大小小的援助项目(或活动)当中,以推动不同目标的实现,导致各种不同的援助减贫项目(活动)数以万计,涉及人类生活和生产的方方面面,比如疫苗接种、疾病防治、健康卫生指导、教育经费支持、小学免费午餐、留学生项目、技术培训、人员交流、计划生育指导、提供安全饮用水、家庭小额物资捐赠、有条件的转移支付①、提供创业项目、预算支持、债务减免、促贸援助、粮食救济、难民安置、灾后重建、基础设施援建、大型公共项目援建、绿色技术指导、环境保护、提供更多的就业机会、减少社会排斥等。实际实施的援助减贫项目(或活动)更为具体,比如鼓励孕妇进行孕期检查、提高女童入学比例、提供饮用水消毒剂、改善贫困家庭的厕所卫生条件、修缮村庄的道路、提供高产奶牛品种、进行藤艺培训课程、村落灌溉水渠的修复、高产小麦种植推广、援建木薯加工工厂等项目。可见,援助项目和活动非常复杂。

2. 社会救助和促增长两条减贫路径同步进行

不管针对哪种具体的减贫目标以及采用何种减贫措施,其实质上依然是采用社会救助和促增长两条路径来实现减贫目标。一方面通过援建

---

① 有条件的转移支付是指在援助项目中鼓励受援方按照一定的条件执行就会得到一定的资金奖励,以引导受援方按照所设定的行为行事。

学校和医疗机构、派出医疗人员、提供物资和现金转移、提供粮食援助等在教育、卫生健康、家庭福利、难民救助等领域对受援国的贫困人群进行社会救助；另一方面，通过对受援国进行基础设施援建、技术转移、人员培训、促贸援助、优惠贷款、债务减免等方式来加强受援国的能力建设并带动经济增长，最终以增长促减贫。不过，有时候这两条路径又是交织在一起的，比如对贫困家庭儿童提供免费疫苗接种和义务教育，直接提高了家庭的福利水平，能够有效提高未来劳动者的健康和知识水平，儿童成年后进入劳动力市场，健康而又富有知识的劳动者会进一步提升受援国的经济增长潜力，从而又进一步推动收入的提高和社会的发展，进而减少贫困。

3. 减贫项目规模不一

部分减贫项目与受援国全国性的综合减贫规划高度融合，其规模和影响范围是全国性的。而部分项目只针对具体区域，比如某个贫困地区、几个村庄、村庄内的部分贫困家庭等。还有一些减贫项目只针对特定对象，比如 5 岁以下儿童的疫苗接种、孕产妇的常规检查、为小学生提供免费午餐。部分项目也针对特定区域的特定人群，比如在疟疾肆虐地区向无力购买蚊帐的家庭提供免费蚊帐等。因此，不同减贫项目所需要的金额、覆盖范围、持续时间和影响都存在巨大差异。

（三）通过各种国际议程来推动援助减贫事业发展

以发达国家主导的国际社会通过各种国际议程来聚焦于贫困和发展问题，以凝聚力量，推动援助减贫事业的发展。

20 世纪八九十年代以前，援助更多地聚焦于经济增长。从 20 世纪 90 年代开始，国际社会利用各种国际议程来推动国际援助减贫事业的发展，主要涉及"对贫困的关注""减贫目标的设定""资金的筹集""提高援助的效率""加强援助合作"和"倡导可持续的减贫"等领域。

1995 年 3 月，在哥本哈根召开的"世界社会发展峰会"把减贫问题提上重要议事日程。[1] 此会议通过了《哥本哈根宣言》，宣言提出人的社会

---

[1] 安春英：《非洲的贫困与反贫困问题研究》，中国社会科学出版社 2010 年版，第183 页。

发展和福祉的重要性，倡导国际社会要在道义上、政治上和经济上对发展中国家给予帮助，以实现消除贫困的目标。后来到 2000 年，在联合国千年首脑会议上提出了千年发展目标，提出了一套可操作的减贫目标或指标，为国际社会的援助减贫提供了目标框架，使得国际援助进一步聚焦于国际减贫。

随后援助资金筹集和来源便成为关注的重点。于是，2002 年 3 月在墨西哥的蒙特雷召开关于援助的筹资大会，会议就国际发展筹资达成了《蒙特雷共识》，《蒙特雷共识》为援助减贫资金的筹集指明了方向，为落实千年发展目标中提出的各项发展目标提供资金支持。2008 年又在多哈召开了关于总结和审查蒙特雷筹资大会决议执行情况的会议，并通过了《多哈宣言》。

后来，国际社会发现援助的效果并不尽如人意，于是推出了以巴黎会议为代表的"援助有效性"议程，这些议程使得援助减贫活动更加注重效果问题。2003 年 2 月，第一届援助有效性高层论坛在罗马召开，会议上通过了《罗马宣言》，《罗马宣言》提出提高"援助有效性"和增加"援助协调"的理念。2005 年 3 月，OECD 在巴黎召开了关于援助有效性的国际高层论坛，并通过了《巴黎宣言》，《巴黎宣言》提出应提高援助的效率和效果，使国际援助更加符合受援国的具体需要，改进受援国的自主权，加强同盟和协调，强调结果导向型管理等。2008 年的《阿克拉行动议程》重新审视了《巴黎宣言》的执行情况，进一步完善了援助有效性理念。2011 年 11 月，在韩国釜山会议通过了《釜山宣言》，提出应重视多样化援助主体的新合作伙伴关系，强调国际援助政策应从关注"援助有效性"向"发展有效性"转变。

此外，国际社会还推出了关于"加强全球发展合作"的系列会议或议程，例如，联合国发展合作论坛和二十国集团发展工作组等，它们对推动援助的减贫效果产生了深远影响。而关于可持续发展的议程（如 2012 年 6 月在巴西里约热内卢召开的"联合国可持续大会"等）将减贫推向深入，绿色减贫、绿色增长、人与环境协调发展等理念不断融入援助减贫实践中。

总之,发达国家主导的国际社会通过各种不同的会议或议程推动援助减贫事业不断向前发展,使得各项议题能够迅速引起全世界的广泛关注,并深深影响了援助减贫的方方面面。

第三节 发达国家对外援助的减贫效果

要考察援助在受援国所发挥的减贫效果,需要客观认识援助方所提供的援助对受援方减贫的影响。发达国家提供的援助对减贫既有积极影响,同时也存在某些不足,本节首先从宏观层面进行分析,同时也采用微观案例讨论援助对减贫的影响。

一、宏观视角下援助对减贫的积极贡献

西方发达国家长期以来是官方发展援助资金的最大提供方,也一直主导着发展援助减贫的进程。虽然近些年新兴市场国家成为新的援助提供方,然而无论从历史的角度,还是从现实的资金规模、援助实践、项目评估、援助议题主导性看,发达国家在援助减贫领域仍然扮演着关键的角色。为此,有必要客观评估发达国家主导的援助体系在国际减贫中所发挥的作用。

总体上,以西方发达国家为主导的官方发展援助,在发展中国家的减贫和发展中作出了一定的贡献。具体来讲这些贡献体现在援助资金的供应、援助减贫的实效、减贫经验的积累等方面。

(一)为减贫注入了巨大的资源

发达国家所提供的巨大援助资金为国际减贫提供了必要的物质基础。广大发展中国家在消除贫困方面往往面临着资金、技术、物资等方面的严重不足,没有外部的帮助,仅仅依靠自身的财力和物力来实现减贫目标,对于许多脆弱的不发达国家而言,是非常不现实的。即便对于那些经济发展水平稍好的发展中国家,如果缺乏必要的外部资金、技术和物资援助,要达成既定的减贫目标,也要缓慢得多。

发达国家是援助资金的最大提供方。根据 OECD 的统计,DAC 成员

提供的援助额占全部援助额的绝大部分,在1960—1970年期间,DAC成员提供的援助额占全部援助额的80%以上,之后DAC成员提供的援助比重也普遍维持在三分之二以上。根据OECD的统计数据,按照2014年的可比价格计算,从1960年到2014年,DAC成员提供的官方发展援助净额约为41451.5亿美元,约占同期全部援助方官方发展援助支出净额的73.3%。如果考虑到非DAC成员的发达国家,则发达国家所提供的援助比例还会更高。

发达国家提供的大量物资援助对缓解受援国的贫困起到了一定的积极作用。对于受援国,发达国家提供的粮食、生活物资、设备、通信器材等物资为其克服饥荒、生活恢复和生产建设提供了实物保障,为实现经济发展和舒缓贫困打下了基础。如果没有发达国家的物资援助,许多受援国的贫困状况可能更加糟糕。

发达国家提供了诸多的技术援助,有利于贫困的缓解。许多受援国在同HIV/ADI、肺结核以及其他疾病的斗争中,得到来自发达国家的诸多技术支持。发达国家也为广大发展中国家的农业发展提供了技术支持,比如早在20世纪50—60年代,发达国家对亚洲和拉美地区提供了大规模的农业技术推广,包括种子、化肥、灌溉等技术的推广,增加了粮食的产量,减少了饥荒。

发达国家在提供援助过程中,还提供了大量的人力资源。在援助实践中,向受援国派出的大量援助官员、技术专家、医护人员、志愿者等,为受援国发展和减贫提供技术支持和人力保障。

(二)取得了一定的减贫实效

虽然到目前为止,我们无法对援助在缓解减少全球性贫困方面所起的作用给一个精确的答案,然而可以明确的是,如果缺少援助,世界的贫困状况将更糟。

不可否认,官方发展援助和非官方援助、贸易、投资以及其他私人资金流,共同构成了受援国外部资金的来源,一起为缓解受援国的贫困提供了资金支撑。对于受援国的减贫而言,我们还无法将官方发展援助的减贫贡献度精确地从不同资金中分离出来,但是发达国家所提供的官方发展援助对于国际减贫而言确实起到了积极作用,对于那些商业资金或私人资金不愿关注的减贫领域,官方发展援助甚至起到了关键作用。根据世界银行的数据,如果按照贫困率和贫困人口总数指标衡量,自 20 世纪80 年代以来,除了撒哈拉以南非洲地区以外,其他地区的减贫措施都是比较成功的。即便是不太成功的撒哈拉以南非洲地区,自 21 世纪以来,其贫困水平也呈现较快下降趋势。可以说,没有发达国家的援助,取得现有的减贫成就是不可能的,发达国家的援助确实是帮助减贫的工具之一。

援助在应对饥荒、改善福利、促进穷人全面发展方面的减贫效果更为明显。帮助灾民或难民应对饥荒、提升福利水平、培养能力、帮助融入社会都是减贫的具体表现。在应对因自然灾害、战乱、恶性疾病传播导致的饥荒与贫困方面,西方发达国家历来十分重视,长期以来提供大量援助,也取得了一定的效果。发达国家重视对受援国社会部分的援助,这些领域的援助确实能够帮助穷人提高福利水平和能力。发达国家在诸如小学入学率、教育性别平等、产妇和儿童死亡率、饮用水安全、营养状况、卫生条件改善、预防疾病传播、改善贫民窟的生活条件等领域提供了大量援助资源,着重提高受援国穷人的能力和福利水平,对改善穷人的生存状况发挥了极大的作用。从指标上看,如果用人类发展指标来衡量减贫效果,则贫困在世界各地区普遍得到了改善。此外,根据对减贫情况的监督,全球在小学教育性别平等、饮用水安全、艾滋病预防等方面,也取得了重大进步。① 可见,发达国家提供的援助在改善穷人生存状况、提高福利水平、培养能力等方面发挥了较大作用。

(三)为国际社会积累了宝贵的援助经验

发达国家在长期的援助实践中,为国际社会积累了丰富的实践经验。以 DAC 成员为核心的发达国家,在援助管理、援助执行、数据收集、效果监控和援助研究方面都积累了大量的实践经验,而且发达国家的援助实操往往比较成熟,其援助能够深入社会底层,这些均为其他援助方积累了

① 世界银行和国际货币基金组织:"Global Monitoring Report",2013 年,第 22 页。

宝贵经验。① 西方发达国家在援助中的失败教训,也使国际社会及新兴援助方得以避免犯同样的错误。

发达国家长期的援助实践,培养了大量的援助人才,他们包括政府官员、研究人员、志愿者、捐赠者等,这些人才的成长促进了国际援助事业的持续发展。

发达国家在长期的援助实践中,帮助形成了一个良好的国际援助生态,使得受援国的贫困与发展问题广受关注。部分西方的援助人员与贫困人群深度接触,使得西方社会对全球的贫困和发展问题有更加深刻和感性的认识,基于人类之间的同情、人道主义关怀,以及西方舆论在全球的主导力量,贫困问题得到极大的重视。

此外,西方在援助实践中,积累了大量的资料、数据、案例,这些素材为研究援助与发展和减贫关系提供了宝贵的资料支撑,为提炼相关理论提供了实践依据。

(四)有利于提高受援国的政府治理水平

受援国在接受发达国家的援助时,需要按照西方的价值标准和行为准则来执行,为符合西方的标准,受援国被迫向援助国标准靠拢。比如强调援助过程的监管和透明,援助领域偏好于人权、良治等软领域。这些措施一定程度上有效减少了受援国政府的腐败、渎职、不作为行为的发生,能够对不规范不合理的法规、政策、行为、作风形成改革的压力,可以对社会中不合理不公正的制度、法规发挥约束的作用。

此外,长期与西方发达国家的援助合作中,受援国会接受西方的价值标准,并形成行为习惯。发达国家的援助实践中,大量的志愿者、官员、政府组织长期与受援国当地居民、社团、政府进行接触,会广泛传播西方的价值观念,潜在影响受援国人民的行为。比如,强调相互监督、提升公民权利、弱化政府作用等,这些行为的改变一定程度上有利于提高受援国国内的政府治理水平。

---

① 张永蓬:《国际发展合作与非洲——中国与西方援助非洲比较研究》,社会科学文献出版社 2012 年版,第 186 页。

西方发达国家在提供援助过程中，一直强调"援助有效性"，其核心是强调援助过程的公开和透明。① 这种过程驱动型的援助模式一定程度上有利于防止援助过程中的贪污和腐败，有利于对援助资金的监督。

二、微观视角下援助对减贫的影响——案例分析

上文从全球和国家层面考察了援助对减贫的影响。但是偏于宏观层面的考察总是不能观察到较为具体的社区、家庭乃至个人在援助行动中的变化，难以对官方发展援助与减贫之间的关系有一个全面、直观和客观的把握。该部分尝试用案例来分析援助与减贫的关系，力图从微观层面来考察、分析援助对受援者脱贫的影响。

（一）援助对减贫的积极作用

1.援助在提高穷人基本需要方面的贡献

援助并不一定能提高穷人的收入水平，然而却能实实在在提高穷人的福利水平。以下三个案例来自联合国《2005年人类发展报告》②，其从多维贫困的教育、医疗和生活标准三个方面说明了援助对减贫的作用。

（1）援助对教育的支持，使穷人受益。坦桑尼亚于1999—2003年通过接受援助，使额外的160万名儿童得以就学，坦桑尼亚政府用于教育的经费翻了一番。为了向坦桑尼亚政府学习，2003年，肯尼亚政府推行免费小学教育的政策，一年内使得额外的130万名儿童入学。此外，肯尼亚政府还通过设立教科书基金项目和学校供食项目，减少了贫困家庭的开支。这些项目的实施，都得益于持续不断的外部援助。

（2）援助对健康的支持，通过减少医疗服务的成本，服务于更多穷人。通过外部援助，2001年，乌干达政府有财力取消大多数较低水平的医疗设施使用费，2002—2003年，门诊病人比2000年增长了80%，人数增加了600万人以上，其中贫困人口就诊量增加更为显著。

（3）援助帮助贫困人口摆脱饥饿和提高营养。赞比亚大部分人生活

---

① 黄梅波、唐露萍：《南南合作与南北援助——动机、模式与效果比较》，《国际展望》2013年第3期。

② 联合国开发计划署：《2005年人类发展报告》（中文版），2005年，第81—82页。

在绝对贫困线以下,营养不良,疾病威胁着人们的生命,使其无法摆脱贫困。德国国际技术合作机构(GIZ)在赞比亚的卡洛莫地区建立了现金转账援助的试验性项目。该项目覆盖5个镇区和143个村庄,对10%最贫困家庭进行援助。受益家庭成员的三分之二是儿童,71%因感染了HIV/AIDS而成为孤儿。该项目于2004年对所资助的1000个家庭进行初步评估,发现每月6美元使受益人一天可以吃两餐,而不是一餐,对儿童营养和家庭生活颇有改善,并且提高了入学率。

在以上援助项目中,并不能观察到援助对整体经济增长的贡献,然而援助资金却可以直接资助最贫困、最脆弱的人群,这些援助项目显然提高了受援家庭的福利水平,为进一步的减贫打下了基础。

2. 援助通过赋权对减贫产生影响

援助在减贫中所发挥的作用,不仅仅在于简单地提供物质帮助,还可以通过援助项目来影响贫困人群的观念、权利意识,并使其发挥更深层次的作用。以下故事来自OECD①。

帕尼玛·巴塔玛加(Purnima Bathamagar)是尼泊尔边远乡村的一个拥有5个小孩的母亲,像许多年轻女性一样,帕尼玛的丈夫是一名移民劳工,常年在印度打工。她面临着典型尼泊尔农村妇女所面对的艰难:低的寿命预期、贫乏的教育、高的产妇死亡率。尽管尼泊尔是不同国际协议和宣言的签署国,然而在提高妇女地位方面,尼泊尔还存在诸多社会、文化、经济和政治的障碍,像帕尼玛这样的妇女很大程度上被排除在发展进程之外。

然而,一个由德国国际技术合作机构提供的援助项目——参与式学习中心(Participatory Learning Centres,PLC)改变了帕尼玛的生活。PLC援助项目旨在迅速将学习转化为集体的行动,并为社区成员开创一个新的经济、政治和社会机会。到2010年中期,PLC已在30个地区运行,直接受惠的家庭多达15000个,50%的PLC参与者通过集体储蓄获得了贷

---

① Sudip, P., "Breaking Barriers: Empowering Women through Participatory Learning in Nepal", http://www.oecd.org/development/povertyreduction/storiesofempowerment.htm.

款,项目深受妇女的欢迎。

帕尼玛通过在 PLC 的学习,开始在自家的院子种植蔬菜,她甚至能够将吃不完的蔬菜出售。她在家饲养了两头水牛和四头奶牛。她开始通过出售蔬菜和牛奶来提高家庭收入,其家庭可以通过向当地的储蓄集团贷款来开始自己的小生意,并希望自己丈夫不必远赴印度来维持家庭的生计。帕尼玛同她在 PLC 的伙伴,甚至促使村委会设置 1 万卢比来庆祝妇女节。在有 5 个孩子后,她在 PLC 学习了生育健康和生育权利方面的知识。帕尼玛认为在 PLC 的学习,使自己从害羞变得更加自信和开朗,也开始更积极参与社区事务,她还争取到了她家对社区林业所拥有的权利,享有了更多社区林业所带来的经济和生态收益。

显然,无论是从短期还是长期看,德国提供的 PLC 援助项目对帕尼玛家庭的减贫都是有益的。家庭生育、健康、妇女权益和集体林业权利都是影响贫困的重要因素,而 PLC 的援助项目在改善上述处境从而帮助帕尼玛家庭摆脱贫困方面发挥了关键作用。

(二)援助对减贫的复杂影响

1. 援助的影响:短期与长期的悖论

援助对减贫的影响是复杂的,有时候一个援助项目在帮助一部分人的同时,却在损害另一部分人。从短期看,援助可能有助于减贫,而从长期看却在妨碍脱贫。以下案例①来自莫约的著作。

非洲有一个雇用了 10 名工人的蚊帐制造商,每周能够生产 500 顶蚊帐,每名工人必须赡养至少 10 名亲属。他们生产的蚊帐可以防止蚊虫叮咬,有助于减少疟疾的传播。此时,西方某国政府为非洲受疟疾困扰的贫困地区捐赠了 10 万顶蚊帐,这些蚊帐被送到了非洲,并分发给了群众。这些进口的蚊帐迅速挤占了本土蚊帐制造商的市场,之后企业倒闭,10 名工人失业,他们的 150 名亲属也失去生活依靠,蚊帐制造商的供应商也失去市场,导致更多工人失业,更多家庭失去收入的来源,这些家庭被迫

---

① [赞比亚]丹比萨·莫约:《援助的死亡》,王涛、杨惠等译,世界知识出版社 2010 年版,第 10 页。

转为依赖政府的救济。而那些援助的蚊帐在 5 年后便会磨损,变得不能使用,于是需要等待再一次的援助。

很明显,援助的影响是复杂的,10 万顶援助的蚊帐能够帮助那些买不起蚊帐的家庭,但也使本土工人失业,无形中破坏了贫困地区的可持续发展机会。从整体看,援助在短期内可能起到了一定作用,然而对彻底解决受援地区的贫困状况,几乎没有任何意义。即援助在短期内对贫困人群的帮助是有效的,而对贫困地区长期的发展可能是负作用的。如果将10 万顶蚊帐的进口改为在受援地区采购,减贫的效果将又会不同。

2. 不同情景下,援助产生的减贫差异

对贫困人群而言,不同情景下援助将产生不同的影响,援助对于减贫远非想象的那么简单。下面关于罗兰(Rolando)的故事①,可以使我们了解援助对减贫的不同效果。

罗兰现年 61 岁,居住在多米尼克一个山区,他和妻子比阿特丽斯(Beatriz)共同生活。他没有正式工作,为了生存,他必须每天 6 点之前就动身出发到附近的咖啡园捡拾掉在地上的咖啡,以免被老鼠吃掉。捡到咖啡后,他将咖啡碾碎并到市场上出售,出售咖啡的收入每两周约 200比索(约 5.26 美元)。当没有咖啡可捡的时候,他会外出寻找砍甘蔗的工作,有时候,他会找到一天 300 比索的工作,有时却只有每天 150比索。

他每天必须外出工作,否则会挨饿。他和妻子有自己的房子(其实就是简易棚),房子是用煤渣砖和锡制的顶盖的,盖房子的土地是跟别人借的,盖房子的钱是他买彩票中的 10 万比索(合 2632 美元),这笔钱并不充足,以至于没有盖厨房,现在的厨房没有用煤渣砖,下雨天雨水会打进来,厨房的地面也是泥巴的(罗兰家的房子参见图 6-6)。

他家没有种植粮食的土地,只在屋旁种了几棵香蕉树。他家需要从本地的商店购买从大米到油的一切生活物资,而当地商店出售的东西又

① 牛津大学国际发展部门:《多维贫困案例研究》,http://www.ophi.org.uk/multidimensional-poverty-index/mpi-2014/mpi-case-studies。

图6-6　罗兰的家

资料来源：牛津大学国际发展部门：《多维贫困案例研究》，http://www.ophi.org.uk/multidimensional-poverty-index/mpi-2014/mpi-case-studies。

偏贵。他同商店每月结算一次，现在他家还欠店主5000比索（131.57美元），如果店主不向他赊购的话，他家就会没有吃的。在他家忍饥挨饿是常事。

罗兰的妻子腿脚不方便，只在家洗衣做饭，很少外出。他们夫妇曾经有三个孩子，但是都夭折了。罗兰年轻时只上过一天学，以至于现在他不能读写。

按照当地的收入贫困指标和多维贫困指标，罗兰是一个穷人。在多维贫困的10个子指标中，罗兰家在儿童死亡和营养方面被剥夺最严重，受教育年限次之，在屋内地面和做饭用燃料方面被剥夺最轻。

下面不妨假设不同援助方式在减贫中的作用。

援助情景1：有一个援助项目，帮助罗兰家建立了一个有水泥地面，且不漏雨的厨房。该援助项目显然没有提高罗兰家的家庭收入，按照收入贫困标准看他依旧是一个穷人。当然，该援助项目也无法反映到多米尼加共和国的宏观经济指标上,我们无法从该国宏观经济指标上来观察罗兰家贫困的变化,然而,新建的厨房却实实在在地提高了罗兰夫妇的福利,也能够反映到多维贫困的指标上。

援助情景2:某发达国家降低了对多米尼克的进口关税,扩大了多米尼克咖啡的出口,提高了咖啡的价格,使罗兰捡拾咖啡的收入提高了三分之一。该援助方案显然提高了罗兰的收入,也扩大了多米尼克的贸易出口,有利于该国的经济增长。显然,此时经济增长和减贫能够同时实现,与情景1有差异。

援助情景3:世界银行与多米尼克政府合作,为帮助像罗兰这样没有土地的农村贫困人口,决定提供援助资金向当地人租土地提供给罗兰耕种,前3年罗兰无需负担土地租金,三年后他需要负担50%的租金,耕种收入完全归自己。考虑到年龄问题,如果罗兰能健康耕种到65岁,该援助方案将是可行的。如果他在世界银行提供的土地上种植甘蔗,每年可新增一笔可观的收入,这些收入将使他家忍饥挨饿的状况大为改善。

援助情景4:随着当地咖啡和甘蔗深加工产业的发展,新建了许多咖啡厂和糖厂,国际援助机构鼓励工厂招募当地穷人,并提供相应的补贴。在此援助项目的帮助下,罗兰得以进入一家糖厂做门卫,有了一份相对稳定的工作,家庭贫困状况得以改变。

援助情景5:由于海地的政局动荡,联合国向多米尼克提供更多的援助,帮助安置更多的海地难民。由于联合国的人道主义援助,更多的海地人流向多米尼加共和国,他们中许多人流向避难地的黑市劳动力市场,导致罗兰寻找砍甘蔗的工作更加困难,而且工钱下降了。该援助情景下,原本是帮助海地的难民,然而却损害了多米尼克贫穷的罗兰的利益,使他的生活更加窘迫了。

对于罗兰而言,前4种情景下,援助有助于贫困的减缓。可是对贫困舒缓程度是不一样的,从低到高可以大致认为是"厨房的援建"→"咖啡优惠出口贸易"→"提供优惠的土地耕种"→"提供工厂的就业机会"。减贫效果的差异源于援助方案的差异,更源于援助项目所处的不同环境,比如"提供工厂的就业机会"的援助,是一种建立在工业化社会基础上的援助,而前三种情景都没有脱离农业型社会援助的范畴。从能力建设的角度看,对于罗兰而言,"厨房的援建"和"咖啡优惠出口贸易"没有帮助他形成关键的减贫能力,只是停留在"授人以鱼"阶段。而"提供优惠的土地耕种"和"提供工厂的就业机会",可帮助罗兰形成自主的减贫能力,只不过前者属于农业减贫范畴,后者属于工业减贫范畴,不过两者都进入了"授人以渔"的阶段。此外,援助情景5说明存在援助的国际溢出效应,只不过该案例中,对罗兰而言,形成了负面的溢出。

总而言之,从罗兰的减贫故事中,我们了解到因受援者所处的环境以及援助方案的差异,使得援助对减贫的效果、深度、持久性,以及对宏观经济的影响都有所不同。

三、援助减贫实践的不足或弊端

虽然发达国家对国际减贫作出了巨大贡献,但其援助过程中也存在诸多的不足和缺陷。这些不足是导致其援助减贫效果低下的重要原因。

(一)议程设置往往存在固有缺陷

长期以来,发达国家主导的国际社会通过一系列发展议程来推动发展和减贫。特别是21世纪以来,国际社会更频繁推出相关国际议程,但国际援助体系的运行并不尽如人意。首先,援助资金的数量并未见大幅提高,到2015年大多数发达国家均无法达到官方发展援助金额占其国民总收入0.7%的目标。其次,援助有效性虽然有所提高,但是大多没有达到预期效果。最后,主要国家虽然在国际发展合作方面有共识,但是实际行动远远跟不上其对外的政策宣示。在此背景下,千年发展目标在2015年仍然未能实现。显然这有各国援助政策执行不力的问题,但是国际社会推出的这些议程自身也存在着缺陷。这些缺陷包括以下几种。

1. 约束力和可执行性较低

援助议程的成果多以共识、宣言形式颁布,文件条款也多以期望、建议提出,本质上缺乏法律约束力。同时,援助承诺、责任分解时常不够明确,难以落实,也缺乏监督和责任追究机制。比如,援助资金以国家政府间自愿捐助为主,缺乏强制约束性,导致援助资金与承诺金额差距很大。

另外,国际援助体系庞杂而又松散,既有主权政府,又有国际机构、社会组织、私营部门和个人等的参与。既有多边框架,又有双边框架,议事平台也复杂多样,统一性和权威性不足,导致可执行性下降。这些情形都不利于援助工作的开展。

2. 预见性不足

各议程善于对过去和当前进行总结,但常常忽视对未来的判断,表现为:议程考虑欠周全,或者是不能适应新的变化,从而最终不能达到最初的目标,因而需要频繁发起新的议程。例如,在千年发展目标提出后,国际社会先后发起了关于发展筹资、援助有效性和发展合作伙伴关系等方面的议程,以支撑千年发展目标的实现,显得缺乏远见和考虑欠周。

3. 目标设置偏离实际

国际援助议程的目标设置容易偏离实际,表现为目标设置美好却难以实现。比如,伊万和史蒂芬(Evans 和 Steven,2012)的研究认为千年发展目标子目标的5—8项基本上不能实现的原因是目标与实际不相符合。2015 年提出的可持续发展目标追求的是经济、社会和环境的可持续发展,实际上不可能完全在国际援助体系内解决,还依赖于全球性的政治、贸易、金融、环境体系。所以说,援助的目标向可持续发展的理念转变虽然值得赞赏,但可能已经远远超出了援助本身的范畴和能力。

4. 缺乏激励机制

虽然各国在提供援助时不乏带有利己的动机,然而这些利益获取往往周期长且不易察觉。而各援助国所付出的却是实实在在的资金、物资、技术等。各援助议程其核心离不开"援助",而援助资金的来源主要依赖发达国家的资金捐助。这种单向的资金流动,长期忽视共同利益目标的设置,对援助方缺乏必要的激励机制,长期单边的利益输出导致援助国人民的反对和不满,导致各议程执行结果不尽如人意。

(二)承诺难以兑现

发达国家在履行援助义务时,往往承诺比较积极,但实际执行起来却难如人意,导致实际的援助效果不如预期。

比如,发达国家对援助金额的承诺执行长期不能履行。虽然发达国家每年提供了巨额的官方发展援助,但援助金额与承诺还相差甚远。早在1970年联合国就设立将发达国家国民生产总值的0.7%用做援助的目标,经济合作与发展组织国家也同意这一目标,然而至今绝大部分的国家并未兑现上述目标。即便近些年加大了援助,但其援助比例一直徘徊在0.2%—0.4%,与所承诺的援助目标还有很大的差距。

以八国集团首脑会议为例,2002年的《非洲行动计划》就减债、市场准入和援助等作出承诺,然而从会议结束到2006年首脑会议之前,相关议程的落实率最高为51%,最低为33%,部分承诺甚至倒退(张永蓬,2012)。①

再以《巴黎宣言》的落实情况为例,发达国家在执行过程中,实际情况与目标也差距甚远。反映DAC成员实际执行情况的12个指标(目标3到目标12)只有一个达到既定目标,其他11个指标都未能达标。②

(三)援助愈加复杂化和分散化

随着更多的援助国和国际组织成为援助方,受援方接受援助更加复杂。③ 目前援助方愈加多元,同一受援国可能接受来自几十个国家的援助;援助活动大量增加,每年大大小小的援助活动多达十几万个,但平均规模不断下降④(援助活动数量与平均规模变化情况见图6-7)。复杂的援助渠道和更小的援助规模,都带来援助效率的下降。援助渠道的日益复杂化、分散化和碎片化,导致受援国管理困难,也容易造成援助项目之间难以协调,导致重复援助和资源浪费。

(四)援助常常植入各种条件或利益

一方面,援助常附加政治条件。发达国家常将民主、良治、人权和价

---

① 张永蓬:《国际发展合作与非洲——中国与西方援助非洲比较研究》,社会科学文献出版社2012年版,第65页。

② OECD,"Aid Effectiveness 2005 - 10: Progress in Implementing The Paris Declaration", OECD Publishing,2011,p.19.

③ 目前约有60个双边援助国(1960年时只有10多个)和260个国际组织开展国际发展援助。

④ [荷兰]阿克塞尔·冯·托森伯格、罗西奥·卡斯特罗:《发展融资体系概览》,叶玉译,《国际展望》2012年第5期。

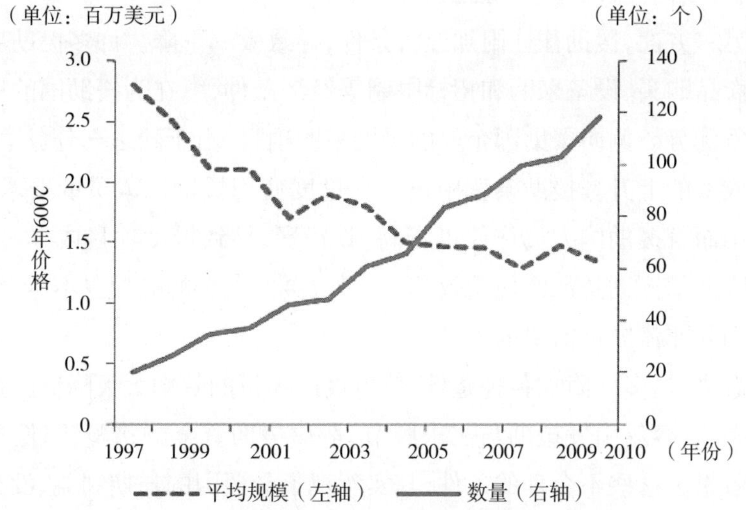

（单位：百万美元）　　　　　　　　　　　（单位：个）

图 6-7　援助活动数量与平均规模变化（1997—2010 年）

资料来源：OECD DAC。

值观等与援助结合起来，要求受援国接受援助时接受各种条件。例如，1975 年美国将人权标准纳入对外援助法案，荷兰与挪威也将人权条件纳入援助政策。[1] 欧盟也先后于 1995 年和 2000 年，在《洛美协定》中规定将受援国的民主、人权、法制和良治与援助相挂钩。[2] 21 世纪以来，美国和欧盟又都不同程度地将发展援助与反恐战争或政治联系起来。过多的政治条件，可能使部分贫穷国家因达不到条件而失去必要的援助，也使得受援国付出必要的政治经济代价，限制了受援国制定减贫政策的自主权，无法集中精力解决本国的贫困问题。此外，附加的政治条款并不一定适应受援国的实际情况，未将受援国的生存权和发展权置于更优先的位置。由于发展阶段的差异，在发达国家比较适用的人权、民主、自由等权利未必适应温饱尚未解决的发展中国家，对于受援国而言解决生存和发展问题可能更为迫切，因此发达国家所附加的人权、民主和自由等政治条件往

---

① ［荷兰］阿克塞尔·冯·托森伯格、罗西奥·卡斯特罗：《发展融资体系概览》，叶玉译，《国际展望》2012 年第 5 期。

② 姜磊、王海军：《现行对外援助中附加政治条件差异分析——基于中国与西方国家外援实践的比较研究》，《太平洋学报》2011 年第 7 期。

往并不符合受援国的实际需要。

另一方面，援助往往附加经济条件，导致效率下降。许多援助项目附加了商品购买、设备采购和招标限制等经济条件，意在为援助国的厂商提供竞争优势。偏向援助国企业的援助采购项目，由于缺乏充分竞争，导致采购成本的上升。援助条款中还存在过度使用援助国人员的要求，相对受援国而言援助国人员往往工资高、收费贵，导致援助项目成本过高，实际上降低了援助资源的使用效率。此外，援助资金的分配也不尽合理，大量援助并非流向最需要的国家。

总之，过多地附加各种条件，使得援助项目的效率大大降低。过多的援助条款，容易引发援助与需求脱节，造成援助资金的错配，降低援助的使用效果。这些不合理的条件，其实忽视了受援国的长期利益，没有完全发挥出援助在促进增长和减少贫困方面的功效。

综上所述，全球的贫困状况发生了巨大变化。按照每天1.25美元的贫困标准，1981—2011年，全球贫困人口总量从19.51亿人下降至10.11亿人，贫困率从52.51%下降至16.98%。但地区间减贫存在巨大差异。1981—2011年，东亚地区减贫效果最为显著，南亚地区由于总人口的增长造成贫困人口总量下降不大。而撒哈拉以南非洲地区贫困人口总量却增长了近1倍，从2.1亿人上升至4.03亿人。其他地区贫困人口都有所下降。不过，如果从人类发展指数的指标看，全球的减贫效果表现更好。从1980年至2012年，不同地区的人类发展指数普遍上升，即便是撒哈拉以南非洲地区，人类发展指数也从0.366增长至0.475。而按照多维贫困的标准，全球会新增约5亿贫困人口，即全球约15亿人生活在贫困中，还有约8亿人正遭受准贫困。此外，减贫在不同国家的表现也迥然不同。

在长期的援助实践中，西方发达国家的援助应该得到肯定，但同时也存在不少的弊端。首先，从宏观视角看，其贡献主要表现在：注入了巨大的资源，在某些领域和地区取得了一定的减贫实效，积累了宝贵的援助减贫经验。其次，从微观的家庭和个人角度看，援助对减贫的作用总体是积极的。援助确实能够提高贫困人群的基本福利水平，体现在对穷人的教育、医疗、营养和紧急救助等方面。西方发达国家提倡的软性援助，比如赋权减贫是一种较高层次的扶贫模式。从微观视角看,援助对减贫的影响有时又是复杂的,比如"蚊帐援助"案例中援助在帮助一部分穷人的同时,却损害了另外一部分穷人的利益。在罗兰的故事中,如果所设置的援助场景不同,援助对他家庭的减贫效果显然是不同的。此外,西方发达国家主导的援助机制也存在诸多的不足和缺陷,这些不足或缺陷也是导致援助效果低下的重要原因。比如,援助议程往往存在固有缺陷,援助承诺多而兑现少,援助常附带各种条件并过多植入援助国利益,援助体系愈加复杂化和分散化。

第 三 篇

"南南合作"与发展中国家的
对外援助管理

第七章　"金砖四国"的对外援助

21 世纪以来,许多发展中国家作为援助国在国际援助体系中扮演着越来越重要的角色。虽然它们被称作"新的"或者"新兴"援助国(New Donors or Emerging Donors),但事实上,有些国家已经提供了半个多世纪的对外援助。部分国家在冷战期间也曾是活跃的对外援助国,随着冷战的结束,援助的战略性作用下降,这些国家一度把注意力从外部关系转移到国内事务上来,在对外援助体系中的作用下降。近年来,这些国家又重新回到对外援助国际舞台,在对外援助体系中的作用日益凸现。

本章主要探讨新兴市场国家的重要代表"金砖四国"(BRIC),即巴西、俄罗斯、印度和中国的对外援助。一方面,这四个国家作为新兴市场国家在对外援助过程中形成了具有自身特色的模式。另一方面,"金砖国家"以及新兴市场国家国际援助并未形成统一的规范,相互之间仍存在较大的差别,需要一一加以分析。

第一节　"金砖四国"对外援助历程
及其目标和原则

"金砖四国"既是援助国又是受援国,这使它们能够更好地了解受援国的需求和约束。"金砖四国"的对外援助具有一些共同的特点,如均在"南南合作"框架下开展,具有"南南合作"的性质和特点:强调平等互利;援助方式以技术合作和项目援助为主;援助领域以受援国需求为前提,以改善民生为重点,不附加政治条件且落实迅速。这些特征使得"金砖四国"在对外援助上具有相对优势,从而更能在受援国实现千年发展目标方面取得成效。

一、"金砖四国"的对外援助历程

"金砖四国"的对外援助大多始于 20 世纪五六十年代,80 年代由于国内政策的调整,对外援助水平下降,20 世纪 90 年代以来特别是 21 世纪面对国内外形势的变化,对外援助重新上升。

(一)巴西对外援助历程

巴西参与国际发展援助可追溯到 20 世纪 70 年代。1987 年在联合国旨在推动发展中国家技术合作的布宜诺斯艾利斯行动计划(UN Buenos Aires Plan of Action)中,巴西以受援国身份将其接受援助的经验进行了介绍和分享。巴西最大限度地利用了接受的援助,因此认为自身有义务帮助并指导其他欠发达国家对援助资金的使用。

20 世纪 80 年代,巴西对其援助角色进行了调整,在作为受援国的同时开始向其他发展中国家提供援助,以加强并扩大其外交利益。双边合作是巴西外交政策的主要工具,巴西通过向其他发展中国家提供双边援助来增强其国际影响力。

2003 年以来,巴西发展援助迅速扩张,这一方面反映了巴西国际地位的提高,另一方面反映了其对自身的重新定位。

1. 21 世纪以来,巴西是一个有较高经济增长率以及投资吸引力的新兴经济体,在一些领域(如工业、能源和航空)具有比较优势,并具有潜力巨大的国内市场。

2. 巴西稳定的政策和机构环境使其能够在加强国家监管的同时充分发挥市场的力量。

3. 巴西是南美的领导者以及区域的维稳者,在国际上倡导用和平方式解决冲突。

4. 巴西坚持多边主义并坚决降低区域或国际上在政策、金融以及商业领域的不公平行为。

5. 巴西在对抗贫困方面具有成功经验,并在社会创新、科学技术方面具有优势。①

（二）印度对外援助历程

印度作为一个援助国几乎是与其接受援助同时出现的。印度于 20世纪 50 年代开始提供对外援助。印度的地区防务战略及其希望发挥地区性大国作用和更多参与国际事务的抱负,均使其将对外援助作为一种手段。政治和战略上的考虑是印度当时对外援助的根本动力。

1950 年,印度对与其具有悠久历史、文化和社会关系的邻国尼泊尔提供援助,这开创了印度作为一个援助国的历史。印度政治家的思维是:对尼泊尔任何可能的威胁都意味着对印度可能的或间接的威胁。正如印度尼泊尔学者纳拉扬·卡德卡(Narayan Khadka)所言:"20 世纪 50 年代印度政治家支持向尼泊尔提供援助,原因在于所谓的防御战略。"②1960—1961 年,印度向尼泊尔第二个社会计划提供了 1.8 亿卢比的经济援助,这是印度第一个有计划地支持毗邻国家的援助行动;为促进不丹的发展,从 1960 年起印度每年向不丹注资 7000 万卢比。此外,印度还参与了三方合作。1957 年印度与尼泊尔、美国合作,为促进喜马拉雅山地区国家的经济发展,修筑了一条长达 900 英里的公路;1958 年,印度、尼泊尔、美国在加德满都达成一项新的合作项目,旨在提高加德满都—新德里以及加德满都—加尔各答的通信设施,同时提升尼泊尔的内部通信系统。③

20 世纪八九十年代印度对外援助对国内政治的重要性有所减弱之后,21 世纪以来,印度又重新开始重视对外援助在国际政治中的地位,以此作为获得联合国安理会永久席位和开拓产品市场、对外投资铺平道路的重要手段。

（三）俄罗斯对外援助历程

俄罗斯的对外援助可以追溯到 20 世纪四五十年代的苏联时期。

---

① Bruno Ayllón Pino., "Brazilian Cooperation: A Model under Construction for an Emerging Power", ARI, 2010, p.1.

② 王艳芬:《尼泊尔印度 1950 年〈和平友好条约〉的后果》,《学海》2009 年第 5 期。

③ Sachin Chatervedi, "Indian Development Cooperation Policy and Trends in Development Assistance", *Research and Information System for Development Countries*, 2010, 11.

从地缘政治角度看，20世纪40年代和50年代，对外经济援助被广泛认为是当时参与意识形态战争的一种工具。① 援助作为一种对外政策工具，更多地服务于各国的政治目的。第二次世界大战后美国和苏联都以对外援助为重要手段，维护各自为首的阵营的稳定，确保敌对国家和国家联盟不会在冷战中取得优势地位。

苏联经济援助基本上是出于政治动机，苏联希望借助援助和其他手段建立一个就思想、行动和组织方式而言主要是亲共产主义的、亲苏联的、反西方的世界。1947年，苏联提出了"莫洛托夫计划"，以经济援助为重要手段来加强苏联与东欧国家之间的联系，作为反击美国的武器。莫洛托夫计划是由苏联所创立的经济互助组织，是一项参与国与苏联的双边贸易协定，协助社会主义国家的经济发展。计划目标是提供重建物资援助东欧国家，协助东欧各国重建经济，务求令其卫星国在政治及经济上与苏联看齐。这一计划是苏联针对杜鲁门主义和马歇尔计划作出的反击，它加强了苏联与东欧的经济联系，也限制了东欧同西方的经济往来，使其日益成为一个游离于世界市场之外的封闭经济集团。

20世纪50年代苏联开始依赖经济手段影响最不发达国家，通过贸易和援助协定同这些国家建立正常的经济、外交和文化联系。1953年7月15日，苏联驻联合国经济及社会理事会代表在发言中宣布，苏联将开始对最不发达国家提供技术援助，拨出相当于100万美元的卢布作为对联合国技术援助扩大计划的捐款。这项声明宣布后的6个月内，苏联同阿根廷、印度签订了贸易协定，并宣布同阿富汗签订一项双边经济援助协定，帮助兴建谷仓千座、面包厂和面粉厂各一座。② 这之后，苏联开展了以大量签订贸易和援助协定为主要形式的对最不发达国家的浩大经济攻势。苏联把大笔援助提供给与共产主义世界接壤的美国同盟国，这是一种为了安全原因更加直接地利用经济援助的做法，提供这种援助的意图是突破和削弱西方同盟体系，利诱属于西方同盟体系的不发达国家采取

---

① Friedman, Harry J., "Indian Federalism and Industrial Development", *Far Eastern Survey*, Vol.27, No.3, 1958, pp.33-41.

② ［美］罗伯特·沃尔特斯：《美苏援助对比分析》，陈源、范坝译，商务印书馆1974年版。

中立政策,使亲西方的不发达国家相信,苏联对它们的独立并不真正构成威胁。1965 年,苏联提供的新经济援助约为 6.55 亿美元,其中 80% 以上集中于伊朗、土耳其和巴基斯坦。除了中立主义国家外,与美国结盟的不发达国家也是苏联贸易和援助的目标。1967 年,苏联向伊朗提供 1.1 亿美元军援的协定证实了这种新的动向。[①]

冷战结束以后,基于当时国内经济的困境,苏联的后继者俄罗斯欲在维护国家经济利益的基础上处理本国和"第三世界"国家之间的关系,减少了对外经济援助,以克服自身十分严重的社会经济和财政危机,加快与西方工业化国家发展经济关系的步伐。[②] 21 世纪以来,随着国内外经济形势的好转,考虑到实现对外政策的需要,俄罗斯政府在八国集团、非洲伙伴关系论坛和联合国相关组织的框架内增加了对外援助的力度。

(四)中国对外援助历程

新中国成立以后,中国政府就遵循国际主义的原则,始终不渝地在力所能及的范围内参与国际援助活动。从对外提供经济援助看,其规模和布局与各个时期的国际局势、国家对外关系的发展和国内的财政经济状况都是密切相关的。

中国近七十年的对外援助历程大致可以划分为以下五个阶段。

第一阶段是 20 世纪 50 年代。中国对外援助始于抗美援朝前夕,从帮助周边友好国家开始,积极支持和援助发展中国家争取民族独立和发展民族经济。1950 年,中国首先向处于战争中的朝鲜和越南无偿提供了大量人道主义紧急物资援助,并对两国战后经济恢复和重建提供多方面的帮助,包括提供生产设备和物资、修复和新建基础设施、派遣专家以及培训技术人员等,从此开启了中国对外援助的序幕。1955 年万隆亚非会议后,随着对外关系的发展,中国对外经济技术援助的范围逐步扩大。其间,共向朝鲜等 18 个亚、非、欧国家[③]提供援助,建成项目 67 个。

---

① [美]罗伯特·沃尔特斯:《美苏援助对比分析》,陈源、范坝译,商务印书馆 1974 年版。
② 张来仪:《俄罗斯与非洲经济关系的困境和对策》,《西亚非洲》2007 年第 3 期。
③ 这 18 个国家是:朝鲜、蒙古国、越南、老挝、柬埔寨、印度尼西亚、斯里兰卡、巴基斯坦、尼泊尔、伊拉克、也门、阿尔巴尼亚、匈牙利、埃及、阿尔及利亚、突尼斯、几内亚、古巴。

第二阶段是 20 世纪 60—70 年代。1964 年年初，周恩来总理在访问亚非 14 国期间，首次提出并公开宣布以平等互利、不附带条件为核心的"中国对外经济技术援助八项原则"，确立了中国开展对外援助的基本方针。1971 年 10 月，在广大发展中国家的支持下，中国恢复了在联合国的合法席位，对外关系有了很大发展，要求援助的国家迅速增多，中国同更多的发展中国家建立了经济和技术合作关系。这段时期，中国克服自身困难，为支持其他发展中国家争取民族独立和发展民族经济提供了最大限度的支持，奠定了新中国与广大发展中国家长期友好合作的坚实基础。

第三阶段是 20 世纪 80 年代。党的十一届三中全会以后，在改革开放总方针指引下，中国在总结经验的基础上，根据国情适度调整了对外援助的规模、布局、结构、方式和领域，进一步加强对最不发达国家的援助，更加注重提高对外援助项目的经济效益和长远效果，援助方式更为灵活。同时，进一步巩固已建成援助项目成果，同受援国开展多种形式的技术和管理合作，包括代管经营、租赁经营和合资经营等。一些已建成援外生产性项目通过采取上述合作模式，在改善企业经营管理和提高生产水平等方面，取得了比传统技术合作更为显著的成效。经过调整巩固，中国对外援助走上了更加适合中国国情和受援国实际需求的发展道路。

第四阶段是 20 世纪 90 年代。中国在加快从计划经济体制向社会主义市场经济体制转变的过程中，根据受援国的需求和国内市场化改革的需要，适时推动一系列援助方式改革，逐步扩大资金渠道和规模。1993 年，中国政府利用发展中国家已偿还的部分无息贷款资金设立援外合资合作项目基金。该基金主要用于支持中国中小企业与受援国企业在生产和经营领域开展合资合作。1995 年，中国政府开始通过中国进出口银行在资本市场筹措贷款本金、政府贴息的方式，向发展中国家提供援外优惠贷款，有效扩大了援外资金来源。中国更加重视支持受援国能力建设。1998 年，中国在与联合国开发计划署合作举办发展中国家间技术合作（TCDC）培训班的基础上，首次独自承办发展中国家经济管理官员研修班，从此接受受援国官员和技术人员来华培训成为中国对外援助的重要内容之一。

第五阶段是进入 21 世纪以后。特别是 2004 年以来,在经济持续快速增长、综合国力不断增强的基础上,中国对外援助规模和领域逐步扩大,方式和内容日益丰富,和其他新兴大国一道成为国际发展援助的重要力量之一。2010 年 8 月,中国政府召开全国援外工作会议,全面总结援外工作经验,明确了新形势下进一步加强和改进对外援助工作的重点任务。2018 年 4 月,中国成立国家国际发展合作署,中国的对外援助进入新的发展阶段。

二、"金砖四国"对外援助的目标及原则

从理论上说,2015 年前,"金砖四国"和 DAC 成员对外援助的终极目标是相同的,都是以联合国千年发展目标为最高目标。2002 年,墨西哥蒙特雷发展筹资高级别会议上提出的《蒙特雷共识》,再次强调要在 2015 年以前实现千年发展目标的承诺。2006 年的《千年发展目标全球监测报告》又提出了一个千年发展目标监测治理的框架,呼吁援助国和国际金融机构利用该框架来改善发展实践活动,以促进千年发展目标的实现。"金砖四国"和 DAC 成员积极响应联合国的倡议,在联合国发展筹资高级别会议和联合国千年发展目标高级别会议上,许多国家先后宣布了各项援助发展中国家发展的举措,涉及农业、卫生、免债、基础设施、清洁能源、零关税待遇、人力资源开发、经贸与金融合作等领域。

(一)巴西对外援助的目标及原则

巴西的发展援助是"南南合作"的重要组成部分。巴西希望通过促进发展中国家之间的合作,不断推动"南南合作"的发展,并以此建立其新兴国家力量的角色。巴西参与发展援助的主要目标是改善发展中国家居民的生活环境,通过知识和技术转移推动经济增长和社会进步,推动能力建设和机构建设。根据巴西官方说法,巴西的对外发展援助不是建立在企业或者商业利益之上,而是无任何政治意图、无条件的。在这样的背景下,巴西关于多边主义、不干涉内政以及和平解决纠纷的承诺不仅是其外交政策的原则,同时也是其发展援助的原则。

（二）印度对外援助的目标及原则

自 20 世纪 50 年代以来"万隆原则"一直是印度外交政策的指导原则。其对外援助原则也建立在互相尊重主权和领土完整、互不侵犯、互不干涉内政、平等互利以及和平共处五项原则的基础上。[①] 印度对外援助的具体特点主要表现为"互利合作、经验分享"。首先，印度在其发展援助定义中明确指出"印度的发展援助以互利为基础，反对有条件的援助"。印度将受援国看成其合作伙伴，希望通过援助形成政治上的团结。这种在政治团结基础上建立的互利合作的方式从冷战时期就已开始。其次，印度的对外援助并非建立在资源转移的基础上，而是对经验和知识的分享。[②] 印度援助的一个最显著的特征是通过培训和专家咨询，使其他发展中国家分享印度在减贫和经济发展方面的经验。[③]

（三）俄罗斯对外援助的目标及原则

2007 年 6 月 14 日，俄罗斯总统普京批准了《俄罗斯联邦参与官方发展援助的构想》，这份文件是至今俄罗斯参与国际援助的指导性文件。该文件提出，俄罗斯将在官方发展援助领域奉行积极的有针对性的政策，提高俄罗斯的国际地位，稳定受援国的社会经济和政治形势，建设睦邻友好地带，防范潜在的紧张和冲突的发源地，最终为俄罗斯本身的发展创造良好的外部条件。

该文件提出了俄罗斯参与官方发展援助的目标和原则。俄罗斯的官方发展援助政策以联合国千年发展目标、俄罗斯对外政策构想和国家安全构想为基础，遵循目标与能力平衡的原则，优先关注低收入国家的援助需求，致力于促进国际社会各国实现联合国千年发展目标。该文件提出了俄罗斯参与官方发展援助的目标：以国际公认的国际法准则和与各国的伙伴关系为基础建立稳定、公正、民主的世界秩序，对世界进程施加影

---

① Vijaya Katti, Tatjana Chahoud, Atul Kaushik, " India's Development Cooperation-opportunities and Challenges for International Development Cooperation", 2009, p.3.

② Vijaya Ramachandran, " India-Emerges-as-an-Aid-Donor ", http://blogs. cgdev. org/globaldevelopment/2010/10.

③ Subhash Agrawal, "Emerging Aid Donor: India, Network for Policy Research Review and Advice on Education and Training(NORRG)", 2010, No.9, p.44.

响;在发展中国家和武装冲突后的国家,消除贫穷,保障经济持续发展;消除人道主义灾难、自然灾害、生态灾难以及其他紧急状况的后果;促进受援国民主化进程以及建设市场经济的进程,促进受援国尊重人权;与其他国家和国际组织发展政治、经济、教育、社会、文化和科技联系;沿俄罗斯边境形成睦邻友好地带,防范和消除可能引起局势紧张和冲突的策源地,以及毒品非法交易、国际恐怖主义和跨国犯罪的源头;与伙伴国发展经贸合作;促进受援国与俄罗斯在资本、商品、服务和劳动力市场的一体化进程;提高俄罗斯的国际威信。

《俄罗斯联邦参与官方发展援助的构想》提出,鉴于官方发展援助是一项复杂的综合性工程,除在紧急状况和自然灾害情况下提供粮食和人道主义援助外,俄罗斯的官方发展援助将遵循以下原则:受援国必须以实现可持续发展和消除贫穷为目标,在全面合作伙伴关系框架内,根据援助国与受援国相互承担责任的原则,出台并落实解决贫穷问题以及保障可持续发展的计划和战略;受援国必须制定发展教育、卫生、低收入人群社会保障的社会机制的政策或进行改革;伙伴国应在反腐败领域落实有关计划;提供援助和使用援助决策的透明化,联邦预算国际援助资金支出的稳定性和可预见性;官方发展援助与其他双边和多边援助措施相协调;关注相关项目和措施的生态和社会后果;受援国是否有与俄罗斯积极发展双边合作关系的意愿。提供援助将采用个案处理的原则,充分考虑具体受援国的政治、经济、社会和民族特点,与受援国进行积极的对话。

(四)中国对外援助的目标及原则

中国对外援助的终极目标与国际发展援助的终极目标是一致的,都是为了帮助发展中国家在 2015 年实现千年发展目标。同时,中国的对外援助服从国家战略,目的是维护国家主权、安全和发展利益。因此,中国对外援助目标可以分为四类——发展目标、政治目标、经济目标和国际道义目标:增强中国的国际地位,维护国家统一与领土完整;与自然资源丰富的发展中国家共同开发自然资源,维护中国国内能源和资源安全;鼓励发展中国家和中国的经济合作,支持中国企业"走出去",开拓中国海外市场;增强发展中国家的自主发展能力,帮助它们发展经济和减少贫困人口数量；倡导发展中国家的相互支持、重视"南南合作"，加强相互帮助和支持。

中国政府在参与国际发展援助工作中，始终遵循国际主义的原则，主要向第三世界经济困难的友好国家提供经济技术援助。中国对外援助的目标虽然随着时代的发展有所调整，但是其根本原则是一致的。

1963 年 12 月至 1964 年 2 月，时任国务院总理周恩来在访问非洲十国期间提出的"中国对外经济技术援助八项原则"，是中国对外提供经济技术援助实践的总结和概括，它同时也成为中国参与国际发展援助的基本原则。其主要内容是：中国政府一贯根据平等互利的原则对外提供援助，从来不把这种援助看作是单方面的赐予，而认为援助是相互的；中国政府在对外提供援助的时候，严格尊重受援国的主权，绝不附带任何条件，绝不要求任何特权；中国政府以无息或低息贷款方式提供经济援助，在需要的时候延长还款期限，以尽量减少受援国负担；中国政府对外提供援助的目的，不是造成受援国对中国的依赖，而是帮助受援国逐步走上自力更生、经济上独立发展的道路；中国政府帮助受援国建设的项目，力求投资少、收效快，使受援国政府能够增加收入，积累资金；中国政府提供自己所能生产的、质量最好的设备和物资，并根据国际市场的价格议价，如果中国政府所提供的设备和物资不合乎商定的规格和质量，中国政府保证退换；中国政府对外提供任何一种技术援助的时候，保证做到使受援国人员充分掌握这种技术；中国政府派到受援国帮助进行建设的专家，同受援国自己的专家享受同样的物质待遇，不容许有任何特殊要求和享受。"八项原则"是中国的对外政策在援外工作中的具体体现，阐明了中国对外经济技术援助的性质和宗旨，又规定了援外工作所遵循的具体政策。在"八项原则"指导下，中国对外经济技术援助实践在国际发展援助活动中创立了真诚合作的典范，赢得了受援国政府和人民以及国际社会的广泛赞扬与好评。"八项原则"宣布之后，尽管国内外形势发生了很大变化，中国的对外经济技术援助工作无论是从广度还是深度来看，也都有了很大发展，但是它所体现的基本原则精神，始终指引着中国参与国际发展援助工作沿着正确的轨道前进。

党的十一届三中全会以后,根据新的形势需要,中国在发展同西方发达国家关系的同时,更加注重发展与非洲国家的友好合作关系,力求与发展中国家形成互利共赢的共同发展模式。1983年,党中央提出了与非洲国家进行经济技术合作的"平等互利、讲求实效、形式多样、共同发展"的四项原则。其具体内容是:中国同非洲国家进行经济技术合作,遵循团结友好、平等互利的原则,尊重对方的主权,不干涉对方的内政,不附带任何政治条件,不要求任何特权;中国同非洲国家进行经济技术合作,从双方的实际需要和可能条件出发,发挥各自的长处和潜力,力求投资少、工期短、收效快,并能取得良好的经济效益;中国同非洲国家进行经济技术合作,方式可以多种多样,因地制宜,包括提供技术服务、培训技术和管理人员、进行科学技术交流、承建工程、合作生产、合资经营等。中国方面对所承担的合作项目负责守约、保质、重义。中国方面派出的专家和技术人员,不要求特殊的待遇;中国同非洲国家进行经济技术合作,目的在于取长补短,互相帮助,以利于增强双方自力更生的能力和促进各自民族经济的发展。这些原则是在总结了中国多年对外经济技术援助工作的经验基础上,根据世界形势和发展中国家经济情况的变化而提出的,是对"八项原则"的继承和发展。它既是中国同第三世界国家发展多种形式互利合作的原则,也是新形势下进一步做好对外经济技术援助工作的指导思想。

第二节　"金砖四国"对外援助概况

"金砖四国"均为发展中大国,具有一定的经济实力作为后盾,在国际上或所在区域已具有较大影响力,并希望通过对外援助扩大自身的影响力,因而近年对外援助增长迅速。DAC《2011年发展合作报告》对"金砖四国"的对外援助做了估计,2009年中国对外援助总额为19亿美元左右,巴西对外援助总额为3.62亿美元,俄罗斯对外援助总额为7.85亿美元,印度2009—2010财年的援助额为4.88亿美元。从近年的援助支出来看,"金砖四国"的对外援助已经超过了不少DAC成员。

一、巴西对外援助概况

巴西的对外援助可分为技术援助和资金援助。巴西在农业发展、减贫和社会发展政策方面取得了比较显著的成就，故而在对外援助过程中非常注重这些技术和经验的传播，因此在巴西的对外合作中，技术援助/技术合作①占据较大的比重，资金援助的比重较小。近年来巴西参与的三方合作数量增长迅速。巴西发展合作署(Brazilian Cooperation Agency, ABC)的主要职能是对巴西的技术援助进行协调和监督。卢拉总统执政以来(2003—2010 年)，巴西在外交政策上赋予"南南合作"极大的重要性，无论是以项目数额还是援助总金额衡量，巴西的对外援助规模显著上升。

(一)技术援助

1.援助规模

总体而言，巴西的对外援助规模相比发达援助国而言还是很小的，但是 2003 年后呈现迅速上升的趋势，再加上巴西在国际经济中的表现，越来越多的目光投向了这个南美国家。

巴西的技术合作——通过对知识、科技和技术的转换来促进发展——主要体现在对农业健康和教育的支持，其占巴西技术合作的半壁江山。巴西在这些领域的政策是非常成功的，对发展中国家有很大的吸引力。

技术合作是巴西对外援助的主要方式，通过具体的项目来实现。主管对外技术合作的巴西发展合作署的技术援助预算从 2006 年的 1561 万雷亚尔(960 万美元)增加到了 2010 年的 5256 万雷亚尔(3236 万美元)，2011 年更是达到 9200 万雷亚尔(见图 7-1)。2007 年，巴西在"南南合作"框架内共执行了 184 个技术合作项目。2009—2011 年，巴西发展合作署的项目预算资金为 7000 万美元，去除行政成本，巴西用于技术援助的活动金额约为 3600 万雷亚尔，正在实施及处于谈判阶段的技术援助项目的金额累计已超过 1 亿美元。而且这些数据只包含了巴西发展合作署资源性的投资，并没有将巴西其他合作机构(如咨询、培训、奖学金等)提

---

① 本书中的"技术合作"以及"技术援助"都是同一概念，英文为 technical cooperation。

供的专业性指导囊括进去,明显低估了巴西真正用于技术援助的投资。研究显示巴西发展合作署在技术援助中每投资 1 雷亚尔,这些机构要增加大约 15 雷亚尔的配套投资。①

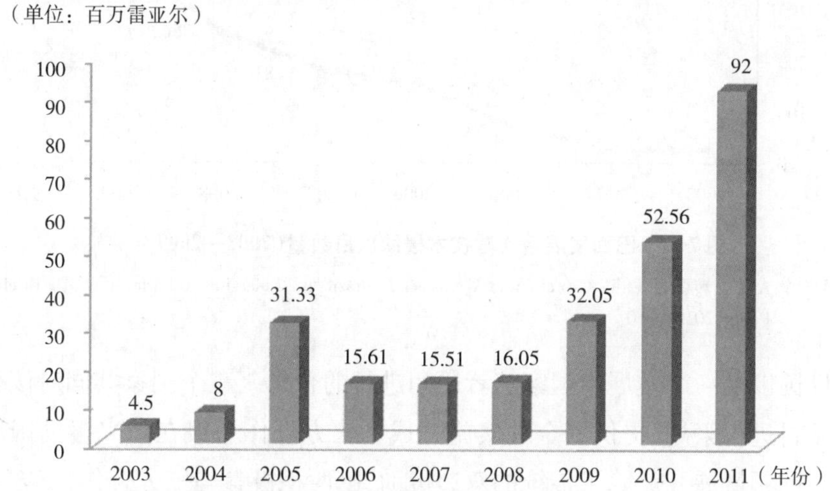

(单位:百万雷亚尔)

图7-1 巴西发展合作署技术援助年度预算(2003—2011 年)

资料来源:Brazil Government,"Fact Sheet:Brazilian Technical Cooperation",June 24,2011。

在项目数量方面,根据巴西外交部的内部条例,巴西发展合作署负责巴西发展援助项目的规划、协调、谈判、审批、监管以及评估工作。技术援助的项目数量也在迅速增长。2003 年巴西发展合作署技术援助的项目仅为 23 个,到 2009 年上升为 413 个(见图 7-2)。同期受益国家总数的增长超过一倍,从 21 个上升到 58 个。②

2.援助渠道

巴西的技术援助主要有三种形式:双边、三边以及多边合作。大部分的技术援助是在双边基础上进行的,但巴西正逐步增加多边合作的比重。

三方合作是一种新的发展合作形式,它是一个新兴援助国、一个传统

①　Lídia Cabral,Julia Weinstock,"Brazilian Technical Cooperation for Development:Drivers,Mechanics and Future Prospects",Overseas Development Institute,2010,9.

②　Lídia Cabral,Julia Weinstock,"Brazilian Technical Cooperation for Development:Drivers,Mechanics and Future Prospects",Overseas Development Institute,2010,9.

（单位：个）

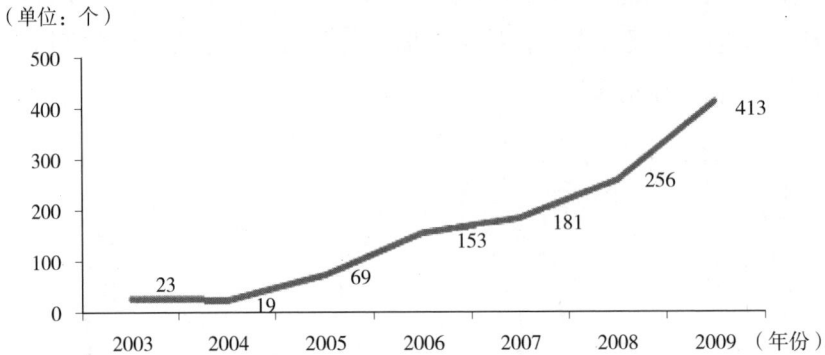

图7-2　巴西发展合作署技术援助项目数量（2003—2009年）

资料来源：ABC。转引自 Lídia Cabral, Julia Weinstock，"Brazil: An Emerging Aid Player"，ODI Briefing Paper，2010，p.10。

援助国以及一个发展中国家三者之间进行的合作。三个国家共同对该合作项目进行策划、提供资金并实施完成。三方合作一般在新兴援助国所擅长的领域展开。除了传统的双边援助，巴西积极参与三方合作，三方合作①在巴西的技术合作项目中占了很大比例，2010年有近66.3%的巴西发展援助（金额达9.65亿雷亚尔）是通过多边尤其是三方合作的方式进行的。② 巴西已和多个国家、国际组织签订了关于三方合作的谅解备忘录。

巴西发展合作署确立了进行三方合作的主要七个发达国家，即日本、德国、英国、加拿大、西班牙、法国和意大利。③ 此外，巴西还与国际组织进行合作，在第三国家开展三方合作，这些组织包括联合国开发计划署（UNDP）、国际劳工组织（International Labor Organization，ILO）、联合国粮食和农业组织（the United Nations Food and Agriculture Organization，FAO）、世界粮食计划署（World Food Program，WFP）以及联合国人口基金

---

① 三方合作是一种较新的发展援助形式，是指由发展中援助国、发达援助国或者是多边开发机构在受援国共同执行援助项目，各方在合作过程中发挥各自的比较优势。

② IPEA，"Cooperação Brasileira para o Desenvolvimento Internacional 2010"，Brasilia：IPEA (Institute of Applied Economic Research)/ABC，2013.

③ Bruno Ayllón Pino，"Brazilian Cooperation：A Model under Construction for an Emerging Power"，ARI，2010，p.2.

（United Nations Population Fund，UNFPA）。① 2010 年，巴西与这些国家/组织在拉丁美洲、加勒比海以及非洲的发展中国家开展了 31 个三方合作项目，这些发展中国家包括：安哥拉、玻利维亚、萨尔瓦多、海地、莫桑比克、乌拉圭等。巴西开展的三方合作成功的例子包括与日本国际协力机构（JICA）在莫桑比克开展的热带草原发展项目、与美国国际发展机构进行的旨在加强莫桑比克研究机构的项目以及与联合国粮农组织、世界粮食计划署在非洲五国开展的向家庭农场提供粮食收购项目等。②

巴西还通过多边论坛来加强其在多边体系的地位。例如，在 IBSA 对话论坛③框架下，2004 年巴西向联合国开发署捐款 10 万美元，用于公共医疗、教育和食品安全项目。

3. 国别分配

从援助的国别分配来看，巴西发展合作署向世界上超过 80 个发展中国家提供了技术援助，主要在南美和非洲国家进行分配，包括美洲所有的发展中国家以及 38 个非洲国家。④ 外交战略目标通常决定了技术援助的分配格局。巴西之所以将非洲葡萄牙语国家作为对外技术援助的主要对象，是因为其与非洲葡语国家之间的关系是"政治的、道德的和历史的债务和责任"⑤，在这样的历史联系以及相似的语言环境下，巴西认为开展技术合作项目更加便利，也更易产生效果，利于服务其树立良好国际形象的战略目标。至于将中南美洲和加勒比地区作为技术援助优先考虑的对象，既是因为地缘上的关系，同时也因为历史文化联系，加强与拉美国家的发展合作对于巩固其地区领导者的地位有积极效果。2003 年，巴西

---

① 与巴西开展三方合作项目最多的是日本和国际劳工组织（ILO），已分别合作开展项目 15 个和 12 个。

② Brazil Government，"Fact Sheet：Brazilian Technical Cooperation"，June 24，2011.

③ IBSA 对话论坛（IBSA Dialogue Forum）是 2003 年 6 月由三个发展中大国，印度、巴西和南非组建的跨地区战略联盟，是在新兴国家间开展"南南合作"的一个新的形式，其建立对国际援助体系的发展产生重要影响。

④ Brazil Government，"Fact Sheet：Brazilian Technical Cooperation"，June 24，2011.

⑤ World Bank and IPEA，"Bridging the Atlantic，Brazil and Sub-Saharan Africa：Partnering for Growth"，Washington，D.C.，2011.

在拉丁美洲和加勒比海、非洲、亚洲和中东实施的技术援助总额分别为
55.34 万美元、52.1 万美元、27.90 万美元；自 2007 年起，巴西加大了在非
洲的技术援助项目，2010 年巴西在这三个地区的技术援助金额分别为
1445.9 万美元、2208.9 万美元、208.5 万美元（见图 7-3）。

（单位：千美元）

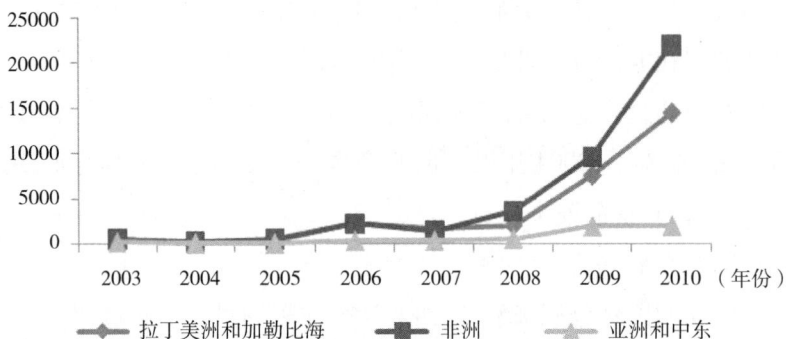

图 7-3　巴西在主要地区已实施的技术援助金额（2003—2010 年）

资料来源：Brazil Government，"Fact Sheet：Brazilian Technical Cooperation"，June 24，2011。

　　历史上巴西对非洲的发展援助多围绕葡萄牙语国家①进行。目前巴
西发展合作署正试图与更多的非洲国家建立合作关系，如摩洛哥、赞比
亚、博茨瓦纳和纳米比亚等。2010 年，巴西对 38 个非洲国家进行技术援
助，其在非洲的技术援助预算超过 6600 万美元；在拉丁美洲和加勒比海
地区，巴西与 30 个发展中国家开展了 390 个技术援助项目，2010 年在该
地区的技术援助预算超过 5300 万美元；中东作为巴西技术援助的一个新
领域，其援助的主要对象是东帝汶。② 尽管巴西没有一个正式的、中长期
的援助地区分配的战略指导，但近年已实施的技术援助显示，非洲已成为
巴西技术援助的首要地区（见图 7-3）。巴西 50% 左右的援助资源分布
在非洲，拉美地区占 37% 左右，其余集中在亚洲和中东地区。③ 图 7-4 展

---

　　① 包括安哥拉、几内亚、莫桑比克、圣多美和普林西比以及佛得角。

　　② Brazil Government，"Fact Sheet：Brazilian Technical Cooperation"，June 24，2011.

　　③ 吕少飒：《巴西对外援助管理体系及其面临的挑战》，《国际经济合作》2013 年第
10 期。

示了2005—2010年巴西的主要受援国,可以看到这些国家大部分为非洲和拉美国家。

尽管巴西在不断扩大其技术援助对象,但其传统援助伙伴,如莫桑比克、东帝汶、几内亚和海地等,依然是其最主要的援助对象,占据了巴西技术援助的最大份额(见图7-4)。

(单位:百万美元)

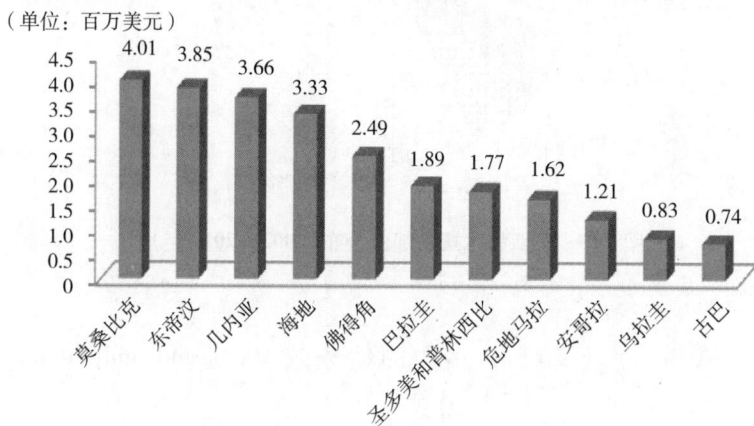

图7-4 巴西技术援助的国别分布(2005—2010年)

资料来源:Brazil Government,"Fact Sheet:Brazilian Technical Cooperation",June 24,2011。

4.部门分配

从技术援助的部门分配来看,巴西的技术援助主要集中在农业、医疗和教育部门(见图7-5)。这些领域是巴西所擅长的并取得了巨大成功的,巴西希望通过技术援助来推动其他发展中国家这些部门的发展。因此巴西发展合作署通过与巴西农业研究所(Embrapa)在农业研究方面进行合作,与卫生部(the Ministry of Health)和奥斯瓦尔多克鲁斯基金会(Oswaldo Cruz Foundation)在医疗研究及政策方面的合作,与社会发展部(Ministry of Social Development)在社会保障方面的合作以及与巴西全国工业企业培训中心(National Service for Industrial Apprenticeship,SENAI)在技能培训方面的合作,都使其能够在这些领域具备专业的技能和优势。

(二)资金援助

巴西的资金援助由财政部负责,主要包括发展出口信贷(developing

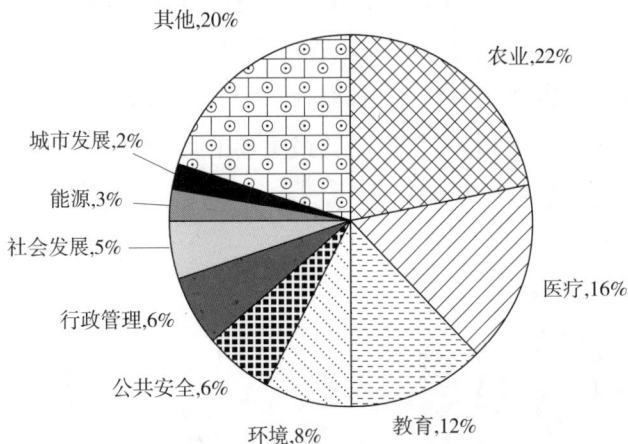

图 7-5　巴西技术援助部门分布（2003—2010 年）

资料来源：Brazil Government,"Fact Sheet:Brazilian Technical Cooperation",June 24,2011。

export credit lines）以及双边、多边的债务减免（bi-and multilateral debt relief）。

　　巴西已被国际货币基金组织和世界银行归类为新型债权人①，并且近些年巴西的资金援助在不断增大。巴西是继中国、科威特之后向低收入国家提供信贷的第三大新型债权国。巴西持有相当于安哥拉国内生产总值8%、几内亚比绍国内生产总值4%以及刚果民主共和国国内生产总值3%的债权。②

　　作为巴黎俱乐部（Paris Club）的观察国，巴西参与了多边组织的多项债务减免措施，其中大部分针对非洲国家。在重债穷国计划③中，巴西财政部对非洲一些国家（包括刚果共和国、尼日利亚、加蓬、塞内加尔、刚果

---

　　①　国际货币基金组织和世界银行认为的新型债权人包括：巴西、中国、印度、韩国、科威特以及沙特阿拉伯。

　　②　Catrina Schläger, "Challenges for International Development Cooperation: The Case of Brazil", *FES Briefing Paper*, 2007, Match, p.7.

　　③　重债穷国计划（the Heavily Indebted Poor Countries, HIPC）由国际货币基金组织与世界银行于1996年成立，希望能够协助世界最贫困的国家将外债降低至能够承担的水准，让这些国家的政府得以正常施政。重债穷国计划中有38个国家有资格接受债务减免，其中32个位于撒哈拉沙漠以南非洲地区。

民主共和国、赞比亚、毛里塔尼亚、坦桑尼亚、莫桑比克、几内亚、玻利维亚、几内亚比绍共和国和加纳)的债务给予免除,包括免除莫桑比克 3.69 亿美元、坦桑尼亚 1000 万美元、毛里塔尼亚 900 万美元以及几内亚比绍 500 万美元的债务。[①] 根据巴西政府和联合国机构共同起草的报告,截至 2006 年 12 月 31 日,巴西政府已减免穷国所欠债务 12.5 亿美元。其中,减免非洲国家债务 9.318 亿美元,非洲重债穷国债务 8.152 亿美元;减免非洲最大国家尼日利亚 1.62 亿美元债务,占该国 1984 年以来所欠债务的 67%;减免非洲以外其他国家债务 3.218 亿美元,非洲以外其他重债穷国债务 1.251 亿美元。[②]

二、印度对外援助概况

印度对外援助早在其独立不久后的 20 世纪 50 年代就已经开始,1959 年印度向尼泊尔和不丹提供援助,标志着印度对外援助的开端。至今,印度的对外援助已经走过 60 余年的历程。

(一)援助规模

印度官方没有对其对外援助进行明确的定义,但是其对外援助所包含的范围与 DAC 成员官方发展援助(ODA)的定义明显不同,印度也不向 DAC 报告其援助额及援助的地区部门流向。苏巴指出印度通常提到的海外发展援助(Overseas Development Assistance)是项目援助、购买补贴、信用贷款以及技术培训产生的成本的混合体。[③] 达维普·查纳纳认为印度的对外援助可被定义为印度以援助国身份进行的对外支出,包括赠款、政府提供的双边优惠贷款、在国际组织和国际金融机构的份额。[④]

早年印度的对外援助规模很小,与传统的西方援助国相比金额微不

① Bruno Ayllón Pino, "Brazilian Cooperation: A Model under Construction for an Emerging Power", ARI, 2010, 2, p.4.

② 中国商务部:http://br.mofcom.gov.cn/aarticle/jmxw/200709/20070905094527.html。

③ Agrawal, Subhash, "Emerging Donors in International Development Assistance: The India Case", India Focus, New Delhi, 2007.

④ Chanana, Dweep I., "India's Transition to Global Donor: Limitations and Prospects", 2010.

足道,印度更多的是作为受援国为国际社会所关注。[①] 但自 20 世纪 90 年代的改革以来,印度经济的平均增长率由原来的 4%—5% 上升到 6%—7%,即使在 2008 年全球金融危机时也未明显放缓。[②] 随着经济实力的增强,印度对西方援助的依赖大大下降(如今外国援助在其国内 GDP 中所占的份额不到 0.3%),同时加大了援外的力度,2003—2013 年,印度的对外援助金额增长了 3 倍,2012 年印度政府用于发展援助的预算与同年澳大利亚对外援助的资金不相上下,而且高于四个相对较小的 DAC 成员的援助金额。[③]

21 世纪以来,印度政府对外援助金额于 2007 年之后明显上升,2004—2010 年印度援助支出的年均增长率为 6.9%,2010 年印度用于援助相关活动的预算为 367 亿卢比(7.85 亿美元)(见表 7-1)。从图 7-6 可以看到,根据印度的财政预算报告,2013 年的援助预算金额达到 700 亿卢比,折合成现价美元为 11 亿美元,与部分 DAC 成员的预算不相上下。此外,根据印度的财政预算报告,印度在国际组织中的份额和对国际金融机构的投资总额在 2004—2010 年也由 4000 万美元上升至 1.27 亿美元。不过,印度对外援助金额虽然在不断上升,但是与西方援助大国相比规模仍然很小,甚至与中国相比数额也是有限的(Dweep Chanana,2010)。

表 7-1　印度对外援助预算(2004—2010 年)　(单位:百万卢比)

项目＼年份	2004	2005	2006	2007	2008	2009	2010
(1)赠款和政府贷款	19619	21620	17290	18133	26999	24083	23834
赠款比重(%)	70.9	79.1	90.7	93.7	65.6	82.3	84.1
(2)对国际组织的支出	2568	3320	3595	3550	12775	5317	5578

[①] 在 20 世纪 80 年代中期,印度曾经是世界上最大的受援国。

[②] Asian Development Bank, "Asian Development Outlook 2005/2006/2010", Manila: Asian Development Bank.

[③] OECD, "Development: Aid to Developing Countries Falls Because of Global Recession", 2012, http://www.oecd.org/newsroom/developmentaidtodevelopingcountriesfallsbecauseofglobalrecession.htm.

续表

年份 项目	2004	2005	2006	2007	2008	2009	2010
(3)对国际金融机构的投资	101	180	580	137	30900	67627	2948
(4)进出口银行支出	2266	1717	1600	2350	5098	4394	4300
总预算	24554	26836	23065	24169	75772	101421	36660
总预算(百万美元)	526	574	494	517	1622	2171	785

资料来源:indiabudget.nic.in.,转引自:Dweep Chanana.,"India's Transition to Global Donor:Limitations and Prospects",Real Instituto Elcano-ARI,2010 年 7 月 23 日。

(单位:亿卢比)

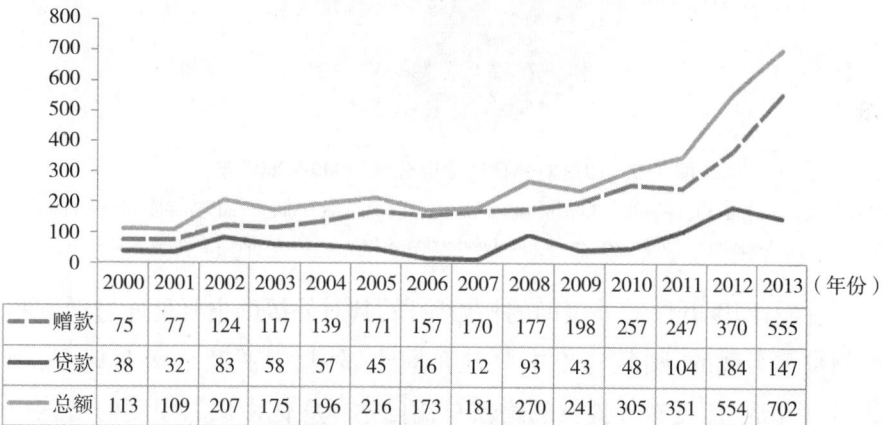

	2000	2001	2002	2003	2004	2005	2006	2007	2008	2009	2010	2011	2012	2013
赠款	75	77	124	117	139	171	157	170	177	198	257	247	370	555
贷款	38	32	83	58	57	45	16	12	93	43	48	104	184	147
总额	113	109	207	175	196	216	173	181	270	241	305	351	554	702

图 7-6 印度政府对外国政府的援助金额(2000—2013 年)

注:数据已经过四舍五入处理。2013 年度金额为预算金额。

资料来源:印度政府预算部门支出预算(the Expenditure Budget,Union Budget,Government of India), http://indiabudget.nic.in/。

(二)援助渠道和方式

与西方援助国一样,印度的对外援助渠道有双边和多边两种形式,其中前者占其援助的绝大部分。

1.双边援助

2006—2007 年印度对外援助渠道主要是双边援助和印度经济与技术合作部的国际技术与经济合作(International Technical and Economic Cooperation,ITEC)项目,两者分别占当年对外援助总额的 44% 和 47%,由印度进出口银行提供的信贷额度占 8%，而多边援助仅占对外援助总额的 1%。由此可见，印度开展对外援助的工具主要有三个：赠款、ITEC 的技术援助项目以及印度进出口银行的信贷额度（见图 7-7）。

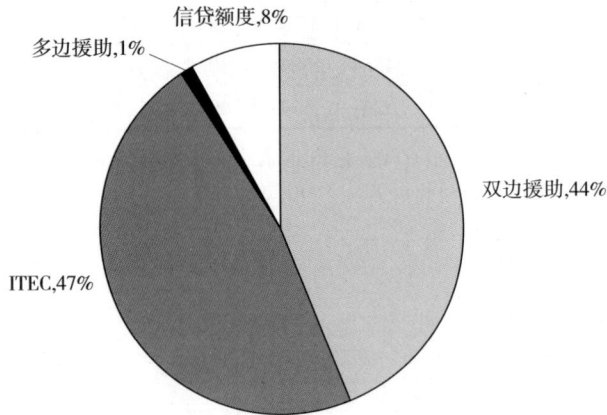

图 7-7　印度对外援助渠道分配（2006—2007 年）

资料来源：Sachin Chatervedi，"Indian Development Cooperation Policy and Trends in Development Assistance"，*Indian Research and Information System for Development Countries*，2010，11。

首先，印度开展对外援助的初始阶段，其对外援助主要是通过赠款和小额贷款实现的，赠款对象主要是在周边邻国、中亚及东南亚地区，到 2012 年年底，印度对外提供的赠款总额已达 300 亿卢比。印度的赠款由发展伙伴关系管理处（DPA）进行管理。

其次，印度经济与技术合作部成立于 1964 年。其目的是开展培训项目帮助伙伴国家克服技术上的困难，以此增强技术合作和能力建设，如今已经发展成为印度与其他国家进行技术合作的最主要途径。自成立以来，印度通过 ITEC 项目开展的对外援助已经超过 20 亿美元[1]，在 1995—1996 财年到 2005—2006 财年的 10 年间，ITEC 培训的人员从 427 个上升到 2014 个，反映了印度政府希望援助覆盖到更多的发展中国家的医院。[2]

---

[1]　Sachin Chatervedi，"Indian Development Cooperation Policy and Trends in Development Assistance"，*Indian Research and Information System for Development Countries*，2010.11.

[2]　Sachin Chatervedi，"Indian Development Cooperation Policy and Trends in Development Assistance"，*Indian Research and Information System for Development Countries*，2010，11.

印度政府对 ITEC 的资金投入也由 1990—1991 年的 1.34 亿卢比上升到 2012—2013 年的 12 亿卢比。ITEC 项目开展的对象主要是亚洲和非洲发展中国家,欧洲、拉丁美洲国家和多边机构所占份额非常少。根据印度外交部 2012 年的年报(MEA Annual Report 2012),2011—2012 年印度在亚洲和非洲开展的 ITEC 项目占其总项目的份额为 44%,拉美地区占 4%,多边机构只有 2%,这反映出印度开展对外援助的区域主要集中在亚洲和非洲。

最后,信贷额度(Lines of Credit, LoC)由印度进出口银行操作,是印度政府 2004 年新开发的对外援助工具,而后迅速发展成为印度外援的三大工具之一。通过向海外金融机构、地区发展银行以及主权政府提供优惠贷款,LoC 意在支持印度中小企业对外贸易的开展、便利受援国从印度的进口和支持受援国的基础设施建设。对于是否批准信贷额度,印度政府的主要参考标准是项目是否是需求驱动的、发展导向的和技术可行的。

2. 多边援助

尽管印度的多边援助在其发展援助总额中占比较小,但是印度历来是多边主义的支持者,它是不结盟运动的重要参与者,是"南南合作"的重要推动者。冷战结束后,印度通过经济改革获得了前所未有的发展。随着经济实力的上升,印度积极参与七十七国集团①、二十国集团②、不结盟运动以及发展中国家论坛等各种多边组织,并在各种国际组织如联合国安理会、世界贸易组织以及国际货币基金组织等中扮演重要角色。

2003 年 6 月,印度、巴西和南非三国外长在巴西利亚宣布成立了 IBSA 论坛。该论坛呼吁加强国际机构处理发展中国家关心的贫困、环境和技术等问题,并且决定在国际治理体系中加强三国共同的发言权。2004 年,印度通过国际货币基金组织下的资金交易计划向巴西、布隆迪

---

① 七十七国集团(Group of 77)是发展中国家在反对超级大国的控制、剥削、掠夺的斗争中,逐渐形成和发展起来的一个国际集团,反映了发展中国家为维护切身利益而走向联合斗争的共同愿望。

② 二十国集团是一个国际经济合作论坛,是 1999 年 9 月 25 日由八国集团的财长在华盛顿宣布成立的,属于布雷顿森林体系框架内非正式对话的一种机制,由八国集团和十一个重要新兴工业国家及欧盟组成。

和印度尼西亚提供了4亿美元贷款。2005年，印度成为世界粮食计划署的第15大援助国。2006年，印度参与了全球进出口银行和发展融资机构网络系统（Global Network of Exim Banks and Development Finance Institutions, G-NEXID）的创建。2007年，印度积极推动了联合国经济和社会理事会（United Nation's Economic and Social Council, ECOSOC）下发展合作论坛（Development Cooperation Forum, DCF）的建立。该论坛与由援助国组成的DAC不同，DCF不仅包括了援助国也包括了受援国，DCF旨在寻求援助双方共同接受的原则和条件。2008年，印度在IMF的份额微升。印度已成为联合国民主基金最大的贡献者之一，正协商加入东盟、APEC和上海合作组织。可见，在不断的努力和国内政策推动下，印度在国际上的影响力正逐步上升，同时印度也在寻求更高的战略角色。

（三）援助分配

印度对外援助的规模在近年来明显扩大，在地理分配上显现出很强的地缘偏好性，在部门分配上则集中于基础设施建设和商业部门，援助资源在地理及部门上的分配反映出印度开展对外援助背后的政治经济动机。

1. 地区/国别分配

在地区分配上，印度发放的赠款和贷款集中在两个区域：其一是亚洲，主要是印度的周边国家，尤其是不丹、尼泊尔和阿富汗；其二是非洲国家。

（1）亚洲

从表7-2可以看出，不丹和尼泊尔是印度援助最多的受援国。自21世纪以来，不丹接受了印度近50%的对外援助。印度在不丹和尼泊尔的援助主要集中于基础设施建设、教育以及健康领域。印度对邻国基础设施项目（如火力发电站）的援助，一般在长期能够给印度带来好处（如向印度输送电力）。近些年阿富汗成为印度一个重要的受援国，而且在未来几年阿富汗可能超过不丹成为印度对外援助最多的国家。

表 7-2 印度对外援助的主要受援国(2001—2013 年)

(单位:百万卢比)

年份 国家	2001—2004	2004—2007	2007—2010	2010—2013
不 丹	7265	12130	28021	72450
阿富汗	—	—	8959	11675
马尔代夫	118	224	5271	3488
尼泊尔	1203	3422	3611	6290
斯里兰卡	2033	2389	2001	5627
非洲国家	873	1878	2708	4487
缅 甸	823	1922	1008	2664
欧亚国家	—	—	73	880
孟加拉国	904	1003	737	3079
其他国家	9868	18797	9262	10348

注:数据已经过四舍五入处理。2013 年度金额为预算金额。

资料来源:印度政府预算部门支出预算(the Expenditure Budget, Union Budget, Government of India), http://indiabudget.nic.in/。

不丹:印度是不丹经济最重要的贡献者,不丹 60%的财政预算由印度提供。印度在不丹的援助主要由赠款和贷款混合构成。在 Tata① 项目中,60%的资金为无偿援助,其余资金通过期限 12 年、利率为 9%的贷款进行融资。印度不仅在当地帮助建立电厂和医院,还考虑把铁路线延伸到不丹。

尼泊尔:印度参与尼泊尔的经济发展至少有 50 年的历史。印度几乎是向尼泊尔国内基础设施提供援助的唯一援助国,其在尼泊尔的援助主要集中在基础设施,尤其是公路、桥、医院和机场等,比如加德满都的特里布汶机场以及从尼泊尔东部到西部的公路。印度每年向尼泊尔提供 6.5 亿—7 亿卢比(1500 万—1600 万美元)的赠款。2006 年,印度向尼泊尔提供了 2.18 亿美元的资金,并且免除了其军用设施的还款。

———————

① 塔塔(Tata)集团是印度最大的集团公司,创立于 1868 年,其为印度国内及其他国家家庭、个人、公司提供工业用品及服务。2009 年,Tata 集团总资产达 517 亿美元,被《福布斯》评为全球最受尊敬的公司第 11 位。

阿富汗:阿富汗是印度重要的受援国。印度和阿富汗两国的企业在历史上就有联系。早在 20 世纪七八十年代,就曾有印度公司在阿富汗经营。1998—2008 年阿富汗成为印度第二大受援国。自 2002 年以来,印度在阿富汗的重建工作中发挥了重要作用,对阿富汗的援助额超过 10 亿美元。

印度对周边援助比较集中的国家还有缅甸、马尔代夫、斯里兰卡等。20 世纪 90 年代末,随着更多的道路修建工程的开展,印度向缅甸的无偿援助和贷款额不断上升。2001 年,由印度援建的、全长 160 千米的印度—缅甸友谊公路完工;印度在马尔代夫的援助主要是在人力资源开发和公共医疗领域,此外印度还在当地援建医院、教育研究院和相关学院等;1998 年 11 月 28 日,印度和斯里兰卡签署了自由贸易协定,并于 2003 年正式实行。该协定对两国 5112 项货物设定免税或者优惠税率,印度向斯里兰卡的出口由 2001 年的 6.4 亿美元上升到 2008 年的 33 亿美元,同期印度对斯里兰卡的投资超过 850 万美元。① 此外,印度承诺向斯里兰卡南部铁路翻修工程提供信贷,并且与斯里兰卡政府及其国内企业合作建立一座 500 瓦火力电厂。②

(2)非洲

非洲不仅拥有丰富的石油资源,而且非洲国家人民的生活方式、消费习惯以及收入水平与印度有一定的相似性,是印度重要的出口市场。仅2005—2007 年,印度公司在非洲的投资就高达 4 亿美元。

印度在非洲最重要的活动是对泛非电子网络工程项目提供援助,对非洲发展新伙伴关系以及 TEAM-9 倡议的贡献。泛非电子网络工程(Pan-African E-Network Project)是 2004 年开始印度为弥合非洲的数字鸿沟以及加快非洲大陆发展,在非洲开展的信息链接工作。其任务是支持远程教育、远程医疗、电子商务、电子政府、信息娱乐、资源测绘和气象服

---

① C. R. Bijoy, "India: Transiting to a Global Donor", http://www.realityofaid.org/userfiles/roareports/roareport_3ce2522270.pdf,2009,p.16.

② Vijaya Katti, Tatjana Chahoud, Atul Kaushik, "India's Development Cooperation-Opportunities and Challenges for International Development Cooperation",2009,p.3.

务。这一里程碑式的项目努力协助非洲国家在教育和卫生保健方面达到联合国千年发展目标;非洲发展新伙伴关系(New Partnership for Africa's Development,NEPAD)是非洲复兴的一个远景和战略框架。为使该项目下的各种活动良好运作,印度提供了 2 亿美元的资金。TEAM-9 倡议(TEAM-9 Initiative①)是 2004 年印度推出的为八个非洲国家提供总值为 5 亿美元的信贷额度。这八个国家包括布基纳法索、乍得、科特迪瓦、赤道几内亚、加纳、几内亚比绍、马里和塞内加尔。该倡议希望通过学习印度的技术,促进这些国家社会经济的发展。②

2008 年的印度—非洲首脑会议上,印度即表达了增加与非洲国家合作的愿望。在首脑会议期间,印度提出了三项承诺:第一,印度承诺将对非洲的信贷额度翻番,并在未来五年向非洲提供 54 亿美元信贷。这些信贷主要用于农业生产、发展基础设施和能源部门、中小型企业、灌溉、粮食加工、IT 和药品。自 2008 年 6 月 30 日起,印度进出口银行向非洲开放了 19 亿美元的信贷额度。第二,印度宣布了一项针对非洲最不发达国家的关税优惠计划,这些计划涵盖印度 94% 的税目,向这些国家 92.5% 的出口品提供优惠税率,相关产品包括棉花、可可、铝矿、铜矿石、腰果、蔗糖、成衣、鱼片和非工业用钻石等。第三,印度外交部对非援助预算将拨出超过 5 亿美元的资金用于人力资源开发和能力建设。此外,印度还将经济与技术合作部(Indian Technical and Economic Cooperation,ITEC)长期奖学金的名额从原来的每年 1100 人增加到每年 1600 人。③

尽管目前印度对非洲发展援助的国际影响仍较小,但是它的贡献具有多方面的意义:(1)印度提供的信贷额度覆盖达 20 多个非洲国家、10 多个区域和国家银行分享这些信贷。(2)印度是非洲维和任务的最大贡献者之一。印度在苏丹拥有 3000 人的部队,在刚果民主共和国驻有 3500

---

① The Techno-Economic Approach for Africa-India Movement,TEAM-9.

② Vijaya Katti, Tatjana Chahoud, Atul Kaushik, "India's Development Cooperation-Opportunities and Challenges for International Development Cooperation",2009,p.3.

③ Vijaya Katti, Tatjana Chahoud, Atul Kaushik, "India's Development Cooperation-Opportunities and Challenges for International Development Cooperation",2009,p.4.

名士兵,在埃塞俄比亚—厄立特里亚边境有 1000 名士兵。(3)印度在非洲的投资逐年增加,至 2010 年印度在非投资已达到 1050 亿美元①。(4)印度国内教育机构对非洲学生进行资助学习,帮助改善健康和卫生基础设施,提供急需的药品如抗艾滋病病毒和疟疾、天花和脊髓灰质炎疫苗等。

近年来,随着印度经济实力的提升,为扩大其在国际上的影响力,印度对外援助的范围不断扩大,从中亚扩展到太平洋岛国,进一步到东南亚和非洲。而在南亚邻国区域内部,印度的对外援助分配也有所变化。首先,从 2002 年起印度开始向阿富汗提供援助资金并成为阿富汗第五大援助提供者,位于美国、英国、日本和德国之后。② 其次,不丹仍然是印度援助的最大受援国,但印度近几年加大了对尼泊尔、斯里兰卡、马尔代夫和缅甸等国的援助力度。2012 年印度提供了 2 亿卢比的援助给斯里兰卡,而斯里兰卡的人均 GDP 甚至高于印度。印度对马尔代夫的援助在 2011—2012 年度达到 5700 万美元,相当于马尔代夫政府收入的 10%。③

印度对外援助在地理分配上的变化是其背后政治及经济利益考虑的反映,表 7-2 显示的即是印度通过外交部(Ministry of External Affairs, MEA)发放的赠款和补贴的主要受援国,从中可以看到其对几个南亚邻国的援助金额在近几年增幅明显,对非洲的援助力度也有所上升。

2. 部门分配

印度对外援助支出主要用于人力资源培训、能力建设或者其他"软"援助,通过技术援助和融资进行的项目建设较少。印度援助 60% 的资金用于对受援国的公务员、工程师以及公共部门管理者提供培训;约 30% 的资金是向国外政府提供优惠贷款;其余 10% 为援助项目的其他成本,

---

① Vijaya Katti, Tatjana Chahoud, Atul Kaushik, "India's Development Cooperation-Opportunities and Challenges for International Development Cooperation", 2009, p.3.

② Agrawal, Subhash, "Emerging Donors in International Development Assistance: The India Case", India Focus, New Delhi, 2007.

③ Mullen, Rani D., "India's Development Assistance: Will It Change the Global Development Finance Paradigm", Workshop on Innovation in Governance of Development Finance: Causes, Consequences and the Role of Law, New York University School of Law, 2013.

其中包括进行可行性研究、派遣印度国内专家等。[①]

但根据援助区域的不同,印度援助的重点也不一样。在南亚,印度对外援助主要集中在基础设施、教育和健康部门;在非洲,则主要是对国有企业或者国营部门,如医院、铁路、大学等的管理者或公务员提供培训。

2003—2011 年间,印度优惠贷款总额的 28% 投放于电力部门,19% 投放于铁路部门,14% 投放于工程和建设部门。[②] 印度优惠贷款的大部分流向了基础设施建设部门,这与中国的援助重点是一致的。

图 7-8 展示的是 Aiddata 数据库中所提供的 2005—2010 年印度项目援助的部门分配,从中可以看到基础设施建设项目(电力和交通)与工业和贸易援助占了其总体援助的大部分。

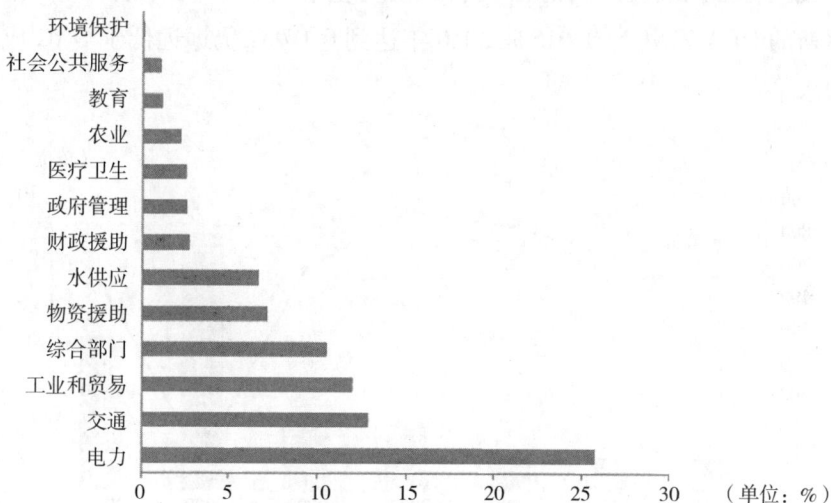

图 7-8 印度项目援助的部门分配(2005—2010 年)

资料来源:Aiddata,http://aiddata.org/blog/india-opens-up-its-aid-tap。

---

① Subhash Agrawal,"Emerging Aid Donor: India, Network for Policy Research Review and Advice on Education and Training(NORRG)",2010,p.44.

② 印度进出口银行年报,"EXIM Bank of India: Annual Report 2012 – 13",Mumbai,http://www.eximbankindia.in/sites/default/files/ar1213.pdf。

三、俄罗斯对外援助概况

（一）援助规模

由于种种原因，俄罗斯参与官方发展援助的规模有限，但近年来呈现出逐渐提高的趋势。2005—2006 年，俄罗斯每年提供的发展援助资金为 1 亿美元，2007 年增加到 2.1 亿美元。2009 年，俄罗斯的对外援助支出为 7.85 亿美元，达到俄罗斯独立以来的最高水平，这主要是为了帮助独联体成员应对全球经济危机。2010 年，俄罗斯的官方发展援助达到 4.72 亿美元，大约是其 GNI 的 0.07%，比 2006 年增长了近 4 倍。俄罗斯政府计划未来将官方发展援助的数额增加到 4 亿—5 亿美元的水平（见图 7-9）。

从官方发展援助占总国民收入的比值（ODA/GNI）来看，2004 年俄罗斯的 ODA/GNI 为 0.015%，2010 年达到 0.07%，仍远远低于 DAC 成员的水平。

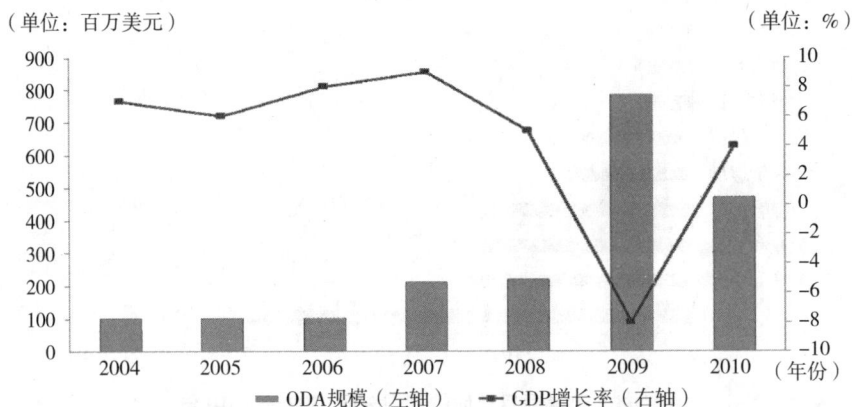

（单位：百万美元）   （单位：%）

图 7-9　俄罗斯官方发展援助规模及 GDP 增长率（2004—2010 年）

资料来源：Russian Government and World Bank，转引自 Pete Troilo. For Russian foreign aid，a second act. http://www.devex.com。

俄罗斯参与官方发展援助项目和计划的资金来源是联邦预算资金。俄罗斯政府计划随着经济形势的好转，继续追加援助资金规模，并争取最终达到联合国建议的官方发展援助占 GNI 的 0.7% 的目标。根据国家惯例,俄罗斯政府计划广泛吸收企业、学术界和社会团体参与官方发展援助。鼓励企业参与官方发展援助项目,政府将协调参与援助行动的企业和专业团体,通过各种渠道募集资金。学术界的任务是组织人员培训,为向贫穷国家提供技术援助创造条件。社会团体的任务是与国外社会团体和慈善团体发展合作,促进文化和人文交流,为官方发展援助提供信息保障。

(二)援助渠道

俄罗斯参与官方发展援助主要是通过参与国际合作项目、提供人道援助、提供资金和贸易特惠等方式进行的。俄罗斯倾向于以多边援助为主,即通过向国际金融组织和国际经济组织缴纳会费的形式提供援助。其中大部分行动是在联合国、国际货币基金组织、世界银行框架下进行的,也参与了八国集团成员的一些集体行动。首先,是向联合国的计划和基金、专门机构、地区经济委员会和其他落实发展援助计划的组织提供资金,俄罗斯参与国际官方发展援助的一个重要形式是参与联合国反贫困特别计划。这项计划是指援助国以多边和双边形式向受援国提供优惠资金援助。其次,是参与八国集团、世界银行、国际货币基金组织和联合国组织框架下提出的国际倡议。俄罗斯认为,通过国际组织进行的官方发展援助的好处是国际组织的资金监管体系完善,具备援助的技术和知识基础,组织和协调能力强。

在条件允许的情况下,俄罗斯也将以双边形式对受援国提供援助,主要形式是:有针对性地提供资金援助或无偿提供商品和服务;根据经合组织"官方发展援助"分类提供信贷,为向受援国供应工业品和在受援国投资项目提供融资;通过向受援国转移技术和经验的方式,提供技术援助,发展受援国的医疗卫生、教育、环保、防灾和反恐机构与制度建设;通过"以发展援助换债务"方式,在受援国同意将减免债务所得资金用于社会经济目的的情况下,注销受援国债务,减轻受援国债务负担;对紧急状况和自然灾害提供粮食和人道主义援助;促进资金划拨系统的简化以及援助资金的安全性和有效性;向发展中国家提供关税特惠和其他优惠,降低这些国家商品和服务进入俄罗斯市场的准入条件。

（三）援助分配

《俄罗斯联邦参与官方发展援助的构想》提出，俄罗斯官方发展援助重点地区和国别将以俄罗斯对外政策构想为基础，以下地区为重点：(1)"统一经济空间协议"①成员方以及"欧亚经济共同体"②成员，保障俄罗斯在与上述组织多方位合作中的利益，加强独联体一体化进程；(2)亚太地区的贫穷国家；(3)考虑非洲的特殊需要，协助撒哈拉以南非洲国家消除贫困，实现千年发展目标；(4)中东和北非地区的国家；(5)拉丁美洲国家。

俄罗斯对外进行援助的重点领域包括：保障受援国居民的能源供应，解决能源短缺问题；加强防治传染病的国家卫生和社会保护体系建设；提高居民受教育的普及程度和教育质量，首要是小学教育和职业教育；促进受援国经济制度的建设与发展；建立和加强国家反对恐怖主义体系，其中包括反对向恐怖主义提供资金；巩固和提高国家管理体系的效率；加快解决军事冲突和战后重建，加快社会经济发展，防止发生新的武装冲突，俄罗斯扩大参与维和行动，参与联合国框架下的相关活动；改善受援国的贸易条件，其中包括简化商品和服务跨境流通程序；采取具体措施保护环境，解决跨境生态问题；支持受援国工业发展和创新发展；刺激受援国经济，使其活跃起来，为贫穷居民参与经济活动创造条件；促进民主社会制度的发展，保护人权。此外，俄罗斯还向全球防治艾滋病、肺结核和疟疾等国际基金增加了资金投入。

---

① 统一经济空间协议：2003 年 9 月 19 日，在独联体雅尔塔首脑会议期间，俄罗斯、白俄罗斯、哈萨克斯坦和乌克兰四国元首签署成立四国统一经济空间协议。根据该协议，四国将在保障公平竞争、维护宏观经济稳定的前提下奉行一致的对外贸易政策，最终实现区内商品、服务、资本和劳动力的自由流动。

② 欧亚经济共同体：1996 年 3 月，俄罗斯、白俄罗斯、哈萨克斯坦和吉尔吉斯斯坦签署协议，决定成立四国关税联盟，旨在协调四国的经济改革进程，加快四国一体化进程。1999 年 2 月，塔吉克斯坦加入这一联盟。2000 年 10 月，俄、白、哈、吉、塔五国签署条约，决定将关税联盟改组为欧亚经济共同体。目前，欧亚经济共同体有俄罗斯、白俄罗斯、哈萨克斯坦、吉尔吉斯斯坦和塔吉克斯坦五个正式成员和亚美尼亚、乌克兰、摩尔多瓦三个观察员。乌兹别克斯坦于 2005 年 10 月申请加入欧亚经济共同体，2006 年正式加入。2014 年 10 月 10 日，欧亚经济共同体各成员国在明斯克签署了关于撤销欧亚经济共同体的协议。2015 年 1 月 1 日，欧亚经济共同体所有机构的活动停止。

四、中国对外援助概况

(一)援助规模

1.绝对规模

从图 7-10 可以看出,六十年来,中国对外援助的规模经历了从大起大落到持续稳步增长的发展过程,这一过程大体上分为以下五个发展阶段。

第一阶段是 1950—1962 年的水平发展阶段。受当时国民经济发展水平和国际环境的限制,中国对外援助的规模有限,年平均仅 3.4392 亿元人民币。即便是这一阶段援助数量最多的 1962 年,也仅有 6.2636 亿元人民币。这一阶段的变化特点是,援助规模呈水平发展,起伏不大,年平均增长率为 10.576%。

第二阶段是 1963—1970 年的快速增长阶段。这一阶段中国对外关系有了很大发展,并受到广大发展中国家的大力支持。随着中国外交局面的逐步打开,中国对外援助规模开始缓慢增长。中国对外援助数额开始上升到两位数,年平均为 18.572 亿元人民币,与上一阶段相比有了大幅增长。此阶段的变化特点是,援助规模呈缓慢增长态势,年平均增长率为 11.721%。

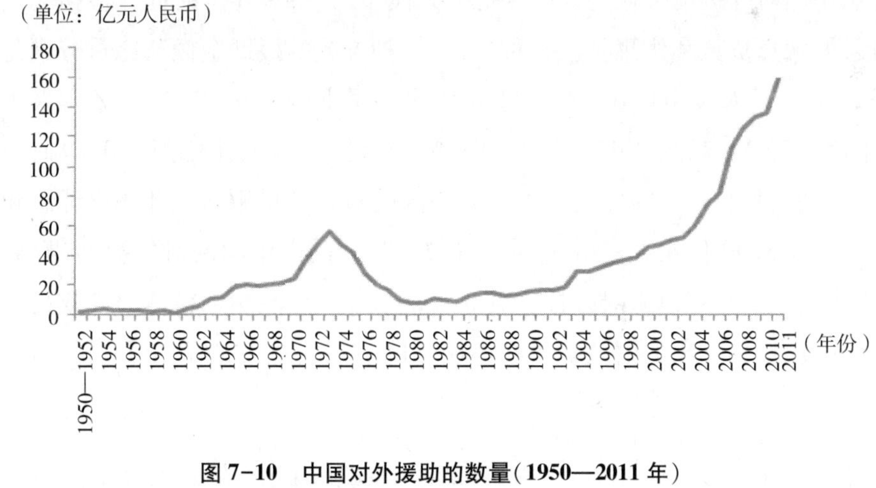

(单位:亿元人民币)

图 7-10 中国对外援助的数量(1950—2011 年)

资料来源:1950—1992 年的数据来自傅道鹏:《官方发展援助(ODA)研究》,财政部财政科学研究所 2003 年博士学位论文。1993—2010 年的数据来自 1994—2011 年的《中国财政年鉴》。2011 年的数据来自 2012 年的《中国统计年鉴》。

第三阶段是1971—1980年的急剧增长和回落阶段。1971—1973年，中国对外援助规模呈急剧增长态势，年平均增长率高达23.408%。但自1973年始，中国对外援助规模急剧回落，从1973年的55.8391亿元人民币下降到1980年的7.8508亿元人民币，年均下降幅度达24.442%。

第四阶段是1981—1993年的第二次缓慢增长阶段。这一时期，中国对外援助规模再次呈现缓慢增长，年均数额为13.4364亿元人民币，年均增长率为7.373%。

第五阶段是1994—2011年的快速增长阶段。20世纪90年代初，中国在加快从计划经济体制向社会主义市场经济体制转变的过程中，根据受援国的需求和国内市场化改革的需要，中国适时推动一系列援助方式改革，逐步扩大资金渠道和规模。中国对外援助规模不断扩大。2004年以来，在经济持续快速增长、综合国力不断增强的基础上，中国对外援助资金保持快速增长。2004年，对外援助财政支出为60.69亿元。2007年，中国对外援助数额首次突破百亿元大关，达到111.54亿元人民币。2011年，中国对外援助数额为159.09亿元人民币，2012年为166.95亿元人民币。根据《中国的对外援助（2014）》白皮书，2010—2012年三年内，中国对外援助金额为893.4亿元人民币，其中对外援助资金包括无偿援助、无息贷款和优惠贷款三种方式，三种方式的援助金额和比重分别是323.2亿元人民币（36.2%）、72.6亿元人民币（8.1%）、497.6亿元人民币（55.7%）。根据2012—2013年《中国统计年鉴》与张郁慧（2012）研究成果的资料，自1995年至2012年，中国的对外援助财政支出[①]累计总额约为1418.30亿元人民币[②]（见表7-3），该时间内中国的对外援助（财政支出）占1950年以来对外援助约67%的份额。但从援助额占财政支出的比重看，援助支出的财政负担在不断下降。需要注意的是，《中国的对外

---

① 使用对外援助财政支出的概念是基于该数据来源于《中国统计年鉴》的财政支出部分，根据《中国的对外援助（2011）》白皮书，无偿援助和无息贷款资金在国家财政项下支出，优惠贷款由中国进出口银行对外提供，因此对外援助财政支出不包含优惠贷款部分。

② 该数据实际上仅是代表对外援助财政支出，如果包括优惠贷款部分援助规模则会更大。

援助》白皮书所发布的援助数据既包括无偿援助,又包括无息贷款和优惠贷款部分,与表7-3的援助数据统计口径不一致,表7-3的援助数据为纯中国对外援助财政支出数额。

表7-3 中国对外援助支出情况(1995—2012年)　　（单位:亿元）

年份	A （当年价格）	F （当年价格）	GNI （当年价格）	GDP （当年价格）	A/F （%）
1995	29.00	6823.72	59810.50	60793.70	0.425
1996	32.20	7937.55	70142.50	71176.60	0.406
1997	35.45	9233.56	78060.90	78973.00	0.384
1998	37.20	10798.18	83024.30	84402.30	0.345
1999	39.20	13187.67	88479.20	89677.10	0.297
2000	45.88	15886.50	98000.50	99214.60	0.289
2001	47.11	18902.58	108068.20	109655.20	0.249
2002	50.03	22053.15	119095.70	120332.70	0.227
2003	52.23	24649.95	134977.00	135822.80	0.212
2004	60.69	28486.89	159453.60	159878.30	0.213
2005	74.70	33930.28	183617.40	184937.40	0.220
2006	82.37	40422.73	215904.40	216314.40	0.204
2007	111.54	49781.35	266422.00	265810.30	0.224
2008	125.59	62592.66	316030.30	314045.40	0.201
2009	132.96	76299.93	340320.00	340902.80	0.174
2010	136.11	89874.16	399759.50	401512.80	0.151
2011	159.09	109247.79	468562.40	473104.00	0.146
2012	166.95	125952.97	516282.10	518942.10	0.133
总计	1418.3	746061.62	3706010.50	3725495.50	0.190

注:A 代表对外援助财政支出,F 代表财政支出,GNI 代表国民总收入。
资料来源:其中,1995—2001 年对外援助数据来自张郁慧(2012)的研究成果,2002—2011 年对外援助数据来源于 2003—2012 年《中国统计年鉴》,2012 年对外援助数据来自《2013 年中国财政年鉴》。历年的财政支出、国民总收入和 GDP 数据来源于《2013 年中国统计年鉴》。

　　对外援助成为加强中国与受援国进行国际经济合作的重要渠道,援助动机主要以促进经贸合作、实现互利共赢为主,同时也加大了人道主义援助力度,愈加重视促进受援国能力建设。

2. 援助占 GNI 的比重

联合国规定,发达国家的援助额应达到其 GNI 的 0.7%,但是到 2018 年为止也只有少数国家达到了这一要求。图 7-11 表明了中国对外援助数额的相对比重。从援外支出与 GNI 的比重看,1950 年以来,中国援外支出规模主要经历了以下三个阶段。

（单位：%）

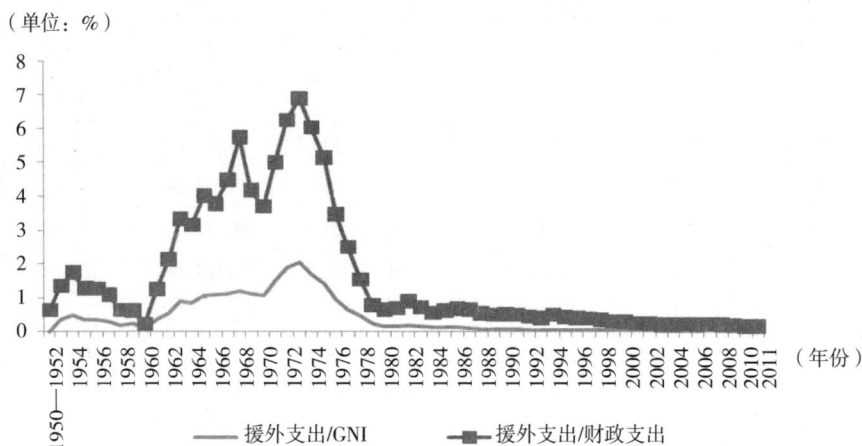

图 7-11　中国对外援助数额占 GNI 及财政支出的比重(1950—2011 年)

资料来源:(1)对外援助的数据:1950—1992 年的数据来自傅道鹏:《官方发展援助(ODA)研究》,财政部财政科学研究所博士学位论文,2003 年。1993—2010 年的数据来自 1994—2011 年的《中国财政年鉴》。2011 年的数据来自 2012 年的《中国统计年鉴》。

(2)GNI、财政支出的数据:1950—1977 年的数据来自傅道鹏:《官方发展援助(ODA)研究》,财政部财政科学研究所 2003 年博士学位论文。1978—2011 年的数据来自 2012 年的《中国统计年鉴》。

第一阶段是 1950—1973 年的总体上升阶段。这一时期,中国对外援助额占 GNI 的比重有起有伏,但总体上呈增长趋势。中国对外援助额占 GNI 的比重在 20 世纪 50 年代初缓慢增长,1954 年为 0.49%,达到这一时期的第一个小高峰;1955 年开始逐渐回落,由 1955 年的 0.37%降至 1960 年的 0.10%;1961 年开始快速增长,1973 年更是达到了 2.05%的历史最高值,远远高于发达国家 0.7%的目标。

第二阶段是 1974—1979 年的急剧下降阶段。1974 年开始,中国对外援助额占 GNI 的比重处于急剧下降阶段,由 1974 年的 1.71%下滑至 1979 年的 0.24%,这也与这一时期中国对外援助额的急剧下降相一致。

第三阶段是 1980—2011 年的平稳阶段。中国对外援助在保持总体增长的情况下,对外援助占 GNI 的比重起伏不大,始终在 0.03%—0.2%之间徘徊,说明中国 GNI 的增长大大高于援外支出的增长。中国对外援助规模与联合国 0.7% 的目标还相差较远,这与中国本身发展中国家的地位相关。

3. 援助占财政支出的比重

从中国援外支出占财政支出的比重看,变化趋势与援外支出占 GNI 的比重的变化趋势大体一致。1950—1973 年,对外援助支出占财政支出比重的变化尽管有起有伏,但总体上与对外援助数量的变化是一致的,保持了总体的增长趋势。1974—1979 年,对外援助支出占财政支出的比例呈急剧下降趋势,与这一时期对外援助数量的锐减也是一致的。但 1979 年以后,中国对外援助在保持总体增长的情况下,对外援助占财政支出的比例却在下降,说明由于国家工作重点的转移,国家财政更多地用于国内的经济建设,用于对外援助的开支总体上保持在一个较低的水平,且起伏变化不大。

（二）援助资金来源与方式

1. 资金来源

对外援助支出是国家财政支出的一部分。援外预算资金由财政部按预决算制统一管理。国家国际发展合作署、商务部及国务院其他参与对外援助管理的部门,根据职责分工具体管理本部门的援外资金。各部门结合对外援助任务,坚持量力而行的原则编制年度对外援助项目支出预算,经财政部审核并报请国务院和全国人民代表大会批准后执行。各部门对援外项目资金实行预算控制管理。财政部和国家审计署根据国家有关法律、法规和财务规章制度对主管部门援外支出预算执行情况进行监督检查。

中国对外援助资金主要有三种类型:无偿援助、无息贷款和优惠贷款。其中,无偿援助和无息贷款资金在国家财政项下支出,优惠贷款由中国政府指定中国进出口银行对外提供。根据中国政府公布的 2011 年和 2014 年《中国的对外援助》白皮书资料,截至 2009 年年底,中国累计对外提供援助金额达 2562.9 亿元人民币,其中无偿援助 1062 亿元、无息贷款

765.4亿元、优惠贷款735.5亿元。截至2012年年底，中国累计对外援助金额为3456.3亿元人民币，其中无偿援助1385.2亿元人民币、无息贷款838亿元人民币、优惠贷款1233.1亿元人民币。[①] 从财政部所公布的历年《全国公共财政支出决算表》可知，中国的对外援助额在2002年之后持续增长，年均增长率达12%，即使是在2008年全球金融危机期间也未出现下降（见图7-12）。

（单位：亿元人民币）

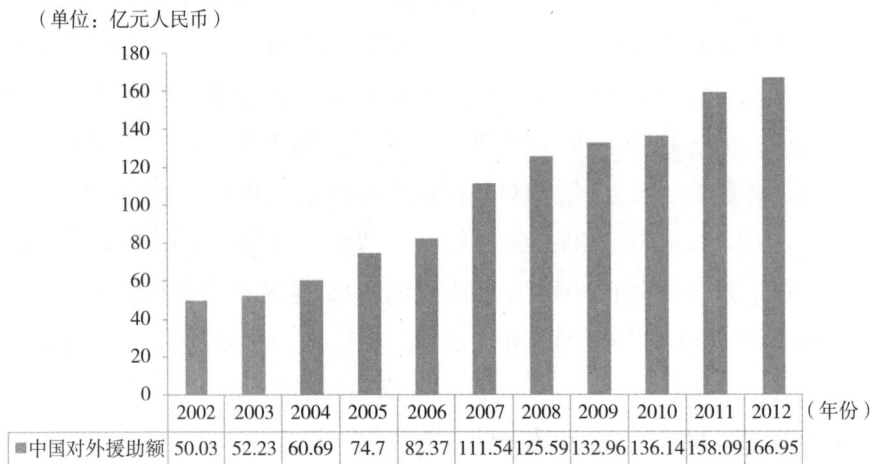

	2002	2003	2004	2005	2006	2007	2008	2009	2010	2011	2012	（年份）
中国对外援助额	50.03	52.23	60.69	74.7	82.37	111.54	125.59	132.96	136.14	158.09	166.95	

图7-12 中国对外援助额（2002—2012年）

注：上述数据皆是在国家财政支出项下的援助资金，包括无偿援助、无息贷款和优惠贷款。

资料来源：《中国统计年鉴》（2003—2010年），中华人民共和国财政部全国公共财政支出决算表（2010—2012年）。

无偿援助是中国政府最主要的对外援助资金方式，主要用于帮助受援国建设中小型社会福利性项目，如医院、学校、低造价住房、打井供水项目等。此外，无偿援助还用于实施人力资源开发合作、技术合作、物资援助、紧急人道主义援助等领域的项目。

无息贷款主要用于帮助受援国建设规模较大的基础设施和民用实施项目。无息贷款期限一般为20年，其中使用期5年、宽限期5年、偿还期

---

① 国务院新闻办公室：《中国的对外援助（2011）》白皮书；《中国的对外援助（2014）》白皮书。

为 10 年。过去七十多年里,中国帮助发展中国家建设了一大批公共民用设施。今后,为满足受援国的迫切需要,中国政府还将保留适当比例的无息贷款,用于帮助受援国建设此类项目。无息贷款主要向经济条件较好的发展中国家提供。

优惠贷款是中国政府指定的金融机构对外提供的具有政府援助性质的中、长期低息贷款。优惠利率与中国人民银行公布的基准利率之间的利息差额由中国政府进行补贴。优惠贷款主要用于帮助受援国建设具有经济效益和社会效益的大中型基础设施、公共设施和生产性项目,或提供成套设备、机电产品、技术服务以及其他物资等。中国与受援国合资企业、受援国企业或经受援国同意的中国企业都可申请使用优惠贷款,但项目必须经过中国进出口银行和受援国借贷机构进行评估认为可行后才能放贷。优惠贷款是具有援助性质的贷款,因此主要向经济困难的发展中国家提供。

1995 年,中国在继续向发展中国家提供政府无偿援助和无息贷款援助的基础上,开始通过中国进出口银行提供具有政府援助性质的中长期低息优惠贷款,有效扩大了援外资金来源。截至 2009 年年底,中国共向 76 个国家提供了优惠贷款,支持项目 325 个,其中建成 142 个。中国提供的优惠贷款 61% 用于帮助发展中国家建设交通、通信、电力等基础设施,8.9% 用于支持石油、矿产等能源和资源开发(见图 7-13)。中国提供的优惠贷款年利率通常为 2%—3%,期限一般为 15—20 年(含 5—7 年宽限期)。

除上述三种主要援外方式以外,中国政府还面向非洲国家设立了"投资专项资金"和"非洲人力资源开发基金"。前者用于支持和鼓励有实力、有信誉的中国企业到非洲国家投资,开展互利合作;后者用于帮助非洲国家培训各类管理和技术人才等。

2.援助方式

一般物资是中国最早的对外援助方式,此后,成套项目援助、技术援助与人力资源开发合作等方式也逐步发展起来。随着中国对外援助的一系列改革,对外援助力度不断增大,援助资金来源也变得多样化,总体而

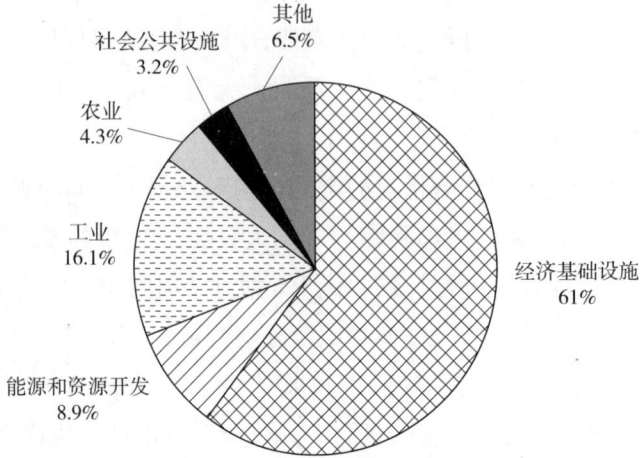

图 7-13　中国优惠贷款行业分布（截至 2009 年年底）

资料来源：国务院新闻办公室：《中国的对外援助（2011）》白皮书，http://www.gov.cn/zhengce/
2011-04/21/content_2615780.htm。

言，中国已经形成以成套项目为主的 8 种对外援助方式（见表 7-4）。

表 7-4　中国对外援助方式及其规模（截至 2009 年）

外援方式	内　容	涉及领域	规　模
成套项目	通过无偿援助和无息贷款等援建受援国生产或民用领域的工程项目，是"实物交付"的援助	工业、农业、文教、卫生、通信、电力、能源、交通等	帮助发展中国家建成 2000 多个成套项目，占对外援助财政支出的 40% 左右
一般物资	在援助资金下，向受援国提供生产生活物资，或者是设备，并带有配套技术	医疗机械设备、交通运输工具、办公用品、食品、药品	—
技术援助	两种形式：单项技术援助、成套项目建成后的技术援助	工业生产管理、农业种植养殖、手工业生产、教育、能源开发、地质勘探、经济规划	已经派出 60 多万技术人员到受援国当地进行技术指导
人力资源开发	通过多边、双边渠道为受援国举办政府官员研修、专业技术培训、学历学位教育等	农林、水利、轻工、纺织、交通、卫生、经济、管理、外交等	已举办各类培训 4000 多期，培训人员 12 万人次，每年在华培训人员约 1 万名左右

续表

外援方式	内　容	涉及领域	规　模
援外医疗队	指向受援国派出医务人员,无偿提供部分医疗设备和药品,在受援国进行定点或巡回医疗服务	医疗	已向 69 个国家派遣了医疗队员 21000 名,诊治 2.6亿人次
紧急人道主义援助	发生严重自然灾害或人道主义灾难情况下的救援	紧急灾难	已累计对外提供紧急人道主义援助近 200 次
优惠贷款	由中国进出口银行向发展中国家提供、政府贴息贷款的中长期低息优惠贷款(年利率一般为 2%—3%)	生产性项目和大中型基础设施建设	已向 77 个发展中国家提供优惠贷款 735.5 亿元人民币,支持各类项目 325个
债务减免	指中国免除部分发展中国家对华到期政府债务	对外债务	已与 50 个国家签订 380 份免债协定书,免 255.8 亿元人民币

资料来源:根据 2011 年 4 月中华人民共和国国务院新闻办公室发布的《中国的对外援助(2011)》白皮书整理。"—"代表有关中国在一般物资方面的援助规模没有得到确切的数据。

　　成套项目援助一直是中国最重要的援助方式,截至 2012 年年底,中国对外援建 2600 余个成套项目,分布领域广泛(见表 7-5 和表 7-6)。截至 2012 年年底,中国累计在华开办各类培训班约 6000 多期,为受援国培训人员约 17 万人次。医疗卫生一直是中国的重要援助领域,截至 2012 年累计派出 2.4 万多名援外医疗队员。此外,中国也提供了大量的一般物资和技术合作援助。近些年中国加大了对外紧急人道主义援助。从 2002 年 5 月开始,中国开始向外派出援外志愿者,其中以青年志愿者和汉语教师为主,主要向受援国提供教育、医疗和社会发展服务。

表 7-5　中国已建成援外成套项目行业分布(截至 2009 年年底)

行　业	项目数	行　业	项目数
公共设施类	670	工业类	635
会议大厦	85	轻工业	320
体育设施	85	纺织	74
剧场影院	12	无线电电子	15
民用建筑	143	机械工业	66

续表

行　业	项目数	行　业	项目数
市政设施	37	化工	48
打井供水	72	木材加工	10
科教卫生	236	建材加工	42
经济基础设施类	390	冶金工业	22
交通运输	201	煤炭工业	7
电力	97	石油工业	19
广播电信	92	地质矿产勘探	12
农业类	215	其他	115
农牧渔业	168		
水利	47	总计	2025

注：本表数据不包括优惠贷款项目。
资料来源：国务院新闻办公室：《中国的对外援助（2011）》白皮书，http://www.gov.cn/zhengce/2011-04/21/content_2615780.htm。

表7-6　中国对外援助成套项目领域分布（2010—2012年）

行　业	项目数	行　业	项目数
社会公共设施类	360	农业类	49
医院	80	农业技术示范中心	26
学校	85	农田水利	21
民用建筑	80	农业加工	2
打井供水	29	工业类	15
公用设施	86	轻工纺织	7
经济基础设施类	156	建筑化工	6
交通运输	72	机械电子	2
广播电信	62		
电力	22	总计	580

资料来源：国务院新闻办公室：《中国的对外援助（2014）》白皮书，http://www.gov.cn/xinwen/2014-07/10/content_2715302.htm。

（三）援助渠道

中国的对外援助以提供双边援助为主,同时在力所能及的前提下支持和参与联合国等多边机构的发展援助工作,并本着开放的态度同多边组织和其他国家在发展援助领域积极开展交流,探讨务实合作。

2005 年中国与多个国际多边组织和国家在发展援助领域开展交流,并派团参加联合国发展筹资问题会议、联合国千年发展目标高级别会议、联合国发展合作论坛、援助有效性高级别论坛、八国集团和发展中五国海利根达姆进程发展对话、世界贸易组织促贸援助全球审议等多个关于国际发展合作的会议和对话,加强与其他援助方的交流和沟通,积极推动"南南合作"。

中国在开展双边援助的同时,与部分国际多边组织和国家在能力建设、培训和基础设施建设方面开展了充分发挥各自优势的三方合作和区域合作,并取得积极成果。1981 年,中国与联合国开发计划署合作,在华实施发展中国家间技术合作（TCDC）项目,二十多年共为其他发展中国家培训技术人员 6000 多名。自 1996 年起,中国与联合国粮农组织合作,向发展中国家派遣中国农业专家,截至 2009 年年底,累计向非洲、加勒比和亚太地区 22 个国家派遣 700 多名农业专家和技术员。此外,中国还与世界银行、联合国贸发会议等多边机构和新加坡在培训领域开展了有效合作。在大湄公河次区域合作框架下,中国与泰国和亚洲开发银行共同出资援建了昆曼公路老挝境内路段,该项目已于 2008 年 3 月建成通车。①

当前,国际发展援助总规模逐渐扩大,"南南合作"发展迅速,并成为"南北合作"有益、有效的补充。中国愿在"南南合作"的框架下,在尊重受援国意愿的基础上,与有关方开展优势互补、富有成效的三方和区域合作,共同推动全球减贫进程。

（四）援助分配

中国对外援助的主要对象是低收入发展中国家。在对外援助的部门分配中,中国重点关注受援国民生和经济发展,努力使援助更多地惠及当

---

① 国务院新闻办公室:《中国的对外援助（2014）》白皮书,http://www.gov.cn/xinwen/ 2014-07/10/content_2715302.htm。

地贫困群体。

1. 地区国别分配

中国对外援助地理分布比较均衡,受援国涉及亚洲、非洲、拉丁美洲和加勒比、大洋洲和欧洲等地区大部分发展中国家。中国对其中最不发达国家和其他低收入国家的援助比重始终保持在三分之二左右(见图7-14、图7-15、图7-16)。

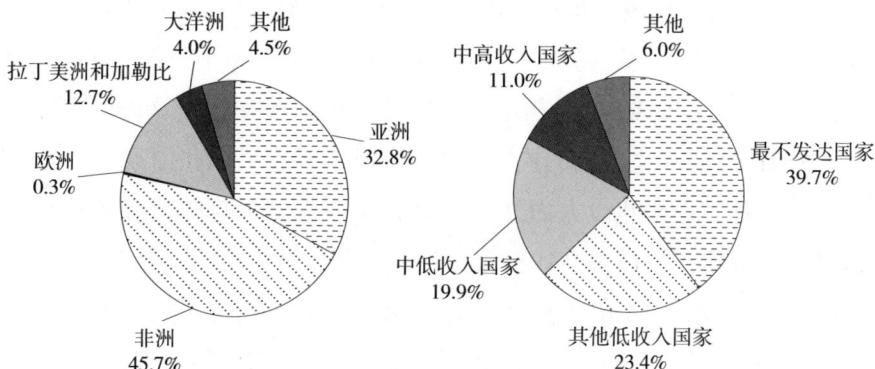

图 7-14　中国对外援助资金分配(按地区和收入水平)(截至 2009 年年底)

资料来源:国务院新闻办公室:《中国的对外援助(2011)》白皮书,http://www.gov.cn/zhengce/2011-04/21/content_2615780.htm。

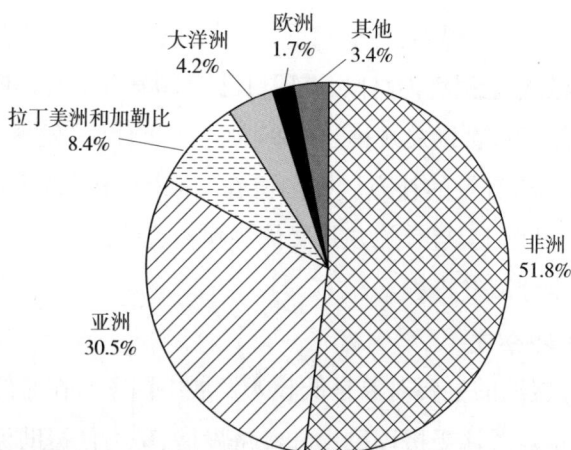

图 7-15　中国对外援助地区分布(2010—2012 年)

资料来源:国务院新闻办公室:《中国的对外援助(2014)》白皮书,http://www.gov.cn/xinwen/2014-07/10/content_2715302.htm。

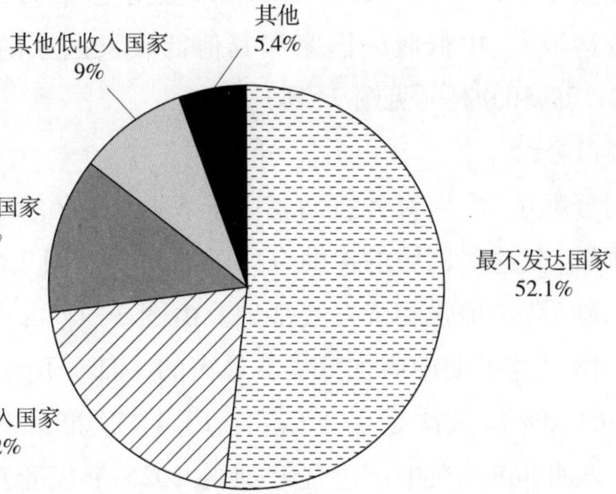

图 7-16 中国对外援助资金分布(按受援国收入水平划分)(2010—2012 年)

资料来源:国务院新闻办公室:《中国的对外援助(2011)》白皮书,http://www.gov.cn/zhengce/2011-04/21/content_2615780.htm。

在中国对外援助的伊始,三个社会主义国家朝鲜、越南和阿尔巴尼亚是主要的受援国,截至 2009 年年底,中国已向 161 个国家以及 30 多个国际性、区域性组织提供了援助。[①] 按地区分,亚洲和非洲作为贫困人口最多的两个地区,接受了中国 80% 左右的援助。其中约 50% 的中国对外援助资金流向了非洲地区,其次是亚洲地区。在经常性接受中国对外援助的 123 个国家之中,非洲有 51 个、亚洲有 30 个。2010—2012 年,中国又向 121 个国家或组织提供了援助[②]。

中国对外援助的发展导向明显。中国的援助对象主要是低收入国家,重点关注当地的民生和经济发展,努力减缓当地的贫困。截至 2019 年年底,从受援国家的收入水平来看,最不发达国家和其他低收入国家接受的援助资金占到 63.1%(见图 7-14)。其中对最不发达国家的援助比重为 39.7%,对中低收入国家的援助比重为 19.9%,对其他低收入国家

---

① 国务院新闻办公室:《中国的对外援助(2014)》白皮书,http://www.gov.cn/xinwen/2014-07/10/content_2715302.htm。

② 国务院新闻办公室:《中国的对外援助(2014)》白皮书,http://www.gov.cn/xinwen/2014-07/10/content_2715302.htm。

的援助比重为 23.4%①。2010—2012 年,援助更加向最不发达国家倾斜,对最不发达国家、中低收入国家和其他低收入国家的援助比重分别为52.1%、21.2%和9%②(见图7-16)。

2. 部门分配

部门分配上,中国对外援助集中于农业、工业、经济基础设施、公共设施等领域,在这些领域的援助有助于提高受援国工农业生产能力,改善当地基础设施,增强经济发展基础。由图7-17可以看到,截至2009年年底中国对外援助中的优惠贷款最大的一部分用于经济基础设施建设(占比61.0%),其次是工业(占比16.1%)、能源和资源开发(占比8.9%)。与此同时,在中国已经建成的2025个成套项目中,公共设施和工业项目占比最多,其次是经济基础设施项目和农业项目,但是从金额上看仍然是经济基础设施占比最大(见表7-5)。OECD国家对外援助的部门分配中,社会和公共部门占了最大的份额,对比之下二者差异明显。

经济基础设施建设方面,中国发挥技术成熟和人力成本相对低的优势,帮助其他发展中国家建设了一批基础设施项目,主要涉及交通、通信、电力等领域,如坦赞铁路、喀麦隆拉格都水电站、毛里塔尼亚海港、孟加拉国6座大桥、昆曼公路老挝段、缅甸信息高速公路等。工业援助则增强了受援国的工业基础,同时提供了就业和税收,刺激当地经济,如叙利亚哈马棉纺织厂、卢旺达水泥厂、缅甸农机厂等。中国开展的农业援助包括:建设农场、农业技术试验站和推广站,兴建农田水利工程,提供农用物资,派遣农业技术人员,通过这些方式为受援国家提供一些有益的农业发展经验和实用技术。

综上所述,我们可以总结"金砖四国"对外援助的特点。在对外援助中,"金砖四国"和DAC成员的目标、所遵循的原则、各自表现出的特点

---

① 国务院新闻办公室:《中国的对外援助(2011)》白皮书,http://www.gov.cn/zhengce/2011-04/21/content_2615780.htm。

② 国务院新闻办公室:《中国的对外援助(2014)》白皮书,http://www.gov.cn/xinwen/2014-07/10/content_2715302.htm。

中国对外援助优惠贷款部门分配　　　　　OECD国家援助部门分配

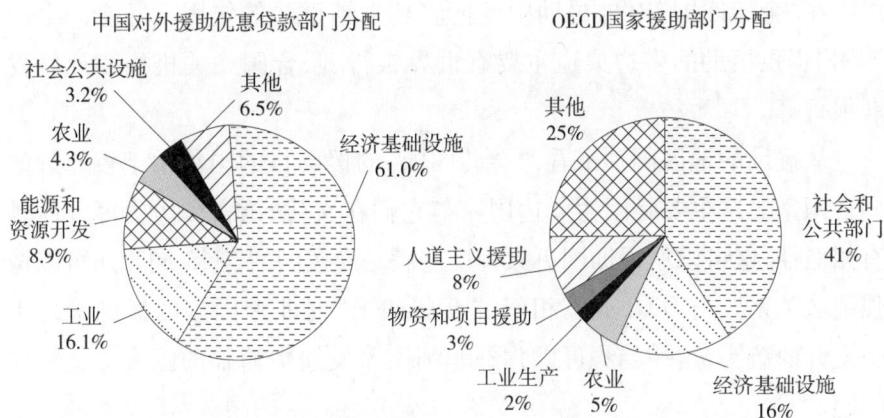

图 7-17　中国与 OECD 国家对外援助部门分配对比（截至 2009 年年底）

资料来源:国务院新闻办公室:《中国的对外援助（2011）》白皮书, http://www.gov.cn/zhengce/
2011-04/21/content_2615780.htm; OECD, http://stats.oecd.org/index.aspx? datasetcode =
table2a。

有所不同,其差异是由它们在世界格局中所处的经济地位和政治地位的
差别决定的,并且这一差别短期内不会发生很大变化,未来相当长时期
内,"金砖四国"和 DAC 成员在对外援助中所遵循的原则和各自表现出
的特点的差异仍会持续存在。

从援助规模来看,虽然近年来"金砖四国"的对外援助额已经超过了
不少 DAC 成员,但相比较于一些 DAC 大国,如美国、日本、法国、德国、英
国等,还存在很大的差距。这是由于"金砖四国"多处于中等收入水平,
经济实力有限,而且其国内还面临许多社会经济问题亟须解决。在援助
方式上,"金砖四国"以项目援助为主,而 DAC 成员主要以预算和方案援
助为主。

从提供援助的渠道来看,"金砖四国"中不同国家采取的渠道不同,
例如俄罗斯大部分对外援助是通过多边渠道进行的,而巴西、印度和中国
主要以双边渠道为主。通常情况下,非 DAC 成员在对外援助中使用的多
边渠道比例比 DAC 援助国要低。据 OECD-DAC《2008 年 DAC 成员多边
援助报告》显示,非 DAC 成员平均只有 18% 的对外援助是通过多边渠道
提供的,这一数字远远低于 DAC 成员 30% 的平均水平。尽管如此,多边

组织在"金砖四国"对外援助中发挥着越来越重要的作用。目前，"金砖四国"提供援助的多边渠道主要有世界银行、联合国相关机构和地区发展银行等。

从援助的地区国别来看，"金砖四国"的援助目的国集中于较邻近的周边国家。这主要是因为周边国家与它们在文化、语言和历史等方面具有相似性，这可以使援助国更大程度上满足受援国的需求，同时还可以增强地区关系。与 DAC 成员相似，"金砖四国"对非洲国家的援助呈现不断上升的势头，这一趋势可以弥补非洲国家发展中面临的巨大资金短缺问题。

从援助部门来看，DAC 援助方主要对医疗、教育等社会部门进行援助，而"金砖四国"最关注的是基础设施部门和生产部门，大约有一半的援助进入到这两个领域。例如中国、印度被认为是给予基础设施部门权重最大的两个国家。除此之外，"金砖四国"大约 20% 的援助被分配到了医疗、教育等部门。之所以呈现这一倾向是与一国经济发展要求相适应的。尽管如此，在部门的优先选择上，"金砖四国"和 DAC 援助方呈现出相类似的特征，例如，OECD-DAC 统计资料显示，俄罗斯已经增加了对医疗部门的援助，该部门大约占俄罗斯双边援助总额的一半。

第八章　"金砖四国"对外援助的管理

　　"金砖四国"的对外援助经历了较长时期的发展,有着与传统援助国不同的援助目标和援助原则,这四个国家对外援助规模不断增加,援助渠道各有特色,在对外援助的部门分配和地区分配上表现出各自不同的特点,这反映了对外援助在各国拥有着不同的战略地位,这也意味着各国的对外援助管理将采取不同的政策,构建不同的管理框架与之配套。随着《巴黎宣言》被国际社会的认同,发达国家纷纷采取各种措施以实现对《巴黎宣言》的承诺。"金砖四国"也需要加强对自身对外援助的管理、监督和评估。

第一节　"金砖四国"对外援助的战略与政策

　　"金砖四国"的对外援助战略及政策符合自身国情及受援国的发展需要,具有鲜明的时代特征,并随着国内外政治、经济形势的变化而不断调整。

一、巴西对外援助的战略及政策

　　巴西政府认为,援助的一个重要目的是弥补巴西与周围邻国发展的不对称性,以达到国家安全的战略目标。因为"如果与一个不满的国家为邻,那么这个国家就不会感到安全"①。巴西将南美、中美以及加勒比

---

　　① Bruno Ayllón Pino, "Brazilian Cooperation: A Model under Construction for an Emerging Power", ARI, 2010, 2, p.1.

海作为其成功经验和技术转让的优先对象，是因为这些地区在历史上或是文化上与巴西有密切的联系；而巴西与非洲的合作，则旨在寻求解决由奴隶制时期产生的历史债务问题。

巴西针对对外援助活动曾颁布了两部法律。第一部是 2011 年 5 月 31 日颁布的第 12413 号法案。为了资助在中低收入国家开展疫苗接种和免疫接种的国际免疫融资机构的融资平台，该法案授权联邦政府的行政机构在 20 年内向全球疫苗和免疫联盟捐款 2000 万美元。该法案也授权行政机关每年向国际药品采购机构不定期捐款①，捐款额度按在巴西乘坐飞机飞往外国的旅客每人 2 美元计算，在巴西中转的旅客除外。第二部是 2011 年 6 月 20 日颁布的第 12429 号法案。该法案授权联邦政府在该法案发布后的 12 个月内，通过世界粮食计划署向玻利维亚、萨尔瓦多、危地马拉、海地、尼加拉瓜、津巴布韦、古巴、葡萄牙语国家共同体的成员、巴勒斯坦权力机构、苏丹、埃塞俄比亚、中非共和国、刚果民主共和国、索马里、尼日尔和朝鲜捐赠一些特定物品，法案附录确定了物品及其份额。

巴西的对外援助是其外交政策的重要工具。对巴西来说，合作是"团结外交"的一个工具，因此并不依照南北援助关系中援助国家制定的规则来执行②。巴西利用援助来加强与发展中国家的关系，以此提高自己的国际威信和影响力，并促进南南联盟的建立。2003 年卢拉政府执政以来，巴西政府将"南南合作"作为其对外援助的重点，同时制定了行动指南。

二、印度对外援助的战略及政策

随着印度经济实力的不断提升以及印度作为大国的自信重新涌现，印度正在从一个受援国逐步向发展中国家合作伙伴的角色转化，其发展

---

① 2006 年，巴西、智利、法国、挪威和英国决定建立一个具有可持续和可预见性资金与资源的国际药品采购机构。这一举措被称为国际药品采购机构（UNITAID），而机票税被认为是最适当的提供可持续资金的方式。

② Bruno Ayllón Pino, "Brazilian Cooperation: A Model under Construction for an Emerging Power", ARI, 2010, 2, p.1.

援助政策也经历了重大转变。2003年2月23日,印度财政部部长在其年度预算报告中的两段话具体阐明了印度发展援助政策的微妙变化:"印度的发展援助已进入一个新阶段。在该阶段,印度首先需要重新确定其援助国,其次要给予其他发展中国家更多的支持,最后要根据国际援助规则重新确定信贷额度。根据以上三个方面,我提出以下措施:首先,我对印度的援助国表示感谢,同时我宣布印度政府将逐步偿还一些双边援助国的小额贷款,以后的援助可通过特定的非政府组织来进行。印度目前正在执行的项目将继续,直到完成,今后印度将不再接受有条件援助。其次,作为一个民族和一个国家,印度深刻理解对抗贫穷时面临的挑战和压力。对于那些仍欠着大笔逾期款项的重债穷国,我将会宣布一个债务减免计划。最后,印度政府将会逐步停止向其他发展中国家提供贷款,取而代之的将是由'印度援助中心'向非洲、南亚以及世界其他地区的发展中国家提供的捐赠或援助项目。"

预算报告宣布后,2003年6月印度政府召开一系列会议和议程,对印度未来的发展援助政策进行了重新定位。2003—2004年印度投资20亿卢比在财政部下设立"印度援助中心"(India Development Initiative, IDI)。"印度援助中心"除了免掉重债穷国的债务,还负责向其他发展中国家提供援助和信贷,负责印度的科技合作,同时兼顾印度海外形象的推广。[1]

2007—2008年的预算报告演讲中,印度财政部部长对印度援助中心进行了新的阐释和进一步的改革和定位:"目前印度每年通过各种部门和机构对外提供的援助金额约为10亿美元。为与印度在国际事务中不断上升的形象吻合,我们希望在推动其他发展中国家发展的任务中承担更多的责任。我们认识到所有的援助活动都应在同一个机构下进行,因此印度政府建议成立'印度国际发展合作署'(India International Development Cooperation Agency, IIDCA),外交部、财政部以及商务部等相关部委都是IIDCA的代表。"[2]

---

① 黄梅波、谢琪:《印度对外援助的特点和趋势》,《国际经济合作》2012年第1期。

② Sachin Chatervedi, "Indian Development Cooperation Policy and Trends in Development Assistance", *Research and Information System for Development Countries*, 2010, 11.

印度发展援助政策仍处于不断调整的过程中。虽然至今印度仍没有正式宣布其对外发展援助政策，但是可以看到其发展援助的主要特点与传统OECD-DAC援助方的做法明显不同。印度坚持"万隆原则"，并拒绝把发展援助和其他条件联系在一起。印度的发展援助方式将受援国看成是发展伙伴并与其建立团结一致的关系、支持它们的发展、提供先进的但相对低成本的技术、在平等互利的基础上进行合作、互惠互利。

三、俄罗斯对外援助的战略及政策

俄罗斯总统根据宪法赋予的职权对官方发展援助政策的制定进行领导，批准俄罗斯参与官方发展援助的战略目标和任务。联邦委员会和国家杜马在宪法赋予的职权框架内，进行保证俄罗斯参与官方发展援助的立法工作。俄罗斯政府批准官方发展援助的行动计划，并根据政府部门建议作出提供援助的决定及对落实情况进行监督。财政部、外交部和相关部门直接落实总统和政策决策，外交部与财政部共同制订计划并协调政府各部门的行动。

2006年11月23日，俄罗斯政府工作会议审议通过《俄罗斯联邦参与官方国际发展援助的构想》。该文件也是当前俄罗斯对外援助工作的指导性文件。在此文件中，俄罗斯提出将向包括最贫困国家在内的低收入国家进行各种目的、不同形式的援助。按照该构想，俄罗斯对外援助将主要以官方发展援助的形式实施开展，而官方发展援助中95%以上资金将提供给OECD-DAC的受援方。

《俄罗斯联邦参与官方发展援助的构想》提出，俄罗斯将在官方发展援助领域奉行积极的有针对性的政策，提高俄罗斯的国际地位，稳定受援国的社会经济和政治形势，建设睦邻友好地带，防范潜在的紧张和冲突的发源地，最终为俄罗斯本身的发展创造良好的外部条件。

俄罗斯的官方发展援助政策以联合国千年发展目标及2030可持续发展目标、对外政策构想和国家安全构想为基础，遵循目标与能力平衡的原则，优先关注低收入国家的援助需求，致力于促进国际社会各国实现联合国发展目标。

四、中国对外援助的战略及政策

中国的对外援助战略和政策具有鲜明的时代特征,是随着国内国际形势的发展而不断变化的,符合自身国情和受援国发展需要。

(一)中国对外援助的战略

七十多年来,中国的对外援助战略可以分为以下三个阶段。

1. 第一阶段:争取外交支持(1950—1978 年)

新中国成立后,东西方强烈的意识形态对抗迫使中国必须争取更多国家的承认,加强和密切同广大发展中国家的关系,以便打破西方国家对中国的孤立。中国这一时期的对外援助战略主要体现的是国家的政治意图。1964 年年初,周恩来总理访问亚非欧 14 国期间,宣布了中国对外经济技术援助八项原则,阐明了中国对外援助的性质、宗旨,也规定了具体政策。其基本精神是:平等互利,不干涉内政;切实帮助受援国自力更生;力求使受援国真正受益;尽量减轻受援国的负担;严格履行承担的义务。这"八项原则"从此成为援外工作的基本指导思想,受到了国际社会和广大发展中国家的广泛赞誉和高度评价。

发展中国家在国际组织中发挥着重大作用,仅仅非洲国家就占了联合国席位的三分之一左右,在多边外交领域,尤其是在国际组织一国一票的表决中,其向背至关重要。通过对发展中国家实施援助,有助于巩固中国和发展中国家的关系,提高中国在国际机构中的影响力。对外援助在当时成为中国同非洲共产主义国家保持接触和联系的最重要的渠道之一。事实上,中国在恢复联合国席位以及之后的人权、加入世界贸易组织、申奥、申博、联合国改革等问题上也得到了多数发展中国家的有力支持。

2. 第二阶段:重视经济技术合作阶段(1978—1995 年)

改革开放之后,中国对外援助工作进行了合理调整,规模得到适当控制和压缩,方式更为灵活,意识形态在对外援助中的作用逐渐减弱,中国开始注重援外的经济功能和效益,将促进受援国的经济发展和社会进步作为重点,推动中国和受援国之间的经济技术合作,以达到共同发展、共同繁荣的目的,中国逐步改革了实施经援项目的管理体制,以争取实现义利的平衡发展和辩证统一。

1983年年初，中国国务院总理访问非洲国家时宣布"平等互利、讲求实效、形式多样、共同发展"四项原则。援外工作既要继承优良传统又要改革创新，借鉴国际上通行的有效做法，使有限的援外资金发挥更大作用。从总体上看，对外援助工作在1978年以后出现了新特点和局面：依据实事求是、量力而行的原则，合理地安排外援支出，扩大了受援面。1980—1981年，外援支出仅占财政支出的0.6%。提高了成套设备中智力、技术支援的比重，建成了一些影响较好的大型项目，增加了受援国自力更生的能力。[①]

3. 第三阶段：经贸大战略及企业"走出去"战略阶段（1995年至今）

1995年是中国对外援助框架全面改革的转折点，其背景是时任外经贸部部长吴仪提出的"经贸大战略"，即把对外贸易、资本流动和国际经济合作结合起来，运用国内外资金、资源和市场来促进中国的经济发展。为适应社会主义市场经济的要求，中国对外援助的内容、方式和主体更加多样化，积极参与多边国际机构的援助工作并更加关注受援国的能力建设。

进入21世纪，中国面临着越来越严峻的贸易保护主义，到境外投资可以较好地回避贸易摩擦。中国国内的劳动力成本、环境成本逐渐提高，企业选择向经济发展水平更低的国家投资可以降低成本。发展中国家人民的收入水平逐渐提高，而且人口出生率高，人口结构年轻，在未来能提供极具潜力的消费市场和投资机会。2000年年初，时任总书记江泽民在向中共中央政治局通报"三讲"情况的讲话中，在全面总结中国对外开放经验的基础上，首次把"走出去"战略上升到"关系中国发展全局和前途的重大战略之举"的高度。随着人民币升值，人民币的购买力逐步提高，加之资本管制措施逐步放松，给企业"走出去"带来了巨大的动力。随着中国企业"走出去"，对外发展援助也要"走出去"，对"走出去"的中国企业提供支持。中国企业"走出去"离不开政策性金融支持。由于海外经

---

① 杨鸿玺：《中国对外援助的回顾与发展》，《学习月刊》2009年第21期。

营和投资风险高、很多基础设施的投资规模大,商业性资金往往望而却步,以对外发展援助的形式支持企业"走出去"可以吸引商业性资金跟进。

为营造有利于中国和平发展的国际环境,更好地维护中国发展的重要战略机遇期,中国进一步把对外援助与实施"走出去"战略紧密结合起来,发挥对外援助铺路搭桥的作用,鼓励和支持中国企业在受援国开展经济技术合作,带动更多品牌产品、标准规范、成熟技术和管理经验"走出去"。

(二)中国对外援助政策

20世纪60年代中国提出的对外经济技术援助八项原则,从一开始就是中国对外援助遵循的基本方针,并在实践中不断丰富、发展和完善。中国是世界上最大的发展中国家,人口多、底子薄、经济发展不平衡。发展仍然是中国长期面临的艰巨任务,这决定了中国的对外援助属于"南南合作"范畴,是发展中国家间的相互帮助。

现阶段中国对外援助政策的基本内容是[1]:

1. 坚持帮助受援国提高自主发展能力

实践证明,一国的发展主要依靠自身的力量。中国在提供对外援助时,尽力为受援国培养本土人才和技术力量,帮助受援国建设基础设施,开发利用本国资源,打好发展基础,逐步走上自力更生、独立发展的道路。

2. 坚持不附带任何政治条件

中国坚持和平共处五项原则,尊重各受援国自主选择发展道路和模式的权利,相信各国能够探索出适合本国国情的发展道路,绝不把提供援助作为干涉他国内政、谋求政治特权的手段。

3. 坚持平等互利、共同发展

中国坚持把对外援助视为发展中国家之间的相互帮助,注意实际效果,照顾对方利益,通过开展与其他发展中国家的经济技术合作,着力促进双边友好关系和互利共赢。

4. 坚持量力而行、尽力而为

在援助规模和方式上,中国从自身国情出发,依据国力提供力所能及

---

① 国务院新闻办公室:《中国的对外援助(2014)》白皮书,http://www.gov.cn/xinwen/2014-07/10/content_2715302.htm。

的援助。注重充分发挥比较优势，最大限度地结合受援国的实际需要。

5. 坚持与时俱进、改革创新

中国对外援助顺应国内外形势发展变化，注重总结经验，创新对外援助方式，及时调整改革管理机制，不断提高对外援助工作水平。

第二节　"金砖四国"对外援助的组织和管理

"金砖四国"经过近七十年对外援助的实践，基本形成了一套符合国内政治需要、适应市场经济要求的对外援助管理机制。但其对外援助管理体系本身还存在许多方面的不足，未来还需要进一步完善，为对外援助效果的提高打下基础。

一、巴西对外援助的机构和管理

巴西同时存在按职能和地理区分的两套援助管理系统。

（一）按职能划分的援助管理体制

1987 年为协调巴西的技术援助，巴西成立了巴西发展合作署（ABC），它隶属于巴西对外关系部（Ministry of External Relationship，MRE）。巴西发展合作署负责协调巴西接受的双边、多边技术合作以及向南方国家提供技术援助，负责巴西政府与其发展伙伴签署方案或项目的谈判和执行。巴西发展合作署严格依据对外关系部制定的政策开展活动，优先资助符合政府部门计划和设定的领域。

巴西发展合作署设署长（Director）负责整个机构工作；署长下设六个协调司（Coordination Unit），包括农业、能源、酒精以及环境协调司（CGMA），发展中国家技术援助协调司（CGPD），社会发展、医疗及专业培训协调司（CGDS），城市化及交通运输协调司（CGTI），接受双边及三边合作协调司（CGRB）以及接受多边合作协调司（CGFM）[1]（见图8-1）。

---

① 以上缩略语均为葡萄牙语首字母缩略。

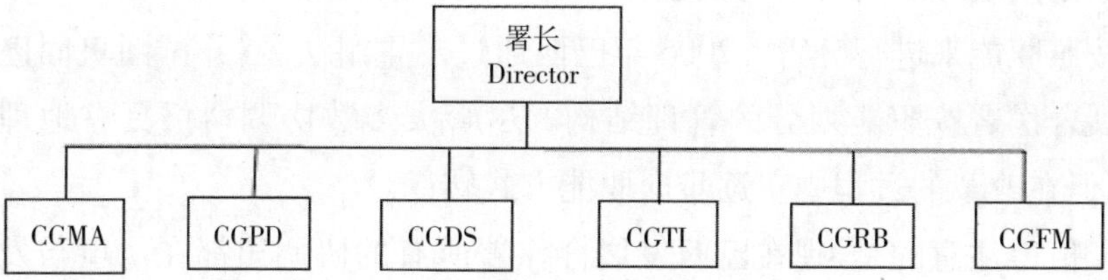

图 8-1　巴西发展合作署管理结构图

资料来源:http://www.ecdc.net.cn/events/tcdcissue7/4.htm。

巴西发展合作署向国际技术合作机构提供以下服务:(1)向国内机构提供关于在巴西签署的各种合作协议下开展国际技术合作项目的指导与信息;(2)对国内机构参与的技术援助项目提供支持;(3)关于设计方法和技术援助项目编写的培训;(4)代表巴西政府与外国对口单位进行技术援助项目的分析、谈判和批准;(5)监督技术援助项目的执行,向其他相关机构传播其发展成果信息[①]。

巴西发展合作署对巴西技术援助进行协调的地位较为脆弱。虽然大部分技术援助通过巴西发展合作署进行,但许多机构(公营或私营组织,比如 SENAI)在项目的设计、谈判以及实施过程中倾向通过自身的国际事务单位(International Affairs Units)展开,巴西发展合作署只能进行有限参与[②]。

(二)按地理分配的援助管理制度

按职能划分的援助管理制度与按地理分配的援助管理制度的关系可见图 8-2。例如,CGDS 按照职能应负责社会发展、教育、职业培训以及医疗的项目协调,然而实际上它还监管与拉丁美洲和加勒比海的合作项目。同样的,CGMA 负责协调 Cotton-4[③] 以及其他基础性项目,然而按照职能划分,它应协调农业、能源、环境相关的合作。巴西发展合作署开展合作

[①]　巴西发展合作署,http://www.ecdc.net.cn/events/tcdcissue7/4.htm。

[②]　Lídia Cabral, Julia Weinstock, "Brazilian Technical Cooperation for Development: Drivers, Mechanics and Future Prospects", Overseas Development Institute, 2010, 9, p.9.

[③]　Cotton-4 项目,是 2006 年巴西与非洲 4 个国家(马里、乍得、布基纳法索和贝宁)在世界贸易组织棉花法案下旨在促进该地区棉花可持续发展的合作项目。

伊始是按地理逻辑与受益国进行双边谈判。然而，其一直试图对各协调司按照职能来进行分管。2006年巴西通过了重组法令，并试图巩固巴西发展合作署按职能划分的管理结构。尽管大多数协调司仍具有地理成分，但在改革的过程中正逐步向职能方式转变。

值得注意的是，现在巴西发展合作署所有的协调司都在从事与发展中国家的技术援助，甚至那些成立之初专门用于处理巴西接受技术援助的协调部门，如CGRB和CGRM也不例外。这种转变意味着巴西从事的双边、多边的技术援助正向三边合作转化。"南南合作"超越了发展中国家技术援助协调司（CGPD）的监管范畴，由多个协调司同时负责①。

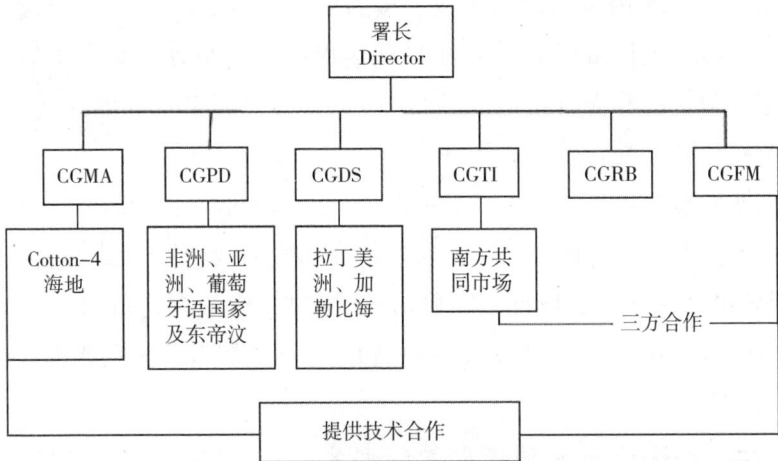

图8-2 巴西发展合作署实际运行结构图

资料来源：笔者根据相关资料整理。

尽管巴西发展合作署参与了越来越多的发展合作项目，然而一直存在人员不足的问题。巴西发展合作署共有160名员工，其中约100名员工直接参与技术援助，管理着58个国家的400多个"南南合作"项目。巴西发展合作署的大部分员工要么是联合国开发计划署（UNDP）的员工，要么是巴西对外关系部（Ministry of Extenal Relatiom，MER）的职员（见

---

① Lídia Cabral, Julia Weinstock, "Brazilian Technical Cooperation for Development: Drivers, Mechanics and Future Prospects", Overseas Development Institute, 2010, 9, p.9.

图8-3）。巴西对外关系部职员会随时根据巴西对外关系部的需要和利益被安排到其他部门,并且大多数联合国开发计划署员工的合同期只有一年且只能续期一次,因此援助工作人员较为短缺。除了总部的工作人员,巴西发展合作署在国外约有10个联络点,主要分布在佛得角、安哥拉、马里、肯尼亚、东帝汶、莫桑比克、圣多美和普林西比以及几内亚比绍等技术援助比较密集的国家。作为辅助部门,这些联络点在国家或区域层面向总部提供后勤或业务上的支持,因此他们的合同是短期的。巴西发展合作署员工最长的在职年限为2—2.5年,人员流动比率偏高。①

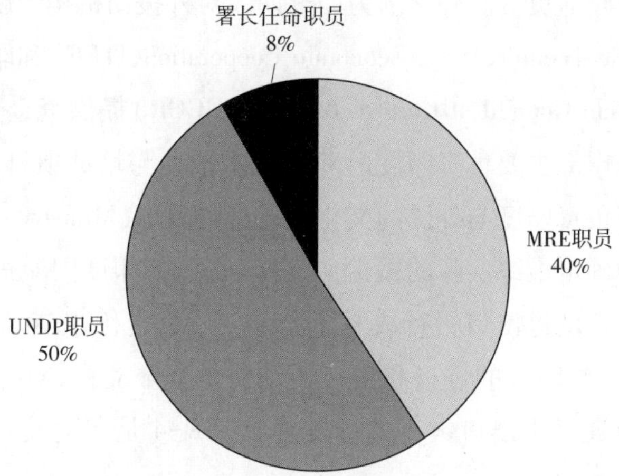

图8-3 巴西发展合作署职员分布

资料来源: Lídia Cabral, Julia Weinstock, "Brazilian Technical Cooperation for Development: Drivers, Mechanics and Future Prospects", Overseas Development Institute, 2010, 9, p.9.

尽管巴西发展合作署成立时间较早,并专门负责监管和协调技术援助,但是由于发展合作署隶属于外交部,不具有经济和人力资源管理的自主权,因此限制了其功能,使其无法制定合适的合作政策、提供有效的合作并有战略地、有效地部署人力和经济资源。

---

① Lídia Cabral, Julia Weinstock, "Brazilian Technical Cooperation for Development: Drivers, Mechanics and Future Prospects", Overseas Development Institute, 2010, 9, p.9.

二、印度对外援助的组织和管理

外交部(Ministry of External Affairs,MEA)是印度发展援助的主要负责机构,监督管理印度85%的援助。外交部向其他发展中国家提供项目和技术援助,主要方式有投资特定工程、项目建设咨询服务、派遣专家代表团、向外国学生提供在印度大学深造的机会、人道主义援助、现金和人力资源等。

外交部直接负责向阿富汗、不丹和尼泊尔提供的援助,对其他国家的援助由财政部负责。外交部为印度两大对外援助机构印度技术与经济合作部(Indic Technical and Economic Cooperation,ITEC)和印度文化关系理事会(Indian Council of Culture Relations,ICCR)提供资金支持,印度技术与经济合作部主要负责印度的双边技术援助与培训项目,印度文化关系理事会则负责印度与外国的文化交流。财政部(Ministry of Finance)在双边援助中确定最终实际的援助额,并负责监督印度国家进出口银行的信贷工作。印度进出口银行成立于1981年,负责优惠贷款的信贷额度管理和发放,为印度的进口和出口活动提供资金支持,对外援助中的信贷额度就是通过进出口银行进行发放。图8-4是印度发展援助的组织结构图。

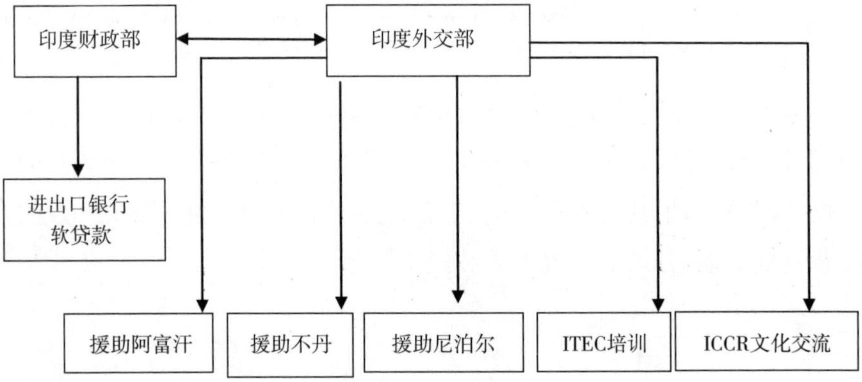

图8-4　印度发展援助组织简图

资料来源:根据公开资料整理。

（一）外交部和印度技术与经济合作部、印度文化关系理事会

1. 印度技术与经济合作部（ITEC）

1964年,印度外交部成立印度技术与经济合作部,主要负责印度政府的双边援助,是印度进行海外援助的重要工具。印度技术与经济合作部的职能主要包括五个部分:在印度对印度技术与经济合作部合作伙伴国的相关人员进行培训;开展援助项目和进行项目相关活动,比如可行性研究、咨询服务;派遣印度专家到海外;自然灾害救助等。

印度技术与经济合作部一直是提供技术援助的主要工具。除了向国外派遣专家,印度技术与经济合作部还向受援国提供了广泛的培训。印度技术与经济合作部大约40%的预算用于培训,主要开支为培训的学费、受训人员的住宿和津贴。印度的培训有两个不同的分类:文职人员的培训和军事培训。40多家机构提供了超过220门课程,涵盖了广泛的专业领域,如新闻、信息技术、会计及财务、议会研究、计算机应用、大众传播、教育规划和管理、水资源管理、农村发展、农村电气化等,持续时间为6周到1年或更长,学员基本上是受援国的高级官员。因此,印度技术与经济合作部被认为是印度外交成功的一个范例。印度技术与经济合作部培训计划在非洲已经非常流行,每年超过1000人在广泛的范围领域接受培训。近年来,援助的范围已明显扩大。2004年,印度提出"泛非电子网络"计划,通过卫星和光纤网络,计划将53个非洲国家与印度相连,分享印度在教育和医疗等领域的专业知识和技能。印度为此项目提供了1亿美元的资金,并且有29个非洲国家已经签署了该项目。

印度技术与经济合作部通过培训构造的"软实力"（soft power）为印度与受援国建立了互惠利益。"软实力"是区别于通过购买或现金支援等"硬实力"（hard power）来"吸引或合作"（attract or cooperation）,它"通过建立良好的政治环境来间接实现合作的目的,往往需要很长时间才能发挥效用"[1]。印度—阿富汗的关系正是得益于这种"软实力"。阿富汗历任的许多领导,包括总理卡尔扎伊都曾在印度学习过,印度给其留下了

---

[1] Dweep Chanana,"India as an Emerging Donor",*Economic & Political Weekly*,2009,3.

较好的印象，从而促进了两国的友好关系。

2. 印度文化关系理事会（ICCR）

印度外交部同时管理印度文化关系理事会。印度文化关系理事会设立交流项目，让更多的外国学生、教师、作家和艺术家到印度进行文化交流，从而推动印度与外国的文化联系。2007—2008 年印度文化关系理事会的预算为 1500 万美元。印度技术与经济合作部对非洲的特别援助方案（Special Commonwealth Assistance for Africa Programme，SCAAP）和印度文化关系理事会向来自亚洲、东欧、非洲和拉美的 156 个国家的人员提供培训。

（二）财政部与进出口银行

在双边援助中，财政部最终确定实际的援助额，并负责监督印度国家进出口银行的信贷工作。财政部下设经济事务部（Department of Economic Affairs，DEA），主要通过进出口银行提供信用证和信贷，也在"科伦坡计划"①（Colombo Plan）下提供适度的技术援助。

1981 年，印度依据进出口银行法案（the Export-Import Bank of India Act，1981）成立的印度进出口银行（Export and Import Bank of India，EXIM Bank）旨在促进和推动印度与各国贸易的发展。在进出口银行的各项活动中，提供信贷额度是其用以支持中小企业发展的最重要的工具之一。该银行在财政部的监管下，向海外的金融机构、区域发展银行、主权政府等提供信贷额度，使对方企业在延期信用合同下从印度进口项目、商品或服务。由于印度发展合作的相当一部分是以项目的形式进行的，因此该银行在各种项目的执行上发挥了重要作用②。

（三）协调机构

对外援助项目的资金需要通过印度政府的多个部门讨论，而各部门

---

① 科伦坡计划是世界上第一批援助计划之一，它在 20 世纪 50 年代由英联邦国家发起，旨在通过以资金和技术援助、教育及培训计划等形式的国际合作，来加强南亚和东南亚地区的社会经济发展。

② Sachin Chatervedi，"Indian Development Cooperation Policy and Trends in Development Assistance"，*Research and Information System for Development Countries*，2010，11.

对双边项目和国际组织的资金都有自己的目标和预算。印度外交部总体负责双边援助和技术援助,各部门提交被称为"赠款需求"的支出建议,外交部与财政部共同商定对具体国家的实际援助金额。财政部据此准备印度的对外援助年度预算。预算建议经印度议会讨论和审议通过后,财政部负责对外援助的拨款。此外,对联合国开发计划署的分配有一个单独的预算,其他的多边援助是在"国际合作"的名义下支出的。

印度对外援助各部门之间的协调性很差,各个援助项目和政策也并未统一。为提高援助的效率以及加强与伙伴国家的合作关系,印度政府多次宣称将建立独立的援助管理机构[①]。最终,2012 年 1 月印度外交部在其下设立发展伙伴管理处(Development Partnership Administration,DPA)。尽管发展伙伴管理处不是一个独立的援助管理机构,但是它标志着印度向统一援助管理体制迈出了第一步。

发展伙伴管理处设立的目的是协调印度的对外援助和发展合作,加强对印度援助项目和技术合作的管理。此外,发展伙伴管理处还负责在外交部内部协调 ITEC 与其他援助单位在培训和技术援助上的合作,对进出口银行提供的信用贷款进行追踪管理。由此,发展伙伴管理处下设了 DPA-Ⅰ、DPA-Ⅱ和 DPA-Ⅲ三个分支机构:DPA-Ⅰ负责东非、南非和西非地区的所有信用贷款额度和捐助项目,孟加拉国的赠款项目和斯里兰卡的住房援建项目;DPA-Ⅱ负责 2012—2013 年 ITEC、SCAAP(Special Commonwealth Assistance for Africa Programme)等项目下面向 161 个国家开展的培训项目,同时还负责印度在东南亚、中亚、西亚和拉美地区的捐赠项目,印度的人道主义援助和灾难紧急援助也由该分支负责;DPA-Ⅲ则负责在阿富汗、马尔代夫、缅甸、尼泊尔和斯里兰卡的援助项目。[②]

尽管印度政府试图通过发展伙伴管理处对其发展援助进行统一集中

---

① 印度财政部部长杰斯旺特·辛格(Jaswant Singh)在 2003—2004 年预算演讲中提出要在财政部中设立援助机构"印度发展援助(India Development Assistance,IDA)",见辛格(Singh,2003)。2007 年财政部部长 P.其达姆拔瑞(Chidambaram)又提出创立"印度国际发展合作署(India International Development Cooperation Agency,IIDCA)"。

② 印度外交部官方网站,http://www.mea.gov.in。

管理,但是 DPA 仍然缺乏足够的财力和物力去协调、监督乃至统一不同部门之间的发展援助,部门之间乃至部门内部各机构之间的利益纷争加大了印度实现对外援助统一管理的难度,而且对单个国家发展援助政策制定的决定权仍保留在外交部的单个领导者手中。因此,印度对外援助政策的制定和管理仍然是分散的,而且在很长一段时间都将保持这种分割化的状态。

三、俄罗斯对外援助的组织和管理

俄罗斯官方发展援助管理体系的建立可以分为两个阶段:第一阶段的任务是制定和批准必要的规范性文件,选择援助的优先方向,建立和理顺与伙伴国和国际组织之间的联系渠道,确定双边和多边的援助送达机制,确定官方发展援助的范围和形式,落实首批发展援助计划,对首批发展援助效果进行评估。第二阶段以参与官方发展援助的经验和规模为基础,建立专门的官方发展援助制度和组织,实行专门计划,落实援助工具,并对现有援助机制进行改革,进而扩大发展援助规模。

俄罗斯目前没有统一的对外援助管理机构,对外援助的具体执行由多个部门负责。比如外交部各地区司局负责双边援助的实施,外交部对外经济合作司负责协调债务减免相关事务,俄罗斯紧急情况部负责人道主义援助。

俄罗斯政府根据外交部、财政部和相关政府部门的建议,作出提供官方发展援助的决定后,由外交部和财政部经与其他有关部门协商后共同确定发展援助的国家和地区优先方向,明确援助的政治目的,确定援助规模、形式和条件。俄罗斯参加官方发展援助的计划要提前三年作出,并结合中期财政计划在国家预算中列支相关支出。官方发展援助计划应包括以下内容:分析和预测俄罗斯经济,包括联邦预算收支预测;搜集和分析受援国政治经济社会形势,以及受援国与俄罗斯的经贸联系和其他联系;分析官方发展援助领域内多边倡议的落实情况;分析并预测发展中国家对官方发展援助的需求情况;确定俄罗斯参与官方发展援助的最佳规模,预测俄罗斯私营企业和非商业组织对官方发展援助出资的规模;确定多边和双边援助的比例以及援助的种类和行业结构。对国内正在发生武装冲突或政治经济局势不稳定的国家,应根据具体情况,结合受援国特点作出是否提供发展援助的决定。为避免在这种情况下受援国不正当使用援助资金,援助应以提供人道主义物资、粮食或技术援助的形式进行。在同等条件下,援助计划和项目应首先考虑使用俄罗斯商品和服务。外交部、经济发展和贸易部会同财政部对受援国政治经济社会和金融形势,以及俄罗斯与上述国家的经贸联系,关于受援国反贫困的战略、反腐败措施等,提供信息保障和分析材料,并保证使用国际援助资金的透明度。外交部和财政部保证对援助行动提供信息,并向受援国政府和国际组织提供官方情报。

四、中国对外援助的组织和管理

中国对外援助工作经过近七十年的建设与发展,中国对外援助各项机制逐步建立和强化,对外援助管理体系总体框架基本完成(见图8-5)。

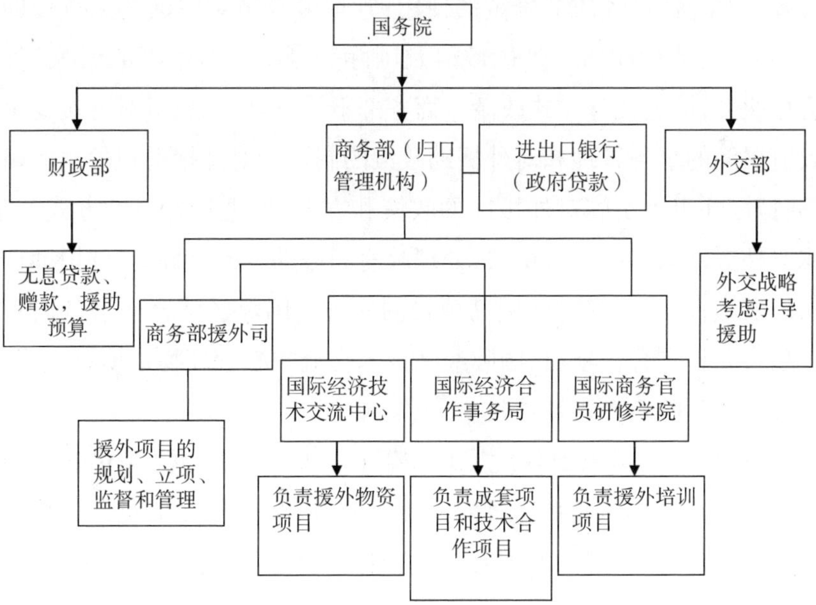

图8-5 2018年4月前中国对外援助管理体系

资料来源:根据公开资料整理。

（一）对外援助的管理机构

中国对外援助的决策权集中于中央政府。自 1950 年以来，随着对外关系和对外援助工作的发展，中国政府管理对外援助的各级机构逐步建立和健全，项目管理力度不断加强。2018 年 4 月前，中国对外援助管理机构除主管部门商务部外，中央政府各机构和部门中，负责对外援助事务的还有外交部、财政部等 23 个部委，地方省区商务部门、驻外使领馆等也共同参与了对外援助的管理体系。当时中国对外援助工作的管理机构按层级可以划分为国家归口管理机构、部门管理机构、地方管理机构和驻外管理机构四个层次①（见图 8-5）。2018 年 4 月，中国成立了国家国际发展合作署，开始履行对外援助政策制定、援助项目的管理等职责。

1. 国家归口管理机构

2018 年 4 月前，商务部是中国国务院授权的政府对外援助主管部门，归口管理中国对外援助工作，拟订并执行对外援助政策和方案，推进援外方式改革，编制对外援助计划、确定对外援助项目并组织实施，管理具有政府对外援助性质的资金的使用，管理多双边对中国的无偿援助和赠款(不含财政合作项下外国政府及国际金融组织对中国的赠款)等发展合作业务，推进援外方式改革。商务部下设援外司，负责对外援助工作中政府层面的事务管理和对外援助政策的制定。对外援助司的主要职能包括：拟订并组织实施对外援助的政策和方案，推进对外援助方式改革；组织对外援助谈判并签署协议，处理政府间援助事务；编制对外援助计划并组织实施；监督检查对外援助项目的实施。国际经济合作事务局管理成套项目和技术合作项目，国际经济技术交流中心管理物资项目，国际商务官员研修学院负责培训项目。

2018 年 4 月，国家国际发展合作署正式成立。根据《深化党和国家机构改革方案》，国家将商务部对外援助有关职责、外交部对外援助协调等职责进行整合，组建国家国际发展合作署，作为国务院直属机构，其主

---

① 黄梅波、胡建梅：《中国对外援助管理体系的形成和发展》，《国际经济合作》2009 年第 5 期。

要职责是,拟订对外援助战略方针、规划、政策,统筹协调援外重大问题并提出建议,推进援外方式改革,编制对外援助方案和计划,确定对外援助项目并监督评估实施情况等。援外的具体执行工作仍由相关部门按分工承担。

2.部门管理机构

国家国际发展合作署负责对外援助工作,但一个援外项目做不做并非一个部门决定的,商务部、外交部、财政部、进出口银行等都参与审批的过程。因此,除主管部门国家国际发展合作署外,其他参与中国援外事务的部门主要有外交部、财政部、商务部等部委。外交部视援外为一个实现外交战略的载体,在援外的原则和分配上对中国对外援助作出引导,财政部负责财政援助,主要有赠款、无息贷款和政府优惠贷款贴息,并为对外援助制定预算。商务部负责协调国际经济技术交流中心、国际经济合作事务局,国际商务官员研修学院等援助项目;中国进出口银行负责优惠贷款项目评估以及贷款发放和回收等管理;中国人民银行负责与国际金融机构和多边开发银行的联系;国家卫生健康委员会负责对援外医疗队的选派和管理工作;科技部主要负责对外科技援助的管理等;农业农村部承办政府间农业涉外事务,组织有关国际经济技术交流;教育部、文化与旅游部等部门也承担部分援助事务。

3.地方管理机构

除了国家归口管理机构和部门管理机构外,各个省、自治区、直辖市的地方商务主管部门负责协助办理管辖地有关对外援助的具体事务,在对外援助中发挥协调管理职能。一方面,执行对外援助的政策、规章、制度和援助方案;另一方面,对援外实施主体进行监督管理、推荐属地援外企业的工作、参与与属地企业相关的援外项目管理,监督检查对外援助项目的实施情况。

4.驻外管理机构

中国驻外使(领)馆负责中国对驻在国援助项目的一线协调和管理,主要由驻外使馆经商处或中国派驻受援国的经济商务参赞处负责。

中国驻外使(领)馆是中国对外援助项目的一线协调和管理机构,驻外使馆的经济商务参赞处主要处理有关的政府间援外事务，并协助管理对外援助物资项目，是中国与受援国发展经贸合作的纽带。驻外使馆在援外方面的主要职责是：执行国家援外方针、政策；加强与驻在国政府的交流和沟通，疏通、拓展经济技术合作渠道；根据授权办理政府间协议签订；反馈受援国要求，对于认为可行的援助项目及时呈报国内主管部门；协助国家国际发展合作署做好对外援助的工作，如提出援助工作建议，研究适合受援国国情的有效援助方式，对各类援外项目的协调和管理，做好援外工作的对外宣传工作等。

（二）对外援助的协作支持机构

除了国家国际发展合作署、商务部、外交部、财政部等国家部委和各省、自治区、直辖市商务部门，援外工作的执行还需要其他相关机构的支持和协助。商务部中国国际经济技术交流中心、商务部国际经济合作事务局、商务部培训中心以及中国进出口银行就是其中重要的四个对外援助的协作支持机构。

中国国际经济技术交流中心（以下简称"交流中心"）是商务部直属的事业单位，成立于1983年3月12日。根据商务部的授权和委托，交流中心归口管理中国同联合国开发计划署和工业发展组织等联合国专门机构的合作，并代表中国政府同其商定合作领域以及项目并签署有关项目文件，还负责协调同国际民间组织的合作，筹集资金，培训人才，聘请国内外专家，组织国外考察，举办各类研讨会和培训班，并提供信息和投资咨询服务。在对外援助方面，主要承担对外援助一般物资项目立项后招标的组织、决标和实施管理工作。

商务部国际经济合作事务局是商务部直属事业单位，是商务部为了更好地适应中国加入世贸组织和行政管理体制改革的新形势，依据决策、执行、监督相互协调、相对分离的精神于2003年7月组建。作为中国对外援助工作的辅助管理力量，该局主要负责中国对外援助业务的促进、服务和保障工作，并承担推动中国企业"走出去"开展对外经济合作业务的促进工作。

商务部培训中心是商务部直属司局级事业单位，是国务院批准的首批"援外培训基地"单位之一,承担着以发展中国家政府经济官员为主的国际商务官员培训的重要职能。根据商务部"三定"方案对援外培训职能的重新划分与调整,培训中心在执行援外培训项目的基础上,又增加了援外培训的项目管理与综合协调职能。

中国进出口银行是中国专门支持国际经济合作的政策性银行,成立于 1994 年。从 1995 年开始,中国进出口银行成为中国政府指定的承贷银行,负责办理援外性质的政府援外优惠贷款业务。中国政府优惠贷款的政府归口管理部门为国家国际发展合作署,负责制订政策和计划,签署优惠贷款框架协议,中国进出口银行负责项目评估审查、放款、贷款管理、本息回收等。每年的贷款规模,由中国人民银行会同国家国际发展合作署、商务部、外交部、中国进出口银行提出,并报国务院批准。

表 8-1　中国对外援助管理部门及其职能

部　门	职　能
国务院	在制定国家预算时确定一定的支出比例用于对外援助
国家国际发展合作署	援外项目的总体规划、年度计划、项目立项等政府间事物,并对执行援外任务的机构进行监督、检查和指导
商务部国际经济合作事务局	主要负责援外成套项目的实施管理
中国国际经济技术交流中心	主要负责援外物资项目的实施管理
商务部培训中心	主要负责援外培训项目的实施管理
中国进出口银行	负责优惠贷款援助事宜
外交部	负责从外交战略角度考虑提出是否向发展中国家提供援助、提供什么方式的援助以及提供多少援助等建议
财政部	负责制定对外援助的具体预算并监督实施
各职能部委	协调配合并负责本部委的对外援助工作

第三节　"金砖四国"对外援助的监督和评估

"金砖四国"的对外援助管理体系还没有一个独立的监督评估机构,但我们也应看到,部分国家日益认识到建立一个独立的监督评估机构的重要性，并正在加大这方面的努力。

一、巴西对外援助的监督和评估

巴西的国际合作不施加任何条件或政治目标。巴西政府认为，发展合作并不仅仅限于援助国和受援国之间的合作；它是具有相似发展道路的国家之间的交流，这需要共同的利益和责任。2010年，巴西对其援助开展了一轮调查，并制定了相关制度，这是巴西国际发展合作政策机制建设的第一步。该机制要求援助须与巴西外交政策相匹配，以拥有更广泛的支持基础。巴西正在寻求一种发展合作模式，可以将经济增长与社会包容性、可持续性以及国家繁荣和全球稳定相结合，为21世纪发展议程的复兴运动作出贡献。①

巴西快速发展的援助项目受到现存管理机制的约束，且长期以来没有对各项活动进行监督和评价。巴西无法确定援助的具体数值且无法判定援助项目完成的质量，此外对项目的分析通常是从管理的角度，比如执行的任务、举行的活动、参与的人数，而非依据评价标准项目的指标，如成本效应分析、可持续性或者影响等。这个缺陷以及相关管理人员分析经验（无论是在外交服务或者项目管理上）的缺失，都使得巴西无法对其发展援助作出深入的评估并制定出最好的政策。

二、印度对外援助的监督和评估

印度拥有极少的监督机制和反腐败保障措施。印度对发展援助缺乏正式的定义。援助以一种特定的方式通过多种渠道和多种机构流动。

三、俄罗斯对外援助的监督和评估

俄罗斯参与具体的发展援助项目的绩效评估由俄罗斯与受援国当局和/或国际组织的领导者协调进行。为避免滋养腐败、滥用拨款以及避免

---

① Global Legal Research Center, "Regulation of Foreign Aid in Selected Countries 2011/2012", LL File No.2011-006054.p.70.

受援国低效率管理的风险,《俄罗斯联邦参与官方发展援助的构想》设置了一些要求,例如受援国需要有国家减贫和可持续的经济发展规划以及反腐败计划,受援国只有在满足这些要求的情况下才能获得俄罗斯的发展援助。外交部、经济发展和贸易部以及财政部负责搜集数据,并分析资金的使用情况,以确保国际发展援助资金使用中的透明度。外交部和财政部负责对联邦的国际发展援助支出进行评估。

四、中国对外援助的监督和评估

目前,中国的对外援助管理体系并没有一个独立的评估机构,2018年4月国际发展合作署成立后设立监督评估司,承担监督对外援助项目实施情况工作,组织开展对外援助项目结合评估。中国对外援助项目的监督和评估主要是根据一些相关的法规或条例来实施的。由于中国是通过财政和项目渠道提供对外援助,因此,相关的监督机制也是分离的。

(一)对外援助资金管理

对外援助预算属于国家预算的范畴,由全国人民代表大会和全国人民代表大会常务委员会监督。全国人民代表大会和全国人大常委会有权对重大事项或特定问题的预算或决算进行调查。

中国进出口银行负责对优惠贷款进行监督,并对贷款项目、贷款发放、本金和利息的偿还进行管理①。中国进出口银行定期向国家国际发展合作署报告贷款的进展情况。

1998年,财政部颁发《对外援助支出预算资金管理办法》,其对援外资金的支出范围、管理部门、预算编制、预算执行和调整、决算、援外项目资金管理以及监督与检查等方面都作出了具体规定。

在援外项目资金管理方面,该办法规定,主管部门对援外项目资金可实行预决算制或承包责任制的管理方式。对实行内部承包责任制的援外项目,按签订的内部承包合同价款,由承包单位包干使用,自负盈亏。超

---

① "Provisions of Export-Import Bank of the People's Republic of China on Post-Credit Management of Concessional Loans to Foreign Countries", *Supra*, note 42, art.2.

过合同价款,需要补款数额较大的,应由援外招标委员会审定。由于经营管理和违反合同规定造成的损失,不予补款。主管部门应定期将签订的援外项目内部承包合同书抄送财政部备案。此外,实行承包责任制的援外项目资金,必须单独记账,单独核算,保证项目需要,并接受财政部和主管部门的检查监督。

在援外资金监督与检查方面,该办法规定,财政部有权根据国家有关法律、法规和财务规章制度对主管部门援外支出预算执行情况进行监督检查。主管部门及执行援外任务的单位应当接受财政部的监督检查,并执行财政部提出的检查意见。主管部门应对执行援外任务的单位进行财务监督检查。财政部和主管部门应定期或不定期地对援外资金的使用管理情况进行检查巡视。主管部门及执行援外任务的有关单位,如有随意拖延援外资金拨款,占用、挪用援外资金等行为的,应按照《国务院关于违反财政法规处罚的暂行规定》进行相应处罚。主管部门及执行援外任务的有关单位应如实向财政部提供所需资料,及时反映援外资金使用的情况。

(二)对外援助物资管理

为保证对外援助物资的质量,加强对外援助物资的检验与管理,国家商检局会同对外贸易经济合作部于1998年制定了《对外援助物资检验管理办法(试行)》,2004年商务部又出台了《对外援助物资项目实施企业资格认定办法(试行)》,加强对企业资格的认定。在此基础上,2006年商务部颁布了《对外援助物资项目管理暂行办法》,规定了援外物资项目的实施、监管和评估以及参与援外物资项目企业的法律责任,重在解决对外援助物资项目实施企业应承担的义务和职责以及商务部的管理方式、管理职责和行政处罚权限等问题,进一步加强对外援助物资项目的管理,确保援外物资项目质量,提高对外援助的经济和社会效益。2011年,在认真总结援外工作经验的基础上,商务部重新修订了《对外援助物资项目管理办法》和《对外援助物资项目实施企业资格管理办法》。

(三)对外援助成套项目管理

商务部对援外项目的实施颁布了相关的具体规定。这涉及工程质量和管理、援外项目实施企业的资格和认定、援外工作安全体系和材料的检验。商务部的财务部负责财务账目管理和监督援外项目预算的使用。中国驻外使馆与领馆的经济和贸易部协助商务部对援外项目中的国外技术组进行财务监督和指导。

为加强对外援助工程质量和施工的管理,1998 年商务部出台了《对外援助工程质量检验评定及验收办法》和《对外援助工程施工技术资料管理办法》。2004 年商务部出台了《对外援助成套项目施工任务实施企业资格认定办法(试行)》,规范对外援助成套项目施工任务实施企业的资格,并在对外援助项目的监管上制定了《对外援助成套项目考察设计任务评标办法(暂行)》和《商务部关于对外援助项目评标结果公示和质疑处理的规定(试行)》。2008 年,商务部出台了《对外援助成套项目管理办法(试行)》和《对外援助成套项目施工监理取费标准内部暂行规定》。2011 年,商务部推出《援外项目突发事件应急预案》。为此,在对外援助成套项目的管理上形成了从企业资格认定、工程质量、项目考核、应急预案等一整套比较完备的法规体系。

此外,中国还加大了重大援外工程项目巡检工作力度,并在 2010 年首次引入专家论证制度,进一步提高了援外项目管理的科学性和可持续性。中国各有关部门密切协作,建立专项工作机制,定期督办、检查和评估,确保各项承诺如期兑现,发挥各类援助项目的经济和社会效益。

第四节 "金砖四国"对外援助管理的评价

和发达国家相比,"金砖四国"的对外援助尚未建立科学完善的对外援助管理体系,在对外援助立法和政策、组织和管理以及监督和评估方面还存在许多缺陷。

一、"金砖四国"对外援助的法律与政策

(一)对外援助的法律与政策

国际援助需要各国建立相应的法律以保证其发展援助政策和对外援

助工作具有合法性和操作权力。在发达国家，无论是美国、欧洲国家还是日本，大都制定了对外援助法和相关法案，内容包括对外援助的原因和目的、执行机构、提案及其批准程序、援助总额与 GDP 和财政收入的比例等内容，以规范政府的对外援助行为，避免对外援助的随意性。各国在发展援助工作实施过程中，还必须在对外援助所追求的发展目标和其他政策目标之间进行取舍和权衡。由于发展援助问题往往涉及政府多个部门，各个部门之间的政策协调和政策一致性是促进援助有效性的重要条件。

巴西缺乏对发展援助活动进行监管的法律框架，现有的法律无法对巴西进行双边或者多边的援助进行监管。由于没有相应的法律制度，巴西发展合作署的国际化是不完整的，无法提供基本的发展援助功能①。

印度目前尚没有相应的对外援助法律、法规。其对发展援助的界定也与传统的标准不同。印度"发展援助的定义不符合现存的任何标准。国家所谓的'海外发展援助'往往是一个包括项目援助、购买补贴、信贷、运输成本以及印度政府产生的技术培训费用的综合"②。

俄罗斯官方发展援助的立法仍处于开发阶段。俄罗斯没有关于援助的一些重要术语和概念的定义，并且一些术语与 DAC 的定义也有差别。俄罗斯是唯一一个没有将官方发展援助的概念包含在其法律中的 G8 国家，其对外援助的概念只出现在某些法律、条约和战略性概念的文件中。

到 2019 年年底为止，中国尚没有相应的对外援助法律、法规。现有的对外援助工作主要是在以部门规章为主体，由一系列规范文件和部门规章构成的援外制度体系下进行的。2018 年 11 月，国家国际发展合作署制定了援外结合性部门规章《对外援助管理办法》，向全社会公开征求意见，到 2019 年年底该办法还未正式实施。

总体来看，"金砖四国"目前还缺乏科学合理的对外援助立法，对外

---

① 黄梅波、谢琪：《巴西的对外援助及其管理体系》，《国际经济合作》2011 年第 12 期。

② Subhash Agrawal, "Emerging Donors in International Development Assistance：The India Case 5 (Int'l Dev. Res. Centre, Dec. 2007)"，http://publicwebsite.idrc.ca/EN/Documents /Case-of-India.pdf.

援助工作随意性较大,对外援助数据缺失且信息不够透明都对援外管理造成不便,且容易引致外界猜疑。"金砖四国"在这方面还需借鉴发达国家的有益实践,制定具有本国特色的对外援助立法。

(二)政策一致性

政策一致性的目的是保证政府发展政策的目标和成果不被其他政策所破坏。政策一致性涉及政府其他部门、特殊利益团体与发展援助主管机构之间的权衡。这就要求各部门的决策者在制定政策过程中应充分考虑其对发展中国家发展政策的影响。2005 年,欧洲理事会决定在 12 个优先领域加快推进千年发展目标的进程。随后欧洲委员会评估了成员在这 12 个优先领域的政策,以达到发展政策一致性。法国没有专门致力于促进与欧盟发展援助政策一致性的体制体系,但是法国已经开始重视确立法国在欧盟总体援助中的立场,建立发展援助合作的机制。

对于巴西,尽管巴西发展合作署制定了发展援助的基本政策,但是由于实际操作中众多的合作伙伴缺乏连贯一致的战略框架,协调工作很难进行。巴西已经初步建立起内部管理部门的合作模式,以及与其他机构的交流和协调的宽松机制。巴西发展合作署负责巴西政府合作项目的谈判、促进其完成及监督,并且协调与伙伴国的关系、协调项目的资金来源。不同的机构和部门提供技术性支持,而巴西发展合作署要负责每日的资源供应、资本投资和咨询工作。印度和俄罗斯都没有统一的机构进行协调管理,它们的发展援助政策仍处于较零散状态,缺乏政策一致性。

中国涉及对外发展援助的政府部门主要包括外交部、财政部和国家国际发展合作署。外交部只是通过非正式的会议,由驻外大使对国别援助项目提出建议;财政部只是按照已经决定的对外援助项目核定金额并拨款;国家国际发展合作署负责对外援助的战略规划和协调。但是在实际操作中,有些对外援助项目是由于外国元首来访或中国领导人出访而临时决定的,有些则是国内的企业或政府部门自己联系促成的。由于缺乏一个协调统一的决策部门,缺乏具有系统性和前瞻性的对外发展战略和国别政策,由此导致了以下两个后果:(1)对外援助的随意性较大,缺乏详细的调查和科学的论证,对援助的必要性、项目的可行性研究不够,造成对外援助的效果不明显和资源浪费,甚至出现中方提供贷款而对方并不感兴趣的尴尬局面。(2)造成了部门之间的竞争。各个部门的管辖范围并不清晰,职能相互交叉,而且决策和执行机构往往不在一个部门之内。这使得各个部门之间难以协调,导致援助资源难以有效整合。权力分配不清晰也导致政府部门不重视援助的战略、程序和评估,反而对具体的项目执行干涉过多,导致执行机构无所适从,最终使得对外援助的战略意图难以得到有效的贯彻①。

当前"金砖四国"对外援助体制存在的一个突出问题是缺乏一个协调统一的决策体制,发展援助政策较零散。这与部分发达国家还存在一定差距。

二、"金砖四国"对外援助的组织和管理

(一)DAC 成员对外援助的管理模式

国际援助项目或方案是由相应的援助组织机构制定和执行的。由于发展合作通常与对外政策密切相关,所以大部分 DAC 成员将之归入外交部。DAC 成员的发展合作模式主要有以下四种:外交部牵头负责政策制定和项目执行。丹麦和挪威即采用了这一模式。丹麦的对外援助由外交部的南方集团管理,而挪威发展政策和外交政策完全集中在外交部;外交部的发展合作理事会或机构负责政策制定和项目执行。如爱尔兰的对外援助主要由外交部中的发展合作理事会管理。在意大利提供对外援助的各部委和地方政府机构中,外交部中的发展合作总干事在双边方案中起着主导作用;一个部门负责政策制定,另外一个独立的机构负责执行。这种模式下,援助政策的制定有三种类型:外交部独立制定;非外交部的部门制定;外交部与其他公共部门,如财政部、工贸部等共同制定。援助政策的执行则由一个或多个独立的部门负责实施。采用此种模式的国家有奥地利、比利时、法国、德国、日本、卢森堡、葡萄牙、西班牙、瑞典和美国;非外交部的独立部门或机构负责政策制定和项目执行。这种模式下,援

---

① 刁莉、何帆:《中国的对外发展援助战略反思》,《当代亚太》2008 年第 6 期。

助政策的制定和执行由外交部外的一个独立的部门或机构负责。英国1997年创立了英国国际发展部,该部是英国处理国际发展事务的核心部门。英国国际发展合作中的所有事务,不论是双边的还是多边的,都在英国国际发展部的管辖范围之内。英国国际发展部还负责就英国的对外援助议题同相关政府部门进行协调。

(二)"金砖国家"对外援助的组织和管理

巴西的发展合作较为专业,因为它拥有大量的公共机构和实体、大学以及民间社会组织。巴西的援助深入到受援国的各领域,且从谈判阶段开始就考虑到了受援国的具体需要,以适应当地的实际情况。但是巴西的组织机构也存在不足。巴西发展合作署的职责是监管和协调技术援助,但是由于巴西发展合作署隶属于外交部,不具有经济和人力资源管理的自主权,完全服从于对外政策,这限制了巴西发展合作署功能的发挥,使其无法制定合适的发展合作政策、提供有力的发展合作并有步骤、有效地部署人力和经济资源。

印度的发展政策仍然分散在各部门。印度历届政府曾考虑创建一个专门的援助机构,但直到现在印度还没有独立的官方发展援助管理机构。由于缺少专门的援助管理机构,目前印度对外援助由外交部提出,然后经由财政部拨付。多年的外交政策使印度已经意识到,要想通过援助使其成为有影响力的区域参与者,必须建立一个更专业的援外管理机构。

俄罗斯目前也没有统一的对外援助管理机构,对外援助的具体执行由多个部门负责。

当前,中国对外援助的政府管理部门主要包括国家国际发展合作署、外交部、商务部和财政部等。其中国家国际发展合作署负责对外援助工作的总的管理与协调,外交部主要负责确定重点外交国家,财政部则负责确定对外发展援助的规模。执行机构主要是商务部和中国进出口银行。其中,商务部主要负责无偿援助和无息贷款,中国进出口银行负责办理援外优惠贷款和优惠出口买方信贷。除上述两个部门外,其他一些政府部门如医疗、卫生、教育、社团、政党、科技等,以及一些机构如中国银行、国家开发银行等也参与实施部分对外援助。在涉及对外援助的各个部委内部,有关对外援助的部门设置也非常复杂。

三、"金砖四国"对外援助的监督和评估

西方国家的援助机构非常重视援外项目的管理工作,且在长期的实践中形成了有效的监督与评估方法。评估工作是项目管理的重要一环,是提高决策水平的重要手段,是提高援助资金使用效果的有效保证。评估工作由项目执行单位和独立评估机构共同参与,须使用项目负责方认可的逻辑方法,这就使得政策制定者和项目执行单位更易于接受评估结果,同时保证了评估结果的客观性,增强了可信度。DAC 成员拥有明确的《发展援助评估原则》,并设立了相关性、效果、效率、影响和可持续性等 5 个评估标准。

印度、巴西和俄罗斯发展援助的一个重要的缺陷是长期以来没有对各项活动进行监督和评价。无法确定援助的具体数值并无法判定援助项目完成的质量。对项目的分析通常是从管理的角度,如执行的任务、举行的活动、参与的人数,而非依据评价标准项目的指标,如成本效应分析、可持续性或者影响等。此外,相关管理人员也缺乏相关的分析经验(无论是在外交服务或者项目管理上),这使得它们无法对其发展援助做深入的评估并制定出最好的政策。

中国国家国际发展合作署专门设立了监督评估司负责援外项目的监督、检查和指导,并根据一些相关的法规或条例,对援外项目进行评估。但是中国对外援助管理体系中尚未建立一个独立的监督、评估机构,限制了其监督评估的客观性和独立性。

要评估援助的影响需要知道更多关于援助数量、援助质量等信息,但是当前"金砖四国"对外援助透明度及评估的缺陷使得很难对其援助的效果和质量进行分析。如何更准确地获得这些信息并深入分析其影响,是新兴援助国面临的一个共同问题。

总之,"金砖四国"对外援助缺乏完整的理论指导,对外援助水平的透明度不高,对外援助管理体系缺乏统一的行政管理体制,在对外援助管

理体系的结构优化、监督管理等方面存在缺陷,也缺乏管理和监督发展援助计划的中心协调机制。随着实践经验的不断积累以及与 DAC 成员交流学习的不断深入,"金砖四国"有望逐渐建成更加完善、更加系统化的对外援助管理体系。

第九章 "金砖四国"的援助有效性

DAC 成员对外援助管理体系虽然自身存在着诸多缺陷,但这些国家已经基本形成了相对完善、系统的对外援助决策机制,并且制定了对外援助法和相关法案,以规范政府的对外援助行为,避免对外援助的随意性;各国援助管理组织机构的设置虽然不同,但都是各国政府根据实际情况的变化不断进行改革;为保证援助计划得到有效实施,越来越多的 DAC 成员使用计算机系统监督和评估它们全球范围的发展援助活动,以使援助工作得到有效监督,援助效果得到有效评估。DAC 成员主要通过签署《巴黎宣言》和《阿克拉行动议程》来对本国的援助有效性议程作出明确承诺,并根据对《巴黎宣言》指标的执行情况对其援助的有效性进行评估。

作为受援国,部分"金砖四国"的成员是《巴黎宣言》的签字国,其对援助效果的重视既是国际社会援助领域的趋势所向,也是其接受援助的客观要求。作为新兴援助国,"金砖四国"的对外援助属于发展中国家之间"南南合作"的范畴,与发达国家的对外援助存在本质区别,并不按援助有效性衡量评价其对外援助。但是,随着国际社会对"金砖四国"的日益关注,《巴黎宣言》也对"金砖四国"的对外援助产生了一定的影响。事实上,"金砖四国"在对外援助实践中的一些做法也符合《巴黎宣言》的部分原则。"金砖四国"在发展合作管理中可以将《巴黎宣言》的原则作为参照标准。

第一节 "金砖四国"的援助有效性分析

在《巴黎宣言》的 12 项指标中,指标 1(受援国有可操作性的发展战略)、指标2a(可靠的公共财务管理系统)、指标2b(可靠的采购系统)和指标11(结果导向型框架)是对受援国提出的要求,指标12(相互问责制)是对援助国和受援国共同提出的要求,其余指标则是对援助国提出的要求。表9-1具体给出了《巴黎宣言》框架下"金砖四国"的援助有效性情况,并给出了几个发达国家的相应表现以作对比。

表9-1 《巴黎宣言》框架下"金砖四国"的援助有效性及其与发达国家的比较

指 标	发达国家				"金砖四国"			
	总体	美国	挪威	日本	中国	印度	巴西	俄罗斯
3. 与国家优先事项一致的援助 政府预算报告中对政府部门的援助比例	46%	30%	46%	43%	较好	较好	较好	较好
4. 通过协作支持增强能力建设 通过与国家发展战略一致的合作方案实施的技术合作比例	51%	37%	45%	81%	较好	较好	较好	较好
5a. 国家公共财政管理系统的使用 政府部门使用受援国公共财政管理系统的援助比例	48%	4%	82%	60%	尚未实现	尚未实现	尚未实现	尚未实现
5b. 国家采购系统的使用 政府部门使用受援国采购系统的援助比例	—	4%	88%	61%	尚未实现	尚未实现	尚未实现	尚未实现
6. 通过避免类似项目的执行增强援助能力 减少的项目实施单位总数	1158	180	4	0	较差	较差	较差	较差
7. 援助的可预测性 政府部门财年内发放的在政府会计体系下安排和记录的援助比例	43%	30%	58%	44%	较差	较差	较差	较差
8. 不附带条件的援助 完全不附带条件的援助比例	>87%	80%	100%	98%	较差	较差	较好	较差
9. 共同安排或程序的使用 以方案为基础的方法下提供的援助比例	48%	18%	35%	58%	尚未实现	尚未实现	尚未实现	尚未实现

续表

指 标	发达国家				"金砖四国"			
	总体	美国	挪威	日本	中国	印度	巴西	俄罗斯
10a. 联合任务 联合开展的援助任务的比例	22%	6%	31%	3%	较差	较差	较差	较好
10b 联合的国家分析工作 联合开展的国家分析工作的比例	44%	39%	41%	57%	较差	较差	较差	较好

资料来源：发达国家总体情况来自 OECD，"Aid Effectiveness 2005－10：Progress in Implementing The Paris Declaration"，OECD Publishing，2011。"金砖四国"的表现根据第七、第八章的分析得出。

一、自主性

自主性要求受援国对其发展政策、战略和协调的发展行动具有领导权。

指标1——受援国有可操作性的发展战略。这一指标是对受援国提出的要求。对于该指标，《巴黎宣言》制定的 2010 年的目标值为 75%，但实际值只有 37%，与目标还有较大差距。2011 年的《援助有效性 2005—2010 年：〈巴黎宣言〉执行进展》报告显示，参与 2011 年调查的受援国中半数属于非洲国家，在这一地区，41% 的国家拥有可操作性的国家发展战略，而其他地区拥有可操作性的国家发展战略的国家数只占 33%。

二、同盟

同盟是指援助国的援助建立在受援国的国家发展战略、国家机构和程序的基础之上。援助国同意对受援国的国家发展战略、国家机构和程序给予全面支持。特别是，援助国同意使用受援国的国家系统（如公共财政管理、采购、审计、监督和评估系统，或社会环境评估系统）作为公共部门管理援助方案的优先选择。

（一）指标 2a——可靠的公共财政管理（PFM）系统

该指标要求受援国拥有一套完整的公共财务管理系统，且要符合国家政策,具备可靠的系统评估方案,以便有效地管理援助资金。

2011年调查搜集的定性证据给出了详细的PFM改革计划。调查显示,许多国家拥有强劲稳健的PFM法律、法规。超过三分之一的参与国显示,2005—2010年间,它们的PFM的质量有所改善,一些国家在此期间取得了相当大的进展。同时,也有不少国家发现了它们系统的质量缺陷。一些国家继续面临着遵守和执行这些法规的挑战,如乌干达。也有一些国家,例如孟加拉国,PFM的改善仍局限在中央国家机关而不是与援助国有合作的部委和其他政府机构。援助国对受援国的支持也有助于改善受援国的PFM系统。虽然这一指标2010年与2005年相比有了较大改善,但其仍没有实现《巴黎宣言》2010年的目标。

改善PFM的经验并不局限于DAC援助方。"南南合作"的案例研究表明,相互学习有利于受援国系统的改善及其可用性的提高。哥斯达黎加的PFM系统就借鉴了智利机构的经验来评估预算管理。而以南方为主导的发展援助能力管理平台的建立有助于激励援助国使用受援国的系统。

(二)指标2b——可靠的采购系统

这是受援国承诺作出改善的另一个层面的国家系统。

由于样本国家可使用的数据太少,没有分析的意义,所以《巴黎宣言》并没有对这一指标制定目标。

(三)指标3——与国家优先事项一致的援助

这一指标反映了受援国的发展战略,主要通过受援国政府部门在年度预算中记录的援助的比例来衡量。

由于援助国信息的缺失以及受援国政府的决策只包含部分援助流量,援助并没有系统地被记录在受援国的预算和公共账户中。因此发达国家的这一指标几乎没有进展,只上升了两个百分点,甚至美国的这一指标在2007年(25%)和2010年(30%)与2005年(33%)基线相比还出现了轻微下降,与2010年的目标值85%更是相差甚大。挪威在2007年(66%)轻微上升后,2010年(46%)却大幅下降。日本由2005年的31%上升至2007年的43%,并在2010年维持2007年的水平。

长期以来，国际援助体系的一个短板在于缺少受援国的参与。国际援助体系的改革一直为发达国家所主导，几乎听不到受援国的声音。千年发展目标(MDG)和《巴黎宣言》的签署在理论上意味着全球出现了这样一个共识：贫困国家的需要应该成为国际发展援助的动力。应当协调援助国与受援国之间的援助关系，这种关系应建立在名副其实的伙伴关系和相互尊重与责任的基础之上。

在受援国参与这个标准上，"金砖四国"的援外工作一直走在西方国家的前面。例如，在中国对非洲援助方面，"非洲发展新伙伴"计划勾勒了非洲大陆的发展蓝图，也是非洲大陆最重要的发展议程。每个非洲国家也根据各自的国情，制定了各自的经济与社会发展战略，各有不同的优先发展领域。据此，在确定援助领域与项目方面，中方注重发挥非洲国家在援助合作中的主导作用，使援助资金与非洲大陆或非洲国家的发展战略相适应，援助资金流向非洲国家急需发展的领域①。印度无偿援助的受援国在接受援助的过程中也享有较大的发言权。

"金砖四国"对外援助维护受援国自我选择发展道路的权利，在援助领域和项目的选择上，"金砖四国"政府根据受援国的优先考虑和实际需要确定项目。在受援国，与一国经济发展密切相关的基础设施和生产部门发展落后，"金砖四国"根据受援国的发展要求，优先对这些部门进行援助。而 DAC 援助方主要对医疗、教育等社会部门进行援助②。虽然对"金砖四国"的这一指标只能做定性分析，但从它们对发展中国家的援助效果以及发展中国家的认可度来看，"金砖四国"在这方面的表现要优于发达国家。

（四）指标 4——通过协作支持增强能力建设

这一指标通过与受援国国家发展战略一致的合作方案实施的技术合作的比例来衡量。能力建设是促进受援国可持续发展和减贫的核心。该指标是 2011 年对 OECD-DAC 成员调查中唯一实现《巴黎宣言》目标的

---

① 安春英：《南南合作框架下的中国对非援助》，《领导之友》2009 年第 2 期。
② 刘爱兰、黄梅波：《非 DAC 援助国及其对外援助特点》，《国际经济合作》2011 年第 10 期。

指标。虽然援助国实现了技术合作的目标,但有证据表明,支持能力建设的努力往往是供给驱动的,而不是对真正的需要作出回应,而且不同援助国在这一指标方面的努力有好有坏。比如,美国2007年(54%)就已实现了该指标2010年的目标值(50%),但其2010年的实际值(37%)却出现了大逆转,未达到2010年的目标值。挪威2005年的基线值(79%)就已高于2010年的目标值(50%),但其在2007年(57%)和2010年(45%)连续下降,最终未达到目标值。相反,日本在这一方面表现良好,三年的实际值(75%、75%、81%)均大大超过了2010年的目标值(50%)。

"金砖四国"提供援助时,重视受援国自身能力建设,援助领域涉及教育、培训及基础设施建设,并开展经济技术合作,为受援国培养各类专业人才,使其打好发展基础,逐步走上自力更生、独立发展的道路。中国对外援助非常重视通过援助合作过程增强受援国的能力建设。中国对外援助本着"授人以鱼,不如授人以渔"的精神,旨在提高受援国的自主发展能力。中国在提供对外援助时,尽力为受援国培养本土人才和技术力量,帮助受援国建设基础设施,开发利用本国资源。其中,技术合作是中国帮助受援国增强自主发展能力的重要合作方式。巴西的对外合作中,技术合作占据的比重也比较大,而且技术合作是巴西对非援助的主要方式。印度设有经济与技术合作部(ITEC),专门负责向发展中国家提供技术援助,该部门负责印度对受援国的培训,并向受援国派遣专家和捐赠相关机器设备作为技术援助的一部分。苏联曾为非洲培训了大量的技术专家和专门人才,俄罗斯延续了苏联的政策,现在仍然每年为非洲提供人才培训援助。

通过协作支持增强能力建设方面,"金砖四国"与发达国家总体表现良好,但国别之间有所差别。

(五)指标5a——国家公共财政管理系统的使用

该指标衡量援助国使用受援国PFM系统的程度。特别是,该指标衡量了使用受援国PFM系统三个要素(预算执行、财务报告和审计)的援助国所提供援助的比例。该指标的实现与指标2a(受援国拥有可靠的

PFM 系统）密切相关。相较于 2005 年，OECD-DAC 援助方更多地采用了受援国的 PFM 系统，但并没有达到《巴黎宣言》所规定的程度。国别之间也有显著差异。加拿大、法国、爱尔兰、日本、西班牙和英国 6 个双边援助国向受援国政府部门交付的援助至少有三分之二使用受援国的 PFM 系统。相反，有 9 个双边援助国向受援国政府部门交付的援助只有不到三分之一使用了受援国的 PFM 系统。此外，通过多边机构提供的援助使用受援国 PFM 系统的比例也有所增加。

"金砖四国"的援助资金并不进入受援国系统，因而它们并没有使用受援国的公共财政管理系统。"金砖四国"在这方面与发达国家差距较大。

（六）指标 5b——国家采购系统的使用

政府部门使用受援国采购系统的援助比例。与指标 2b 一样，该指标由于样本国家可使用的数据太少，没有分析的意义，所以《巴黎宣言》并没有对这一指标制定目标。

"金砖四国"的援助资金并不进入受援国系统，因此它们也没有使用受援国的采购系统。这方面，"金砖四国"与部分发达国家还有较大差距。

（七）指标 6——通过避免类似项目的执行增强援助能力

当援助国提供项目援助时，为对项目进行管理，它们往往建立自己的组织机构或向受援国施压建立新的组织机构，也即所谓的项目实施或管理单位。这些单位平行于受援国现有的国家机构和结构，因而会破坏加强核心政府机构能力的努力，扭曲公共部门的人员编制和薪资水平，并会减少受援国政府在援助活动实施中控制和问责的程度。

虽然 OECD-DAC 成员在该方面做了努力，但收效甚微，仍未实现 2010 年的目标。美国在这方面的进展缓慢，与目标差距较大。挪威由于基数小，虽然未实现目标，但差距不大。值得一提的是，挪威该指标 2007 年及 2010 年的数值均比 2005 年的基线值差，说明挪威在这方面有逆向表现。日本在这方面表现良好，实现了 2010 年的目标，且 2010 年的平行单位数为 0。

"金砖四国"对外援助主要以项目援助为主,援助国提供承包商、派遣技术专家、购买机器和设备,并雇用大部分本国工人,其项目管理拥有自身的一套管理体系,与受援国交流较少,造成受援国平行执行单位的负担。发达国家该指标虽然总体进展缓慢,但个别国家表现突出,"金砖四国"这方面与发达国家差别较大。

(八)指标7——援助的可预测性

对于依赖援助的国家,援助流量的年际变化可能会对政府实施发展战略的能力产生重大影响。因此,援助国通过《巴黎宣言》,承诺援助更加具有可预见性,以减轻受援国负担并提高援助效率。

在OECD-DAC成员中,改善国家层面的援助的中期可预见性的进展是较为缓慢的。援助国对各个受援国政府的未来援助流动的信息仍然难以连续。虽然一些援助国拥有多年的方案框架,并且一些援助国可以在先前的基础上提供未来援助流动的指标,但许多双边援助国仍然受制于年度预算编制。多边机构通常能够提供表示未来支出的信息,不过这样的计划往往受限于它们的补给周期。美国、挪威、日本在该方面进展缓慢,均没有实现2010年的目标。特别是,重组后的挪威援助管理系统增加了挪威分配援助时的灵活性,但是也减少了每年援助资金流向的可预测性。预测性的降低,使得援助执行机构和受援国难以同挪威开展长期合作。

对外援助支出是国家财政支出的一部分。中国财政部每年做预算时,会根据国务院的指示拨出对外援助专款。这些专款根据需求进行发放,或是赠款,或是无息贷款或优惠贷款的贴息补助,或是根据需要提供技术援助,但援助资金的国别分配的可预测性并不强。在俄罗斯,其参与官方发展援助的计划要提前三年作出,并结合中期财政计划在国家预算中列支相关支出。但这些预算大多都是一国援外支出总额,并没有详细分类,更没有针对受援国的国别安排。这对受援国来说信息不够透明,参考性不大,无法及时有效地对国家发展战略作出调整。在这方面,"金砖四国"与发达国家存在差距。

（九）指标 8——不附带条件的援助

该指标衡量完全不附带条件的援助比例。

虽然 OECD-DAC 援助方在参与 2011 年调查的 78 个国家样本中关于不附带条件援助方面没有取得进展，但援助国在制订进一步松绑援助条件性的个体计划方面取得了良好进展。DAC 成员报告其不附带条件的援助的比例已略有上升，且超过 87%。美国、日本和挪威均已实现了该指标 2010 年的目标，尤其是挪威已做到援助 100%不附带条件，日本也达到了 98%。

在"金砖四国"，援助国的项目援助通常与商品和服务的购买捆绑在一起。根据中国进出口银行对优惠贷款的基本标准要求，应该选择中国企业作为承包商或出口商，项目所需的设备、材料、技术或服务应优先从中国采购——从中国采购的比例不得少于 50%。印度提供的发展援助，相当一部分是在印度支出的。例如，印度 ITEC 项目为来访代表提供的培训地点是在印度，印度通过进出口银行按递延信贷条款延长对发展中国家的信用证，但要求受援国进口印度的设备、技术、项目、货物和服务。俄罗斯规定，在同等条件下，援助计划和项目应首先考虑使用俄罗斯的商品和服务。巴西宣称其对外援助不附带任何条件。

虽然发达国家总体在不附带条件的援助方面进展缓慢，但不少国家表现突出。"金砖四国"经济捆绑援助还比较多，推动不附带条件的援助仍然是"金砖四国"面临的一项重大挑战。

三、协调

援助协调要求各援助机构相互之间协调行动、提高透明度、避免重复，从而提高援助效率。

（一）指标 9——共同安排或程序的使用

该指标用方案援助的比例来衡量。这要求援助国提供援助时更多地使用受援国系统进行规划和资金安排，并遵循受援国政府的活动安排。

共同安排或程序的使用的目标总体进展甚微，但不同援助国的差异较大。美国、挪威在这方面进展缓慢，而且出现反复，与目标相差较大。日本在该方面进展较快，但仍未达到 2010 年的目标。

巴西、俄罗斯和印度主要提供以项目为基础的援助，以援建发展项目为主。同样，中国对外援助方式主要采取的是成套项目援助，根据受援国需要援建项目的要求进行拨款。"金砖四国"在共同安排或程序的使用上落后于发达国家，可逐渐转换援助方式，增加方案援助比例，减轻受援国负担，提高援助效果。

（二）指标 10a——联合任务，指标 10b——联合的国家分析工作

《巴黎宣言》承诺援助国减少在受援国国家层面的重复工作，以加强互补性并降低成本。这将减少受援国负担，援助国也可以相互借鉴，为发展作出努力。上述两个指标可以衡量这方面的进展。不同援助国对受援国的援助往往是分散的，这对受援国造成了负担。但 OECD-DAC 成员旨在减少这一负担的联合任务和联合的国家分析工作的目标实现进展甚微，不同国家表现差异较大。美国在联合任务和联合的国家分析工作两方面均出现了不同程度的恶化，尤其是联合任务指标下降幅度较大。挪威表现较好，联合任务指标接近 2010 年的目标，并且联合的国家分析工作超过了目标值。

俄罗斯倾向于以多边援助为主，即通过向国际金融组织和国际经济组织交纳会费的形式提供援助。俄罗斯参与官方发展援助主要是通过参与国际合作项目、提供人道援助、提供资金和贸易特惠等方式进行的，其中大部分行动是在联合国、国际货币基金组织、世界银行框架下进行的，也部分参与了八国集团成员的一些集体行动。而巴西、印度和中国的对外援助以提供双边援助为主，同时在力所能及的前提下支持和参与联合国等多边机构的发展援助工作，并本着开放的态度同多边组织和其他国家在发展援助领域积极开展交流，探讨务实合作。

"金砖四国"与发达国家一样，在联合任务及联合的国家分析工作方面国别表现差异较大。俄罗斯多以多边渠道提供援助，参与联合任务和联合的国家分析工作。中国和巴西提供的对外援助以双边援助为主，同

时积极开展多边合作。印度仍以双边援助为主要渠道，多边合作参与较少。"金砖四国"需要在联合任务及联合的国家分析工作方面继续努力，通过多边及三方合作，减轻受援国负担，提高援助效果。

四、结果管理

指标11——结果导向型框架。该指标通过拥有透明的和可监督的绩效评估框架的受援国的比例来衡量。这一指标是《巴黎宣言》对受援国提出的要求。

2011年的《援助有效性2005—2010年：〈巴黎宣言〉执行进展》报告显示，许多受援国已建立更高质量的以结果为导向的发展援助管理框架，并且千年发展目标等相关的统计数据在国家层面正变得越来越容易获得。尽管如此，这一指标仍然没有实现2010年的目标。

五、相互问责制

指标12——相互问责制。该指标要求援助国和受援国相互负责。

虽然一些OECD-DAC成员正在寻求机遇以加强相互问责制，包括通过相互的绩效评估，但大多数国家还没有实施全面的审查过程。撒哈拉以南的非洲国家是主要的受援国，但是它们在相互问责制方面的表现却低于平均水平。相反，亚洲和太平洋地区60%的国家拥有相互问责机制，高于平均水平。

在这方面，俄罗斯根据援助国与受援国相互承担责任的原则，出台并落实了解决贫穷问题以及保障可持续发展的计划和战略。中国对援外项目也开展不定期的审查工作，以确保援外项目的质量，同时也制定了相关的规范性文件，如《对外援助物资项目管理办法》《对外援助物资项目实施企业资格管理办法》《对外援助物资项目采购管理规定》等。中国商务部将2011年确定为"援外项目质量年"，对2006年至2010年实施的1400多个援外成套、技术合作和物资项目以及100多家培训项目承办单位进行了排查。从排查和反馈的情况看，援外项目质量总体情况是好的，受到所在国政府和人民的高度评价，但也发现一些项目存在不同程度的质量问题,并已基本完成了对有关项目的整改工作①。但中国对外援助管理体系还存在许多缺陷,尤其是缺乏完善的监督和评估体系,对援助资金流动也缺乏透明、全面的信息,难以向公众报告预算支出。同样,对受援国也是如此。

从以上分析可以看出,作为受援国,"金砖四国"认可《巴黎宣言》的宗旨和要求,但作为援助国,根据目前对外援助管理体系及自身的经济实力,它们离《巴黎宣言》的援助有效性标准还有较大的差距。

第二节 发展中国家援助有效性的总体评价

对发展中国家对外援助的评价可以从援助有效性和发展有效性两方面着手,但是,发展中国家对外援助的模式与发达国家不同,其所开展的对外援助也不遵循 DAC 的规则(很多发展中援助国也不认同这些规则)。本章我们采用 DAC 成员援助有效性的相关理念考察发展中国家对外援助的援助有效性,以做某种程度的对比。

发展中国家的对外援助一直游离于 DAC 所制定的规则之外,在发达援助国眼中,其开展的对外援助在很多方面都不符合《巴黎宣言》所指定的各项指标,是不规范的,故而从援助有效性的角度看效果是不理想的。

首先,从建立公共财务管理系统以及采购系统的角度看,发展中国家对外援助的管理普遍存在多部门重叠、分割化的现象,援助资金的发放由多部门执行,采购则由执行项目的部门或企业按相关规定自行完成,缺乏统一完整的管理体系,也尚未使用受援国的公共财务系统和采购系统。

其次,从捆绑援助的角度看,很多研究都表明捆绑援助不仅损害援助项目的效果而且会使项目的成本上升 15% 到 30%②,DAC 援助方在 2001 年开始放松了对最不发达国家的捆绑援助,《巴黎宣言》也明确提出到

① 《2012 年中国商务年鉴》,中国商务出版社 2012 年版,第 339 页。
② The Reality of Aid Management Committee,"South-South Development Cooperation:A Challenge to the Aid System the Reality of Aid Organization",*Special Report on South-South Cooperation*,2010,p.14.

2010年发达国家的非捆绑援助应达到89%以上，总体而言，发达国家已有86%的援助是非捆绑性质的①，大部分DAC成员的捆绑援助占比已经非常低。而相比之下，发展中国家对外援助中捆绑援助普遍在50%左右，如中国进出口银行明确规定"优惠贷款项下所需设备、材料、技术或服务来自中国的部分原则上不低于50%"②。故而从捆绑援助这一指标来看，发展中国家对外援助还远未达到《巴黎宣言》所规定的水平。

最后，从透明度的角度看，援助有效性要求援助国公开援助数据，以便进行"同行评议"制定和可监督的绩效评估框架，DAC的每个成员都对外报告详细的援助数据，包括援助资金的流向、部门分配等情况，而发展中援助国除少数国家近年开始向DAC报告援助数据之外，其他国家的援助数据非常不透明，再加上发展中国家的对外援助定义与DAC成员并不完全一致，其对外援助资金流量不易统计，国别部门数据更是难以获得。发展中国家数据的不透明使得外界对于其援助状况不甚了解，甚至出现误解。

总之，由于发展中国家开展对外援助的模式与发达国家不同，同时也因为在政治经济水平上的差异，发展中国家的对外援助主观上不愿应用发达国家制定的援助有效性指标，客观上也很难达到其制定的标准。

---

① OECD，"Aid Effectiveness 2005 - 10：Progress in Implementing The Paris Declaration"，OECD Publishing，2011.

② 中国进出口银行官网，http://www.eximbank.gov.cn。

第 四 篇

发展中国家对外援助的
经济增长效果和减贫效果

第十章　发展中国家对外援助的
经济增长效果

发展中援助国的对外援助模式不同于发达援助国,其援助的特点和做法更注重促进受援国的经济发展。以"金砖四国"为代表的新兴援助国重视受援国的基础设施建设,以切实提高受援国的经济发展水平和生产力;由于技术水平更为相近,新兴援助国对受援国的技术援助为受援国提供了适合当地使用的实用技术;而授受双方发展合作关系的建立也有利于促进双方贸易投资的开展,直接提高受援国加入全球经济、享受世界经济发展福利的水平。实证研究表明,新兴援助国的对外援助对发展中国家的人均 GDP 有正面影响,同时对其国内资本形成率也有积极影响。

第一节　发展中国家对外援助经济效果的机制分析

发展中国家对外援助的模式与发达国家不同,对其援助效果的评价也有别于发达国家。发展中国家认为其对外援助应从"发展有效性"的角度进行评估,从经济学角度分析,即援助对贸易、投资等经贸合作方面的作用,以及从联合国千年发展目标角度对能力建设、减贫等的效果。莫里西(Morrissey,2001)[1]指出,援助促进经济发展的作用机制在于:一是援助能够补充受援国国内的资金来源,从而提高受援国的投资和资本存量,增加受援国进口资本商品或技术的能力。二是援助往往与技术转移

---

[1]　Morrissey, Oliver, "Does Aid Increase Growth?", *Progress in Development Studies*, Vol.1, No.1, 2001, pp.37–50.

相连,从而提高受援国的边际生产率,甚至引发技术变革。发展中国家的对外援助既可通过注入资金援建大量基础设施,改善当地生产生活环境,为社会经济发展创造良好条件,同时通过技术合作可提高当地的技术水平和自主发展能力。三是发展中国家的对外援助往往与贸易和投资密切相连,双边经贸合作规模的不断扩大可推动当地经济发展,这也是对外援助的作用机制之一。

发展中国家对外援助的重点是周边国家以及非洲。非洲发展落后,但同时拥有丰富的资源,出于国际责任、经济的可持续发展以及政治方面的考虑,各国都把对非洲援助看作是对外援助的重要部分。近年来,非洲是巴西的主要对外援助对象;印度加大了对非洲的经济技术援助,既重视经贸、基建,也重视能力建设和技能培训;中非合作是"南南合作"的典范。鉴于此,以下以中国、印度、巴西对非洲援助为例分析发展中国家对外援助对非洲经济增长的作用机制。

一、资金效应——基础设施建设

众多研究表明,基础设施对发展和生产力具有重要影响,对低收入经济体的影响尤为明显。基础设施建设对内可以改善生产生活条件,对外可以优化投资环境,从而为社会经济发展创造更好的条件,中国基础设施建设改善中国贫困状况和提高生产力的作用便是明证。非洲地区存在严重的资金缺口,严重制约了非洲国家的发展。发展中国家对外援助注重基础设施领域的投资,从前文分析可以看到,中国和印度相当大比例的援助资金进入这一领域,这为当地的基础设施建设注入了资金,缩小了资金缺口。

为支持非洲国家基础设施建设,中国政府提供了大量优惠贷款,并鼓励企业和金融机构以多种方式参与其中,2007年以来中国为近三分之二的非洲新建基础设施项目提供了资金。[1] 2008年,世界银行推出了一份名为《建设桥梁:中国在撒哈拉以南非洲基础设施建设融资中日益增长

---

[1] 苑基荣:《中国对非基础设施投资进入提升阶段》,《人民日报》2014年1月13日。

的作用》(*Building Bridges：China's Growing Role as Infrastructure Financier for Sub-Saharan Africa*)的研究报告,通过对中国在非洲基础设施建设状况的分析得出了中国在非洲经济增长中发挥了积极推动作用的评价。[①] 2010—2012 年,中国对非洲优惠贷款项目累计 92 个,金额达 113 亿美元。根据 2013 年《中国统计年鉴》,2012 年中国企业在非洲完成承包工程营业额 408.3 亿美元,占中国对外承包工程完成营业总额的 35.02%,非洲连续四年成为中国第二大海外工程承包市场。由中国承建的安哥拉铁路修复工程、埃塞俄比亚高速公路、喀麦隆深水港等项目,有效改善了非洲国家的交通条件。中国在坦桑尼亚援建的光缆骨干传输网,同时还连通了周边六国及东非、南非,提升了东非地区的通信水平。

作为印度对非洲经济外交的重要一部分,近年来,印度对非洲生产性基础设施援助力度逐渐加大。在与西非产油国的能源合作中,印度先后投资 10 亿美元,帮助建设石油的开采、提炼和运输等基础设施。近年来,印度还在科特迪瓦帮助建设了工业园,铺设光纤电缆,建造数据处理中心、生物技术培训中心等。在塞拉利昂,印度则帮助其建立了信息科技中心,并提供 2495 万美元用于国家电信网工程建设,改变了部分地区用不上电的落后面貌。[②] 此外,印度还在莫桑比克开展农村地区电力建设,在塞内加尔和马里修建铁路,与埃塞俄比亚合作建成远程医疗网络,为刚果民主共和国修建信息技术中心等。这些基础设施投资将推动非洲国家实现经济上的更快发展。

二、技术效应

技术和人才的匮乏制约了非洲的发展,而技术合作和人才交流是改善这一状况、提高非洲国家自主发展能力的重要手段。相比发达援助国,发展中援助国向非洲国家输出技术的优势在于其与受援国的发展差距相

---

① The World Bank,"Building Bridges：China's Growing Role as Infrastructure Financier for Sub-Saharan Africa",*Trends and Policy Opinions*,No.5,2008,https://openknowledge.worldbank.org/bitstream/handle/10986/2614/480910PUB0Buil101OFFICIAL0USE0ONLY1.pdf? sequence=1.

② India-Africa Projects,http://indiaafricaconnect.in/indiaafriac-projects.php.

对更小,提供的技术更具实用性,开展合作的可行性也更高。

中国重视非洲发展能力建设,通过培训和技术输出等手段帮助其提升自我发展能力。在人力资源培训方面,2010—2012 年中国为非洲 54 个国家举办了培训班和研修班,接受培训的人员共计 27318 人,培训内容涉及工业、农林牧渔、经济、外交、能源、医疗等各个方面。在技术输出方面,2009 年中国启动了"中非科技伙伴计划",旨在推动加大对非洲技术转让、扩大科研人员交流和实现科技成果共享。2011 年,中国启动"非洲民生科技行动",意在加强中非在民生科技领域的合作。此外,中国还在许多非洲国家进行了实用技术培训,传播编织、刺绣、皮革加工、种植、养殖等实用技术。例如,中国为利比里亚难民、辍学学生、农民举办竹藤编技术培训班,学员通过出售手工产品,月收入达 150 美元,改善了生活条件。

印度开展对外援助的主要途径是经济与技术合作部(ITEC)项目、进出口银行的信贷额度以及赠款,技术援助占其对外援助的很大一部分。针对非洲国家,印度"软硬兼施":既重视经贸合作、基础设施建设等硬项目,又重视能力建设、技能培训等软项目。[①] 印度拥有大量的 IT 人才和其他技能人才,人力资源成本较低,再加上拥有语言优势,其开展技术援助的潜力巨大。ITEC 共向 161 个国家提供了 280 个课程,涉及农村电气化、能源、金融、IT 技术等方面,ITEC 被认为是印度外交的成功范例之一。印度在非洲最重要的技术合作是 2007 年"泛非电子网络"工程项目的实施,该工程通过卫星和光纤网络将印度与 53 个非洲国家相连,支持远程教育和医疗、电子商务、资源测绘和气象等服务,共享印度在教育和医疗等领域的专业知识。这些项目的一个显著特点是它们是互惠的,对于印度来说建立起了"软实力",对非洲国家来说获得资金和技术。

技术合作和经济援助是巴西对非洲援助的主要手段。根据巴西外交部的数据,2010 年在非洲的技术合作约占巴西发展合作资金总额的

---

① 桂涛、梁尚刚:《印度对非援助注重"软硬兼施"——第 2 届印非峰会首日综述》,新华网,2011 年 5 月 25 日,http://news.xinhuanet.com/world/2011-05/25/c_13892692.htm。

57%,150 个技术合作项目遍及 40 个国家。① 巴西对非洲技术合作分为四大类:热带医学、热带农业技术、职业技术培训和社会政策推广。在热带医学方面,到 2011 年,巴西已和 22 个非洲国家签署了 53 个协议开展合作,主要针对艾滋病和流行病的防治;在热带农业技术方面,巴西外交部与 35 个非洲国家有合作项目,其中与巴西牧业公司联合在非洲进行的系列技术推广是最成功的案例;在职业技术培训方面,巴西的全国工业培训服务局在几内亚比绍、莫桑比克、安哥拉等国设立了技术培训中心,内容涉及电力、服装、通信、机械等;在社会政策推广方面,巴西则是将其在发展过程中积累的有关减贫和发展的成功经验传授给非洲国家,其中比较突出的有"零饥饿计划"。

三、贸易效应

援外资金经常被作为扩大双方经贸合作的手段:援助可以为本国企业或商品进入受援国市场提供便利;负责实施援助项目的企业可以借助援助契机熟悉当地市场,为其日后的投资和合作提供有利信息,从而带动了投资;援助改善了当地的基础设施和"软环境",从而塑造了更有利的投资环境。发展中国家对外援助正是通过援助实现双边经贸关系的不断加强,从而刺激双边经济发展。对发展中援助国来说,援助只是促进受援国发展的"助推器",经济发展的"发动机"是互利合作的贸易和投资。

近年来中国对非洲援助的增加推动了双边贸易大发展。中国已与45 个非洲国家签订了双边贸易协定,以加强在海关、税务、检验检疫等领域的合作,为中非贸易发展创造良好条件。21 世纪中非合作论坛建立以后,中非之间的贸易金额呈快速增长势头,中国已经稳居非洲第一大贸易伙伴国。从图 10-1 可以看到,中非贸易金额在 2005 年之后开始大幅增长,2012 年中非贸易额已由 1999 年的 64.9 亿美元上升至 2102 亿美元。中国对非洲的进口总额也在不断增加,并且在近几年超过中国对非洲出

---

① 周志伟:《新世纪以来的巴西对非政策:目标、手段及效果》,《西亚非洲》2014 年第 1 期,第 125—140 页。

口金额,这对于拉动非洲国家经济的发展有积极的作用。

（单位：亿美元）

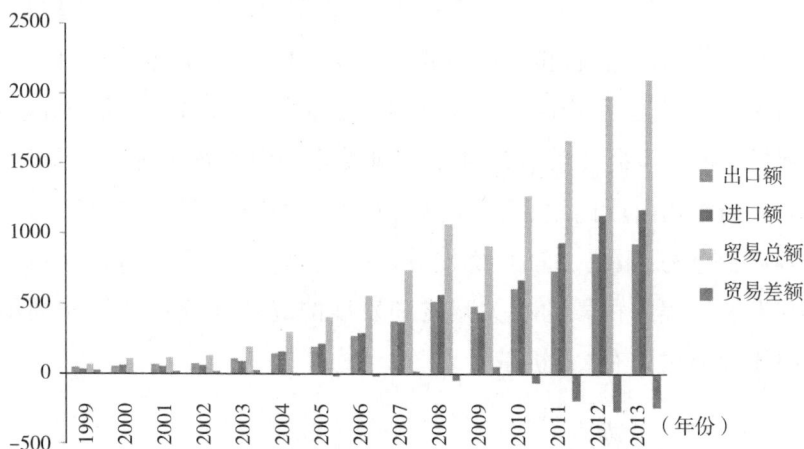

图 10-1　中国与非洲贸易情况（1999—2013 年）

注：贸易差额为中国对非洲出口减去中国自非洲进口。

资料来源：中国统计年鉴,CEIC 中国经济数据库。

印度和非洲贸易也有很长的历史,非洲是印度的第四大贸易伙伴。自 2000 年以来,印度扩大与发展中国家经贸合作,印非贸易取得显著成果。如图 10-2 所示,印非贸易在 21 世纪初的几年发展缓慢,增幅较小,但在 2006 年之后双方贸易金额急剧增长,并保持印度对非洲进口金额高于对非洲出口金额。2006—2013 年间,印非贸易总额的增长速度平均在 30% 左右,其中 2010 年受金融危机的影响出现 1.25% 的负增长。2008 年首次印非峰会召开后,印度大幅增加了对非洲的经贸援助,承诺为非洲提供 5 亿美元援助、为双边贸易和非洲内部经贸提供 54 亿美元的信贷支持,并为非洲 34 个最不发达国家提供免除贸易关税。[1]

自 21 世纪以来,非洲在巴西国际战略中的地位上升,巴西正成为大国在非洲角逐的新势力,表现之一即为双方贸易额的增长。巴西与非洲的双边贸易起点较低,2001 年仅为 50 亿美元,占巴西外贸总额的比重不

---

① 桂涛、梁尚刚：《印度对非援助注重"软硬兼施"——第 2 届印非峰会首日综述》,新华网,2011 年 5 月 25 日,http://news.xinhuanet.com/world/2011-05/25/c_13892692.htm。

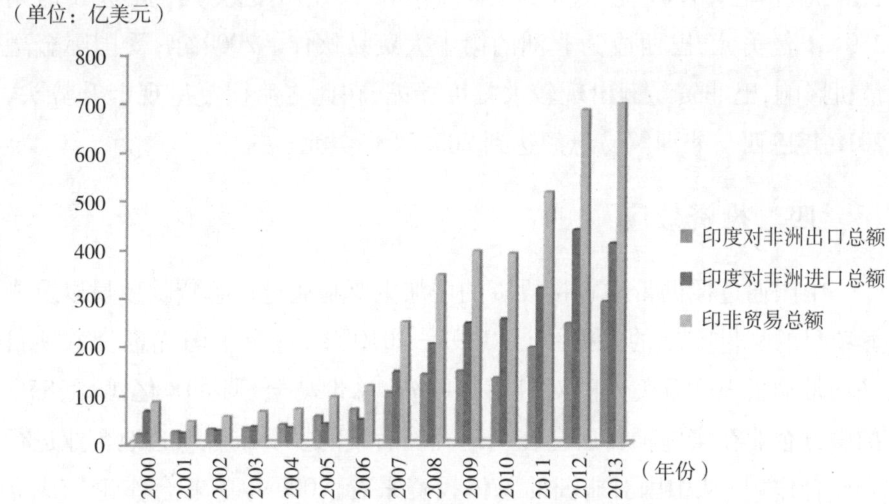

（单位：亿美元）

图 10-2　印度与非洲贸易规模（2000—2013 年）

资料来源：CEIC 全球数据库。

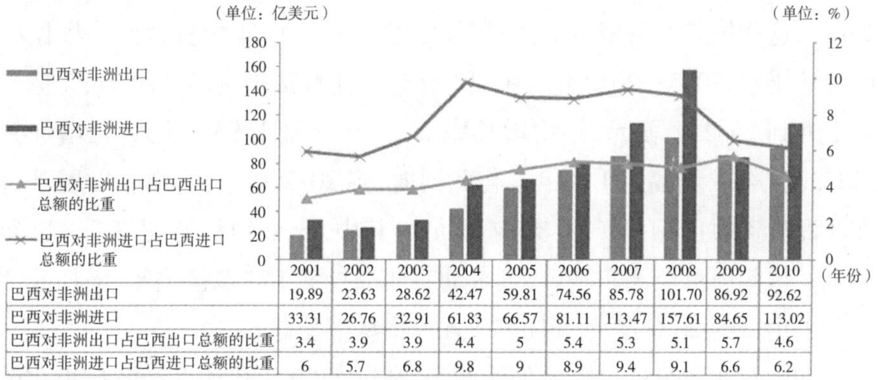

	2001	2002	2003	2004	2005	2006	2007	2008	2009	2010
巴西对非洲出口	19.89	23.63	28.62	42.47	59.81	74.56	85.78	101.70	86.92	92.62
巴西对非洲进口	33.31	26.76	32.91	61.83	66.57	81.11	113.47	157.61	84.65	113.02
巴西对非洲出口占巴西出口总额的比重	3.4	3.9	3.9	4.4	5	5.4	5.3	5.1	5.7	4.6
巴西对非洲进口占巴西进口总额的比重	6	5.7	6.8	9.8	9	8.9	9.4	9.1	6.6	6.2

图 10-3　巴西与非洲贸易规模变化（2001—2010 年）

资料来源：张宏明主编：《中国和世界主要经济体与非洲经贸合作研究》，世界知识出版社 2012 年版，第 311—312 页。

到 5%。为加快对非洲市场的出口，巴西发展、工业和外贸部 2008 年在其"生产发展政策（PDP）"战略下制订了"非洲整合计划"，旨在"增强巴西在非洲的存在"和"扩大与非洲经济关系"（周志伟，2014）。从图 10-3 可以看到，2001—2010 年，巴非双方贸易总额增长了近 4 倍。2008 年，巴西自非洲进口 157.61 亿美元,对非洲出口 101.70 亿美元,贸易额达到 259.31 亿美元,巴西成为非洲的第十大贸易伙伴。2009 年,受国际金融危机影响,巴非贸易额出现较大幅度萎缩,在此之后回复呈现上升势头,2010 年巴西与非洲贸易总额达到 205.64 亿美元。

四、投资效应

中国通过援助带动直接投资的增加主要是通过优惠贷款项目以及成套项目的交付实现的。据统计,1995—2010 年,每个中国优惠贷款项目平均带动了 200 万美元的对外直接投资,总带动金额达 18 亿美元,85% 的中方企业在实施项目后会在当地开展后续的投资或者与当地企业进行合资合作。[①] 从中国对非洲的总体投资来看,2000 年中非合作论坛成立后,非洲已经成为中国 FDI 最具活力的地区之一。中国在对非洲投资过程中形成了多种模式:援助合作模式、工程援助+投资开发模式、境外经贸区合作模式、"资源—信贷—项目""一揽子"合作模式等(姚桂梅,2013),这些模式的形成具有中国特点,也推动了中非投资合作。根据中国统计年鉴,2005—2012 年,中国企业对非洲直接投资净额由 3.92 亿美元上升到 25.2 亿美元,年均增长率 20.5%,存量由 93.3 亿美元增加到 212.3 亿美元,增幅达 1.3 倍。与此同时,到 2012 年年底,中非发展基金在非洲投资项目 61 个(23.85 亿美元),其中 53 个(18.06 亿美元)已经实施。这些项目全部实施后,可带动对非洲投资 100 多亿美元,增加非洲每年的出口约 20 亿美元,超过 70 万人将从中受益。[②]

印度对非洲投资增幅的加快始于 20 世纪 90 年代印度经济自由化改革之后。90 年代,印度对非洲投资占印度对外投资总额 10% 不到。进入 21 世纪,印度经济快速发展,国内能源供需矛盾也日益紧张,出于保障经济持续发展的考虑,印度开始重视对非洲投资和合作。2003—2009 年,印度在非洲投资项目 130 多个,约占外国在非洲新建直接投资的 5%,成

---

① 黄梅波、刘爱兰:《中国对外援助中的经济动机和经济利益》,《国际经济合作》2013 年第 4 期,第 62—67 页。
② 国务院新闻办公室:《中国与非洲的经贸合作(2013)》白皮书。

为非洲第九大外资来源国。① 印度在非洲的投资集中在与其历史文化联系较密切的印度洋沿岸国家,投资领域集中在油气、电信、能源等。

21世纪之前,巴西较少投资于非洲等发展中国家和地区,2000年之后,特别是卢拉总统上台之后,巴西在非洲的投资明显上升。非洲开发银行的数据显示,2003—2009年的外国对非洲直接投资中,巴西投资共涉及25个项目,投资金额达100亿美元,每个项目的平均投资额达4亿美元②。而2013年仅巴西国家发展银行(Brazil Development Bank)就向非洲投资10亿美元,巴西的领导人也多次表示要进一步加大对非洲的投资。巴西在非洲的直接投资集中在农业、生物能源、石油、采矿等领域,这反映了巴西经济快速发展对资源、能源的巨大需求,同时也是利用其所具有的农业发展优势和生物能源改革经验的必然选择。

五、发展中国家对外援助经济效果概述

从以上分析可以看到,中国、印度、巴西21世纪以来对非洲援助力度的不断加大,对非洲经济发展产生了直接的刺激作用。三国对于非洲基础设施建设的大力支持改善了当地的生产生活和投资环境,为经济发展提供了基础。技术合作的开展为非洲地区的经济发展提供了技术支持。随着中国、印度等新兴国家与之建立日益紧密的经济合作关系,非洲正经历许多积极的变化,2001—2012年非洲大陆的年均经济增长率为4.7%,通货膨胀率也控制在两位数以下,新兴援助国对非洲援助产生了积极的经济效果。如图10-4所示,1975—2000年间撒哈拉以南非洲国家的年均GDP增长率普遍较低,变化幅度很大,经济波动比较大。进入21世纪之后,该地区的GDP增长率总体稳定,增长速度也普遍提高,达到4%左右,2009年受国际金融危机的影响GDP增长率下降到2%。与此相对应的,撒哈拉以南非洲国家的人均GNI在21世纪之前也在低水平上徘徊不前。进入21世纪之后,GNI表现出明显的增长趋势,虽然其GNI水平与

① The African Development Bank Group, "Brazil's Economic Engagement with Africa", *ADB Africa Economic Brief*, Vol.2, 2011, http://www.afdb.org/fileadmin/uploads/afdb/Documents/.

② Standard Bank, "Africa: BRIC and Africa", 14 October, 2009.

世界上中高收入国家的人均 GNI 水平仍然有很大的差距,但都得到了明
显的改善。撒哈拉以南非洲地区 21 世纪以来总体经济好转,这一时间点
正好与发展中国家加大与非洲合作的时间点相吻合,非洲经济的好转固
然得益于全球经济快速发展的大环境,但新兴援助国在其中所起到的积
极作用也是不可忽略的。

（单位：%）

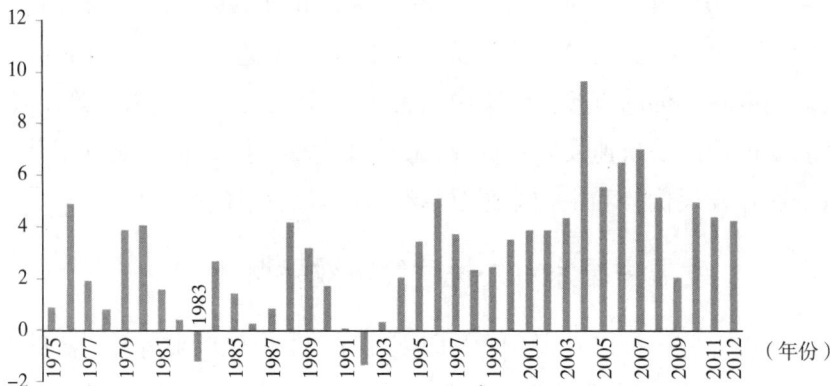

图 10-4　撒哈拉以南非洲国家年均 GDP 增长率（1975—2012 年）

资料来源：世界银行数据库。

第二节　发展中国家对外援助的经济效果：经济增长效应和资金效应

　　有关援助与经济增长的实证研究已经相当丰富,但是关于援助是否
会对经济增长产生正向影响一直是个极具争议的问题。伯恩赛德和多拉
尔(Burnside 和 Dollar,2000)[1]的实证结果表明援助本身对受援国家的经
济增长是没有正面影响的,但是当援助与受援国家"良好的政策"结合起
来时对经济增长的影响则相当明显。汉森和塔尔普的研究表明援助对于
经济增长会产生显著的正面影响,而且这一影响不是以"好的政策"为条

---

　　① Burnside,Craig,and David Dollar,"Aid,Policies,and Growth",*American Economic Review*,Vol.90,No.4,2000,pp.847-868.

件的(Hansen 和 Tarp,2001)①。拉詹和地塞米松通过采用多种计量方法进行对比,发现援助与经济增长之间不存在显著的正向或负向关系,而且"援助在好政策条件下产生更好效果"的这一论断也是不成立的(Rajan 和 Subramanian,2008)②。本节在此无意评论学者研究结果之间的争论,而是希望借助以往的研究方法实证分析发展中国家对外援助的经济效果。以下主要以中国为例研究发展中国家对外援助的经济增长效果,特别是资金效应。

一、模型选择与计量方法

本节采用面板数据进行回归,根据汉森和塔尔普(Hansen 和 Tarp,2001)的研究③,在 t 时期内 N 个国家的经济增长与援助之间的关系可用下式表示:

$$y_{i,t} = \gamma Initialy_{i,t-1} + \beta_A Aid_{i,t} + \sum_{j=1}^{k} \beta_j x_{j,i,t} + \alpha_t + \mu_i + \varepsilon_{i,t} \qquad (10-1)$$

其中, $y_{i,t}$ 表示的是平均增长率, $Initialy_{i,t-1}$ 是初始值, $Aid_{i,t}$ 是 i 国 t 时期所接受的援助额, $x_{j,i,t}$ 是其他变量(主要是控制变量), α_t 表示的是横截面效应, μ_i 表示的是时间效应, $\varepsilon_{i,t}$ 是随机误差项。

正如在有关援助和经济增长的大多数文献中提及的,(10-1)式的回归模型可能产生两个问题:一是解释变量存在内生性问题;二是可能存在未观察到的特殊个体效应和时间效应。内生性问题主要是指援助与经济增长之间存在相互影响的关系:一方面,发展援助的分配往往是与受援国的经济发展状况相连的,这使得援助与经济增长可能存在负相关关系,人道主义援助就是一个最明显的例子;而另一方面,援助也并不必然全是出

① Hansen, Henrik, Finn Tarp, "Aid and Growth Regressions", *Journal of Development Economics*, Vol.64, No.2, 2001, pp.547-570.

② Rajan, Raghuram G., Arvind Subramanian, "Aid and Growth: What Does the Cross-Country Evidence Really Show?", *The Review of Economics and Statistics*, Vol. 90, No. 4, 2008, pp.643-665.

③ Hansen, Henrik, Finn Tarp, "Aid and Growth Regressions", *Journal of Development Economics*, Vol.64, No.2, 2001, pp.547-570.

于发展动机的,援助国的经济动机也在援助分配中起到重要作用,这使得受援国的经济状况与援助有种先验性的正向联系。内生性问题的存在破坏了 OLS 估计的经典假设——随机误差项与解释变量是不相关的,故而在 OLS 中估计出来的结果是有偏不一致的,从而使得根据估计参数进行的统计推断无效。

为了解决这两个问题,阿雷拉诺和邦德提出了差分动态广义矩估计方法(*Generalized Method of Moments*, GMM),即 DIF - GMM 估计(*First-differenced* GMM),其基本思想是先对(10-1)式进行差分,然后用一组滞后的解释变量作为差分方程中相应变量的工具变量(Arellano 和 Bond,1991)[①]。GMM 估计方法的好处在于它通过差分或使用工具变量来控制未观察到的时间和个体效应,同时还使用前期的解释变量和滞后的被解释变量作为工具变量克服内生性问题。但是, *DIF - GMM* 存在估计量较易受弱工具变量的影响而产生有限样本偏误(*finite-sample bias*)的问题,为此,布伦德尔和邦德进一步提出了系统 *GMM* 估计方法(*system GMM,SYS-GMM*)(Blundell 和 Bond,1998)[②]。系统 *GMM* 的一般估计形式如下:

$$\begin{cases} y_{i,t} = \delta y_{i,t-1} + z_{i,t}'\beta + \mu_{it} \\ \Delta y_{i,t} = \delta \Delta y_{i,t-1} + \Delta z_{i,t}'\beta + \Delta \mu_{it} \end{cases}$$

其中,第一个方程被称为水平方程,而第二个方程称为差分方程。在差分动态 *GMM* 估计中,实际上只估计了差分方程,用内生变量的水平滞后项 $(y_{i,t-l}, x_{i,t-l})(l \geq 2)$ 做差分项的工具变量。而系统 *GMM* 则在前者的基础上再引入水平方程,用内生变量的差分滞后项 $(\Delta y_{i,t-l}, x_{i,t-l})(l \geq 1)$ $(\Delta y_{i,t-l}, \Delta x_{i,t-1})(l \geq 1)$ 做水平项的工具变量。由于系统 GMM 方法可以同时利用变量水平变化和差分变化的信息,它比差分 GMM 方法更有效,

---

① Arellano,M.,Bond,S.,"Some Tests of Specification for Panel Data:Monte Carlo Evidence and an Application to Employment Equations", *Review of Economic Studies* ,Vol.58,1991,pp.277~297.

② Blundell,Richard,Stephen Bond,"Initial Conditions and Moment Restrictions in Dynamic Panel Data Models", *Journal of Econometrics* ,Vol.87,1998,pp.115~143.

在经验研究中已经有非常广泛的应用(白重恩等,2008)。[①] 有鉴于此,以下将采用SYS-GMM的方法进行估计,不过作为比较,也报告了随机效应和固定效应回归结果。

为消除特定的个体效应,对(10-1)式(水平方程)进行差分,得到差分方程如下:

$$\Delta y_{i,t} = \gamma \Delta Initialy_{i,t-1} + \beta_A \Delta Aid_{i,t} + \sum_{j=1}^{k} \beta_j \Delta x_{j,i,t} + \Delta \alpha_t + \Delta \mu_i + \Delta \varepsilon_{i,t}$$

$$(10-2)$$

(10-2)式虽然消除了个体效应,但是一阶差分滞后项与残差项的一阶差分存在相关,故而需要采用上面的使用工具变量的方法来处理。值得注意的是,如果$x_{j,i,t-1}$是有效的工具变量,那么$x_{j,i,t-2}$也是有效的工具变量,显然,在面板数据中会出现一系列工具变量(Hansen 和 Tarp,2001)。

二、变量选择与数据来源

综合伯恩赛德和多拉尔(Burnside 和 Dollar,2000)[②]、汉森和塔尔普(Hansen 和 Tarp)[③]、拉詹和地塞米松(Rajan 和 Subramanian)[④]、科利尔和多拉尔(Collier 和 Dollar)[⑤]的研究,以下检验援助与经济增长之间关系,如(10-3)式所示:

① 白重恩、钱震杰、武康平:《中国工业部门要素分配份额决定因素研究》,《经济研究》2008 年第 8 期。

② Burnside,Craig,David Dollar,"Aid,Policies,and Growth",*American Economic Review*,Vol.90,No.4,2000,pp.847-868.

③ Hansen, Henrik, Finn Tarp, "Aid and Growth Regressions", *Journal of Development Economics*, Vol.64,No.2,2001,pp.547-570.

④ Rajan,Raghuram G.,Arvind Subramanian,"Aid and Growth:What Does the Cross-Country Evidence Really Show?", *The Review of Economics and Statistics*, Vol. 90, No. 4, 2008, pp.643-665.

⑤ Collier,Paul,David Dollar,"Can the World Cut Poverty in Half? How Policy Reform and Effective Aid Can Meet International Development Goals", *World Development*, Vol.29,No.11,2001, pp.1787-1802.

$$Gdpperca_{i,t} = \gamma Initialgdp_{i,t-1} + \beta_A Aid_{i,t} + \beta_1 Infla_{i,t} + \beta_2 M_{2i,t} +$$
$$\beta_3 Open_{i,t} + \beta_4 Ginvest_{i,t} + \beta_5 CPIA_{i,t} + \mu_{i,t} \tag{10-3}$$

其中,被解释变量 $Gdpperca$ 是人均 GDP 增长率, $Initial$ 是初始人均 GDP 值,核心解释变量是 i 国 t 时期所接受的援助额占该国 GDP 的比重。 $Infla$ 、 M_2 、 $Open$ 、 $Ginvest$ 、 $CPIA$ 是宏观控制变量: $Infla$ 表征的是国家的通货膨胀率,以消费者价格变化计算; M_2 在此指的是一国发行的广义货币(M_2)占 GDP 的比重,用来表示一国的金融发展水平; $Open$ 是一国的进出口总额占 GDP 的比重,衡量的是一国的贸易开放水平; $Ginvest$ 是一国总资产投资占 GDP 的比重,根据索洛模型,总资产形成率会对整个经济发展产生重要影响; $CPIA$ (Country Policy and Institutional Assessment)是衡量一国政府管理和制度水平的指标,其数值在 1—6 之间变动,是由世界银行根据 16 项标准为每个国家构建的,衡量的是一国经济发展的"软环境",在此选用 $CPIA$ 指标代替之前文献中提及的制度变量。

为了进一步考察中国对非洲援助对受援国国内资金形成率的影响,可进一步把总资本占 GDP 的比重($Ginvest$)作为被解释变量,把援助(Aid)作为核心解释变量,同时引入了外商直接投资 Fdi 这一变量(Hansen 和 Tarp,2001)[①]。援助与外商直接投资同属外来资本,理论上都会对国内资本的形成产生影响。与此同时,引进了固定资产占 GDP 的比重($Finvest$)这一变量,它与总资产率有很大关系但又不完全相同,故而以其作为稳健型检验的替代变量。检验援助与国内资本形成率的关系式,如(10-4)式所示:

$$Ginvest_{it} = \varphi Initialgdp_{i,t-1} + \theta_A Aid_{i,t} + \theta_1 Infla_{i,t} + \theta_2 M_{2i,t} + \theta_3 Fdi_{i,t} +$$
$$\theta_4 Gdpperca_{i,t} + \theta_5 CPIA_{i,t} + \lambda_{i,t} \tag{10-4}$$

除援助数据,以下计量估计所需的其他数据皆来自世界银行:世界发展指标(World Development Indicators, WDI)数据库。发展中援助国除少

---

① Hansen, Henrik, Finn Tarp, " Aid and Growth Regressions ", *Journal of Development Economics*, Vol.64, No.2, 2001, pp.547-570.

数几个在近年向 DAC 报告援助数据之外,其他国家的援助数据非常不透明,再加上发展中国家的对外援助定义与 DAC 成员并不完全一致,其对外援助流量不易统计,国别数据更是难以获得。鉴于数据的可获得性,本节选取了 2000—2012 年 13 年间中国对非洲 25 个国家[①]的援助进行了研究,数据来源于美国全球发展中心(Center for Global Development,CGD)和 AidData 共同研究和创建的中国对非援助数据库。[②] 该数据库的发布始于 2013 年 4 月,是统计人员整理和分析了上万篇关于中国对非洲援助的中英文公开报道而形成的,当时涵盖了 2000 年至 2012 年间中国在非洲 50 个国家开展的 1673 个援助项目,既有 ODA 资金也有其他官方资金流动,涉及金额 730 亿美元。

在数据的处理上,鉴于在众多的经济现象中,各影响因素之间相互关系往往呈现出几何形式而非单纯的算术形式,故以下对所选取变量中的绝对经济变量初始人均 GDP 值取了对数,这不仅可以减少数据中的奇异值,还可以在一定程度上避免数据残差的非正态分布和异方差问题,也提供了直观的经济学解释。表 10-1 所示的是本节数据的描述性统计结果,从中可以看到,非洲国家的各宏观数据变化非常大,个体效应明显,这也进一步验证了使用 GMM 回归方法的必要性和正确性。

---

① 25 个国家为:安哥拉、布隆迪、喀麦隆、刚果民主共和国、刚果共和国、厄立特里亚、埃塞俄比亚、加纳、几内亚比绍、肯尼亚、利比里亚、莱索托、马里、毛里求斯、莫桑比克、纳米比亚、尼日尔、尼日利亚、卢旺达、苏丹、塞拉利昂、坦桑尼亚、乌干达、赞比亚、津巴布韦。

② 全球发展中心(Center for Global Development,CGD)创建于 2001 年,总部位于华盛顿,是一独立的非营利性思想库,致力于全球发展问题的研究,是美国知名的智库,其第一任执行主席南希·伯德沙尔(Nancy Birdsall),是前世界银行政策研究部(the Policy Research Department of World Bank)部长,同时也是前泛美开发银行(Inter-American Development Bank,IADB)副行长,参与其中的还有很多知名经济学家,如彼得森国际经济研究所(Peterson Institute for International Economics)所长弗雷克·伯格斯坦(Fred Bergsten)。AidData 是美国杨百翰大学(Brigham Young University,BYU)、威廉玛丽学院(the College of William and Mary)和非营利组织发展门户(Development Gateway)的合作项目,是一个有关国际发展援助的开放数据库,致力于提高援助的透明度,以提高援助的有效性。

表 10-1　变量数据统计性描述

变量	观察值	平均值	标准差	最小值	最大值
$Gdpperca$	325	2.636	5.3437	−33.983	30.344
Aid	325	1.564	2.408	0	15.769
$\ln gdp$	325	5.779	0.811	4.631	8.202
$Infla$	325	18.793	47.245	−9.616	515.777
M_2	325	28.415	19.683	−12.933	151.549
$Open$	325	77.151	37.751	20.964	209.874
$Ginvest$	325	19.479	8.734	−20.374	51.281
$Finvest$	325	18.890	7.979	1.097	49.281
Fdi	325	5.560	9.745	−6.043	91.007
$CPIA$	325	2.774	0.579	1	4

三、回归结果分析

本节采用系统广义矩估计（GMM）回归方法，选取援助额占 GDP 的比重作为核心解释变量，使用 STATA12.0 对 2000—2012 年中国对非洲 25 个国家援助的项目层面平衡面板数据进行计量分析。援助与经济增长之间关系的回归结果见表 10-2，援助与国内总资本率之间关系的回归结果见表 10-3，为了对比，表中也同时报告了 OLS 随机效应和固定效应回归结果。

表 10-2　援助与经济增长回归结果

变　量	随机效应 （$Gdpperca$）	固定效应 （$Gdpperca$）	系统—广义矩估计 （$Gdpperca$）
Aid	0.191 (1.56)	0.244 (1.86)	0.236 (1.37)
$\ln gdp$	0.128 (0.18)	−1.911 (−0.32)	0.180 (0.32)
$Infla$	−0.023 *** (−3.42)	−0.026 *** (−3.67)	−0.042 ** (−2.23)

续表

变 量	随机效应 (*Gdpperca*)	固定效应 (*Gdpperca*)	系统—广义矩估计 (*Gdpperca*)
M_2	−0.043 (−1.79)	−0.078** (−2.39)	0.046* (1.79)
Open	−0.007 (−0.59)	−0.051* (−2.54)	−0.002 (−0.22)
Ginvest	0.131*** (3.32)	0.226*** (4.44)	0.148*** (2.51)
CPIA	1.739* (2.41)	0.798 (0.63)	1.152 (1.47)
l.Gdpperca	—	—	0.102 (1.57)
AR(2)	—	—	0.441
Sargan 值	—	—	0.10

注:被解释变量为人均 GDP 增长率(*Gdpperca*),括号内为 t 值,***、**、*分别代表10%、5%和1%的显著性水平。*AR*(2) 和 *Sargan* 值为 P 值。

表 10-3 援助与国内总资本率回归结果

变 量	随机效应 (*Ginvest*)	固定效应 (*Ginvest*)	系统—广义矩估计 (*Ginvest*)	系统—广义矩估计 (*Finvest*)
Aid	0.177 (1.08)	0.235 (1.40)	0.303** (2.22)	0.345** (2.46)
ln*gdp*	−0.059 (−0.04)	9.672 (1.27)	−0.585 (−1.21)	−1.012** (−2.27)
Infla	−0.009 (−0.93)	−0.008 (−0.89)	−0.019 (−1.21)	−0.019 (−1.29)
M_2	0.106*** (2.77)	0.127*** (3.03)	0.012 (0.49)	0.026 (1.15)
Fdi	0.288*** (6.20)	0.292*** (6.07)	0.100*** (2.69)	0.049 (1.42)
Gdpperca	0.422*** (5.60)	0.431*** (5.63)	0.245*** (3.36)	0.112* (1.68)
CPIA	0.218 (0.16)	−0.828 (−0.51)	0.593 (1.07)	0.675 (1.31)
L.Ginvest	—	—	0.781*** (15.67)	—

续表

变　量	随机效应 (*Ginvest*)	固定效应 (*Ginvest*)	系统—广义矩估计 (*Ginvest*)	系统—广义矩估计 (*Finvest*)
L.Finvest	—	—	—	0.873 *** (16.53)
AR(2)	—	—	0.173	0.10
Sargan 值	—	—	0.232	0.133

注：括号内为 *t* 值，***、**、* 分别代表 10%、5% 和 1% 的显著性水平。

（一）援助与经济增长关系回归结果

在系统 GMM 估计中，参数估计是否有效还依赖于工具变量选择的有效性，一般有两种方法验证所选定的工具变量是否有效：一是采用 *Sargan* 检验，也就是过度识别检验，*Sargan* 检验的零假设为工具变量是恰当的，如果接受零假设则意味着工具变量是恰当的；二是对残差项进行非自相关检验，即检验 GMM 回归的残差项是否存在二阶序列自相关，其原假设是不存在二阶自相关，接受零假设则通过检验。从表 10-2 中的 *Sargan* 检验 P 值和二阶自相关检验 P 值可知，回归结果在 10% 的显著性水平上通过这两项检验，证明了工具变量使用的正确性。

从表 10-2 回归结果可以看到，核心解释变量 *Aid* 无论是在 OLS 回归还是 GMM 回归中都呈现与人均 GDP 增长率正向的相关关系，尽管这一关系在统计上的显著性不是非常明显，这可能是由于发展中国家对外援助规模相对较小，而且援助对经济增长的影响是一个长期过程，本研究由于数据的可获得性样本时间较短，难以对这种效应进行更准确的衡量。但是不可否认的是，中国的对外援助资金对于促进非洲国家经济增长的影响已经显现。这与汉森和塔尔普（Hansen 和 Tarp）所观察到的援助与经济增长之间的正向关系具有一致性。

模型中其他变量的 *GMM* 回归结果也正如所预期的：高通货膨胀率的存在会对经济产生破坏作用，从原始数据以及表 10-1 中的数据统计性描述可以知道，非洲国家在 21 世纪初的几年普遍存在高通货膨胀率，最高的达到 500%，这种恶性通货膨胀严重破坏了经济秩序，造成经济混乱,对经济发展的破坏程度可想而知,故通货膨胀率(*Infla*)的系数表现为负,并且在统计上是显著的;金融发展与深化会对经济发展产生正向影响,这在很多学者的相关研究中已经得到论证;对于总资产存量占 *GMM* 的比重(*Ginvest*),根据索洛模型,资本的增加会带来经济上的增长,这表现在回归结果中则是变量 *Ginvest* 系数为正,而且统计上是非常显著的;政府治理水平在近年的研究中越来越多地被当成是影响经济发展的重要因素,这是因为一个国家的政策水平和政府效率会直接影响该国的营商环境,进而影响经济,正如我们在模型回归结果中所观察到的,政府治理指标 *CPIA* 与经济发展之间存在正向的关系,这与武力超(2013)观察到的结果是一致的。

贸易开放度(*Open*)表示的是经济对外联系程度,通常来说,一个国家经济对外开放,与其他国家进行自由贸易,融入世界经济的发展,对于国内经济的发展而言是有利的。但是,在另一方面,贸易开放之后可能会出现"荷兰病"现象[1],这样会使国内产业结构发展不平衡,反而对经济发展有破坏作用。有学者提及非洲国家存在"荷兰病"现象(Berthélemy,2011)[2],在非洲国家可能存在的情形是贸易开放带来的负面效应超过了其正面效应,从而使贸易开放度与人均 GDP 增长率之间存在轻微的负向关系。

(二)援助与国内总资本率关系回归结果

为了考察中国对非洲援助对受援国国内总资本率的影响,这里继续采用系统 GMM 方法对(10-4)式进行了回归,得到的回归结果见表10-3,同样地,为了对比,表 10-3 同时列出了 OLS 和 GMM 回归结果。

---

① "荷兰病"(the Dutch disease),是指一国特别是指中小国家经济的某一初级产品部门异常繁荣而导致其他部门衰落的现象。20 世纪 50 年代,已是制成品出口主要国家的荷兰发现大量石油和天然气,荷兰政府大力发展石油、天然气业,出口剧增,国际收支出现顺差,经济显现繁荣景象。可是,蓬勃发展的天然气业却严重打击了荷兰的农业和其他工业部门,削弱了出口行业的国际竞争力,到 20 世纪 80 年代初期,荷兰遭受到通货膨胀上升、制成品出口下降、收入增长率降低、失业率增加的困扰,国际上称之为"荷兰病"。

② Berthélemy,Jean Claude,"China's Engagement and Aid Effectiveness in Africa",*China and Africa:Ain Emerging Partnership for Development*,2011.

从表 10-3 可知，援助对受援国国内总资本率的形成有正向的影响，而且这一正向关系在系统 GMM 回归结果统计上是显著的（在 OLS 回归结果中也呈现正向关系，但是在统计上相对不显著），$AR(2)$ 与 $Sargan$ 检验的 P 值显示这一结果是可信的。援助对国内总资本正向关系的存在说明中国对非洲的援助补充了其国内资金，带来了资本增加效应，验证了前文提及的发展中国家对外援助产生的资金效应：中国对非洲的援助很大一部分投向了基础设施建设领域，缩小了非洲国家面临的资金需求与供给之间的缺口。正如切纳里和斯特劳特研究表明的：发展中国家的经济增长在每一个阶段都至少受一种因素的制约，可能的瓶颈因素包括国内资本以及出口收入等，国外援助可以通过缓解资本瓶颈约束来促进受援国经济增长（Chennery 和 Strout，1966）[1]。与此同时，这一正向关系也包含了一种重要的传导机制：中国对非洲的援助对国内总资本率的形成有正向影响，而资本与经济增长之间存在正向关系，故而中国对非洲的援助是有助于非洲国家发展的。

除此之外，研究结果还表明，影响国内总资本率最显著的两个变量是人均 GDP 增长率（$Gdpperca$）和外商直接投资（Fdi），这两个变量与国内总资本率之间的关系是明显的：经济繁荣带动投资的活跃，经济萎靡时资本流量和存量也相应下降；外商直接投资的注入可以为本国经济发展带来资本，长期稳定的外商直接投资有利于国内总资本的形成。中国对非洲直接投资净额在 2000 年中非合作论坛之后呈大幅上升趋势，这对于增加非洲国家的总资本率进而影响经济的发展是非常有利的。

通货膨胀率与总资本率表现出来的关系与预期的一致：高通货膨胀率会使得投资的实际收益率下降，同时在短期内也会抬高资金筹措成本，故而其与国内总资本率呈现负相关关系。衡量政府治理水平和政策水平的 $CPIA$ 也与总资本率之间呈现正向相关关系，一国政局稳定、政府效率高、政策环境好会客观上鼓励国内投资的增加，同时也更容易吸引外来资

---

① Hollis B. Chennery, Alan M. Strout, "Foreign Assistance and Economic Development", *American Economic Review*, Vol.56, 1966, pp.679-733.

本,故而一个国家的"软环境"对于经济发展的作用是明显的。

(三)稳健性检验

本节对援助与资本之间的回归结果做了稳健性检验。稳健性检验即是验证已有的实证结果是否随着参数设定的改变而发生变化,如果改变参数设定后发现符号和显著性发生了改变,这说明之前的计量结果是不稳健的,在此基础上得到的结论的可靠性也就有待进一步考证。稳健性检验的方法一般有调整数据样本规模、替换变量和变换计量方法等。本节中的稳健性检验采用变量替换的方法,将总资本率($Ginvest$)替换为固定资产率($Finvest$),这是因为,总资产与固定资产是两个密切相关但又不完全相同的资产指标,而且,从表10-1的数据描述性统计中可以看到,固定资产率和总资产率在各项描述指标上非常相近,故而将 $Ginvest$ 替换为 $Finvest$ 是合理的。稳健性检验结果见表10-3回归结果的第四列。

从中可以看到,援助(Aid)与固定资产率($Finvest$)之间依然存在正向关系,而且变量系数以及显著性水平 t 值上都高于总资产率($Ginvest$)中的结果,这与中国在非洲援助注重基础设施建设有关,而基础设施建设与固定资产投资直接相关。检验结果中其他变量的系数与总资产率($Ginvest$)中的结果相似, $AR(2)$ 和 $Sargan$ 检验也通过,这证实了结果的稳定性。

总之,发展中国家由于援助管理体系不完善、数据不透明以及捆绑援助的存在,如果从《巴黎宣言》提出的援助有效性标准来评价,其对外援助的效果不甚理想。但是,发展中国家对外援助模式与发达国家不同,评价方法也应当有所区别,概念范围更为广泛的发展有效性可能是更好的评价指标选择。从发展有效性来看,发展中国家的对外援助主要分为经济效果和减贫效果,前者主要是通过资金效应、技术效应、贸易效应和投资效应来实现,而后者则是通过经济发展、民生建设和减贫经验交流来实现。从非洲国家21世纪的经济表现以及贫困率变化状况可以直观地看到,中国、印度和巴西等发展中国家对非洲的援助产生了一定的积极影响,进一步地,我们通过系统 GMM 方法,利用2000—2012年中国对非洲25个国家援助数据进行实证分析,得到的结论是中国援助对非洲国家的人均 GDP 增长率、对非洲国家的国内资本形成率均有正向影响,且在统计上是显著的,实证结论为之前的效应分析和直观推断提供了佐证。

第三节　发展中国家对外援助的
经济效果:贸易效应

　　基于数据资料的可得性,我们仍以中国为例来研究发展中国家对外援助的贸易效果。作为"促贸援助"的积极支持者和实践者,中国在提供国际援助时非常注重援助与贸易、FDI 之间的互动,希望借此帮助受援国走上自主发展的道路。中国的国际援助对受援国的国际贸易是否起到促进作用? 为了回答这个问题,本节将探究中国国际援助的经济增长效应以及国际贸易的渠道作用。

　　本节首先实证检验在援助与贸易完全替代的条件下,中国的国际援助对受援国经济增长的影响效应以及国际贸易的渠道作用;其次,基于理论分析,采用两步回归法,实证检验在援助与贸易不完全替代的条件下,中国的国际援助对受援国经济增长的影响效应以及国际贸易的渠道作用;最后,对比分析发达国家和中国国际援助的经济增长效应的差异性及其原因。当然,基于理论和实证检验的结论,也将提出一些政策建议。

一、援助与贸易完全替代条件下的经济增长效应研究

　　以下在援助与贸易完全替代的前提下,考察中国的国际援助与受援国经济增长之间的关系,以及国际贸易在援助与经济增长之间所发挥的传导作用。

(一)计量模型构建

1.模型设定

本节的实证模型设定如下:

$$\ln(GDP)_{it} = \alpha_i + \gamma_1 \ln(Aid)_{it} + \beta_1 \ln(Corr)_{it} + \beta_2 \ln(Tele)_{it} +$$
$$\beta_3 \ln(Popu)_{it} + \beta_4 \ln(Capi)_{it} + \beta_5 \ln(Land)_{it} + \varepsilon_{it}$$

$$(10-5)$$

其中，i 和 t 分别表示受援国和时间。GDP 为受援国的实际人均GDP，表示受援国的经济增长水平；Aid 表示受援国接受的中国国际援助的实际额；$Capi$ 为资本变量，用资本占 GDP 的比重表示；[①]$Corr$ 为受援国的腐败指数，表示其制度质量；$Popu$ 为受援国的总人口；$Tele$ 是每百人拥有的电话数，表示受援国的基础设施质量（Francois 和 Manchin，2007；Munemo，2011）；$Land$ 为受援国的可耕地占比，表示其资源禀赋；α_i 代表不可观测的国家固定效应；ε_{it} 为随机误差项。

在援助对受援国的经济增长发挥作用的过程中，可能会存在一个"拐点"，在"拐点"两侧，援助与经济增长的关系可能是相反的。这就意味着，援助额只有在一定区间内才会对受援国的经济增长起到正向的促进作用，超过该区间则会起阻碍作用，这里将这种效应称为援助的"门槛效应"。为了检验这种效应，在回归中，本节将在(10-5)式中同时引入援助(对数)及其平方项，如果两者的系数均显著或者联合检验显著，则表示"门槛效应"存在。更重要的是，援助国希望通过国际援助促进受援国的国际贸易，进而由贸易促进其经济增长，因此本节将在(10-5)式的基础上引入受援国的出口，验证国际贸易渠道是否有效。

2. 数据描述

本节选择中国对非洲援助的 16 个受援国 2000—2011 年的面板数据。本节的被解释变量为受援国的实际人均 GDP，由名义人均 GDP 经GDP 平减指数折算得到，名义人均 GDP 和 GDP 平减指数数据均来自世界银行人类发展指数(HDI)。核心解释变量为中国的实际援助支付额，同样采用 GDP 平减指数折算得到，其名义值来自 AidData 数据库。国际援助可以通过很多途径作用于经济增长：其一，援助可以直接增加受援国居民的人均可支配收入，刺激其增加消费，从而促进其经济增长；其二，部分援助会投入受援国的生产部门(如生产部门援助)，一方面可以增加企业的资本积累，另一方面还会通过技术援助提高企业的生产效率和产品质量，这些都会刺激企业的生产和销售，增加整个国家的产出总值；其三，

---

① 本节也尝试了人均资本和资本总额，结果相差不大。

援助会增加政府的收入，从而可能增加其公共支出，如基础设施、教育等，进而刺激经济增长；其四，援助中的"促贸援助"能够促进受援国国际贸易的发展，国际贸易是任何国家发展不可或缺的外在动力，因而援助可以通过国际贸易带动一国的经济发展。

受援国的实际出口总额来自 UNCTAD，人口、基础设施、可耕地占比数据均取自 WDI。人口过快增长会带来资源消耗的快速增加、储蓄率的降低、投资的减少和政府提供基本公共品难度的增加，从而阻碍经济增长；但它同时也会带来劳动投入的增加、技术进步速度加快和潜在的规模效应。因此，人口增长的净影响取决于具体的人口增长速度及各种外部因素，无法作出定论。腐败指数取值为[1,10]，取值越大，公共部门的腐败程度越低，执行效率越高，对经济增长的促进作用越大，该数据来自透明国际(Transparency International, TI)。表 10-4 显示了主要变量的统计特征。

表 10-4　主要变量的统计特征

变量	均值	标准差	最小值	最大值	样本	来源
lnGDP	1.77	1.16	−0.60	4.24	192	WDI
lnAid	9.14	5.87	0	17.46	192	OECD CRS
ln$Export$	12.71	2.78	0	18.19	192	UNCTAD
ln$Corr$	1.07	0.32	0	1.70	192	TI
ln$Tele$	0.61	1.49	−1.57	3.40	192	WDI
ln$Popu$	16.84	1.10	13.99	18.91	192	WDI
ln$Capi$	0.54	0.51	−1.14	1.76	192	WDI
ln$Land$	2.30	1.04	0.36	3.80	192	WDI
$Libe$	3.84	1.14	1	6	192	Freedom House
ln$Life$	4.09	0.16	3.85	4.34	192	WDI
lnDie	4.17	0.76	2.70	5.30	192	WDI

（二）回归结果分析

考虑到受援国之间的异质性，本节采用固定效应模型进行回归，豪斯曼检验(Hausman test)结果也支持固定效应模型。似然比检验(Vuong,1989)[①]发现回归模型存在明显的异方差问题,因此本节在所有回归中均采用稳健标准差解决该问题。

1. 基本模型回归结果

(1)不考虑出口的渠道作用

表10-5第(1)列和第(2)列为不考虑出口渠道的回归结果。可以看出,当不考虑"门槛效应"时,援助的估计系数虽然是负的,但并未通过至少10%的显著性检验,表明中国的国际援助对非洲地区受援国的经济增长没有显著的影响。然而,在引入援助的平方项以后,援助对经济增长的效果出现了很大的变动,回归结果见表10-5第(2)列。可以明显看出,援助及其平方项的估计系数在10%水平下都是显著的,而且估计系数由负转为正,这充分表明中国的国际援助存在明显的倒"U"型"门槛效应",即援助在起初一段时间内会促进非洲地区的经济增长,过了"拐点"后则会阻碍其经济增长。通过具体的计算可得,该临界值约为97448.03(准确为e^{23}),这就意味着,当中国对非洲各国的平均援助不超过974.48百万美元时会促进各国的人均收入水平的提高;当超过974.48百万美元后,就会阻碍各国的经济增长。由于中国对非洲受援国的平均援助远未达到该"拐点"的水平,因此目前中国的国际援助仍然能够显著促进这些受援国的经济增长。

表10-5　初步回归结果

变量	(1)	(2)	(3)	(4)
lnAid	−0.001 (−0.17)	0.07* (1.80)	−0.001 (−0.03)	0.06 (0.64)
ln^2Aid	—	−0.003* (−1.78)	—	−0.002 (−0.63)
ln$Export$	—	—	0.04*** (2.63)	0.04** (2.60)

① Vuong, Quang H., " Likelihood Ratio Tests for Model Selection and Non-Nested Hypothesesi", *Econometrica*, Vol.57, No.2, 1989, pp.307−333.

续表

变量	(1)	(2)	(3)	(4)
ln*Corr*	−0.03 (−0.28)	−0.03 (−0.24)	−0.02 (−0.15)	−0.02 (−0.14)
ln*Tele*	0.09** (2.04)	0.10** (2.08)	0.11** (2.56)	0.12** (2.57)
ln*Popu*	1.03*** (3.40)	1.04*** (3.42)	0.61* (1.75)	0.63* (1.85)
ln*Capi*	−0.24*** (−4.42)	−0.25*** (−4.50)	−0.29** (−5.21)	−0.29** (−5.38)
ln*Land*	−0.95*** (−3.77)	−0.96*** (−3.82)	−1.02*** (−4.25)	−1.03*** (−4.30)
F 值	1466.35	1436.19	1331.69	1355.85
R^2 ①	0.99	0.99	0.99	0.99
样本量	192	192	192	192

注：***、**、*分别表示通过 10%、5%、1%的显著性水平检验，括号内为估计参数的 t 值或 z 值。所有回归都是采用了稳健标准差解决异方差后的结果。

　　需要说明的是，在引入援助的平方项后，援助变量的估计系数由不显著变为显著，原因可能有两个：其一，线性模型出现了严重的多重共线性；其二，引入平方项之后的模型才是正确的模型，前一个模型可能遗漏了重要的变量，造成了序列相关或内生性而导致估计有偏或非有效。为此，本节首先检验了线性模型的共线性，即采用逐步回归法依次引入各变量，估计结果显示变量之间并未出现明显的共线性，因此我们推测可能非线性模型才是更适合中国的国际援助效果检验的模型。为了验证这一推测的合理性，此处利用 Ramsey 检验（李子奈，2010）考察计量模型形式的合理性。检验结果的 F 值远远大于 95% 置信区间的临界值，则拒绝"两种模型形式同样有效"的原假设，表明非线性模型更为合适。鉴于此，本节主要以非线性模型为准展开分析。

　　实际上，除了核心的援助变量外，其他变量的影响与不考虑"门槛效

---

　　① 出于统一的目的，只保留了小数点后两位，所以这里的拟合优度为约数，实际上，各列的 R^2 分别为 0.988、0.989、0.990 和 0.991，这种差别虽然微小，但对于 Ramsey 检验至关重要。

应"的结果大致相同。从表 10-5 第（2）列可以看到，受援国人口的增加将显著促进其经济增长，具体而言，人口每增加 1 个百分点，人均 GDP 将上升 1.04 个百分点，远高于援助及其他影响因素的作用。这是因为，对于大部分非洲国家来讲，它们的产业结构仍然以第二产业甚至第一产业为主，劳动力依然是它们最主要的要素投入，也是它们经济增长最重要的驱动力，在技术水平低下的条件下，人口的增长无疑是劳动力的主要来源，因而对经济增长的促进作用非常明显。由于产业结构偏向于劳动密集型，使得资本占 GDP 的比重越高，资本过剩问题越严重，资本与劳动比例的不协调最终导致经济增长受阻，这就是为什么资本占比的估计系数显著为负的原因。受援国的基础设施质量与人均 GDP 的关系是正向的，且在 10%水平下显著，说明基础设施质量的改善能够促进受援国的经济发展。与人口和基础设施对经济增长的正向促进作用不同，可耕地占比与经济增长之间则呈反向关系。具体而言，可耕地占比的估计系数在 1%的水平下显著为负，表明丰富的资源禀赋反而成为受援国经济增长的阻碍因素，即出现了"资源诅咒"现象，资源禀赋每增加 1%，会引起人均 GDP 下降高达 0.95%。此外，受援国的制度质量对经济增长的影响是不显著的。

（2）考虑出口的渠道作用

表 10-5 后两列显示了引入出口渠道后的检验结果，这里以第（4）列的回归结果为依据。对比表 10-5 第（2）列和第（4）列可以看出，引入出口渠道后，援助变量及其平方项的估计系数在绝对值上略有下降，而且均变得不再显著，同时，出口的估计系数本身则是显著为正的，这充分说明，中国的国际援助在一定程度上确实是通过国际贸易作用于受援国的经济增长的，这就意味着中国等新兴援助国倡导的"促贸援助"方式对于这些援助国而言是可行的，这与发达国家的研究结论是相一致的，也再次验证了"促贸援助"方式的有效性。

人口变量的估计系数与表 10-5 第（2）列相比有了小幅下降，这说明人口对经济增长的作用一部分是通过出口来实现的。实际上，一国人口丰富往往意味着该国的劳动力资源丰裕，在劳动密集型产品的生产和出口方面具有比较优势,出口的快速发展最终会带动其经济发展。出口渠道没有缓和或改变资源禀赋所导致的"资源诅咒"问题,也未影响资本占比对经济增长的阻碍作用,其他变量的估计结果也基本上没有变化。

2. 援助的内生性问题

伯恩赛德和多拉尔(Burnside 和 Dollar,2000)曾证实,援助会更多地投向相对较为贫穷的国家。这就意味着援助额与受援国的经济发展水平会相互影响。这种双向因果的存在会引致援助的内生性问题,从而导致最小二乘估计的结果出现偏误和不一致。因此,必须采取方法解决援助的内生性。内生性问题的解决目前主要采用两种方法:其一,采用内生变量的滞后项替代其当期值,前提是不存在序列相关性问题;其二,采用工具变量法,其关键是寻找合适的工具变量。

这里选择后一种方法即工具变量法,且仍采用稳健标准差解决异方差问题。工具变量方法的前提是模型存在内生性,所以在回归之前,首先采用异方差条件下的 *DWH* 方法检验援助变量的内生性。如果随机误差项没有太强的时间序列相关性,可以使用内生解释变量的滞后项作为工具变量。[1] 尝试了援助的滞后项、受援国的民主自由程度、受援国与中国的外交关系等作为外生的工具变量,但与国际贸易的检验结果相似,*DWH* 值均无法在10%的显著性水平下拒绝"所有解释变量均为外生"的原假设,说明在采用上述工具变量时援助变量确实是外生的,再次证明了中国的国际援助并不以受援国的政治制度和两国的外交关系为前提,是不附加任何政治条件的正当援助。[2]

(三)结论及政策建议

本节采用中国对非洲16个受援国2000—2011年援助的面板数据,在援助与贸易完全替代的前提假设下,检验了中国的国际援助对受援国经济增长的影响,以及出口渠道在其中发挥的作用。研究结果显示:中国

---

[1] 采用伍德里奇(Wooldridge,2002)方法检验发现,该模型并不存在序列相关。

[2] 实际上,本实证研究尝试了很多工具变量,如受援国的人均寿命、婴儿死亡率、女子参政比例、难民数、卫生条件等等,这些指标要么没有通过内生性检验,要么无法满足外生性或相关性检验。

的国际援助会显著促进非洲地区受援国的经济增长,但该促进作用会产生"门槛效应";出口渠道的作用是非常显著的,即中国的国际援助确实是通过国际贸易渠道作用于受援国的经济增长,"促贸援助"模式适用于中国的国际援助;受援国基础设施质量的改善和人口的增加能够明显促进受援国的经济发展,但丰富的资源禀赋反而会阻碍其经济增长,即存在"资源诅咒"问题,受援国资本占比的增加也会阻碍受援国的经济增长。

上述研究结果蕴含着相应的政策含义。其一,鉴于中国的国际援助能够显著促进受援国的经济增长,因而中国应该随其综合国力的提升进一步增加国际援助,应尽早设立符合自身实际的援助数额目标,逐步承担更多的国际责任;与此同时,为了避免援助过程中可能出现的"拐点"问题,中国在增加援助数额的同时,需要把握合适的援助额,根据受援国自身的发展现实和需求,提供最优的援助额,以更好地发挥国际援助的积极作用。其二,中国应该进一步坚持和倡导"促贸援助"的援助模式。中国等新兴援助国一直提倡和支持"促贸援助"方式,中国对非洲援助对受援国经济增长显著的促进作用得到了切实的验证。因此,中国应当进一步增加"促贸援助"数额,并与发达国家一道倡导和推广该援助模式,以获得更多援助国的支持和接受。其三,受援国应该进一步推进当地的基础设施建设,充分发挥本国劳动力丰富的比较优势,稳定市场价格,尽力扭转"资源诅咒"现象以发挥资源禀赋的积极作用,从而促进本国的经济发展和收入水平的提高,并最终实现自主发展。

二、援助与贸易不完全替代条件下的经济增长效应研究

以下放宽援助与贸易完全替代的假设,在不完全替代的前提条件下检验中国的国际援助对受援国经济增长的影响以及国际贸易的渠道作用。

(一)计量模型构建

下文将采用资本总量予以分析[①],构造包含物质资本和人力资本的

[①]　本实证研究也尝试了人均资本和资本占比,人均资本与资本总额的回归结果大致相同,而资本占比引入后,导致援助变得不显著。

不变规模报酬的 C-D 生产函数，并代入人力资本函数，得到（10-6）式：

$$Y = AK^{\alpha} [e^{\Phi(S)}]^{1-\alpha} L^{1-\alpha} \qquad (10-6)$$

其中，Y 为总产出，K 是物质资本存量，L 表示劳动力，$\Phi(S)$ 是人力资本影响因素，$\alpha \in [0,1]$，A 表示技术、制度等其他影响因素。

将（10-6）式变为人均产出和资本总额，得到（10-7）式：

$$\frac{Y}{L} = AK^{\alpha} L^{-\alpha} [e^{\Phi(S)}]^{1-\alpha} \qquad (10-7)$$

（10-7）式两边同时对数化，并简化可得：

$$\ln y = \ln A + \alpha \ln K - \alpha \ln L + (1 - \alpha) \Phi(S) \qquad (10-8)$$

假设 A 可以表示为如下函数：

$$A = F(\text{基础设施，地理位置，制度，出口，}FDI，\cdots\cdots) \qquad (10-9)$$

为了探讨出口在援助与人均产出之间所发挥的渠道作用，合并（10-8）式和（10-9）式，可以得到：

$$\ln y = \ln Export + \alpha \ln K - \alpha \ln L + (1 - \alpha) \Phi(S) + \varepsilon \qquad (10-10)$$

（10-10）式表明，受援国的人均产出受到（"促贸援助"引发的）出口、物质资本、劳动力、人力资本等因素的制约。国际援助对受援国经济增长影响的贸易渠道的路径仍然如下：

国际援助→完善基础设施、改善经济环境→削减贸易成本、优化贸易结构→促进受援国出口→刺激技术创新和技术外溢、人力资本积累、市场竞争以及资源有效配置→受援国经济增长。

将上述理论机制用两个联立方程来表示，并采用两步回归法进行回归。实证模型设定如下：

$$\ln(GDP)_{it} = \alpha_i + \beta_1 \ln(GDP)_{it-1} + \beta_2 \ln(Aid)_{it} + \beta_3 \ln(Export)_{it} + \varepsilon_{it}$$
$$(10-11)$$

$$\ln(Export)_{it} = \lambda_i + \delta_1 \ln(Aid)_{it} + \delta_2 \ln(Capital)_{it} + \delta_3 \ln(Corr)_{it}$$
$$+ \delta_4 \ln(Tele)_{it} + \delta_5 \ln(Popu)_{it} + \delta_4 \ln(Land)_{it} + \mu_{it}$$
$$(10-12)$$

这两个方程表明了国际援助通过出口渠道影响受援国的经济增长。式中各变量的含义及其来源均与前文一致，在此不再赘述。

（二）回归结果分析

这里仍然利用前文的似然比方法检验回归模型的异方差,并在回归中采用稳健标准差解决异方差问题。对(10-11)式和(10-12)式分别回归,得到结果见表10-6,其中第(2)列为(10-12)式即国际援助对受援国出口总额影响的回归结果,第(1)列为(10-11)式即出口对受援国经济增长影响的回归结果。

表10-6第(1)列显示,$AR(1)$和$AR(2)$的值明显表明扰动项的差分存在一阶自相关,但不存在二阶自相关,故接受原假设"扰动项无自相关",可以使用差分/系统GMM进行回归;同时,$Hansen\ J$值无法拒绝原假设"所有工具变量都有效",因而工具变量不存在过度识别问题。因此,表10-6中的回归结果是有效的。

表10-6　援助与经济增长的估计结果

变量	(1) GDP	(2) Export
lnAid	-0.01^{***} (-2.92)	0.03^{**} (1.91)
ln$Export$	0.12^{**} (2.36)	—
$l.$lnGDP	0.77^{***} (10.36)	—
ln$Capital$	—	2.46^{***} (3.87)
ln$Corr$	—	3.91^{***} (2.61)
ln$Tele$	—	-0.42 (-1.36)
ln$Popu$	—	7.75^{***} (5.28)
ln$Land$	—	5.10^{**} (2.33)
$AR(1)$	-1.88^{*}	—
$AR(2)$	0.10	—
$Hansen\ J$	0.93	

续表

变量	（1）*GDP*	（2）*Export*
F 值	1930.36	89.21
R^2	0.99	0.79
样本量	192	192

注：***、**、* 分别表示通过 10%、5%、1%的显著性水平检验，括号内为估计参数的 *t* 值或 *z* 值。

从回归结果可以看出，援助对出口总额的回归系数是正的，且在 5%水平下显著，出口的回归系数也通过了 5%显著性水平检验，说明中国的国际援助能够显著促进受援国的出口，而出口总额的增加又显著提高了受援国的人均 GDP。这表明，中国的国际援助凭借出口渠道的传导作用能够显著促进受援国的经济增长，中国提倡和践行的"促贸援助"方式是非常合理的。不仅如此，可以看到，表 10-6 第（1）列中援助的估计系数是显著为负的，表明与"促贸援助"相比，直接作用于经济增长的那部分援助可能会阻碍受援国的经济增长，这也许就是中国等新兴援助国强调把援助、贸易、投资等相结合的原因之一。

实际人均 GDP 滞后项的估计系数是正的，且通过了 1%显著性水平的检验，表明受援国的经济增长明显地受到其之前的经济条件的制约，这与发达国家的回归结果相似，也再次证明了国际发展援助存在的必要性，即帮助贫困国家跳过"贫困陷阱"，实现自主发展。而且，实际资本总额对受援国出口的影响是显著为正的，表明资本投入的增加会明显促进受援国出口的增加，这与发达国家回归得出的"资本对受援国的出口没有显著影响"的结论截然不同。这与中国国际援助的样本有一定关联。中国援助的主要是非洲地区处于贫困甚至极端贫困的发展中国家，资本短缺非常严重，因而资本增加能够产生明显的促进作用；而发达国家援助的国家中，只有一小部分是非常贫困的国家，大部分还是经济条件相对较好的受援国，它们自身已经具备一定的资本积累基础，资本继续增加还有可能产生"拥挤效应"或使用效率低下的问题，因此资本的作用并不显著。此外，受援国自身人口的增加、公用部门效率的提高以及可耕地占比的增加都会对其经济增长起到积极的促进作用，尤其是可耕地占比的正向作用更是表明这些非洲国家没有出现"资源诅咒"现象,丰富的资源禀赋是经济增长的正向促进因素。

(三)结论及政策建议

本节基于中国对非洲16个受援国2000—2011年援助的面板数据,采用两步回归法,在援助与贸易不完全替代的条件下,研究了中国的国际援助对受援国经济增长的影响效应,并检验了出口渠道在其中的传导作用。研究结果表明:(1)中国的国际援助能够增加受援国的出口总额,进而通过出口总额渠道促进受援国的经济增长,即中国的国际援助确实能够通过国际贸易渠道促进受援国的经济增长;但是,不通过出口渠道发挥作用的国际援助则会阻碍受援国的经济增长。(2)受援国期初的经济状况会影响其现在的经济增长。(3)与人口的促进作用类似,受援国自身的资本积累水平的提高会显著促进其出口的增加,这与发达国家的回归结果不同。

上述结论具有明显的政策含义。为了更好地发挥援助对受援国经济增长的促进作用,中国应该进一步增加国际援助数额,弥补受援国自身发展资源的不足,克服长期累积的不利的发展环境,帮助其走出"贫困陷阱",实现自我发展及其减贫目标;更重要的是,应着重增加"促贸援助"的比重,继续坚持援助、贸易、FDI等战略的协调与互动,适当缩减其他类别的援助,尤其是那些援助效果不佳的援助。这就需要中国援助部门加强对援助活动的评估和监督,详细考察和分析具体的援助类别和项目,找出最佳的援助实践和方式。

综合上述两种贸易渠道的分析可以得知,援助与贸易无论是完全替代还是部分替代,国际贸易渠道都能发挥积极的作用,中国的国际援助确实能够通过出口渠道的作用显著促进受援国的经济增长。因此,中国应该进一步宣传和扩大实施"促贸援助"的方式,借此提高援助效果,帮助贫困的发展中国家实现经济增长和减贫。

经验分析的过程也存在一些不足:首先,由于中国的国际援助数据极为缺乏,不仅使得笔者无法全面和详细考察中国国际援助的实际效果,而且导致实证结果存在或多或少的偏差;其次,由于研究中国的援助问题,非常缺乏参考文献，因而在解决内生性问题时，选用的工具变量无法很好地解决潜在的内生性问题。

综上所述，本章研究了中国的国际援助与受援国经济增长的关系。采用 16 个受援国 2000—2011 年的面板数据，基于直接引入法和两步回归法检验了中国的国际援助对受援国经济增长的影响效应，以及国际贸易渠道的作用。研究证实：中国的国际援助能够显著促进受援国的经济增长，但是，只有通过国际贸易渠道的那部分援助才能起到显著的促进作用，而不通过贸易渠道的那部分援助则会阻碍受援国的经济增长。这些研究结论与发达国家的结果具有一致性，再次证明了国际贸易渠道的积极作用以及"促贸援助"方式对受援国的国际贸易和经济增长的有效性，能够为"促贸援助"方式的实施提供充分的理论依据。

第十一章　发展中国家对外援助的
减贫效果

　　新兴市场国家的对外援助属于"南南"援助,而 OECD-DAC 成员的官方发展援助属于南北援助。虽然从援助规模看,发达国家的对外援助在国际援助体系中仍占据绝对主导地位,不过新兴市场国家的对外援助已成为国际发展援助的有机构成部分。从发展趋势看,新兴市场国家的对外援助对促进受援国经济发展和减贫的作用不断提升。

　　新兴市场国家对外提供援助至今已经有近七十年的历史。其对外援助具有鲜明的历史阶段性和独特性。新兴市场国家自身发展和减贫的经验深刻影响着其对外援助行为,其对外援助有利于促进受援国或地区的经济和社会发展。非洲长期是新兴市场国家的援助重点地区,新兴市场国家的援助对发展双边关系,帮助非洲发展与减贫发挥了积极作用,也积累了不少经验教训。

第一节　发展中国家对外援助
减贫效果概述

　　近年来非洲经济虽然保持了较快增长,但发展问题依然严峻。新兴援助国援建基础设施可以改善当地的经济发展环境,开展技术合作则会为当地经济发展提供技术支持,而将援助与贸易投资相结合的援助模式有助于受援国的减贫,因为贸易和投资是实现自我持续增长的一个重要工具,也是一个强有力的反贫困武器。贸易和投资有助于贫困国家实施发展战略,还能确保出口增长收益惠及贫困人群和地区(如以就业形式)。① 这都会对当地的经济发展起到积极作用,从而带动减贫。除此之外,新兴援助国还会在两方面促进非洲国家减贫:民生项目建设和减贫经验交流。

一、民生项目建设

发展中国家对外援助的民生项目会对提高当地的人类发展指数起到直接的作用。

近几年来,根据中非合作论坛上提出的举措,中国在公共福利设施、医疗卫生以及人道主义援助等领域积极开展对非洲援助,在非洲国家实施打井项目、建造校舍、援建水电站、援建医院、派遣医疗队等。截至2009年年底,中国在非洲援建了54所医院,设立了30个疟疾防治中心,向35个非洲国家提供价值约2亿元人民币的抗疟药品,共向46个非洲国家派出过1.8万人次援外医疗队员,累计治疗患者2亿多人次,并为非洲培训数万名医疗技术人员。② 50多年来,中国已累计向非洲国家派出医疗队员约2.5万名,足迹遍布非洲50多个国家和地区救治了近2.7亿名非洲患者。③

新时期印度对非洲经济外交凸显出民生导向的特色:在经济技术、基础设施、医疗卫生、教育等领域加强民生援助;在经贸合作领域大力扶持惠民产业发展,跨国企业重视履行社会责任。④ 自2008年印度—非洲论坛峰会之后,印度对非洲地区的教育合作投资力度加大。在2011年第二届印非峰会上,印度政府宣布在其后3年为非洲国家提供2.2万份奖学金;在2015年第三届印非峰会上,印度又承诺5年内为非洲国家提供5万个奖学金名额。

---

① Hallaert, Jean-Jacques, Masato Hayashikawa, "Trade for Growth and Poverty Reduction: How Aid for Trade Can Help", OECD, The Development Dimension, March 2011.

② 国务院新闻办公室:《中国的对外援助(2011)》白皮书, http://www.gov.cn/zhengce/2011-04/21/content_2615780.htm。

③ 周海金:《中国对非洲医疗援助的特点》,《中国社会科学报》2019年4月1日。

④ 邱昌情、刘二伟:《政治大国视域下的印度对非洲经济外交探析》,《南亚研究》2012年第1期。

二、减贫经验交流

新兴援助国与非洲国家交流减贫经验具有以下优势：一是作为发展中国家的新兴援助国也曾面临受援国当前面临的类似的发展问题，政治经济文化的相似性使得其对受援国的需求更加了解，从而提供的经验更具实用性和针对性。正如胡美和刘鸿武（2012）提及的，"南南"援助的优势并不在于充裕的资金和多样化的现代技术，而在于南方国家对发展中国家内部的深刻了解①。二是新兴援助国曾经也是受援国，在如何将外援资金与本国发展实际结合起来以最大化其效用方面的经验可以提高援助的效果和效率，例如，在国际援助中中国可将其如何将外国援助与本国发展和减贫结合起来的经验加以利用，指导具体援助项目的开展。

作为一个发展中大国，中国也曾经跟许多非洲国家一样存在大量的贫困人口。按世界银行每天生活水平低于 1.25 美元的贫困标准，1981年中国贫困率为 84%，而同时期撒哈拉以南非洲这一数字为 51.5%。到了 2015 年，世界银行将国际贫困线标准上调至一人一天 1.9 美元，中国的贫困率下降至 0.7%，而撒哈拉以南非洲仍有 41.4%。在过去的四十多年中，中国历经重大的经济改革，帮助几亿人脱离了贫困，在此期间中国积累了丰富的发展和减贫经验，如中国作为一个受援国与援助国的合作方式、农业农村发展政策、扶贫政策以及基础设施建设战略等值得关注，非洲各国十分重视研究中国在这些领域的经验和政策，中国也乐意与之分享成功减贫的经验。2004 年联合国开发计划署与中国政府共同成立的中国国际扶贫中心就是一个传播中国减贫经验的国际平台，也是中国范围内唯一一个专门从事减贫培训、研究、交流和合作的机构。2009年中国国际扶贫中心和 OECD-DAC 联合成立了中国—发展援助委员会研究小组，该小组集中关注两个专题：中国发展与减贫经验及其对其他发

---

① 胡美、刘鸿武：《中国援非五十年与中国南南合作理念的成长》，《国际问题研究》2012年第 1 期。

展中国家的启示；中非经济合作及其对非洲减贫的影响，其研究成果将为发展中国家制定减贫政策提供参考。

印度经济持续数年的高增长受到了国际社会的关注，但是关于印度经济的增长是否产生了良好的减贫效果却是一个存在争议的问题。印度经济快速发展的同时收入不平等现象也在加剧，马丁·拉瓦里奥（Martin Ravallion）认为印度经济增长对穷人的影响是令人失望的[1]。事实上，消除贫困对印度来说是一个长远目标，其国内还存在大量的贫困人口是不争的事实。但是，印度在减贫方面取得的成就还是不容忽视的。在印度建国初期，中产阶级几乎不存在，而现在这一群体的人数已超过 3 亿人，其中三分之一是在过去 10 年中加入这一行列的。[2] 在对非洲合作过程中，印度也积极推动本国与非洲国家之间的减贫经验交流，将此作为印度对非洲"软外交"的一部分。

在"金砖五国"中，唯有巴西在 20 世纪 90 年代之后的二十多年里国民收入的不平等状况是呈下降趋势的。所谓"巴西奇迹"指的就是巴西经济在保持高速增长的同时又能做到持续缩小贫富差距，基尼系数从 2001 年的 0.61 下降到 2017 年的 0.549。[3] 这主要源于巴西政府所采取的一系列社会政策，其中最突出的是"零饥饿计划"（Zero Hungry Program）[4]及其中的"家庭救助金计划"（Bolsa Familia）。巴西把其在国内社会发展政策上的成功经验作为其对外援助的重要内容加以推介，主管对外援助的巴西发展合作署（Brazilian Cooperation Agency, ABC）强调

---

[1]　Martin Ravallion, "A Comparative Perspective on Poverty Reduction in Brazil, China and India", The World Bank, *Policy Research Working Paper*, 2009, http://elibrary.worldbank.org/doi/pdf/10.1596/1813-9450-5080.

[2]　王磊：《印度扶贫依赖财政转移支付（国外减贫面面观）》，人民网，2010 年 7 月 26 日。

[3]　世界银行数据。

[4]　"零饥饿计划"不仅是向贫困家庭发放基本食品，而且还鼓励发展家庭农业，为贫困地区创造就业机会，加强教育投入，改善贫困地区的饮水和卫生条件，目的是使贫困家庭通过政府的救助提高自身脱贫能力，融入社会发展进程。该计划注重把减贫与教育、医疗等问题相挂钩，以实现减贫的可持续性。见 Food and Agriculture Organizations of the United Nations, "The Fome Zero (Zero Hunger) Program: The Brazilian Experience", 2011, http://www.rlc.fao.org/en/publications/zero-hunger/.

巴西是全球发展问题的"知识提供者"（global knowledge provider）和"发展伙伴"（development partner）①，愿与非洲国家分享应对发展挑战的经验，肯尼亚、安哥拉和塞内加尔等国已经和巴西在减贫方面开展了合作。"零饥饿计划"系列政策已成为巴西政府加强与非洲国家联系的工具之一，也成为巴西在非洲的"形象工程"（周志伟，2013）。

三、发展中国家对外援助对非洲的减贫效果

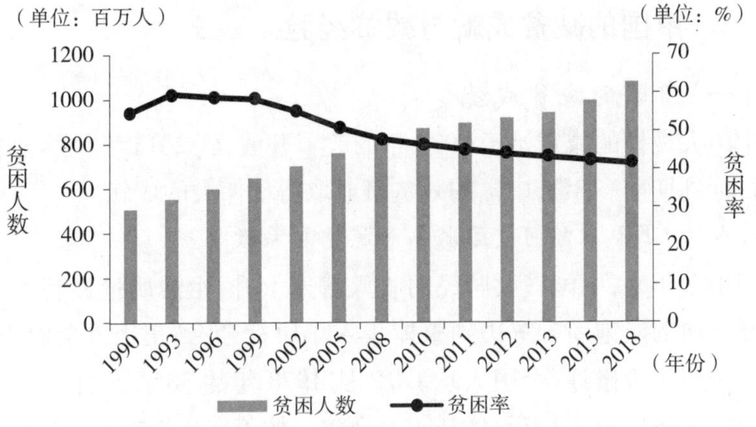

（单位：百万人）　　　　　　　　　　　　　　　（单位：%）

图 11-1　撒哈拉以南非洲贫困状况（1990—2018 年）

注：贫困人口指的是每天消费低于 1.9 美元的人口。在世界银行相关网站上仅提供了表中的非连续数字。

资料来源：世界银行，http://povertydata.worldbank.org/poverty/region/SSF。

从图 11-1 可以看到，由于人口的不断增长，撒哈拉以南非洲国家的贫困人口数一直保持增长的趋势，但是在进入 21 世纪之后，这一增长速度明显放缓，其中有几年甚至是未增长。从贫困率上看，撒哈拉以南非洲的贫困率在进入 21 世纪之后下降趋势明显，而且下降幅度较大，这与 2000 年中非合作论坛的建立，自此双方在中非合作论坛的框架下展开更加深入有效的合作时间以及印度、巴西加大与非洲合作的时间大致吻合，虽然我们还没有充分的证据表明新兴援助国的援助与合作对非洲减贫起

① 贺文萍：《巴西对非外交的"软实力"》，中国科学院西亚非洲研究所，2013 年 4 月，http://iwaas.cass.cn/dtxw/fzdt/2013-04-17/2588.shtml。

到了关键作用,但其对非洲的贫困人口数量和贫困发生率的下降无疑作出了一定贡献。[1]

第二节　援助与减贫的关系:中国视角

中国成功的发展和减贫经验,以及深厚的文化深深影响着中国对援助与减贫关系的理解,也极大地影响了中国的对外援助减贫政策。

一、中国的减贫成就与减贫经验

(一)中国的减贫成就

中国大规模的减贫始于 1978 年的改革开放,到 2014 年(联合国千年发展目标到期前一年),中国的减贫事业取得了伟大的成就。

1. 人均 GDP、人均可支配收入和恩格尔系数

四十多年来,中国广大居民的收入普遍上升,生活质量显著改善,从改革开放前的温饱尚未解决到整体步入小康社会,到正迈入全面小康型社会。按当年价格计,全国人均 GDP 从 1978 年的 385 元人民币增长至 2018 年的 64644 元人民币,增长了百余倍。按不变价格计算,1978—2018 年,国内人均生产总值一直保持着近 10% 的增长率,以 1978 年为基期,到 2018 年该指数已经上涨到 2524.5。按照现价美元计算人均 GDP 从 1978 年的 155 美元增长至 2018 年的 9970.85 美元,增长 63.04 倍。按照不变价本币计算,人均 GDP 从 1978 年的 1326 元人民币增长至 2018 年的 33474.87 元人民币,增长约 25.24 倍。人均可支配收入增长明显,从 1978—2018 年,中国城镇居民家庭人均可支配收入从 343.4 元增长至 39250.8 元人民币,农村居民家庭人均可支配收入从 133.6 元增长至 14617.0 元人民币。家庭消费结构进一步合理,城乡居民恩格尔系数显著下降,城镇居民从 1978 年的 0.575 下降至 2018 年的 0.277,而农村居

---

[1]　王小林、刘倩倩:《中非合作:提高发展有效性的新方式》,《国际问题研究》2012 年第 5 期,第 69—81 页。

民恩格尔系数从 0.677 下降至 2018 年的 0.301[1]。

2.贫困人口及贫困率

根据世界银行资料,按照 1.25 美元每天的贫困标准,中国 1981 年的贫困人口为 8.38 亿人,贫困率为 84.27%。1990 年到 2011 年,中国贫困人口由 6.86 亿人下降到 2.5 亿人,减少了 4.39 亿人。到 2014 年中国的贫困人口下降至 7017 万人,贫困率下降至 6.26%[2]。而同期世界贫困人口减少约 9.49 亿人,中国对世界减贫的贡献度约为 79%。根据每人每年 2300 元(2010 年不变价)的中国农村贫困标准,2010—2018 年间中国的贫困人口从 16567 万人减少到 1600 万人[3]同时,根据国家统计局于 2020 年 2 月 28 日发布的 2019 年国民经济和社会发展经济公报中初步核算 2019 年年末中国农村贫困人口为 551 万人,减贫成效显著。

3.其他经济社会指标

人类发展指数能够更加全面衡量一国在教育、健康和经济发展水平方面的综合变化。中国的人类发展指数也稳步增长,从 1980 年的 0.407 增长至 2018 年的 0.758。[4] 虽然从人均 GDP 角度看,截至 2018 年,中国还未达到世界平均水平,但已经达到世界人均 GDP 的 86.7%,同时,按照人类发展指数衡量,中国在 2011 年就已经超出世界平均水平(见图 11-2)。

此外,中国在小学学龄儿童净入学率、初中升学率、初等教育中女生比重、全国人大女代表比重、新型农村合作医疗水平、5 岁以下儿童死亡率、孕产妇死亡率、艾滋病发病率及病人人数、疟疾发病率等方面都取得了巨大成就。相关经济社会指标的最新进展参见《中国统计年鉴 2019》,数据显示,1990 年、2018 年中国主要的社会发展指标取得长足进步(见表 11-1)。

---

① 《中国统计年鉴 2019》,http://www.stats.gov.cn/tjsj/ndsj/2019/indexch.htm,表 3-5、表 6-1、表 6-6、表 6-11。

② 数据来自世界银行 PovcalNet 和 WDI(世界发展指数)数据库。

③ 中华人民共和国外交部、联合国驻华系统:《中国实施千年发展目标进展情况报告 (2013)》,http://www.cn.undp.org/Content/china/zh/home/library/mdg/mdgs-report-2013/。

④ 联合国:人类发展指数,http://data.un.org/Search.aspx? g=hdi。

	1980	1990	2000	2005	2010	2013	2015	2016	2017	2018	（年份）
□中国	0.407	0.501	0.591	0.637	0.702	0.727	0.742	0.749	0.753	0.758	
■世界平均值	0.561	0.598	0.641	0.666	0.697	0.713	0.722	0.727	0.729	0.731	

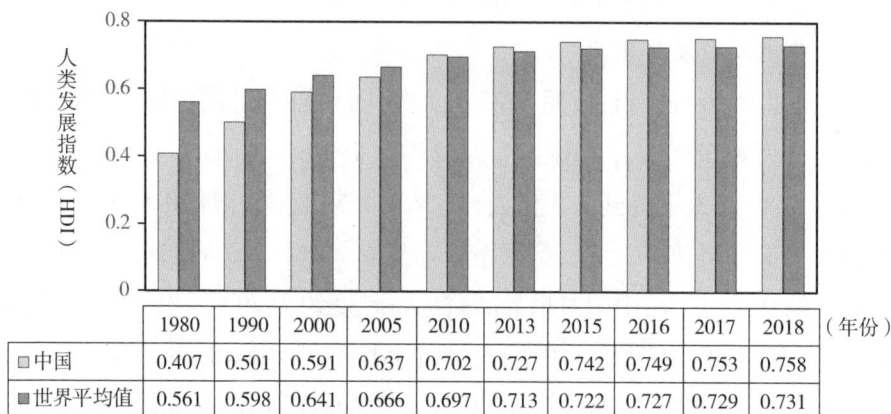

图 11-2 中国与世界平均水平人类发展指数变化趋势（1980—2018 年）

资料来源：联合国数据库，http://data.un.org/DocumentData.aspx? id＝418。

4. MDGs 的执行情况

若从 MDGs 的执行情况看，中国的减贫效果同样显著。截至 2012 年，中国已经提前完成了 MDGs 的七个发展指标，分别是贫困人口减半、饥饿人数减半、初等教育、各级教育中消除性别差距、5 岁以下儿童死亡率、安全饮用水、艾滋病治疗，到 2015 年在降低孕产妇死亡率、生殖保健、扭转艾滋病蔓延和疟疾防治等方面也实现预期目标（中华人民共和国外交部，2013①）。

表 11-1 中国主要社会发展指标变化情况（1990、2018 年）

指　　标	1990 年	2018 年
贫困人口数量（1.9 美元/每天，百万）	751.8	10（2015 年数据）
实际人均国内生产总值（当年价格）（元）	1654	64644
城镇居民人均可支配收入（人民币）（元）	1510	39250.8
农村居民人均可支配收入（人民币）（元）	686	14617
小学学龄儿童净入学率（%）	97.8	100
初中升学率（%）	40.6	95.2

①　中华人民共和国外交部、联合国驻华系统：《中国实施千年发展目标进展情况报告（2013）》，http://www.cn.undp.org/content/china/zh/home/library/mdg/mdgs-report-2013/。

续表

指　标	1990 年	2018 年
初等教育中女生比重(%)	—	48.64
全国人大女代表比重(%)	21.3(1988 年数据)	24.9
新型农村合作医疗人均补助标准(元)	10(2002 年数据)	490
5 岁以下儿童死亡率(‰)	61.0(1991 年数据)	8.4
孕产妇死亡率(1/10 万)	80.0(1991 年数据)	18.3
艾滋病发病率(1/10 万)	—	4.6199
艾滋病病人人数/死亡人数	—	64170/18780
疟疾发病率(1/10 万)	—	0.1813

资料来源:贫困人口数据来自世界银行,其他数据来自《中国统计年鉴 2019》。

(二)中国的减贫模式与经验

新中国成立以来,尤其是改革开放的四十年来,中国的减贫成效显著,并开创了一套独特的减贫模式,积累了大量的减贫经验。总体来看,中国能够快速且大规模实现减贫的主要成功经验有:以发展(增长)路径为主,社会救济路径为辅,坚持通过发展经济来减贫,开发式扶贫及社会保障相结合。

1. 推行以发展(增长)路径为主、社会救济路径为辅的减贫模式

第一,坚持通过发展经济进行减贫,并始终进行一系列的改革与创新。中国持续且强劲的增长为减贫打下坚实基础。经济的增长为广大贫困人群创造大量的就业岗位,而就业能够提供稳定的收入来源。自 1978 年以来,中国持续地进行改革和创新,为经济增长和减贫提供了动力与保障。比如,改革开放初期在农村推广的家庭联产承包责任制,提高了农民生产的积极性,释放出巨大的农业生产能力,使得长期困扰中国的温饱问题得到根本解决。而随后开展的企业承包制、开办乡镇企业、引进外资和国企改革,都释放出了巨大的生产力,推动了经济的高速增长。

第二,坚持对外开放,通过外部力量推动经济增长,并实现广泛的减贫。在改革开放初期,中国就集中全国力量创办经济特区,并在全国各地设立各种经济园区、出口加工园区和经济开发区等,积极吸引外商投资,

从事加工贸易，引进国际先进管理经验和技术，开拓国际市场，弥补国内资金、技术、市场和管理的短板，持续推动出口贸易，大量创造就业机会，吸纳农村剩余劳动力转移，为持续减贫打下了坚实基础。

2. 经济增长增强了国家财力，使得大规模向贫困人群进行转移支付成为可能

第一，通过政府主导，有组织、有计划地开展开发式扶贫[①]。中国中央政府通过各级地方政府以及设立专门的扶贫机构（比如国务院扶贫开发领导小组办公室），因地制宜地制定扶贫政策和计划，以推进全国减贫目标的实现。1984年9月，中共中央、国务院联合发出《中共中央、国务院关于帮助贫困地区尽快改变面貌的通知》[②]，划定贫困区域，倡导开发式扶贫模式。1994年4月，中央政府制定了《国家八七扶贫攻坚计划》[③]，强调以解决贫困人口的温饱问题为努力方向。2001年实施《中国农村扶贫开发纲要（2001—2010年）》[④]，确定扶贫重点是贫困人口集中的老少边穷地区，强调扶贫工作以县为基本单元，以贫困村为基础。进入21世纪后，中国开始进行大规模的社会保障体系建设，通过城市对农村的反哺，鼓励民营经济发展，持续深入推进新农村和城镇化建设，这一系列改革措施进一步推动了减贫事业的发展。

第二，重视农业、农村和农民问题。由于历史原因，中国的贫困人口主要集中于农村地区和老少边穷地区。改革开放以来，中国政府持续向农村地区进行转移支付，引进先进农业技术，加强对农村的基础设施建设，普及农村基础教育，转移农村剩余劳动力，特别是自21世纪以来一系列的惠农政策，如取消农业税、农业生产补贴、家电下乡、农村合作医疗、村村通路、农村低保、危房改造和新农村建设等政策的实施使得农村的落

---

① 所谓开发式扶贫是指通过改善基本的生活生产条件，促进经济增长，增加收入，提高贫困地区和贫困人群的自我积累和自我发展能力，从根本上消除贫困。

② 国务院：《中共中央、国务院关于帮助贫困地区尽快改变面貌的通知》，http://www. china.com.cn。

③ 国务院：《国务院关于印发国家八七扶贫攻坚计划的通知》，http://www.ce.cn。

④ 《中国农村扶贫开发纲要（2001—2010年）》，http://wenku.baidu.com/view/ 00ff360090c69ec3d5bb754d.html，2014-11-19。

后与贫困面貌得到有效的缓解。

2007 年,政府在全国农村推广建立最低生活保障制度。2011 年 12 月,中国政府颁布《中国农村扶贫开发纲要(2011—2020 年)》①,着重解决增加贫困人口收入和提高贫困人口能力问题。2014 年 10 月在首届"10·17 论坛"②上,精准扶贫的理念被提上议事日程,强调扶贫对象的精准、措施的精准。2015 年 11 月 29 日,中共中央与国务院颁布了《中共中央国务院关于打赢脱贫攻坚战的决定》,为后期的脱贫攻坚作出指导,并提出到 2020 年应实现的目标。2016 年 11 月,国务院印发并实施了《"十三五"脱贫攻坚规划》,"十三五"时期是强调打赢脱贫攻坚战的决胜阶段,为各地方开展脱贫工作提供行动指南与重要依据。2018 年 8 月 20 日,《中共中央国务院关于打赢脱贫攻坚战三年行动的指导意见》正式发布,对党的十八大以来对脱贫工作进行总结,并根据当前现状提出新的要求与指导,从而提高脱贫质量。正是通过政府的统一规划和强有力的组织领导,使得中国的减贫工作能够强有力地推进。

二、中国对援助与减贫关系的理解

中国对援助与减贫关系的理解深受中国文化或国家精神的影响,同时也受自身发展和援助实践的影响。

中国文化中素有"己预立而立人,己预达而达人""和而不同""授人以鱼不如授人以渔""自力更生"的理念,这些文化理念或国家精神深深影响着中国对援助与减贫关系的看法,也影响着中国的对外援助减贫政策。比如,中国即便自身还处于有大量贫困人口的发展中阶段,仍然坚持向广大发展中国家提供大量援助,正是"己预立而立人,己预达而达人"兼济天下苍生的写照;中国在援助中坚持不附加任何政治条件,因地制宜地提供援助也体现了中国文化中"和而不同"的理念;中国在援助中非常

---

① 《中国农村扶贫开发纲要(2011—2020 年)》,http://www.gov.cn/jrzg/2011-12/01/content_2008462.htm,2014-11-19。

② 刘永富:《打好扶贫攻坚战　全面建成小康社会——在首届 10·17 论坛上的主旨演讲》,http://www.cpad.gov.cn/art/2014/10/23/art_106_11379/html。

重视提高受援国能力建设,也是"授人以鱼不如授人以渔""自力更生"理念在援助中的反映。中国在自身的发展以及长期的对外援助实践中,深深懂得自身的努力是发展或减贫的主因,而外界帮助只能起到辅助的作用。中国成功的发展与减贫经验本身就是一部艰苦奋斗和自力更生的发展史。虽然中国在改革开放后,也大量接受发达国家的援助,然而中国始终坚持自力更生、自我为主的发展道路。

（一）发挥政府在减贫中的规划者、指挥者和动员者的作用

中国减贫的成功,得益于有一个强有力的政府。中国政府在制定全国性和地区性的减贫规划、调动社会资源上都发挥着不可替代的作用。一方面,政府能够统筹各方利益,合理制定各种经济战略规划,比如产业规划、扶贫规划和教育规划等。这些规划能够号召、动员社会集中力量发展经济,通过促进经济发展的思路来减少贫困。另一方面,政府能够通过税收、转移支付和社会保障等制度来实施对贫困群体的社会救助,从而达成扶贫的目标。因此,要想很好地实现援助的减贫效果,受援国应该有一个强有力的政府,能够动员社会力量推动经济发展,并能对贫困人群进行转移支付。

（二）把握援助舒缓贫困的两条路径

1. 能力建设路径

即帮助贫困人群提升能力、增加收入、参与社会发展进程,依赖人的发展来解决贫困问题。提升能力的方法多种多样,如提高教育水平、提供就业机会和进行人员技术培训等。

2. 社会救助路径

就是直接对穷人进行社会救助,其中外部援助也是救助资源的来源之一。社会救助形式包括直接的物资资金援助和社会保障体系的完善等。

在帮助人的减贫中,中国社会比较认可以能力建设路径为主、社会救助路径为辅的方式。中国在对外援助实践中,大量提供技术培训、留学生援助计划等援助项目,就是旨在帮助提升受援国的人力发展水平,提升人的能力。此外,中国通过外派援外医疗队、提供人道主义援助和援建公共福利设施等方式提供援助就是旨在直接提升受援国贫困人群的福利水平,属于社会救助的范畴。

(三)发挥现代企业在援助减贫中的作用

现代市场经济需要以现代企业为主体的组织参与竞争、抢占市场,并促使快速提升社会生产效率。另外,企业也是吸纳就业的主力军,能够为贫困人群创造大量就业机会。根据中国的经验,中国自身减贫的成功,得益于农业社会向工业社会转型,在转型过程中涌现了大量的现代企业,这些企业在提升生产效率和解决就业方面发挥了关键作用。在现实世界中,贫困程度大的国家往往是农业国家,缺乏工业基础,现代意义的企业更是稀缺,导致社会生产效率低、竞争力弱,社会就业不足,无法有效提高收入,从而无法根除贫困。西方对非洲的援助并没有产生预期的减贫效果,一个重要原因是没能帮助非洲建立现代企业群或产业群,从而无法有效帮助受援国内生自我发展能力。因此,援助要实现较好的减贫效果,帮助受援国建立现代企业或产业体系是至关重要的。正因如此,中国非常重视对受援国的经济基础设施建设的投入,大量提供技术和管理培训,为受援国企业的成长和发展创造良好的条件,以帮助快速提升受援国的能力建设,为减贫打下坚实的发展基础。

总之,中国社会认为帮助其他国家发展是一种美德,主张援助应着力培养受援国的能力建设,也始终认为援助对发展中国家的减贫只能起到辅助作用,而受援方内部的发展才是根除贫困的最主要力量。

第三节　中国对外援助对受援国减贫的影响

新中国几乎从成立就开始对外提供援助,最初的援助动机并不是帮助受援国减少贫困,而主要是基于政治和国家关系的考量。随着国际社会对国际发展和减贫的关注,以及中国自身对外战略的需要,中国的对外援助逐渐更多关注受援国的发展和减贫议题。中国对外援助在帮助受援国发展经济和减少贫困方面的贡献是客观存在的。

一、中国对外援助对国际减贫的总体贡献

从国际援助的总规模看，中国的对外援助并不大。显然，从援助资金的规模看，中国在帮助国际减贫方面还有较大的潜力。然而，中国的对外援助具有独特的优势，在帮助受援国减贫方面能够发挥事半功倍的作用。从宏观角度看，中国的对外援助对受援国的减贫贡献体现在以下几个方面。

（一）中国的对外援助对受援国经济和社会发展提供直接的物资帮助

虽然中国所提供的援助资金规模相对发达国家非常有限，然而由于使用集中，对受援地区的减贫和发展的帮助是客观存在的。

从社会救济角度看，中国的援助通过提高教育水平、改善卫生医疗水平、建设公益设施和提供人道主义救援等方式改善了受援国的民生状况。中国极其重视教育领域的援助，常常通过援建校舍、提供教学器材和资助留学生等形式对受援国的教育事业给予援助。中国通过援建医院、派出医疗队和培训医护人员等形式帮助受援国的医疗卫生事业发展。中国同时在受援国大量援建社会公益设施，使广大当地居民直接受惠。中国也提供大量的人道主义援助，对受援国因自然灾害、政治动荡、疾病或战争等原因造成的灾民或难民提供帮助。

从发展角度看，中国的援助和投资有利于帮助受援国提升农业发展水平、改善基础设施条件、提升人力资源水平、促进贸易发展。由于贫困人口大量集中于农村，对农村地区的援助一直是中国对外援助的重点，中国通过各种农业援助项目帮助受援国发展农业，促进农村的发展和减贫。中国通过援建大量交通、通信和电力等基础设施，帮助受援国改善基础设施条件；通过培训或合作方式，帮助培养人才，增强受援国的发展能力；通过提供优惠的贸易条件、培训经贸人员和援助换能源等形式帮助受援国扩大出口；此外，中国还通过援建清洁能源工程、提供环保设备等形式帮助受援国发展环保产业，促进当地的环保水平。

（二）中国自身的减贫和发展经验对广大受援国具有很好的借鉴意义

中国自身的减贫成就举世公认，所积累的减贫经验非常丰富，比如，"授人以鱼不如授人以渔"、坚持自力更生原则、发展权置于优先地位、开发式扶贫、工业现代化带动农业现代化、充分利用劳动力资源优势、基础设施先行、提高农业技术水平、政府主导集中开发扶贫和工业反哺农业等，这些成功的减贫经验本身对广大受援国具有积极的启示作用。中国在开展对外援助活动中也积极融入这些减贫经验，比如中国坚持不附加政治条件的原则，其实就是对发展权置于优先地位的延伸；中国的援助资源大量投入到道路、港口、电力、码头和通信等工程建设中，也源于国内对基础设施作用的认识；中国出资为广大受援国的政府官员、科技人员、学生举办各种培训、参观和观摩等活动，大力宣传中国的发展经验，就是直接推广中国的发展模式，让受援方能够感受和学习中国的发展经验。

（三）中国的援助模式为受援国提供了另外一种选择

中国的援助与西方发达国家的援助模式具有很大不同，长期以来，广大受援国被置于西方的援助模式下，往往需按照西方的模式去规划自身的发展道路，然而这些规划并不完全符合各国的实际情况。一方面，由于发展阶段的相似性，中国在对外援助中更能了解受援国的实际需要，也能提供更符合实际的援助；另一方面，也能够促使西方发达国家重新审视自己的援助模式，并不断完善自身的不足。此外，对广大受援国而言，中国的援助拓宽了援助来源渠道，使得受援国的选择权扩大，提升了其与西方国家打交道的话语权。

二、中国对外援助在主要领域的减贫效果

观察和分析中国对外援助对减贫的贡献也可从各个不同援助领域进行。中国的对外援助主要分布在医疗卫生、教育培训、人道主义、公共设施、经济基础设施、农业、工业和贸易等领域。这些领域可归纳为"社会救助"和"发展（增长）"两个大的领域。下文将从细分的援助领域，来分析中国的对外援助在不同领域的减贫表现。

（一）"社会救助"领域

1. 医疗卫生领域

中国长期对外进行医疗卫生援助。中国采用外派医疗队、援建医院、提供医疗设备和药物等形式进行援助。其中,中国援外医疗队发挥了最为重要的作用。自 1963 年开始,中国派出了大量的援外医疗人员,他们中 95% 以上具备中、高级职称。到 2017 年止,中国共向 69 个国家或地区派遣了医疗队,其中向非洲派遣了累计约 2.5 万名医疗队员①。截至 2009 年,中国已援助 180 所医疗机构,同时也提供了大量包括药品等在内的医疗用品援助。

中国在医疗卫生方面对受援国的贡献表现在以下几个方面。

第一,援外医疗队大量接诊病人,为病人解除了病痛。中国医疗队一般在缺医少药的落后地区工作,受援地一般缺医少药、医疗条件落后,并且许多贫困家庭无力支付医疗费用。中国医疗队在援助资金的帮助下,在当地治愈了大量病人,至 2017 年 6 月底,累计治疗患者 2.8 亿人次。中国也常提供紧急医疗援助,如 2014 年为应对埃博拉疫情,中国连续派出 500 多②名医护人员和专家,对帮助控制疫情起到很重要的作用。中国援外医疗队帮助贫困地区居民解除病痛,改善身体状况,减少病人家庭因病致贫、因病返贫的发生,使许多贫困家庭重燃脱贫解困的希望。

第二,培训当地医护人员,提高了受援地区的医疗水平。首先,援外医疗队在接诊过程中与当地医护人员一道工作,通过手把手培训,使当地医护人员的医疗水平迅速提高。其次,中国医疗队经常开展讲座、短期和长期培训班,为受援国培训了大量医疗骨干,深受当地人民的欢迎。另外,中国积极提供援助,吸收受援国留学生来华学习医疗卫生等相关专业。

第三,输出中国传统医术,为当地百姓排忧解难。中国许多传统医术,比如针灸、推拿在治疗某些疾病上有独特功效。中国在治疗伤寒和疟疾方面也具有丰富的经验。此外,中国开发的青蒿素等药物,对防治疟疾

---

① 周海金:《中国对非洲医疗援助的特点》,《中国社会科学报》2019 年 4 月 1 日。

② 《中国商务部回应对非援助新殖民主义论:毫无根据 不负责任》,新华网,http://news.cnr.cn/native/gd/201412/t20141209_517031953.shtml,2014-12-11。

作出重大贡献。2007年,中国利用疾病防控的技术优势,帮助科摩罗莫埃利岛大幅降低了疟疾发病率(国务院新闻办公室,2014)。

2. 教育培训领域

援外教育培训,也即援外人力资源开发合作,旨在帮助受援国提高人力资源水平和提升自我发展能力。

中国的对外人力资源培训合作始于1953年。早期的援外培训分散在农业、工业和医疗卫生等援助领域,主要承担项目援助中对受援国的设备使用、技能操作培训、医疗培训和项目管理等方面。自1981年开始,中国在华举办各种实用技术培训班。后来,培训领域逐渐拓展至政府治理等领域,其中官员研修项目从1998年开始实施。截至2009年年底,中国在华举办各类培训班4000多期,培训人员12万人次[1]。源于中国经济发展的成功经验,近年来越来越多的受援国青睐来华取经。2010年至2012年,有4万名外国官员来华研修,其间举办技术人员培训班357期,培训技术人员近万名。[2]

此外,中国也广泛开展技术合作。通过外派专家及技术人员,转让适用技术,提高受援国技术管理水平。中国通过援外志愿者形式大量外派语言、计算机培训、中医诊治、农业科技和艺术培训类教师。孔子学院、技术援外培训基地和部分高校发挥着重要的援外培训的作用。

总体来看,中国的援外教育培训有利于促进受援国人力资源水平的提高,传播了实用技术,传授了中国的发展经验,对受援国的经济发展和减贫有长远的贡献。

3. 人道主义援助领域

多年来,中国广泛参与对外紧急人道主义援助,在有关国家遭遇自然和人道主义灾难时,积极提供物资、现汇和人员等进行救助。

首先,中国对受灾地区提供大量物资和现汇援助,帮助灾后重建与恢

---

① 国务院新闻办公室:《中国的对外援助(2011)》白皮书,http://www.gov.cn/zhengce/2011-04/21/content_2615780.htm。

② 国务院新闻办公室:《中国的对外援助(2014)》白皮书,http://www.gov.cn/xinwen/2014-07/10/content_2715302.htm。

复生产。2004年9月,中国建立了国际紧急救灾应急机制,并积极投入国际救援事业当中。仅2005—2009年,中国就向国际社会提供紧急援助近200次。2010—2012年,中国政府向遭遇地震、洪灾、飓风和战乱破坏的地区,提供了近50批紧急救灾物资,价值约12亿元人民币。其间中国政府通过举办各类救灾培训班等形式,与受援国分享中国自身的防灾减灾经验。

此外,中国还提供大量紧急粮食援助。近些年,中国先后向多个国家提供粮食援助,帮助受援国应对粮食危机。2011年和2012年,中国分别向非洲之角和萨赫勒地区提供粮食援助,援助金额分别为4.4亿元和0.7亿元①。

中国政府提供的对外紧急人道主义援助,对缓解受援地区的人道主义灾难、恢复重建和摆脱贫困发挥了重要作用。

4. 公共设施领域

中国通过向受援地区援建公共设施,来改善当地贫困人群的生活条件。中国在非洲等干旱地区实施打井供水项目,帮助解决居民用水困难。例如,中国在多哥和苏丹多个国家帮助当地居民打井,并修建配套潜水泵和发电机组。中国通过援建民用住宅,为受援地区居民改善居住条件。中国还援建文化场所和体育场馆等公共设施,为丰富当地民众文化体育生活作出了贡献。

(二)发展(增长)领域

1. 经济基础设施领域

在资金有限的情况下,中国帮助受援国援建交通、通信和能源等设施,为受援国经济发展奠定了一定的基础。截至2012年年底,中国共援建经济基础设施成套项目546个,其中交通运输273个、广播电信154个、电力119个。②

---

① 国务院新闻办公室:《中国的对外援助(2014)》白皮书,http://www.gov.cn/xinwen/2014-07/10/content_2715302.htm。
② 国务院新闻办公室:《中国的对外援助(2011)》白皮书,http://www.gov.cn/zhengce/2011-04/21/content_2615780.htm;国务院新闻办公室:《中国的对外援助(2014)》白皮书,http://www.gov.cn/xinwen/2014-07/10/content_2715302.htm。

中国援建的道路、桥梁和港口等工程,促进了受援国交通产业发展,有利于物资流通并降低物流成本。其中较著名的有坦赞铁路、瓜达尔港、马耳他干船坞和博茨瓦纳铁路改造工程等。这些交通基础设施的援建为受援国的经济发展和减贫作出了重要贡献。

中国通过援建水电站和电网等工程,帮助提升受援国的能源自给能力,有利于缓解当地能源不足问题,满足居民对能源供应的基本需要,并为工农业发展提供基本的能源保障。例如,中国援建的加纳布维水电站、塞内加尔输变电和配电网①等项目,为缓解当地能源不足发挥了建设性的作用。

中国通过援建各种通信工程项目,帮助受援国提升信息化发展水平。中国在受援国援建的通信网络、发射台以及办公网站等项目,促进了当地广播通信事业的发展,提升了当地的信息化水平和政府管理能力。如中国在喀麦隆和土库曼斯坦等国援建的电信项目为当地通信事业的发展作出了贡献。②

2. 农业援助领域

农业一直是中国对外援助的重点领域。中国通过各种农业援助项目,提高了当地的农业产量,促进了农业发展,为受援国农村的减贫提供了动力。

在农业基础设施方面,中国政府通过援建农场、示范中心、技术站和农业灌溉系统等项目来帮助受援国农业发展。中国已经建成了数百个农业项目,这些项目大大推动了受援国的农业生产。例如,20世纪80年代中国在突尼斯援建的"麦热尔德-崩角"③水利工程,为当地的农业发展奠定了基础。2011年在卢旺达建成的农业技术示范中心,已经成为当地最大、设备最好的农业技术培训机构,为卢旺达的农业发展作出了有力贡献。

---

① 国务院新闻办公室:《中国的对外援助(2014)》白皮书,http://www.gov.cn/xinwen/2014-07/10/content_2715302.htm。

② 国务院新闻办公室:《中国的对外援助(2014)》白皮书,http://www.gov.cn/xinwen/2014-07/10/content_2715302.htm。

③ 中华人民共和国国务院新闻办公室:《中国的对外援助》,人民出版社2011年版,第20页。

多年以来,中国派出了大量的农业技术人员,向受援国传播适用技术,并给予现场指导,对受援国农业技术水平的提升产生了积极影响。截至 2015 年 6 月底中国通过与联合国粮农组织开展的"南南合作"项目,共向非洲、亚洲、南太平洋等地区的 25 个国家和地区派出了 1023 名专家和技术员,占"南南合作"项目外派人员总数的 56%。这些培训班课程涉及广泛,包括杂交水稻栽培、油料作物种植和菌类培植技术等。例如,中国与东帝汶开展的杂交水稻合作项目,帮助培训 1000 多人,从 2008 年开始推广至 2000 公顷,为东帝汶实现粮食自给作出了贡献。中国在萨摩亚援建的农业技术合作中心项目已经培训上千名当地农民。同时,中国为其他受援国提供了大量的农业机器、工具、农业加工设备以及其他农业设备,致力于满足受援国农业生产的需要。中国也通过多边机制提供农业合作。

3. 工业领域

在中国对外援助的初期阶段,帮助受援国建立关系国计民生的工业企业曾占据较重要的地位。中国援建的工业项目涉及纺织、机械、轻工、冶金和化工等行业。1950—1970 年,中国援建的工业项目为部分亚非国家的经济和民族独立作出了贡献。在 20 世纪 80 年代,由于世界范围内私有化和市场化浪潮,中国逐渐减少对工业领域的援助。截至 2009 年年底,中国共援建 688 个工业项目。2010—2012 年,中国又援建 15 个工业项目,包括轻工纺织、建材化工、机械电子等。这些项目为当地居民提供了大量的生产和生活物资,有利于受援国的经济发展。

此外,中国在环保和新能源等领域,积极提供技术和资金支持,帮助广大受援国应对气候变化,发展可再生能源。2010—2012 年,中国为 58 个国家援建了 64 个可再生能源项目,并向 13 个国家提供环保设备和物资援助。① 这些环保项目的援助提升了受援国相关工业生产水平,对提升其可持续发展能力有一定帮助。

---

① 国务院新闻办公室:《中国的对外援助(2014)》白皮书,http://www.gov.cn/xinwen/2014-07/10/content_2715302.htm。

4. 贸易领域

第一，通过各种援助措施，促进对华产品出口。为了鼓励从受援国进口商品，提高其商品的竞争力，中国政府一直给予受援国优惠的贸易条件。比如，给予受援国进口商品关税优惠待遇，逐渐扩大进口商品零关税待遇范围，促进受援国向中国扩大出口。到 2012 年年底，最不发达国家对华出口近 5000 个税目商品已享受零关税待遇。[①] 这些措施的实施有力地促进了受援国对华商品出口。中国逐渐成为包括最不发达国家在内的受援国商品的最重要出口市场。另外，中国更加重视将资源的进口与对外援助结合起来。比如，中国运用"资源换贷款"模式，与受援国开展互利合作，向受援国提供优惠贷款，帮助受援国进行资源开发，利用资源出口偿还贷款。"资源换贷款"模式一方面帮助了受援国的经济发展和出口贸易，另一方面也使中国获得了宝贵的资源。此外，中国将对外援助与产业转移结合起来，积极帮助中国的部分产业向受援国地区转移，帮助受援国进行加工园区建设，这一模式也得到了广大受援国的积极响应。中国政府利用援助资金扶植中国企业落户受援国的加工园区，鼓励在加工园区生产的商品出口至中国，扩大了自受援国进口的来源。

第二，提高与贸易有关的生产能力，积极帮助受援国出口产业的发展和建设。例如，2011 年，中国与贝宁等四国达成合作，通过提供优良棉种和支持企业技术升级等方式，促进四国棉花产业发展。[②] 中国通过提供资金和贸易人才培训，以支持最不发达国家参与多边贸易体制，增加国际话语权。此外，中国也帮助受援国改善与贸易有关的基础设施，帮助受援国改善通关条件，提升其出口能力。

三、中国对外援助促进减贫的案例分析

除了从宏观上考察中国对外援助的减贫效果外，还可以从项目层面

---

① 国务院新闻办公室：《中国的对外援助（2014）》白皮书，http://www.gov.cn/xinwen/2014-07/10/content_2715302.htm。

② 国务院新闻办公室：《中国的对外援助（2014）》白皮书，http://www.gov.cn/xinwen/2014-07/10/content_2715302.htm。

的微观角度来观察中国援助的减贫效果。下文分别从对外援助的社会救助效应和促增长效应出发，选取典型的援助案例，从援助项目微观视角观察中国的对外援助对受援国减贫的影响。这些案例涉及的领域包括水供应、医疗卫生、粮食援助、农业、基础设施、教育培训等方面，时间涵盖中国对外援助的各个历史阶段，地域遍及非洲、亚洲和拉美等地区。

（一）社会救助效应

案例 1：坦桑尼亚查林泽（Chalinze）乡村水供应项目[①]

中国分两个阶段（2001—2003 年；2007—2015 年）对坦桑尼亚的查林泽地区水供给提供援助。查林泽地区是一个半干旱地区，地下水不适合饮用，在干旱季节地下水下降严重。从查林泽水处理中心到乡村的整个输送管线长度为 126 公里，分配管线长 34 公里。中国海南国际合作机构管理该项目，项目组包括 50 个中国人和 500 个当地人。根据坦桑尼亚水利部的估计，第一阶段项目费用为 230 亿先令（约 1460 万美元）。2007年 4 月和 5 月，中国大使馆又同坦桑尼亚签署了两项协议，旨在继续支持维护和扩大查林泽地区水供应项目。

第一阶段始于 2001 年，结束于 2003 年，共向 20 个村大约 62961 名居民提供管道饮用水。而第二阶段的水供给项目使 10 万名居民受益。该项目的实施有力地缓解了当地居民的生活和生产用水紧张的局面，为当地的居民带来实实在在的好处。

案例 2：中国对卢旺达的医疗援助[②]

卢旺达是西方援助比较集中的国家，卢旺达也是高度依赖外国援助的国家，截至 2010 年年底，卢旺达的外国援助占其国家预算的 50%。1971 年中国与卢旺达建交后，中国对卢旺达提供了多种援助。

自 1982 年起，中国向卢旺达多次派出医疗队。1994 年卢旺达战乱

[①] 案例来自：Bräutigam Deborah，Tang Xiaoyang，"An Overview of Chinese Agricultural and Rural Engagement in Tanzania"，International Food Policy Research Institute（IFPRI）Discussion Paper 01214，October 2012。

[②] 张永蓬：《国际发展合作与非洲——中国与西方援助非洲比较研究》，社会科学文献出版社 2012 年版，第 194—217 页。

至2004年,中国在卢旺达援建了齐邦戈医院(1997年完工并移交)及齐邦戈卫校(2002年移交)。2006年中非合作论坛后,中国在卢旺达又新援建一所医院。此外,中国还援助部分医疗设备。

中国医疗队依托齐邦戈医院治病救人,在当地发挥了良好的工作效果。位于卢旺达东方省恩格马地区(Ngoma)的齐邦戈医院是中国医疗队的主要工作地点。1997年,在中国的援助下该医院扩大了面积,拥有约200张床位。总体上,该医院医疗设施落后,工作环境恶劣。当地患者贫民居多,卫生生活条件很差,后期梅毒、艾滋病等猖獗,职业风险非常大。来自中国的医疗队拥有外科、内科、儿科、妇科、牙科、整形外科和中医针灸等科室,中国医疗专家成为该院的绝对主力。据介绍,患者来自卢旺达不同地区,基本冲着中国医生而来。中国医生精湛的医术救治了大量的病人,得到了患者的一致肯定,也获得当地社会的广泛赞誉。

中国援建的齐邦戈卫生学校,在培养医护人员方面也发挥了重要作用。2002年援建的齐邦戈卫生学校,其建筑和设备都由中国援助,2004年由卢旺达教育部和卫生部共同管理。多年来,该学校教学效果良好。2007年有33位学生成为注册护士和注册助产士。2007年学生考试通过率达到92.8%,使齐邦戈卫生学校成为卢旺达同行业中的高等级学校。该学校后续的使用效果一直良好,为卢旺达持续输送医疗卫生人才。

不过援助中也遇到一些问题。比如,当地人很少愿意学习医疗技术,即便少数人学到了医疗技术,也会很快离开所在医院,转去待遇好的其他医院,使得改善贫困地区医疗的愿景无法有效实施。结果是一直在培训当地人才,却无当地人才能够使用,对援助的依赖也越陷越深。中国医疗队被绑定在齐邦戈医院实质就是当地产生了援助依赖。这种援助依赖在卢旺达甚至整个非洲都有普遍性,使得援助的长效作用很难发挥出来。

案例3:对几内亚的粮食援助①

1958年10月几内亚宣布独立,独立之初几内亚在经济上严重依赖法国。独立前,几内亚的出口67%输往法国,由于不等价交换,其贸易逆

---

① 周弘主编:《中国援外60年》,社会科学文献出版社2013年版,第104—139页。

差惊人。1956 年进口 800 万美元,出口仅 80 万美元。当时,几内亚的财政入不敷出,每年依赖法国拨款。几内亚独立后,法国立即停止各种经济援助,导致几内亚的经济严重困难。

当时,几内亚的粮食严重依赖法国,在几内亚宣布独立后,法国切断对几内亚的粮食供应。几内亚农业又遭遇灾荒,每年缺粮四五万吨,其国内面临严重饥荒问题。基于政治上的考量,在几内亚独立之初遭遇口粮短缺的几年,中国及时向几内亚提供大米援助,分别于 1959 年和 1960 年向几内亚提供了 5000 吨和 1 万吨大米援助。中国援助的大米对缓解几内亚独立之初的饥荒发挥了重要作用,对维护几内亚的经济和政治稳定作出了重要贡献。

中国的援助实实在在地帮助了几内亚克服粮食困难、减少饥饿,为几内亚的经济发展和进一步减贫打下了一定的基础。

(二)促增长效应

案例 4:对布基纳法索的农业垦区援助①

1973 年中国与布基纳法索建交,同年 11 月中国派出农业专家接替中国台湾的农耕队。中国农业专家先后在三个水稻地区扩建和新建水稻农业垦区,面积达 2034 公顷。垦区建成后,中国于 1981 年将其移交给布基纳法索政府,中国专家撤离回国。由于布方缺乏农田水利管理经验,导致水稻产量下降。1985 年中国再次派出农业专家,帮助上述三个水稻垦区完善农耕系统,并建立了一套调动农民积极性的经营方式。由于当地农民自古就没有在固定土地耕种的习惯,导致没有保养土地的积极性。中国专家采用承包形式分田到户,建立农业合作社,并提供技术指导。

在一系列经营管理改进后,到 20 世纪 80 年代后期,三个水稻垦区成为布基纳法索全国闻名的富庶农业区。1987 年,三个垦区水稻单产达到每公顷 10.5 吨(双季稻),每个农户纯收入达到 40 万—80 万非洲法郎(约合 1300—2600 美元)。三个垦区农民温饱有了保障,纷纷添置各种交通工具,不少农民也盖起了新房。农业的发展也推动农产品加工、农具维

---

① 周弘主编:《中国援外 60 年》,社会科学文献出版社 2013 年版,第 168—170 页。

修和商业的发展,逐渐开始出现农贸市场和小镇,并带动其他地区农民来垦区安家落户。其中,发展最好的班若垦区原本只是一个700人的小村落,到80年代末发展成为8000多人的乡镇。尽管后来中国与布基纳法索的政治关系忽冷忽热,但中国援建的农业垦区却得到了布方的高度认可。

案例5:中国—南太平洋岛国农业"南南合作"①

2007年,中国政府、联合国粮农组织(以下简称"FAO")与南太平洋七国②签署了"粮食安全特别计划"框架下的《"南南合作"三方协议》。2004年至2007年,中国先后派出28名农业专家与技术人员奔赴上述七国,为当地提供技术支持和援助。

中国项目组的工作获得FAO、受援国政府和农民的普遍欢迎和肯定,项目组在扶贫和减贫方面的合作成果主要有以下几个。

改良农牧措施、传授实用技术。引进63项农作物栽培技术,延长了蔬菜生产期,使得产量大幅提高。引进畜牧实用技术57项,开展了6项技术试验,改变了当地传统的养殖方法,提高了畜牧生产效率和产品质量。引进尼罗罗非鱼等水产养殖技术15项,推广了单性养殖、轮放轮捕等多项养殖技术。

引进动植物新品种,帮助驯化野生品种。成功引进热带绵羊、贪食沼虾、蔬菜和水果等新品种,使得萨摩亚和汤加的热带绵羊和贪食沼虾产量迅猛增加。

帮助改进农业水利建设,提高农业生产水平。帮助设计大田分块和排水系统,节约了灌溉成本。在当地推广节水技术,指导整修喷滴灌系统。为当地农民寻找地下水源、安装滴灌系统。

积极组织技术培训,加强能力建设。中国技术专家通过各种形式累计培训当地农业人员2000多人次,有力地促进了当地人员的能力建设。

---

① 中国农业部国际合作司:《农业"南南合作"风采录与成果集》,2012年(内部资料)。
② 太平洋七国包括库克群岛、斐济、密克罗尼西亚联邦、纽埃、汤加、瓦努阿图和萨摩亚。

案例 6：中国—蒙古国的农业合作①

2010 年 1 月，中国、蒙古国和 FAO 签署了一个三方协议，以帮助提高蒙古国的农业生产能力。该项目资金来源于中国捐赠的 3000 万美元信托基金。中方从当年 5 月开始，就派出技术人员，为蒙方提供技术援助。该项目的合作成果是多方面的，体现在畜牧业、种植业、食品安全和贸易、人力培训等方面。

畜牧业技术推广方面。中国专家引进 42 种饲草新品种，种植面积达193 公顷。成功引进 80 天短日期饲料玉米，填补蒙古国不能生产饲料玉米的空白。中国专家在蒙古国肯特省指导建立高产饲草料基地，解决了项目单位饲料不足的问题。针对蒙古国农业病虫害及鼠害严重问题，中国专家示范防治病虫害及鼠害 100 公顷，杀灭率达 90% 以上，控制面积各达 5000公顷。中国专家参与选出配种羊 17000 多只，进行同期发情试验 78 头，示范驱虫药浴 935 头次，完成胚胎移植 149 次，制作冻精 1200 支，参与指导6000 余头家畜人工授精工作，为蒙古国畜牧业技术普及打下良好基础。

种植业方面。中国专家测量水渠 25000 米、测量平地约 4000 公顷，安装小型喷灌机 4 处，新建水仓 3 处、提水站 3 处，为项目区发展农业奠定了基础。指导温室蔬菜种植 15100 多平方米，露地种植 25000 多平方米，收获蔬菜约 70 吨；推广蔬菜品种 32 个，引进 10 余种树苗和花卉；推广无土栽培技术；指导建设冬季温室，延长蔬菜生产时间，为蒙古国蔬菜自给作出了贡献。中国专家指导建造了一座储藏量 200 吨的储藏窖，投入使用后即储藏 120 吨马铃薯、30 吨胡萝卜，取得了良好的示范效果。中国专家还指导培训了一批掌握维修中国农业机械的技术人员。

食品安全和贸易领域。针对蒙古国的食品安全状况，中国专家组成立了危害分析的临界控制点（Hazard Analysis and Critical Control Point，HACCP）食品安全认证体系工作小组，按要求建成了"额尔德尼"屠宰加工厂，在牛羊加工各环节提供示范性技术。在一个企业安装了一套面粉加工设备，并编制了面粉厂 HACCP 食品安全管理体系。中国专家还参

---

① 中国农业部国际合作司：《农业"南南合作"风采录与成果集》，2012 年（内部资料）。

与蒙古国商交所、农副产品交易所、农业产业链建设、面粉销售网络建设等方面的讨论和规划,为蒙古国农业市场化建设奠定一定基础。

人力培训方面。中国专家举办各类技术和管理培训 13 期,参与各类培训活动 15 期,直接培训 400 多人次。2010 年和 2011 年,组织蒙古国技术管理人员到中国考察培训 9 批次,为蒙古国的农牧业发展提供人力支持。此外,中国为微型示范项目购置物资设备 54 件套,价值 30 万美元。

项目实施两年内(2010—2011 年),中国援助的项目提高了蒙古国国家规划人员、研究人员、农业官员和农民的能力,扩大了农业生产规模,帮助进行反季节生产,确保全年市场供应,为提高蒙古国农业生产水平和保障粮食安全作出了巨大贡献。该项目得到了蒙古国政府和当地农民的高度评价。

案例 7:中埃苏伊士经贸合作区

经贸合作区是中国与东道国开展经贸深度合作的一种新尝试,经贸合作区集合了援助、投资、贸易和产业转移等要素。中国政府对经贸合作区提供一定的财政援助,金额约 2 亿—3 亿元人民币,并最多提供 20 亿元人民币的中长期贷款。[1] 本质上,经贸合作区是在中国政府大力推动下的对外投资行为,但其也带有很深的援助烙印,体现了促进受援国经济发展、推广中国经验、促进中国企业"走出去"的愿望。

中埃苏伊士经贸合作区规划面积 7.34 平方公里,包括起步区 1.34 平方公里和扩展区 6 平方公里,于 2008 年成立。截至 2018 年年底,起步区累计投资约 1.09 亿美元,已完成开发建设,吸引了 77 家企业入驻,总投资额达到 10 亿美元[2],为当地提供就业岗位 2 万多个。另外,拓展区于 2016 年正式启动,并在 2018 年年底完成了 2 平方公里的基础设施建设,吸引了 8 家行业领军企业,协议投资额 2 亿美元。[3] 苏伊士经贸合作

---

① 人民网:《中国将建立 50 个境外经济贸易合作区　欲解决贸易摩擦》,人民网,http://finance.people.com.cn/GB/4505340.html。

② 数据来源:新华社新媒体:《中埃苏伊士经贸合作区搭起"一带一路"合作大舞台》,https://baijiahao.baidu.com/s? id=1625430069495867380&wfr=spider&for=pc。

③ 数据来源:《中国境外经贸合作区》,http://www.cocz.org/news/content-243509.aspx。

区的运营为当地带来了新的技术、知识和管理经验，也为当地政府创造了税收和就业，有利于当地的能力建设和减贫。[①]

不过，经贸合作区在经过几年的经营后，目前还暴露出一些深层次的问题。第一，产业配套不够完善，企业生产所需要的配套产业还不够完善，不利于经营。第二，由于园区的长期投入巨大，而中国政府资金支持有限，园区后续开发缺乏资金支撑。第三，外部协调困难。由于援助的运营主体是企业，而在与埃及政府部门打交道时，企业常受到腐败、行政效率低下等干扰，导致协调难度较大，优惠政策难以落实。[②]

（三）社会救助与促增长并存效应

案例8：对拉美地区的能源援助[③]

在20世纪80—90年代，中国就向拉美地区援建小型水电项目，当时在圭亚那等地区援建的项目就发挥了较好的作用。进入21世纪后，中国继续在拉美地区援建电力项目。比如，2004年至2006年，中国在古巴援建的两个发电项目缓解了古巴局部电力供应紧张的难题。玻利维亚波多西省处于高原地带，居民生活用电长期无法解决。2006—2008年，中国援建波多西省的农村电气化项目，为此共修建48公里电力线路。该援建项目的竣工有效解决了当时数十个村镇的用电问题，受到当地政府和居民的高度赞扬。2004—2007年，中国援建圭亚那糖厂联合发电项目，有效地降低制糖成本，并提高了能源使用效率。2008年6月，为缓解安提瓜和巴布达电力供应紧张问题，中国提供3亿元人民币优惠贷款，援助两国建设新电厂，总装机容量为30兆瓦。

这些能源项目的援助，有效地改善了受援国的能源使用条件和居民的生活条件，为当地经济发展提供了能源支持，为深入减贫奠定了较好的基础。

以上案例分析表明，从援助项目看，援助的减贫效应是明显的。案例表明：第一，从社会救助效应看，援助能够有效改善受援国的福利水平。

---

① 安春英：《浅析中国埃及苏伊士经贸合作区》，《亚非纵横》2012年第4期。
② 张菲：《中非经贸合作区建设模式与可持续发展问题研究》，《国际贸易》2013年第3期。
③ 周弘主编：《中国援外60年》，社会科学文献出版社2013年版，第305页。

案例1、案例2、案例3、案例8分别从改善受援地区饮用水条件、提高医疗卫生水平、缓解粮食饥荒、提供家庭电力的角度说明了援助的减贫效应。第二,从促增长效应看,援助可以通过帮助受援方提升农业生产能力(案例4、案例5、案例6),创建经贸合作区(案例7),进行基础设施建设(案例8)等方式帮助当地发展经济与促进减贫。第三,可以发现有的援助项目可同时兼有改善民生和提升增长能力的作用(案例8)。第四,在开展对外援助时,也存在一些深层次难题,这些难题对提升援助效果存在一定阻碍作用。比如案例2中医护人员的流失,案例7中的受援国产业配套、援助资金不足等问题。

当然,本章所列举的8个案例肯定不能完全代表中国所有的对外援助活动,但是我们大致可以认为中国对外援助在微观援助项目层面上是利贫的。

综上所述,"金砖四国"对非洲提供的民生建设项目有效提高了当地社会基础设施的建设,促进了当地科教文卫等事业的发展。发展中国家援助对改善非洲贫困状况的更重要贡献体现在减贫经验交流上,发展中国家多数刚刚解决了自身的贫困问题,甚至自己国家仍存在一定数量的贫困人口。在此背景下提供对非洲援助,会在项目选择、实施、评估等各个环节将自身减贫的成功经验与做法传递给受援国,而这些经验和做法切实提高了非洲国家的自力更生能力,减贫效果显著。

中国积累了丰富的减贫经验,形成了独特的经济和社会发展模式。1981—2018年,中国成为世界减贫的最重要来源方。其间,中国的广大居民收入普遍上升,生活质量显著改善。从"千年发展目标"的各指标实现情况看,中国的减贫效果同样显著。中国减贫的成功得益于不断推进改革与开放,并有一个强有力的政府,也得益于一贯重视农业、农村和农民问题。中国特有的历史文化、发展与减贫经验使得中国社会形成了独特的关于援助与减贫关系的理解。中国认为自身的努力才是减贫的根本动力,而外界援助只能起到辅助的作用。中国主张对广大发展中国家应提供力所能及的援助,倡导"授人以鱼不如授人以渔"的援助理念。中国认为政府、企业和个人在实现援助帮助减贫的目标中,都发挥着十分关键的作用。

中国的援助对促进受援国发展和减贫产生积极影响。从宏观角度看,中国的对外援助对受援国的减贫贡献体现在以下几个方面:第一,中国的援助对受援国经济和社会发展提供直接的物资帮助。第二,中国自身的减贫和发展经验对广大受援国具有很好的借鉴作用。第三,中国的援助模式为受援国提供了另外一种选择。从各援助领域看,中国的对外援助对受援国的减贫也发挥了不同的作用。在医疗卫生、教育培训、人道主义援助、公共设施等"社会救助"领域,提高了受援国贫困人群的福利水平。而在农业、经济基础设施、工业、贸易等"发展(增长)"领域,援建经济基础设施、培养受援国的能力建设,为促进经济增长打下良好基础,有利于长效减贫。此外,从微观的援助项目看,中国所提供的援助对受援国的减贫效果是明显的,但也存在一些深层次的问题。

中国在长期的援助实践中积累了不少经验与教训。从非洲的例子看,中国的援助对非洲的发展和减贫是积极的,也受到非洲国家的肯定和欢迎。中国在长期的援非实践中,形成了自身所独有的经验和特点,这些特点主要包括三点:不附加任何政治条件、坚持援助与经贸合作相结合和推广中国发展经验。此外,中国援非过程中也存在自身的不足,比如信息和资料的不够透明、宣传不够到位、环境保护欠缺以及未能妥善处理各方利益冲突等。中国应该采用相应措施避免类似问题的困扰。

第 五 篇

国际发展援助有效性评价标准的重构：
从援助有效性到发展有效性

第十二章　国际发展援助有效性
评价标准的重构

国际发展援助已经走过了 70 年的历史,对全球的经济增长和减贫事业作出了不可磨灭的贡献。但也要认识到,虽然发达援助国向发展中国家提供了数额巨大的援助资金,但援助效果并不十分理想,甚至造成某些受援国的援助依赖,贫困程度加剧。援助有效性促使援助国更加重视对援助过程的管理,虽不断扩大援助规模,但仍未顺利实现联合国制定的千年发展目标。国际社会对发展有效性的重视导致了可持续发展目标的制定,发展有效性将是未来国际发展援助理论界和实务界关注的重点。而要实现2030 年可持续发展目标,必须从多角度改变现有的国际发展援助体系。

第一节　援助有效性与发展有效性

援助有效性和发展有效性的含义既有区别也有联系,援助有效性是过程导向的,而发展有效性是过程有效与结果有效的结合,显然,发展有效性包含的内容比援助有效性更加广泛和丰富。

一、援助有效性的概念

西方国家对于援助有效性的重视始于 1996 年 OECD-DAC 发布的一份声明——塑造 21 世纪:发展合作的贡献,该声明的结尾提出了一些具体的措施以"使发展合作更加有效"①,这是对以往几十年援助效果低下

---

① OECD-DAC,"Shaping the 21st Century:The Contribution of Development Cooperation",1996,http://www.oecd.org/dac/2508761.pdf.

的反思，自此发达国家的各项援助政策开始围绕如何提高援助的有效性制定和展开，致力于向发展中国家提供"有效援助"。进入 21 世纪后，DAC 成员召开了多次有关援助有效性的高层论坛，签署了一系列文件和承诺。

"援助有效性"是经合组织发展援助委员会（OECD-DAC）于 2002 年在蒙特雷举行的联合国发展融资峰会提出的概念，在这次峰会上，双边援助机构和多边援助机构同意增强援助的有效性，增加援助数量，并且将一般预算援助和一篮子资金援助作为主要援助方式。在 2005 年第二届援助有效性高层论坛上达成的《巴黎宣言》中，61 个多边和双边援助方和 56 个受援国就 5 个原则（自主性原则、同盟原则、协调原则、结果管理原则、相互问责原则）达成协议。除了这五项核心原则，《巴黎宣言》还就这 5 个原则提出了 12 项具体指标，并分别设立了到 2010 年所要达到的目标。《巴黎宣言》的目标是通过提高援助的效率，使发展援助符合受援国的具体需要，提高自主性，实现同盟和协调，强调结果导向管理及援助国和受援国的合作，以提高发展援助的效果。正如 2008 年对《巴黎宣言》的一份独立评估报告所总结的：援助有效性就是对援助进行计划、管理和安排，以降低援助国和受援国之间的交易成本，其目标是针对发展性的结果，包括减贫。①

继 2005 年《巴黎宣言》之后，第三届援助有效性高层论坛又于 2008 年 9 月召开，并通过了《阿克拉行动议程》，该议程旨在加强和深化《巴黎宣言》的实施，督促国际社会履行承诺，并监督《巴黎宣言》的执行进展。

二、发展有效性的含义

2011 年第四届援助有效性高层论坛通过的《有效发展合作伙伴关系釜山宣言》提出要帮助发展中国家实现实质性的经济增长，这也是国际

---

① Elliot Stern et al., " The Paris Declaration, Aid Effectiveness and Development Effectiveness: Evaluation of the Paris Declaration ", 2008, http://www. oecd. org/development / evaluation/dcdndep/41807824.pdf.

援助政策从"援助有效性"向"发展有效性"的转变。2011 年的釜山会议正式表明国际发展援助从"援助有效性"向"发展有效性"的转变,但是其并未对发展有效性的概念作出明确的界定,而只是提出了为实现有效发展要构建的合作框架,在这一框架中发展是由强劲的、可持续的和包容性的增长推动的;政府要对其取得的发展成果负责;新兴援助国、私人团体等都应纳入其中。此外,《釜山宣言》还提出要构建西方发达国家和新兴国家(巴西、中国等)以及民间团体(企业和市民组织)等各种贡献主体的有效发展合作全球伙伴关系,这与联合国所提出的构建全球发展伙伴关系(Global Partnership for Development)具有一定的相似性。

目前对于发展有效性的确切概念仍众说纷纭,尚未统一。斯特恩等(Stern 等,2008)[1]根据有关学者的观点、《巴黎宣言》以及世界银行(WB)、联合国开发计划署(UNDP)等国际开发机构的有关文件总结出发展有效性的概念应该包含以下要素:达到预定的发展结果;对于改善贫困人口的状况有积极作用(帮助实现千年发展目标);对于国家的整体发展产生影响;为实现发展结果所必须的过程,包括政策设计和发展计划开展等;发展结果是长期的、持续的。香农和比尔(Shannon 和 Bill,2009)[2]的一份文献综述表明发展有效性的概念包含四层含义:第一层含义与援助有效性的概念类似,即对外援助的提供能达到预期目标并且是有效率的;第二层含义是非援助领域的政策如贸易、投资等也会影响援助效果,故援助国要保持援助政策与非援助政策之间的一致性,同时援助国和受援国之间要进行协调,赋予受援国更大的话语权;第三层含义是援助效果的衡量指标是援助带来的发展结果,援助与发展之间要相互促进;第四层含义要求援助带来的不仅仅是援助带来的直接发展,而是受援国的整体发展,即在援助退出之后受援国的自主发展能力提高了。

---

① Stern, Elliot, et al., "Thematic Study on the Paris Declaration, Aid Effectiveness and Development Effectiveness", *Denmark: Ministry of Foreign Affairs of Denmark*, 2008.

② Shannon Kindornay and Bill Morton, "Development Effectireness: Towards New Understanding The North South Institute Issues Brief Development Cooperation Sense", Septembev, 2009.

弗朗西斯科和萨努西（Francesco 和 Sanoussi，2011）[1]也总结了发展有效性的四种诠释：一是发展有效性即为援助有效性，二者可以相互替换；二是援助之外更广泛的发展，这就要求为实现发展目标而协调各方，既包括援助国和受援国，也包括非政府组织和社会团体；三是针对不同的国家采取不同的援助策略，考虑援助是否会对受援国的经济发展及社会进步产生影响；四是除了经济发展，还应注重"人"的发展，强调援助效应的多维性。

三、援助有效性、发展有效性的区别和联系

从上面的概念界定可以看到，援助有效性与发展有效性的概念既有区别也有联系。

从区别来看，贺文萍（2011）[2]从对比西方援助国和发展中国家援助国的角度做了说明：援助有效性注重的是投入这一过程，而发展有效性注重的是结果，即对受援国直接经济发展和贫困减少实实在在的结果。弗朗西斯科和萨努西（Francesco 和 Sanoussi，2011）认为援助有效性涉及援助的投入和管理，发展有效性涉及发展政策的产出和结果[3]，与贺文萍（2011）[4]的表述相似。王小林和刘倩倩（2012）[5]将 OECD-DAC 成员的发展援助概括为"过程驱动型发展合作方式"，即 DAC 成员更加注重受援国的良治、问责、透明等西方式民主政治过程，把中国在非洲将投资、贸

---

① Francesco Rampa, Sanoussi Bilal, "Emerging Economies in Africa and the Development Effectiveness Debate", *European Centre for Development Policy Management Discussion Paper*, No.107, 2011.

② 贺文萍：《从"援助有效性"到"发展有效性"：援助理念的演变及中国经验的作用》，《西亚非洲》2011 年第 9 期。

③ Francesco Rampa, Sanoussi Bilal, "Emerging Economies in Africa and the Development Effectiveness Debate", *European Centre for Development Policy Management Discussion Paper*, No.107, 2011.

④ 贺文萍：《从"援助有效性"到"发展有效性"：援助理念的演变及中国经验的作用》，《西亚非洲》2011 年第 9 期。

⑤ 王小林、刘倩倩：《中非合作：提高发展有效性的新方式》，《国际问题研究》2012 年第 5 期。

易与援助相结合以带动非洲经济增长的模式概括为"增长驱动型合作方式"。张海冰（2012）①认为中国通过"援助+合作"的方式引导非洲受援国实现自主发展，并最终实现双方的共同发展，是"发展引导型援助"。总之，援助有效性是衡量援助从援助国到受援国这一过程中是否透明、是否有效率，以及是否能够实现援助国预期目标的指标，更多的是与发达国家的援助相连，而发展有效性直接指向的是援助是否会为受援国带来实实在在的发展的结果。

从联系来看，发展有效性涵盖了援助有效性的概念，但又比援助有效性更加广泛和丰富。在发展有效性的框架之下，援助并不单单是指无偿的资金赠予，它可以与贸易、投资等可以促进经济发展的商业活动联系起来；援助国也不能单方面地认为什么样的援助对于受援国是有效的，而是应当与受援国加强协调和合作，针对受援国的具体发展需求开展援助，培养受援国的自主发展能力；援助效果的衡量既包括援助过程的效率，也包括援助的发展效果，即受援国的减贫与经济增长，而且考虑的不仅是援助带来的直接发展，还有受援国整体、持续发展。

第二节　国际发展援助有效性的评价标准

发达国家的对外援助经历了战后数十年的发展，已经基本形成了相对完善和系统化的对外援助管理体系，21 世纪以来，援助有效性一直被视为其重要的援助理念。虽然发达国家投入了巨大的发展援助资源，但援助效果却不尽如人意。近年来，新兴援助国的大力参与及其在援助过程中所展现的实力对发达国家对外援助的主导权构成了挑战。以中国、俄罗斯、印度和巴西"金砖四国"为代表的新兴经济体的崛起不但冲击了现有国际格局，而且也对国际发展援助体系产生了重大影响。一方面新兴援助国的参与壮大了国际发展援助实力，另一方面其自身的援助方式

---

① 张海冰：《发展引导型援助：中国对非洲援助模式探讨》，《世界经济研究》2012 年第 12 期。

和理念也不断获得发展中国家和传统援助国的认可和推崇。国际发展援助理念也从注重过程的"援助有效性"转向注重结果的"发展有效性"。可以预测，虽然当前新兴援助国所起的仍是补充作用，但未来国际发展援助管理体系必将发生重大变化。

一、援助有效性及发达国家对外援助管理

2002 年援助有效性的概念提出后，DAC 先后在罗马(2003 年)、巴黎(2005 年)、阿克拉(2008 年)召开了 3 次援助有效性高层论坛，形成了一系列提高援助有效性的文件。这一系列文件奠定了"援助有效性"的国际发展援助理念。提高援助有效性是指针对国际援助体系中存在的援助体系过于复杂、援助国和受援国在评估、审批、报告和估价等程序上都存在许多不同、援助国和受援国之间交易成本过高等问题进行改革，以提高援助效率、改善治理水平、增加透明度等。目的即对援助进行计划、管理和安排，以降低援助国和受援国之间的交易成本。因此"援助有效性"主要是针对援助过程质量的评价，属"过程导向型"评价标准。

《巴黎宣言》的目标是通过提高发展援助的效率和效果，使大型发展援助符合受援国的具体需要，提高受援国的自主性，实现援助过程中援助国与受援国的同盟和协调关系，强调结果导向型管理和相互问责。《巴黎宣言》对提高援助效率的 5 个原则下又制定了 12 个指标，并对这 12 个指标分别设立了到 2010 年所要达成的目标，后来还补充了数量指标。这样，《巴黎宣言》就从总体上对国际援助体系提出了新的要求，并指明了国际援助体系短期内的发展方向。《阿克拉行动议程》旨在加强和深化《巴黎宣言》的实施，在总结《巴黎宣言》进展的基础上，该议程设置了加速推进《巴黎宣言》目标的议程，它建议在所有权、伙伴关系和结果通报领域加以改善。

DAC 成员通过签署《巴黎宣言》和《阿克拉行动议程》来对本国的援助有效性议程作出了明确承诺。大多数 DAC 成员均制订了明确的、可操作的和有时间约束的援助有效性行动计划。之后 DAC 根据各成员对《巴黎宣言》指标的执行情况，对其进行援助有效性评估。

2006 年、2008 年和 2011 年,OECD-DAC 对《巴黎宣言》的执行进展做了三次调查,从调查结果来看,发达国家援助有效性不高,它们并没有实现之前的承诺。2011 年的调查显示,在《巴黎宣言》制定的 12 个指标中,发达国家从总体来看只实现了协作支持能力建设(指标 4)这一个指标,大多指标进展缓慢。尤其是援助国政府部门的援助预算并没有系统地记录在受援国的预算和公共账户中;旨在减少因援助国分散而对受援国造成负担的共同安排或程序以及联合任务和联合分析工作的目标实现进展甚微;援助分散仍然严重;改善国家层面援助的中期可预见性进展有限;援助国对各个受援国政府的未来援助流动的前瞻性指标的信息仍然是孤立的。

　　总的来说,DAC 成员以援助有效性为主要评价标准的发展援助,重视援助的实施过程及援助国管理体系的规范,有助于援助过程的管理,但却相对忽视了受援国本身的发展,是一种过程驱动型发展合作方式。而且其援助更加注重受援国的良治、问责、透明、参与等西方式民主政治过程[1],这种发展援助未能使发展中受援国成功实现减贫,其有效性备受质疑。国际发展援助已走过了战后数十年的历程。其间,一些国家和地区经过国际援助和自身的努力迅速发展起来;但是大多数受援对象,尤其是撒哈拉以南非洲的大部分国家在经历了长时间的援助以后,不但没有得到应有的发展,反而经济停滞甚至倒退,贫困人口不减反增,而且对援助产生了不同程度的依赖。[2] 此外,部分西方学者认为,"西方援助他国的努力危害甚多而增益甚少"。发达国家对外援助投入巨大,但效果并不理想。这也让国际社会重新思考"援助有效性"是否合理,是否应该转变国际发展援助的理念和方法。

二、发展有效性及发达国家对外援助的效果

　　自 2005 年达成了《巴黎宣言》和 2008 年签署了《阿克拉行动议程》后,国际发展援助的理念就一直围绕援助有效性展开,并且实质上始终由

---

① 王小林、刘倩倩:《中非合作:提高发展有效性的新方式》,《国际问题研究》2012 年第 5 期。

② 孙同全:《国际发展援助中"援助依赖"的成因》,《国际经济合作》2008 年第 6 期。

援助国及其发展伙伴来主导。要提高援助有效性必须协调援助国与受援国双方的努力（而过去仅局限在对援助国一方援助体系的规范，而忽视了受援国能动性的发挥），发展合作的概念架构必须从为援助而援助的"自由主义"向促进受援国的"能力发展"，并最终立足于以实现联合国千年发展目标为基石的价值体系转变。①

发展有效性的正式提出是在 2011 年 11 月底 12 月初在釜山举行的第四届援助有效性高层论坛，该论坛盘点了 2005 年《巴黎宣言》和 2008 年《阿克拉行动议程》的履行情况，并磋商符合新的国际环境的援助框架和模式。与会国一致认为援助工作若要对受援国的发展起到实质性效果，应由受援国自主制定发展政策，再由援助国根据其政策提供援助，而不是从头到尾由援助国主导援助。该届论坛通过了《釜山宣言》。《釜山宣言》将国际援助政策的范式从"援助有效性"转至"发展有效性"，明确表示将构筑涵盖发达国家、新兴市场国家、民间团体等各种贡献主体的新的全面发展合作全球伙伴关系。至此，国际发展援助从注重"投入"的"援助有效性"开始向注重"结果"的"发展有效性"转变。

"发展有效性"涵盖了"援助有效性"的概念。发展援助的最终目标是使受援国摆脱贫困，走上不需要外国援助、自我发展的道路。发展有效性正是这一目标的体现。发展有效性重视发展援助的结果，即受援国经济水平的发展和贫困人口的减少等。从根本上实现这一目标，要求受援国拥有可持续的自我发展的能力。发展有效性更强调援助国与受援国之间的合作，更注重援助带来的发展结果和长远发展能力，对贫困的发展中国家来说，基础设施建设显得尤为重要。众多研究表明，基础设施可以提高生产力、促进贸易、降低交易成本，为经济发展提供基础。基础设施对发展和生产力具有重要影响，一些分析认为其对低收入人群的影响力更大。DAC 成员的对外援助主要集中在医疗、教育等社会部门，对基础设施部门和生产部门的关注较少。这一分配特点与贫困国家当前急需发展

---

① 贺文萍：《从"援助有效性"到"发展有效性"：援助理念的演变及中国经验的作用》，《西亚非洲》2011 年第 9 期。

的部门领域不同,因而不能更好地适应贫困国家的发展需求。可以说,DAC成员的对外援助并不符合发展有效性,不利于受援国自身建设能力的提高,其对外援助效果收效甚微。

三、援助有效性与新兴援助国对外援助管理

新兴援助国的部分国家作为受援国也曾在《巴黎宣言》签字,对援助效果的重视既是国际社会援助领域的趋势,也是它们接受援助的要求。作为新兴援助国,其对外援助属于发展中国家之间"南南合作"的范畴,与发达国家的对外援助存在本质区别。但是,随着国际社会对新兴援助国的日益关注,《巴黎宣言》也对新兴援助国的对外援助产生了一定的影响。事实上,新兴援助国在对外援助实践中的一些做法也符合《巴黎宣言》的部分原则。新兴援助国在发展合作中可以将《巴黎宣言》的原则作为一种参考。

"金砖四国"作为新兴援助国的代表,对它们进行援助有效性分析也可以大致反映新兴援助国的援助有效性。对《巴黎宣言》框架下"金砖四国"援助有效性的分析及与发达国家的比较的结果显示,"金砖四国"的表现有好有坏且存在国别差异。"金砖四国"在"按照受援国国家的优先事项分配援助"及"通过协作支持增强能力建设"两个方面表现尤为突出,这反映了"金砖四国"对受援国自我发展自主权的尊重及增强受援国自我发展能力建设的努力。"金砖四国"也在一些方面表现欠佳,例如"减少平行执行单位""援助的可预测性""不带附带条件的援助""以方案为基础的援助"以及"联合任务和联合的国家分析工作"等。其中,"联合任务和联合的国家分析工作"方面,俄罗斯表现较好,中国正在积极广泛地参与多边合作,巴西和印度也开始重视多边渠道。"金砖四国"表现最差的方面是"受援国公共财政管理系统和采购系统的使用",这方面"金砖四国"还需借鉴发达国家的实践作出有益改变。对"金砖四国"援助有效性的分析也反映了其对外援助管理体系方面的不足。"金砖四国"的对外援助管理体系缺乏统一的行政管理制度,在对外援助立法和政策、组织和管理以及监督和评估方面还存在许多缺陷。

新兴援助国不是OECD-DAC的成员,它们的行为规范不受发达国家

对外援助的规则如《巴黎宣言》《阿克拉行动议程》的约束，而且从这些国家目前的自身条件出发，大多数国家还处于中等收入水平，国内还面临着许多社会经济问题亟须解决，它们不愿也没有能力完全按照发达国家的规则来要求自己。《釜山宣言》也明确指出"南南合作"的方式和义务要不同于"南北合作"。新兴援助国拥有自身的援助方式和援助理念，因此对新兴援助国援助效果的衡量，应该寻求一种符合它们自身特点的不同于发达国家的援助效果评价机制。

四、发展有效性与新兴援助国对外援助的效果

新兴援助国的援助方式和理念是，在不干预内政、不附加条件的前提下，发展和援助并举，这与发达国家制定的国际发展援助规则有所不同。新兴援助国自身的援助方式和理念已获得发展中国家和传统援助国的认可和推崇。

新兴援助国的对外援助属于"南南合作"的范畴，援助国和受援国之间建立起的是一种平等伙伴关系。它们试图根据自身的发展经验，通过向受援国提供援助，从而带动双方贸易、投资的增长，并最终促进受援国的经济发展。这些国家的对外援助更加注重援助结果，属于增长驱动型，强调的是发展有效性。

新兴援助国的对外援助实际上正在成为"南南合作"的一种途径，有利于加强发展中国家间的经贸合作，开拓新兴市场。许多新兴援助国提供的援助项目往往有利于推动双边合作，实现双赢。很多新兴经济体投资受援国当地资源，利用投资收益加强当地基础设施建设，进而推动当地就业。这种合作拉动了双方的贸易、就业及经济增长。新兴经济体这种造血式援助更加有效地带动了当地经济发展。

一方面，依据比较优势理论，更加开放的国际贸易环境能够促进一国经济纳入全球价值链体系，让产品价值增值，从而实现发展和减贫。[①] 对

---

① 王小林、刘倩倩：《中非合作：提高发展有效性的新方式》，《国际问题研究》2012年第5期。

于贫困国家最集中的非洲国家来说,其拥有资源和能源的自然禀赋,缺少生产和生活所需的机电产品、纺织品、服装等制成品;新兴援助国制造业发达,但出于自身发展阶段及国家安全考虑,迫切需要寻求海外资源。二者开展贸易合作可以实现互利双赢。

另一方面,新兴援助国对贫困国家的投资可以为其创造有利的外国直接投资(FDI)环境,吸引国外资本投资创业,带入发展的资金、技术、管理经验,打破贫困的恶性循环。新兴援助国投资进入贫困国家,给其经济增长带来前所未有的活力,也利于其开拓国外市场。

除了贸易和投资以外,新兴援助国还注重对贫困国家在基础设施、技术合作、教育、医疗卫生等方面提供帮助,改善受援国自身能力建设,帮助受援国走上自力更生、独立发展的道路。

五、援助有效性、发展有效性以及国际援助体系的发展方向

发达国家的对外援助经历了战后数十年的发展,已经基本形成了相对完善、系统的对外援助决策机制,并且制定了对外援助法和相关法案,以规范政府的对外援助行为,避免对外援助的随意性;各国援助管理组织机构的设置虽然不同,但都是根据各国实际情况的变化不断进行改革;为保证援助计划得到有效实施,越来越多的 DAC 成员使用计算机系统监督和评估其全球范围的发展援助活动,以使援助工作得到有效监督,援助效果得到有效评估。发达国家对外援助数额不断增加,但结果却不尽如人意。

在新的时代背景下,发达国家对大规模国际发展援助的合理性和必要性,以及原有援助模式的有效性产生了强烈质疑,并开始认可新兴援助国的援助模式。如《阿克拉行动议程》承认了"南南合作"的重要性。《釜山宣言》也正式提出国际援助政策应当从关注"援助有效性"转换为关注"发展有效性"。

目前,国际政治经济形势正发生深刻变化,以中国、俄罗斯、印度和巴西"金砖四国"为代表的新兴经济体的快速发展不但冲击了现有国际格

局,而且也对国际发展援助体系产生了重大影响。随着援助额的逐年增加,新兴援助国成为国际发展合作领域的重要力量,为发展中国家尤其是非洲受援国提供了更多、更好的发展机会。特别是2008年全球金融危机之后,新兴援助国在发展援助体系中发挥的作用进一步受到重视。

新兴援助国的参与壮大了国际发展援助实力,其援助方式和理念也不断获得发展中国家和传统援助国的认可和推崇。此外,新兴援助国的大力参与国际援助,并在这一过程中展示的实力对发达国家对外援助主导权形成了一定的挑战。对此,发达国家不得不在稳固既有援助成果和既得利益的同时,对新形势作出反应。一方面,调整自身发展援助的方式和管理,例如,美国开始向最不发达国家提供无条件官方发展援助,发达国家逐渐减少对新兴经济体的发展援助等;另一方面,寻求与新兴援助国开展建设性对话,希望将新兴国家纳入传统国际发展援助体系,遵循它们制定的援助规则,同时又可以借助新兴国家的资金和经验进一步拓展援助渠道。因此,国际政治经济形势的变化不可避免地促使发达国家与新兴经济体在发展援助中既有竞争,也有合作。

"南南合作"是对"南北合作"的有益补充。许多新兴援助国参与国际发展援助进一步突破了西方主导下的旧有援助体系框架,为受援国提供了更多更有效的选择——扩大了援助范围、降低了受援助的门槛。然而,新兴援助国的援助大多还未形成完善的援助管理体系。新兴援助国援助管理体系的缺失也不同程度影响了其援助效果的实现,援助的不透明也招致外界各方的质疑。

未来国际援助管理体系应该如何发展还取决于国际援助各参与国之间的不断博弈以及主要援助组织的影响。但可以肯定的一点是,"包容互鉴"必然是未来国际发展援助管理体系的一个突出特点。发达国家和新兴援助国在对外援助管理和实践方面应该相互借鉴,兼容并包、求同存异,积极沟通和协调,开展新型合作和对话。一方面,西方发达国家经过数十年的发展已经形成了较为完善的国际发展援助管理及援助有效性体系,其援助目标、援助的法律和政治基础、政策一致性、组织和管理、援助的分配及管理、援助有效性、监督和评估等都有明确的指导原则和管理体系。新兴援助国可以根据自身国情和特点借鉴发达国家改善本国的援助管理体系,为援助效果提供保障。在援助效果的评估方面,新兴援助国可以参照《巴黎宣言》的相关原则及指标,同时根据"发展有效性",制定适合自己的评估标准。另一方面,发达国家应借鉴新兴援助国的实践,重视受援国的参与,并将援助与贸易、投资等相结合,关注受援国的民生领域,致力于推进受援国能力建设,从而促进受援国经济的发展和人民生活水平的提高,并最终提高援助效果。国际发展援助管理体系应该向着开放合作、更加包容的方向发展。国际援助管理体系改革的一个重要内容是重新构建国际发展援助有效性评价体系,从援助管理和援助效果两个角度,从援助过程到援助结果全方位考察国际发展援助的有效性。

后　记

　　我研究国际发展援助及中国对外援助问题已有多年。2013 年获国家社科基金资助,对"援助有效性、发展有效性及中国对外援助的质量"问题进行了研究,该课题 2017 年以优秀结题;2016 年又获得国家社科基金重大课题"中国国际援助和开发合作体系创新研究"。在这些课题的研究过程中,我和我的研究团队对国际发展援助的有效性问题进行了深入的研究,本书即是这些课题研究的阶段性成果。

　　发达国家和发展中国家对国际发展援助效果的评价有不同的标准。发达国家的"南北合作"模式主要使用"援助有效性"指标来评价对外援助的质量,而新兴援助国的对外援助属于"南南合作"的范畴,主张援助的"发展有效性",更关注对外援助对受援国经济增长和减贫的实际影响。本书构建了"援助有效性"和"发展有效性"相结合的国际发展援助有效性评价框架,并利用该框架对 OECD 主要发达国家及以金砖国家为代表的新兴援助国的对外援助的质量和效果进行了深入的研究和比较分析,并据此指出国际发展援助未来的改革方向。

　　在书稿写作中,我负责书稿基本框架的拟订、逻辑体系和篇章的安排,并承担全部稿件的修改、统稿工作。我的诸位博士研究生(郎建燕、谢琪、熊青龙、朱丹丹)和硕士研究生(李星、唐露萍)先后参与了课题研究和书稿写作工作,其中郎建燕、谢琪、李星、唐露萍的博士、硕士论文的研究内容与本书主题直接或部分相关。

　　本书各章的主要参与者如下:

　　第一章:郎建燕

第二章:郎建燕　谢琪　李星

第三章:郎建燕　谢琪　李星

第四章:郎建燕　谢琪　李星

第五章:郎建燕　谢琪　李星

第六章:李星

第七章:熊青龙

第八章:唐露萍　郎建燕

第九章:唐露萍　郎建燕

第十章:唐露萍　郎建燕

第十一章:朱丹丹　唐露萍

第十二章:熊青龙

第十三章:郎建燕

第十四章:谢琪　唐露萍

当然,我们对国际发展援助的质量及其效果的分析和研究还很不充分。尽管我们付出了大量的努力,但是课题研究以及书稿中的研究框架、研究内容、研究方法以及研究结论等方面肯定还存在许多缺点和问题,在此,衷心希望各位学界同仁和读者对书中的不足和错误之处提出宝贵意见。

本书的完成得到 2013 年国家社科基金课题"援助有效性、发展有效性及中国对外援助的质量"、2016 年国家社科基金重大课题"中国国际援助和开发合作体系创新研究"的资助。

黄梅波

于上海

2020 年 3 月